철학을 가까이 하면서 세상을 보는 관점이나 시야가 좀더 넓어지고 달라진 것 같다고 느끼고 있습니다. 생각하고 결정하는 것들도 좀더 간단명료해졌고요. 생각보다 철학은 일상생활 속에서 참 쓸모가 많다고 느끼며 살고 있습니다. _H*** *

어려운 철학 개념을 쉽게 알 수 있게 해주셔서 정말 감사드립니다. 매주 한 편씩 올려서 벌써 5년이라고 말씀하실 때, 제 마음이 다 뭉클해지더군요. _H** **** ***

선생님 덕분에 철학과 더불어 물리학·수학·생물학에 관심을 가질 수 있었고, 작게 필기하여 쌓인 노트만 8권이 넘어갑니다. 극단적인 무신론자에서 유신론자가 되었고, 세상에 대한 사유의 즐거움을 일깨워 주셔서 감사합니다. _킬****

이번에 수능 봤는데, 점심 먹을 때마다 영상을 보면서 최소 몇 번씩 정주행했습니다. 이번에 수능에 헤겔의 변증법이 나왔는데 덕분에 매끄럽게 이해되고 긴장이 좀 풀리기도 했습니다. 그냥 수능때 도움 받으면 좋겠다는 마음으로 봤는데, 덕분에 철학의 매력을 알게 되었습니다. _서**

군 생활 중인데, 〈5분 뚝딱 철학〉의 영상을 보니 마음이 차분해지고 위로가 됩니다. _이**

LEET법학적성시험 준비하면서 2021년을 함께했는데, 시험 이후에도 계속 보게 되었습니다. 많은 도움을 주셨습니다. 감사합니다. _S* ***

군더더기 없는 핵심 정리로 정신이 쾌청해진 느낌입니다. 깊이와 무게가 더해질 시즌 2~3을 기대해 봅니다. _k** ***

작년에 재수를 하면서 선생님의 유튜브를 많이 보고 감명과 도움을 받았습니다. 국어 비문학 지문으로 나올까봐 자기 전에 틀어놓곤 했는데, 많은 이해와 도움을 얻을 수 있었습니다. 덕분에 좋은 성과도 이루어낼 수 있었고요. 요즘도 심심할 때 보고 있습니다! _지**

나이가 마흔이 되어 철학 유튜브를 보게 되었습니다. 철학에 관심이 전혀 없던 제가 이렇게 관심을 갖게 된 것은 삶의 희노애락 때문이라고 생각합니다. 고통스러울 땐 왜 살아야 하는가, 행복할 땐 이 행복의 실체는 무엇인가, 이런 생각의 꼬리를 쫓아가다 보니 철학에 가까워지게 된 것 같습니다. _F***** *

결혼하고 자식 낳으면 『5분 뚝딱 철학 – 생각의 역사』 책을 읽어줄 거예요. 집에 책이 수백 권 있지만, 시간이나 접근성을 고려하면 꼭 필요한 책이고, 아이에게 읽어주고 싶은 책입니다. _탄*

수능 국어영역 헤겔 6문제 중에서 5문제를 맞췄습니다! 제가 대입 최저 맞춘 건 선생님 덕분이에요. _r***** ***

철학을 포켓에 넣어 다니며, 산책할 때, 출퇴근할 때, 라면 먹을 때, 화장실에서 많이 가까워질 수 있게 해주신 거 감사드립니다. _우***

대한민국 1000년 최고의 정리왕이십니다. _불*****

개념을 창안하는 자, 이를 이해하여 설명하는 자, 그 설명을 받아들이는 자. 철학은 이렇게 세 부류가 균형을 맞추어야 비로소 세상에서 의미를 가질 수 있겠죠. 여기에 성공하셨군요. _C*** **** ****

〈5분 뚝딱 철학〉 영상 너무 잘 보고 있습니다. 어릴 적 형이 사놓았던 세계 사상 전집을 바라만 보고 철학은 어렵게 느껴졌는데, '뭐야, 이게 이리 간단하고 쉬운 거였어'라는 생각이 마구 듭니다. 특히 2500여 년 전 철학자가 했던 고민을 현재의 제가 하고 있었다는 부분에서 정신적 충격을 받았고, 열심히 철학에 대해 관심을 가져보려고 합니다. _유**

철학이 재밌게 이해되는 마법이 여기 있군요. _수**********

칸트 영상 중에 최고로 알기 쉽게 설명해 주시네요. 게다가 추상적 이야기인 철학을 알기 쉬운 그림, 비유, 설명을 곁들여 설명하니 최고예요. _****

16분 만에 아주 훌륭하게 칸트를 정리하셨습니다. 이것만으로도 철학계와 우리나라 지성계에 큰 공헌을 하신 것으로 봅니다. 철학을 보편화하고 널리 보급하는 데 큰 효과가 있기를 바랍니다. 큰 박수를 보냅니다! _A***

진짜 설명을 소름 돋게 잘하시네요.^^ _U***

대입 면접을 준비하는 문과 고3 딸이 '인문 제시문'이 나오면 통 모르겠고 헤매게 된다고ㅠㅠ 이를 어쩌나 하던 차에 〈5분 뚝딱 철학〉을 보니, 사막의 오아시스를 만난 느낌입니다! _su**

〈미학〉에서 '칸트의 판단력비판 2-숭고함에 대하여' 강의는 짧지만 숙연하고 아름다웠어요. 최고네요! 가슴 벅차서 한참을 앉아 있었어요. _m********

포괄적이고 이해가 쉬운 설명, 매번 감탄합니다. _임**

진짜 이해 잘돼요. 철학이 이렇게 재밌다니! _****

5분 뚝딱 철학-생각의 역사 2

5분 뚝딱 철학 - 생각의 역사 2

개정판 1쇄 발행 2024년 1월 25일
개정판 2쇄 발행 2024년 8월 30일

지은이 김필영
펴낸이 유해룡
펴낸곳 (주)스마트북스
출판등록 2010년 3월 5일 | 제2021-000149호
주소 서울시 영등포구 영등포로5길 19, 동아프라임밸리 1007호
편집전화 02)337-7800 | **영업전화** 02)337-7810 | **팩스** 02)337-7811
삽화 김주성 | **표지 디자인** 투에스북디자인 | **본문 디자인·편집** 김경주

원고투고 www.smartbooks21.com/about/publication
홈페이지 www.smartbooks21.com

ISBN 979-11-93674-02-4　　04100
　　　979-11-93674-00-0　　04100(세트)

Philosophy

5분 뚝딱 철학 - 생각의 역사 2

생각의 지도를 그려주는 최소한의 인문지식

현대

김필영 지음

스마트북스

『5분 뚝딱 철학-생각의 역사』를 여행하는
히치하이커를 위한 안내서

광장과 밀실

인간에게는 광장과 밀실, 두 개의 공간이 필요해요. 우리는 광장에서만 살 수 없고, 또 밀실에서만 틀어박혀 살 수도 없어요. 광장에서는 필연적으로 피로와 상처가 동반되는데, 밀실에서 치료와 회복이 돼요. 또한 밀실에서는 이런저런 자신만의 생각과 반성을 하게 되는데, 광장에서 그것이 유아적 망상이 아님을 확인받을 필요가 있어요. 그래서 우리에게는 광장과 밀실, 두 개의 공간이 필요한 거죠.

그런데 사실 이 두 개의 세계를 모두 가지고 있는 사람, 생각보다 많지 않아요. 광장이 전부인 사람도 있고, 밀실이 전부인 사람도 당연히 있겠죠. 광장이 전부인 사람은 자신의 욕망이 뭔지도 모른 채, 다른 사람의 욕망을 욕망하게 될 가능성이 있어요. 밀실이 전부인 사람은 자기 혼자만의 망상에 빠지게 될 가능성이 있고요.

제가 보기에, 철학은 완벽한 밀실이 될 수 있어요. 그런데 철학이라는 밀실은 단순히 치유와 회복이 이루어지는 곳이 아니에요. 자신의 생각을 메타적으로 조망할 수 있는 공간이에요. 자신의 생각을 다시 생각할 수 있는 곳이란 거죠.

이것은 굉장히 중요해요. 왜냐하면 우리는 살아가면서 어떤 대상이나 목적에 대해서만 생각하지, 그게 왜 중요한지에 대해서는 생각하지 못하는 경우가 있기 때문이에요. 그래서 철학이라는 밀실에서 자신의 생각을 점검할 필요가 있는 거죠.

철학이란 무엇인가?

철학에서 가장 대답하기 어려운 질문이 바로 "철학이란 무엇인가?"예요. 참 아이러니하죠. 이 질문에 대해 철학자들마다 서로 다른 대답을 내놓았어요. 들뢰즈와 가타리는 『철학이란 무엇인가』라는 책에서 "철학은 새로운 개념을 창조하는 작업"이라고 해요. 이때 새로운 개념은 하늘에서 뚝 떨어지는 것이 아니라, 이전의 다른 철학적 개념들이 서로 접속하면서 만들어져요.

예컨대 소크라테스와 플라톤 철학이 접속하면서 '이데아' 개념이 생겨났고, 플라톤과 아리스토텔레스가 접속하면서 '가능태'라는 개념이 생겨났어요. 그리고 플라톤과 플로티노스가 접속하면서 '일자' 개념이 생겨났고, 아리스토텔레스와 토마스 아퀴나스가 접속하면서 '신'이라는 개념이 생겨났어요.

또한 과학혁명과 데카르트가 접속하면서 '코기토'라는 개념이 생겨

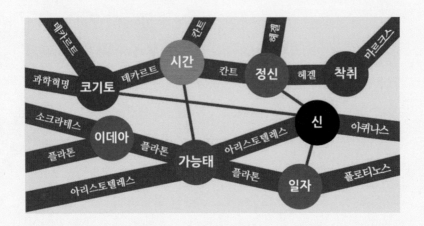

낳고, 데카르트와 칸트가 접속하면서 '시간과 공간' 개념이 생겨났어요. 그리고 칸트와 헤겔이 접속하면서 '절대정신'이라는 개념이 생겨났고, 헤겔과 마르크스가 접속하면서 '착취' 개념이 생겨났죠.

그런데 이런 말은 들뢰즈나 되니까 할 수 있는 소리예요. 들뢰즈는 서양철학사가 무엇을 중심으로 전개됐으며, 어떤 방식으로 발전해 왔는지 아마 꿰뚫고 있었을 거예요. 그러니까 그 접속을 풀고, 자신만의 방식으로 재접속을 하면서 새로운 철학적 개념을 만들어 낼 수 있었던 것이죠.

그러니 철학을 공부하려면, 먼저 철학적 개념의 체계를 만들어 놓아야 해요. 철학의 체계를 잡기 위해서는 『5분 뚝딱 철학-생각의 역사』가 도움이 될 거예요. 〈5분 뚝딱 철학〉 유튜브 영상만 보면 순서가 없기 때문에 뒤죽박죽인 것 같지만, 책을 보면 내용을 체계적으로 알 수 있어요.

철학의 쓸모

5년 전부터 유튜브에 〈5분 뚝딱 철학〉 영상을 매주 한 편씩 올리고 있어요. 힘들긴 하지만, 덕분에 새삼 철학 공부에 목표도 생기고, 구독자가 25만 명을 넘는 등 호응이 좋아 재미있게 하고 있어요.

감사하게도 많은 구독자와 독자들께서 호응을 해주셨어요. 〈5분 뚝딱 철학〉 강의를 들으며, 철학과 더불어 생각에 대한 사유의 즐거움을 알게 되었다는 분도 있었어요. 세상을 보는 관점이나 시야가 달라졌고, 생각하고 결정하는 게 더 간단 명료해졌으며, 생각보다 철학이 일상에 참 쓸모가 있다고 느낀다는 분도 있었고요. 수능 국어의 비문학이나 윤리, 논술, 면접, 또는 LEET법학적성시험에 도움이 되었으면 해서 보다가 철학의 매력을 알게 되었다는 분들도 있었어요. 아이를 위해 듣는다는 부모님들도 있었고요.

철학에 접근하는 이유는 이처럼 저마다 다른 것 같아요. 이 자리를 빌려 감사의 인사를 드립니다.

인류 생각의 역사가 한눈에 — 5분 뚝딱 철학

『5분 뚝딱 철학-생각의 역사』는 **철학의 나무**유튜브와 **철학의 숲**책을 오가기 편하게 책 속에 해당 유튜브 영상의 QR코드를 넣었어요. QR코드를 찍으면 언제든 편하게 원하는 영상을 볼 수 있어요. 출퇴근길이나 여유 시간이 있을 때 잠깐씩 찾아보기 좋을 거예요. 이 책을 읽고 영상을 보면 훨씬 쉽게 눈에 들어오고, 영상을 보고 다시 책을 읽으면 훨씬 수월하게 읽힐 거예요.

〈5분 뚝딱 철학〉 유튜브의 구성

『5분 뚝딱 철학』책은 2020년 겨울에 1권이 출간된 후, 〈2021년 세종
도서-교양 부문〉, 〈2021년 올해의 청소년 교양도서〉로 선정됐고, 쇄를
거듭하며 독자들께 많은 사랑을 받았습니다. 독자들께 감사한 마음입
니다.

　이번 전면 개정판『5분 뚝딱 철학-생각의 역사』에서는 서양철학을
고대, 중세, 근대, 현대 등 시대별로 정리했어요. 2권에서는 현대철학을
주로 다뤄요. 현대철학을 존재론·인식론·논리학·과학과 수학·윤리학
등 10개 분과로 분류하고, 또 이것을 핵심 질문으로 정리해 놓았어요.
이 지도를 가지고 있으면 철학의 전체 구도를 파악하기가 쉬울 거예요.

　조금 피부에 와닿는 비유를 해볼게요. 여러분이 멋지게 차려입고
나가려면, 먼저 옷이 있어야겠죠. 옷장이 텅 비어 있어도 곤란하고, 옷
은 엄청나게 많은데 뒤죽박죽되어 있어도 곤란해요. 먼저 드레스룸이
상의는 상의대로, 바지는 바지대로, 액세서리는 액세서리대로 깔끔하게
정리되어 있어야 그날그날 상황과 날씨에 맞추어 코디해서 입고 나갈
수 있죠. 마찬가지로『5분 뚝딱 철학-생각의 역사』는 서양철학사를 시

대별, 분과별로, 핵심 질문별로 깔끔하게 정리했기에 전체 구도를 파악하기 쉬울 거예요.

이 책을 통해 전체 맥락 속에서 각 철학의 맛을 보고, 다시 유튜브 영상을 보면서 내용을 좀더 깊이 이해하고 확인한다면 더욱 효과적으로 볼 수 있을 거예요.

우리는 이제 철학마을로 가는 길에 존재론·인식론·윤리학·심리학 등의 오솔길을 거치게 될 거예요. 오솔길들은 복잡하게 교차하고 얽혀 있는 미로 같은 길이지만, 철학사 지도가 있으면 길을 잃지 않고 갈 수 있어요. 그리고 아름다운 나무들이 있어서 행복하게 여행을 할 수 있어요.

철학마을로 가는 길에 마음에 드는 나무들 가까이 가서 만져도 보고, 그늘 아래서 시간을 보내 보세요. 그러면 처음에 스쳐 지나가느라고 보지 못했던 나무의 가지와 잎사귀들이 보일 거예요.

모두들 즐거운 여행이 되길 바랍니다.

2024년 1월
김필영 드림

차례

1장 ──── 어떻게 살 것인가?

2장 ──── 인간이란 무엇인가?

3장 ——— 진리는 절대적인가, 상대적인가?

4장 ───── 언어, 구조주의란 무엇인가?

5장 ───── 존재란 무엇인가?

6장 ──── 과학철학 & 수리철학

『5분 뚝딱 철학 - 생각의 역사』 시리즈(전2권) 철학사 지도

	분야	고대	중세
진	존재론	만물은 무엇인가? 탈레스, 아낙시만드로스, 아낙시메네스, 피타고라스, 엠페도클레스, 데모크리토스	신/보편자는 존재하는가? 토마스 아퀴나스 보편논쟁 1, 보편논쟁 2
		세계는 변화하는가? 헤라클레이토스, 파르메니데스, 제논 & 멜리서스, 테세우스 배, 아리스토텔레스	
	인식론	진리는 절대적인가, 상대적인가? 고르기아스, 프로타고라스, 소크라테스(노예) 플라톤(동굴), 피론	진리란 무엇인가? 오컴의 윌리엄
	논리학	논리학이란 무엇인가? 아리스토텔레스	
	과학과 수학		
	언어와 구조		
선	윤리학	어떻게 살 것인가? 프로타고라스, 소크라테스(무지), 디오게네스, 스토아, 에피쿠로스, 아리스토텔레스(니코마코스)	
	종교철학	철학과 종교를 어떻게 연결할 것인가? 플로티노스, 보에티우스	철학과 종교는 화해할 수 있는가? 아우구스티누스, 아베로에스 & 아퀴나스
	정치철학	이상국가란 무엇인가? 플라톤(영혼의 세 영역), 플라톤(이데아론), 플라톤(이상국가)	
	심리학		
미	미학	예술이란 무엇인가? 플라톤(미의 대이론), 플라톤 & 아리스토텔레스	

근대	현대
물질과 정신 중 무엇이 진짜인가? 데카르트, 스피노자, 라이프니츠(괘, 세 얼굴)	**존재란 무엇인가?** 스티븐 와인버그, 물리주의, 결정론 & 자유의지 1, 2 후설, 하이데거, 데리다, 들뢰즈
시간과 공간은 무엇인가? 뉴턴 & 라이프니츠	**시간이란 무엇인가?** 베르그송, 맥타가트
지식의 원천은 무엇인가? 로크, 흄, 칸트 1, 2	**진리는 절대적인가, 상대적인가?** 카, 포퍼, 쿤, 핸슨, 푸코, 게티어, 가상현실(뇌), 콰인, 실용주의
논리적 방법이란 무엇인가? 베이컨, 러셀 & 흄, 귀납, 연역	**논리적 방법론이란 무엇인가?** 헴펠, 조건문, 필요충분조건, 논리적 오류, 새로운 귀납문제, 형식적 오류, 명제 논리학
	과학과 철학 결정론 & 양자역학, 결정론 & 숙명론, 아인슈타인(안드로메다) 아인슈타인(상대성, 마이너리티), 루이스(시간여행), 존 설, 융(동시성), 헴펠, 파이어아벤트, 앨런 소칼, 존 벨, 테넷, 양자역학
	수학과 철학 프레게, 루이스 & 엘가, 괴델(불완전성) 튜링, 스티븐 셀빗, 칸토어, 수학의 기초론
	언어란 무엇인가? 프레게, 러셀, 비트겐슈타인(전기), 비트겐슈타인(후기), 성철 & 비트겐슈타인, 언어습득이론
	구조주의란 무엇인가? 소쉬르, 레비스트로스
어떻게 살 것인가? 애덤 스미스, 칸트, 파스칼, 공리주의	**어떻게 살 것인가?** 니체 1, 2, 마르크스, 한나 아렌트, 사르트르, 셀리그만, 사이먼 사이넥, 존 내쉬, 싱어 & 레건, 키르케고르, 야스퍼스
	신은 존재하는가? 변신론, 괴델(신)
정치를 어떻게 할 것인가? 마키아벨리, 홉스	**정의란 무엇인가?** 롤스 & 노직 & 왈저
	인간이란 무엇인가? 프로이트, 융(나), 아들러, 방어기제, 라캉 1, 2, 성격장애, 융(성격), 행동주의, 인공지능(전기양), 에릭슨, 사이버네틱스, 인본주의
아름다움이란 무엇인가? 칸트 1, 2	**예술이란 무엇인가?** 푸코, 음악심리 1, 2

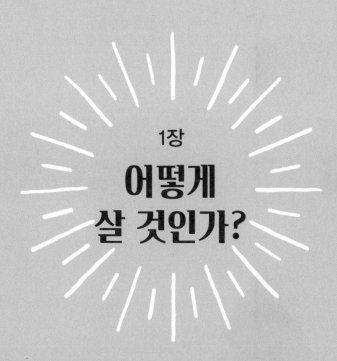

1장

어떻게
살 것인가?

Ethics 윤리학

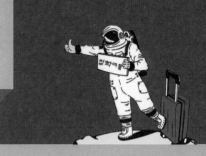

Political Philosophy

정의란 무엇인가?

진리가 여자라면…

니체: 신은 죽었다 1

프리드리히 니체1844~1900 하면 "신은 죽었다"라는 말이 생각나죠? 그런데 19세기 사상가 중에 종교에 대해 회의한 사람은 니체 말고도 많아요.

　찰스 다윈은 『종의 기원』에서 진화론을 제시하면서 "종교에 대한 세뇌는 공포다"라고 했어요. 마르크스는 "종교는 민중에 대한 억압을 정당화하는 장치"라고 선언했고요. 프로이트는 "종교는 집단적 강박증"이라고 했죠. 마지막 정점은 역시 니체의 선언이에요. "신은 죽었다." 그렇다면 '신은 죽었다'는 건 무슨 말일까요?

진리가 여자라면…

철학자들은 진리를 추구해요. 철학책을 잔뜩 쌓아놓고 심각하고 집요하게 진리를 쫓죠. 그런데 니체는 만약 진리가 여자라면 이런 철학자들을 좋아하겠냐고 반문해요. 이를테면 소크라테스는 상대방을 궁지로 몰아넣는 식으로, 철학을 마치 토너먼트 경기하듯 했다고 비난해요.

> 소크라테스: 우울하다는 것은 무엇인가?
>
> 상대방: 침울한 것입니다.
>
> 소크라테스: 침울하다는 것은 무엇인가?
>
> 상대방: 기분이 나쁜 것입니다.
>
> 소크라테스: 기분이 나쁘다는 것은 무엇인가?
>
> 상대방: 모르겠습니다.

니체는 이것은 진리를 추구하는 아주 천박한 방법이라고 봤어요. 자기도 모르면서 상대방에게 대답하라고 요구하고, 그 대답에서 꼬투리를 잡아 상대방을 제압하려 했다는 거죠. 이렇게 해서는 진리를 얻을 수 없다고 해요. 그리고 철학자들이 철학을 가볍고 재미있게 해야 한다고 주장했어요.

니체가 쓴 책의 제목들

니체의 철학은 내용이 심각해요. 하지만 그것을 말하는 방식은 가볍고 경쾌하고 유머러스해요. 먼저 눈에 띄는 것은 책 제목인데 흥미로워요.

『비극의 탄생』, 『반시대적 고찰』, 『인간적인 너무나 인간적인』, 『즐거운 지식』, 『차라투스트라는 이렇게 말했다』, 『선악의 저편』, 『도덕의 계보학』, 『우상의 황혼』, 『안티크리스트』, 『이 사람을 보라』.

여기서 "이 사람을 보라Ecce Homo, 에케 호모"는 로마제국 유대 속주의 총독 빌라도가 예수를 가리키면서 한 말이에요. 책 제목은 "이 사람을 보라"인데, 내용은 니체의 자서전이에요. 자기 자신을 예수의 반열에 올린 거죠. 니체는 이 책에서 이런 얘기를 해요. "나는 왜 이렇게 지혜로운가?", "나는 왜 이렇게 똑똑한가?", "나는 왜 이렇게 좋은 책들을 쓰는가?" 재밌죠? 니체는 진리도 이렇게 다뤄야 한다고 봤어요.

도덕의 계보학

윤리학에서 가장 중요한 문제는 옳고 그름의 문제를 따지는 거예요. 어떤 '기준'으로 따지느냐에 따라 공리주의, 의무주의, 덕의 윤리 등 3가지 입장이 있죠. 이러한 윤리학을 **규범 윤리학**이라고 해요.

반면 행위의 옳고 그름이 아니라, 옳고 그름의 '의미'가 무엇인지, 윤리학이 과연 학문이 될 수 있는지 같은 문제를 따지는 입장도 있어요. 이러한 윤리학을 **메타 윤리학**이라고 해요.

그런데 니체의 관심은 규범 윤리학도 아니고, 메타 윤리학도 아니었어요.

'사람들은 왜 이러한 방식으로 옳고 그름을 보게 되었을까?'

'사람들은 왜 관대함을 옳은 것이라고 생각할까?'

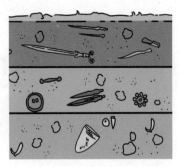

도덕의 계보학
족보

'사람들은 왜 독재를 그른 것이라고 생각할까?'

니체는 도덕적 관념의 기원에 관심을 가졌어요. 도덕의 족보를 따지겠다는 거죠. 확실히 다르죠? 이를 **도덕의 계보학**이라고 해요.

주인의 도덕과 노예의 도덕

니체는 도덕의 계보를 따라 올라갔어요. 그리고 주인의 도덕과 노예의 도덕이 있다는 것을 발견했어요.

주인의 입장에서는 '강하고 화려하고 자신감이 넘치고 자기결정적이고 자기긍정적인 것'이 Good, '좋은' 거예요. 그리고 '약하고 지저분하고 자신감 없고 의존적이며 자기부정적인 것'이 Bad, '나쁜' 거고요.

이번엔 노예의 입장에서 보죠. 노예의 관점에서 주인은 Bad한 놈이에요. 이때 Bad는 단지 나쁘다는 게 아니라 '악'을 의미해요. 노예의 입장에서 주인은 화려한 것이 아니라 사치스러운 거예요. 자신감이 넘치는 것이 아니라 건방진 거고요. 자기결정적인 것이 아니라 독단적인 것이며, 자기긍정적인 것이 아니라 허세만 부리는 거예요.

그러면 노예는 자신을 어떻게 볼까요? 노예 입장에서 자신은 Good

한 사람이에요. 이때 Good은 단지 좋다는 의미가 아니라 '선'을 의미해요. 나는 약한 것이 아니라 선량한 것이고, 지저분한 것이 아니라 소박한 거예요. 자신감이 없는 것이 아니라 배려심이 있는 거고, 의존적인 것이 아니라 민주적인 것이고요. 자기부정적인 것이 아니라 자기성찰을 하는 사람이라고 봐요.

조지 부시   사담 후세인

2002년 미국 대통령 조시 부시는 이라크의 후세인 정권을 '악의 축'으로 규정했어요. 2003년 이라크가 핵무기와 생화학무기 같은 대량 살상무기를 갖고 있다고 악을 응징하겠다며 침공했죠. 상대방을 '악'으로 규정하고, 자신이 '선'이 되는 이런 식의 도덕이 바로 노예의 도덕이에요.

그런데 주인은 노예를 '악'이라고 생각하지 않아요. 독수리가 잡아먹으면서 양을 미워하나요? 아니죠? 맛있는 음식을 왜 미워하겠어요? 하지만 양에게 독수리는 '악'이죠. 이것이 노예의 도덕이란 거죠.

【질문】 지금 우리가 가진 도덕은 주인의 도덕인가요, 노예의 도덕인가요? 가만히 생각해 보세요. 니체에 따르면, 우리는 노예의 도덕을 가지고 있어요. 우리가 생각하는 미덕은 사랑, 배려, 용서, 민주적, 선량함 등인데, 이는 원래 주인의 관점에서는 나쁜Bad 것을 노예들이 선한Good 도덕으로 바꿔 버렸다는 거예요.

우리는 왜 노예의 도덕을 갖게 되었을까요? 니체는 기독교 때문이라고 말해요. 노예들이 기독교 사상을 가지고 반란을 일으켰다는 거예요. 기독교적 가치, 즉 믿음·소망·사랑·용서·봉사, "오른쪽 뺨을 때리면 왼쪽 뺨을 내줘라" 같은 것은 원래 나쁜Bad 것이었는데, 노예들에 의해 선한Good 것이 되었다는 거죠. 니체는 노예의 도덕은 허구이며 왜곡된 도덕이기 때문에, 인간은 주인의 도덕을 회복하기 위해 기독교적 가치를 없애야 한다고 말해요. 그러기 위해서는 신을 죽여야만 하고요.

신은 죽었다

니체는 "신은 죽었다"라는 말을 『즐거운 지식』에서 처음으로 언급해요. 직접 인용해 볼게요.

> "신이 어디로 가셨느냐고." 그는 소리쳤다.
>
> "내가 그것을 너희에게 말해 주마! 우리가 신을 죽였다. 너희들과 내가 말이다. 우리 모두가 그의 살해자다! 하지만 어떻게 해서 우리가 이런 일을 저질렀을까? 어떻게 해서 우리가 대양을 마셔 말라버리게 할 수 있었지? 전 지평선을 지워 없애 버리도록 해면海綿을 준 자 누구인가 … 신은 죽었다. 신은 죽은 채로 있다. 그런데 우리가 그를 죽인 것이다. … 살해자 중의 살해자인 우리, 어떻게 스스로를 위안할 것인가?"_프리드리히 니체, 『즐거운 지식』, 청하출판사, 2011년, 184~185쪽

이때 신의 죽음이 상징하는 것은, 선과 악의 구분은 사라졌다는 거예요. '선악'을 구분하는 노예의 도덕이 없어지고, '좋음과 나쁨'만을 갖

는 주인의 도덕이 다시 새로운 가치체계가 되었다는 것, 즉 서양 전통의 모든 도덕과 가치가 죽었다는 거죠.

도덕과 가치만 죽었냐 하면, 그렇지 않아요. 니체는 서양 전통의 모든 철학과 사상의 중심에 기독교 사상이 있다고 봤어요. 따라서 신의 죽음은 단지 도덕과 가치의 죽음일 뿐만 아니라, 서양 전통의 모든 철학과 사상의 죽음을 의미해요.

서양철학은 죽었다

결국 니체가 신의 죽음을 통해 말하고 싶었던 것은, 소크라테스로부터 시작된 서양의 철학·사상·도덕·가치가 모두 죽었다는 거예요. 그래서 니체를 '망치를 든 철학자', '전복의 철학자'라고 해요.

니체는 자신을 가리켜 "나는 인간이 아니라 다이너마이트다"라고 했어요. 고대부터 근대까지 쌓아올린 서양 전통의 철학과 도덕은 니체에 의해 전복되었어요. 비로소 현대철학의 새로운 문이 열리게 된 거죠.

그러면 인간은 이제 어떻게 살아야 할까요? 인간은 어디로 가야 할까요? 인간은 무엇을 등불로 삼아야 할까요? 다음에는 이 부분에 대한 얘기를 다뤄 볼게요.

영상으로 한 번 데!

내가 위버멘쉬라면…
니체: 신은 죽었다 2

수동적 허무주의, 니힐리즘

르네상스 화가 라파엘로의 그림 〈아테네 학당〉에서 플라톤은 손가락으로 하늘을 가리키고 있죠. 마치 "진짜로 중요한 것은 저기 위에 있는 이데아의 세계야"라고 말하는 것처럼요. 플라톤은 이데아의 세계가 진짜 세계이고, 현실세계는 가짜 세계라고 봤어요.

기독교 사상도 마찬가지예요. 인간이 죽으면 저세상으로 간다고들 하잖아요. 현실세계보다 완전하고 불변하며 영원한 저세상, 천국을 중시했죠. 그래서 니체는 기독교 사상은 대중을 위한 플라톤 사상일 뿐이라고 했어요.

플라톤 사상과 기독교 사상에서 현실세계는 잠깐 거쳐가는 간이역 같은 거예요. 종착역은 현실세계가 아니라 저 세계죠. 그래서 이 세계에서 일어나는 일은 모두 허무해요. 허무한 이 현실세계에서 인간이 할 수 있는 일은 향락이나 무관심에 빠지는 거예요. 니체는 현실세계를 부정하는 플라톤 사상과 기독교 사상을 니힐리

즘, 즉 **수동적 허무주의**라고 해요.

능동적 허무주의

니체는 "신은 죽었다"고 선언했죠. 신이 죽었으니, 이제 이 세계에서 죽어도 갈 수 있는 저 세계가 없어요. 현실세계는 그냥 간이역인 줄 알았는데, 알고 보니 종착역이었어요. 그러니 향락이나 무관심에 빠져 있을 수만은 없어요.

　니체는 현실을 긍정하고 받아들여야 한다고 해요. 이것을 **능동적 허무주의**라고 해요. 능동적 허무주의는 저 세계를 부정하고, 이 세계와 이 세계에서의 삶을 긍정해요.

영원회귀

니체는 스위스의 질스마리아에 머물 때, 호숫가를 산책하다가 바위 앞에서 갑자기 영감을 받았어요. 이때 니체가 받은 영감이 바로 영원회귀 사상이에요.

　영원회귀 사상은 간단히 말해 '동일한 것이 영원히 되돌아온다'는 거예요. 참 애매한 말이죠? 이것이 무슨 뜻인지 일치된 해석은 없지만, 대략 3가지 정도로 요약할 수 있어요.

영원한 반복

영원회귀란 말 그대로 '똑같은 사건이 영원히 반복해서 일어난다'는 거예요. 예컨대 지금 일어나는 사건이 1만 년 전에도 똑같이 일어났고, 2

만 년 전에도 똑같이 일어났으며, 1만 년 후에도, 2만 년 후에도 똑같이 일어날 거란 거죠. 카세트테이프가 반복해서 돌아가는 것처럼, 이 세계가 영원히 똑같이 반복된다는 거예요.

영원회귀

긍정하라

어떤 사람들은 영원회귀는 니체가 이 세계와 자신의 삶을 긍정하라는 것을 강조하기 위해 상정한 하나의 '가정'일 뿐이라고 해요. 그런데 자신의 삶을 긍정하는 것이 쉽지 않죠?

니체는 이 세계와 나의 삶이 영원히 반복된다 해도 받아들일 수 있을 정도로, 자신의 삶을 긍정하라는 의미로 영원회귀를 이야기했다는 사람도 있어요.

생성, 생성, 생성

플라톤은 현실 너머의 저세상에 변하지 않는 이데아가 존재한다고 했죠. 반면 니체는 현실 너머의 변하지 않는 저세상을 없애 버렸어요.

세상에 존재하는 모든 것은 항상 변해요. 지금 이 순간에도 무언가가 계속 생성되고 있고, 이러한 생성이라는 사건은 영원히 반복돼요. 어떤 사람들은 영원회귀 사상은 앞으로도 우주와 이 세계에서 뭔가가 계속 영원히 생성될 거라는 의미라고 해요.

아모르 파티

어떤 거지들은 사람들에게 동정을 더 많이 받기 위해 자신이 비참하게 보이길 원해요. 거지가 비참할수록 도와주는 사람의 마음은 뿌듯해요. 하지만 이것은 사랑이 아니에요. 말 그대로 그냥 싸구려 동정심이죠. 니체는 거지에게 이런 동정을 하지 말라고 해요.

우리는 사랑하는 사람이 비참해지는 것을 원하지 않죠. 그리고 우리는 사랑하는 사람을 도와주며 뿌듯함을 느끼는 걸 바라지 않아요.

우리는 누군가를 사랑할 때, 그 사람이 더 나은 상태, 더 좋은 상태, 더 행복한 상태에 있기를 원해요. 즉, 우리가 누군가를 사랑한다는 것은, 그가 더욱 사랑스러운 사람, 더욱 사랑을 받을 만한 사람이 되길 원한다는 뜻이에요. 대한민국을 사랑하는 사람은 더욱 사랑스러운 국가로 만들기 위해 뭔가를 할 거예요. 자신의 직장을 사랑하는 사람은 더욱 사랑스러운 회사로 만들기 위해 일을 더 열심히 하겠죠. 자기 집 정원을 사랑하는 사람은 정원을 더욱 열심히 가꿀 거예요.

【질문】 자신의 운명을 사랑하는 사람은 무엇을 할까요?
"자신의 운명을 사랑하라." 이 말은 힘들고 고난에 가득 차 있을지라도, 운명이려니 하며 그냥 받아들이라는 말이 아니에요. 이 말은 순서를 뒤집어 이해해야 해요. 내 운명을 더욱 사랑스럽게 만들기 위해 운명을 개척하라는 말이에요. 이것이 바로 아모르 파티, 즉 "자신의 운명을 사랑하라"는 말의 진정한 뜻이에요. 우리는 어떻게 운명을 사랑스럽게 만들 수 있을까요? 니체는 위버멘쉬가 되라고 해요.

위버멘쉬

독일어 위버멘쉬Übermensch에서 위버는 'over~을 넘어서'이고, 멘쉬는 'man사람'이에요. 예전에는 위버멘쉬를 '슈퍼맨'이나 '초인'으로 번역했어요. 하지만 요즘은 '극복인'이나 그냥 '위버멘쉬'로 번역해요. 위버멘쉬는 특별한 능력을 가진 인간을 가리키는 말이 아니에요. 그냥 자기 자신을 극복하는 인간을 말해요.

위버멘쉬는 구체적으로 다음과 같은 의미예요.

	자신을 극복하는 인간, 주인의 역할을 하는 인간
	자신과 세계를 긍정하는 인간, 허무주의를 넘어선 인간
	가치를 창조하는 인간, 능동적으로 행동하는 인간
	결단을 내리는 인간, 자기 입법적 인간
	힘에의 의지를 가치로 설정하는 인간
	디오니소스적인 긍정의 힘을 가진 인간
	아이의 정신으로 새롭게 시작하는 인간

좋은 말은 다 갖다붙인 것 같죠? 위버멘쉬란 말은 분명하게 설명할 수 없어요. 이 말이 떠올리는 이미지를 살펴보죠.

위버멘쉬는 자유정신을 가졌다는 점에서는 디오게네스를 떠올리게 해요. 디오게네스는 고대 그리스의 견유학파 철학자로, 인간의 자연적 욕구에 충실하게 살라고 했죠. 알렉산드로스 대왕이 소원이 뭐냐고 묻자, 햇빛을 가리지 말고 비키라고 했고요.

위버맨쉬는 자기 결단을 내린다는 점에서는 영화 〈돌아온 장고〉의

자유인	결단인	능동인	창조인	주인
(디오게네스)	(장고)	(체 게바라)	(비트겐슈타인)	(헨리 데이비드 소로)

장고를 닮았어요. 능동적 인간이라는 점에서는 체 게바라도 생각나고요. 새로운 가치를 창조한다는 점에서는 비트겐슈타인이 떠올라요. 내 삶의 주인이라는 점에서는 월든 호숫가에서 실천적 초월주의자의 삶을 산 헨리 데이비드 소로가 생각나기도 해요.

기존의 도덕과 가치에 얽매이지 않는 사람
자발적 아싸

이런 캐릭터들을 짬뽕하면, 옆의 사진과 같은 사람이 될 거예요. 이것은 존재할 수 없는 인간이죠.

그런데 이들의 공통점이 뭘까요? 기존의 도덕과 가치, 시류에 얽매이지 않는 자발적 아싸 정신을 가졌다는 거죠. 니체는 운명을 사랑스럽게 만들기 위해서는 우리가 이처럼 위버멘쉬가 되어야 한다고 봤어요.

니체를 향한 엇갈린 평가

니체는 어릴 때부터 몸이 약했고, 평생 두통에 시달렸어요. 지독한 근시여서 차분하게 앉아 글을 길게 쓸 수 없었고요. 대신 짧은 잠언 식으로 썼어요. 그래서 그의 글은 이해하기가 굉장히 어려워요.

니체에 대한 평가는 상당히 엇갈려요. 어떤 사람들은 니체가 새로운 시대를 열었다고 해요. 어떤 사람들은 니체가 기존의 도덕과 가치를 부수기만 했지, 새로운 대안을 제시하지 못했다고 해요. 그리고 어떤 사람들은 니체가 자신이 위버멘쉬가 된 것으로 착각한 조울증 환자라고도 해요. 현실에서는 매우 소심한 사람이었는데, 글을 쓸 때만큼은 위버멘쉬가 된 양 착각했다는 거죠.

대체로 조금씩은 맞는 평가 같아요. 그런데 니체를 공부하고 연구한 사람들은 헤어나오지를 못해요. 깊이 들어가면, 니체에 압도되는 모양이에요. 니체의 철학은 굉장히 강해요. 멘털이 웬만큼 강하지 않으면 감당하기가 어려운 듯해요. 그런데 제가 보기에, 니체 자신도 자신의 철학을 감당하지 못한 듯해요.

1889년 45세의 니체가 타고 가던 마차의 바퀴가 진창에 빠졌어요. 진흙탕에 빠진 말은 꼼짝도 하지 않았어요. 마부가 말을 채찍질했어요. 그것을 본 니체가 갑자기 말에게로 다가가 부둥켜안고 울었어요. 이때부터 정신이 온전치 못하게 되었다고 해요.

이 일화에 대한 해석들이 많은데, 그중 하나를 소개할게요. 니체는 이 세계를 긍정하라고 했죠. 자신의 운명을 사랑하는 위버멘쉬가 되라고 했어요. 그런데 채찍질을 당하는 말을 보며, 이 세계를 긍정하고, 자신의 운명을 사랑하기 위해서는 얼마나 많은 고통을 견뎌야 하는지를 느낀 것 같다고 해요. 채찍질을 당하는 그 말의 운명이 마치 자신의 운명처럼 보였던 모양이에요. 그래서 말을 부둥켜안고 울었다고 해석하는 사람들이 있어요.

영상으로 한 번 더!

니체는 이 사건 이후로 정신병원에 들어가게 됐어요. 그곳에서 10년을 더 살았어요. 나중에는 말도 하지 못했다고 해요. 그렇게 니체는 20세기가 시작되는 해인 1900년에 죽었어요.

공포와 전율
키르케고르: 유신론적 실존주의

19세기 덴마크 철학자인 쇠렌 키르케고르1813~55는 실존주의 철학의 선구자로 불려요. 그는 평생을 불안과 죽음에 대한 공포 속에 살았어요. 불안과 공포를 기독교 하느님을 통해 극복하거나 대면하려 했고요. 불안과 공포, 그리고 신앙심이라는 조합으로 나타난 철학이 바로 키르케고르의 실존주의예요.

절벽 위에 앉아 있는 사람은 불안해요. 물론 절벽에서 떨어질까봐 불안하겠죠. 그런데 그걸 넘어 절벽에서 뛰어내리는 걸 선택할 자유가 있기에 더욱 불안해요.

신은 에덴 동산의 아담에게 사과를 따먹지 말라고 했죠. 그런데 사과를 따먹는 걸 선택할 수 있는 자유를 주었어요. 불안은 이러한 자유로부터 생긴 거예요. 죽을 수 있는 자유, 악을 행할 수 있는 자유가 있기

자유 ➡ 선택 ➡ 불안

에, 인간은 불안해요.

키르케고르는 왜 그토록 불안과 공포 속에서 살았을까요?

실존의 3단계

키르케고르는 실존을 심미적 실존, 윤리적 실존, 종교적 실존의 3단계로
구분해요. 이를 그의 생애를 통해 설명해 볼게요.

키르케고르의 아버지는 우울증과 죄의식이 가득했어요. 젊은 시절
너무 가난해 신에게 저주를 퍼부었던 일, 아내가 죽자 당시의 교회법을
어기고 집에서 일하던 하녀와 재혼한 일 등등. 재혼한 아내와 7남매를
낳았고, 키르케고르는 막내였어요.

아버지는 자신이 죄가 많아 자식들이 33세예수가 죽은 나이가 죽은 나이를 못 넘
길 거라고 생각했어요. 실제로 7남매 중 5명이 33세 이전에 죽었어요.
키르케고르는 자신도 33세를 못 넘길 거라고 생각했어요.

게다가 덴마크 특유의 우울함이라는 말도 있죠? 이런 우울함 속에
서 키르케고르는 아버지의 성격을 빼닮았던 모양이에요. 자신이 저주받
은 몸이라고 생각했어요. 키르케고르라는 이름은 덴마크 일상어로 '묘
지'라는 뜻이 있어요.

키르케고르는 코펜하겐대학 시절에 신을 버리고 한동안 방탕한 생
활을 했어요. 이 시기가 바로 심미적 실존의 단계예요. **심미적 실존**이란
아름답고 쾌락적인 것을 찾아다니는 거예요. 이 단계에서 끊임없이 새
로운 쾌락을 찾아다니지만 결국 만족을 못하죠.

그러던 중 레기네 올센이라는 젊은 여성을 만났어요. 그녀를 매우

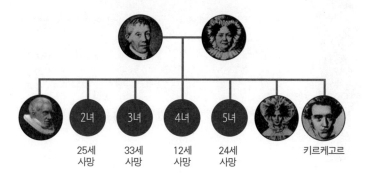

25세
사망 | 33세
사망 | 12세
사망 | 24세
사망 | 키르케고르

사랑해 청혼하고 결혼을 약속해요. 방탕한 생활을 청산하고 바르게 살기 위해서 노력해요. 이때가 **윤리적 실존** 단계예요.

하지만 윤리적 실존 단계에 있는 인간은 여전히 불안해요. 도덕적인 사람이 되려고 애를 쓸수록 자신이 도덕적이지 못한 존재란 게 더욱 잘 드러나기 때문이죠. 키르케고르는 일방적으로 파혼해 버려요. 자신이 얼마나 살지 모를 뿐더러, 죄를 타고났기에 레기네를 행복하게 해줄 수 없다고요.

키르케고르 실존의 3단계	심미적 실존 ➡ 윤리적 실존 ➡ 종교적 실존

이제 키르케고르는 베를린대학으로 가서 집필에 몰두해요. 『이것이냐, 저것이냐』, 『공포와 전율』, 『불안의 개념』, 『죽음에 이르는 병』, 책 제목부터 심상치 않죠? 그리고 기독교에 헌신하려는 결심을 해요. 이때부터가 **종교적 실존** 단계예요.

키르케고르는 작은 교회의 목사가 되려고 했어요. 하지만 당시 형식적 의식에만 치중하고 기복적인 성격을 강조하던 덴마크 교회에 실망

당시 풍자 잡지에 실린
키르케고르 캐리커처

했죠. 그래서 덴마크 교회에 반기를 들고 비판하는 신문기사를 쓰고 잡지도 발간해요. 그러다가 거리에서 쓰러져서 한 달 만에 죽었어요. 당시 키르케고르는 42세로 비록 33세는 넘겼지만, 그래도 너무 빨리 떠났어요.

서양철학의 전체 구도

키르케고르는 서양철학사에서 완전히 새로운 철학체계를 내놓았어요. 서양철학사 전체를 놓고 보면, 키르케고르의 철학적 입장이 더욱 선명하게 보여요.

플라톤은 세계를 이데아의 세계와 현실세계로 나누었죠. 이데아의 세계는 이성의 눈으로 볼 수 있는 완전한 세계이고, 현실세계는 감각의 눈으로 볼 수 있는 불완전한 세계예요. 이데아의 세계는 시간과 공간을 벗어나 있는 영원한 세계이고, 현실세계는 시간과 공간 속에 존재하는 세계예요. 이데아의 세계는 진짜 세계이고, 현실세계는 가짜 세계예요.

중세에 들어 플라톤 사상은 기독교 사상과 결합해요. 이제 이데아의 세계는 하늘나라가 되고, 현실세계는 이 땅이 돼요.

칸트도 이 시스템을 그대로 받아들여요. 칸트는 이데아의 세계를 '물자체의 세계'로 바꿨어요. 현실세계는 '현상의 세계'라고 하고요. 물론 다른 관점에서의 구분이기는 한데, 제가 보기에는 본질적으로 크게 다르지 않아요.

그런데 헤겔은 칸트의 구분에 반대했어요. 물자체의 세계와 현상계를 종합하죠. 변증법이니 절대지니 하면서, 세계 전체를 하나의 절대정신이란 걸로 통일시켜 버렸어요.

쇼펜하우어는 헤겔의 주장에 열받았어요. 무슨 얼어죽을 절대정신이냐는 거죠. 그는 물자체의 세계와 현상의 세계를 다시 나눴어요. 물자체의 세계에 '의지'라는 이름을 붙였고, 현상의 세계에는 '표상'이라는 이름을 붙였어요.

키르케고르는 헤겔에게 한 방 먹인 쇼펜하우어에게 박수를 보내요. 그는 두 세계는 하나가 될 수 없다고 봤어요. 그리고 다시 중세의 구도를 불러들여요. 그는 세계를 무한한 세계와 유한한 세계로 구분해요. **무한한 세계**는 시간을 벗어난 영원한 세계이고 가능성의 세계예요. **유한한 세계**는 시간 속에 갇힌 필연성의 세계이고요.

키르케고르는 헤겔에게 한 방 먹인 쇼펜하우어의 철학에 한편으로는 동의했지만, 둘 다 문제가 있다고 봤어요. 헤겔은 보편적 이성을 말하고, 쇼펜하우어는 보편적 의지를 말했죠. 키르케고르는 "보편적인 것이 뭐가 중요하냐?"고 반문해요. 중요한 것은 그냥 '나'라는 **하나의 개별자로서의 인간**이라고 해요.

죽음에 이르는 병

'육체'를 가진 인간은 현실적으로 유한한 필연성의 세계에 속해 있어요. 하지만 '영혼'을 가진 인간은 무한한 가능성

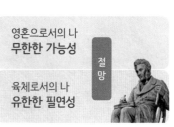

영혼으로서의 나
무한한 가능성

절망

육체로서의 나
유한한 필연성

을 꿈꾸죠. 인간은 이룰 수 없는 꿈을 꿀 수밖에 없는 존재예요. 그래서 인간은 절망해요.

인간에게는 유한성과 무한성, 가능성과 필연성 같은 모순적인 것이 모두 있어요. 그래서 인간은 절망할 수밖에 없어요. 키르케고르는 이러한 절망을 **죽음에 이르는 병**이라고 해요.

어떤 사람들은 자신이 절망에 빠져 있다는 것조차 몰라요. 이들은 외부의 아름다운 대상을 탐닉하죠. 하지만 그 대상이 끝없이 바껴요. 탐닉에는 끝이 없죠. 이것을 **무지의 절망**이라고 해요.

또 어떤 사람들은 자신이 절망 상태에 있단 걸 알지만, 그런 자신을 부정해요. 가난한 사람은 부자가 되려고 하고, 못난 사람은 외모를 가꿈으로써 더 예뻐지려고 하죠. 현재의 자기 자신을 받아들이지 못해요. 이러한 절망을 **취약함의 절망**이라고 해요.

한편 어떤 사람들은 자신이 절망의 상태에 있단 걸 알고, 그런 상태를 벗어나기 위해 삶의 의미가 무엇인지, 내가 추구해야 할 가치가 어디에 있는지를 끊임없이 생각하지만, 절망에서 벗어나지 못해요. 급기야는 아무 희망 없음에 좌절해 자살에까지 이르곤 해요. 이러한 절망을 **반항의 절망**이라고 해요.

죽음에 이르는 병

무지의 절망 ⇨ 취약함의 절망 ⇨ 반항의 절망 ⇨ 신을 믿음 그렇다면 인간은 이런 절망에서 벗어날 수 있을까요? 인간은 이런 절망으로부터 벗어날 수 없어요. 하지만 키르케고르는 이러한 절망을 견딜 수 있는 방법은 있다고 봤어요. 그것은 바로 신을 통해서예요. 그래서 키르케고르에게 절망의 반대말은 희망이 아니라 신앙이에요.

주관성이 진리다

그렇다면 신은 정말로 존재할까요? 이제부터 이 이야기를 해보죠.

객관적 진리란 진리가 나에게도 참이고, 너에게도 참이란 말이죠. 3+2=5, "물체를 놓으면 떨어진다" 같은 명제는 누구에게나 참이죠. 객관적 진리는 외부로부터 주어지는 것이기에, 증명이 가능하며 확실하다고 할 수 있어요. 우리는 객관적 진리를 믿어요.

주관적 진리는 외부로부터 주어지는 것이 아니라, 내적으로 믿어지는 거예요. 따라서 증명이 불가능하고 확실하다고 할 수도 없어요. 그럼에도 주관적 진리를 진리라고 할 수 있는 이유는, 내가 믿기 때문이에요. 객관적 진리는 참이라는 것이 확실하기 때문에 믿지만, 주관적 진리는 내가 믿기 때문에 참인 거죠.

키르케고르는 주관적 진리가 진짜 진리라고 해요. "주관성이 진리다." 주관적 진리는 나의 믿음과 결단의 결과예요. 하지만 여전히 주관적 진리는 확실하지 않죠? 이러한 불확실성을 믿는 건 나의 자유예요. "신이 존재한다"는 것도 주관적 진리라고 할 수 있어요. 그런데 신을 믿는 것이 그렇게 쉬운가요? 아니에요.

키르케고르는 아브라함이 아들 이삭을 제물로 바치라는 하느님의

렘브란트, 〈아브라함과 이삭〉(1634)

계시를 받았을 때의 공포와 전율을 상상해 보라고 해요. '내가 들은 목소리가 정말로 하느님의 목소리였을까?', 아브라함은 온갖 의심이 들었을 것이고 절망에 빠져 있었을 거예요. 하지만 이삭을 제물로 바치기로 결정하고 칼을 뽑아들어요. 그때 천사가 나타나서 말리죠.

키르케고르는 이처럼 '신이 존재한다'는 진리는 목숨을 건 결단을 통해 얻는 진리라고 봤어요. 인간은 결단을 통해 신에 대한 믿음을 가질 수 있고, 그러한 믿음을 통해 절망과 대면할 수 있어요. 그것이 종교적 실존이란 거죠.

거대한 절벽 앞의 남자가 불안한 이유는 뛰어내릴 자유가 있기 때문이라고 했죠? 따라서 이렇게 말할 수 있어요. 우리는 자유가 있기에 결단을 내릴 수 있고, 결단을 내림으로써 신을 믿을 수 있어요. 그리고 인간은 자유가 있기에 결단을 내릴 수 있지만, 자유가 있기 때문에 불안해요. 따라서 불안과 공포는 인간에게 악이 아니라 축복이라고 할 수 있어요. 이것이 제가 생각한 키르케고르의 철학이에요.

영상으로 한 번 더!

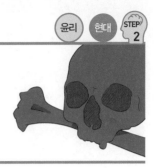

죽음을 기억하라

야스퍼스: 한계상황_좌절을 통한 초월

(feat. 실존주의)

다음은 한스 홀바인의 〈대사들The Ambassadors〉이라는 그림이에요. 화려한 의상을 입은 두 사람을 그린 초상화죠. 가운데 탁자의 상단에는 천구의, 해시계, 천체시계 등이 있어요. 하단에는 류트lute라는 악기와 피리 등이 있고 수학책이 펼쳐져 있고요. 바닥에 얼룩 같은 것이 있죠? 옆

한스 홀바인, 〈대사들〉(1533)

에서 비스듬한 각도로 보면 해골이 보여요. 왜 생뚱맞게 해골을 그려놓았을까요? 이 글의 마지막에서 해석해 볼게요.

실존주의

실존이라는 말의 의미는 스펙트럼이 매우 넓어요. 철학자들마다 각각 다르게 사용하기에 간단하게 정리하기는 어려워요. 하지만 대략적으로 넓고 단순하게 정의해 보죠.

플라톤은 본질은 저기 위의 이데아의 세계에 있다고 했죠. 아리스토텔레스는 본질은 형상이라는 이름으로 대상들 속에 있다고 했고요. 둘 다 '대상'에 본질이 있다고 본 거죠.

서양의 철학자들은 근대철학에 이르기까지 이처럼 대상을 본질로 규정해 왔어요. 나도 인간이고, 마동석도 인간이고, 마돈나도 인간이죠. 다 다르지만, 모두 인간의 본질인 합리적 이성을 가지고 있기에, 인간이란 거죠.

그런데 내가 엄청난 치통에 시달리고 있다고 하죠. 또는 죽음을 앞두고, 과거의 잘못된 선택을 후회하며 눈물을 흘리고 있다고 해보죠. 이때에도 나의 본질은 합리적 이성을 가진 존재인가요?

존재한다   실존한다

모든 인간이 가진 본질이라는 게 있긴 해요. 하지만 실제로는 그런 건 중요하지 않아요.

의자가 존재하는 방식과 인간이 존재하는 방식은 달라요. 앞 그림의 의자들은 모두 의자일 뿐이에요. 하지만 나는 나고, 마동석은 마동석이고, 마돈나는 마돈나예요. 모든 인간은 개별적이고 주체적인 존재예요. 이러한 방식으로 존재하는 것을 **실존한다**라고 해요. 그래서 "의자는 존재하고, 인간은 실존한다"라고 할 수 있어요.

야스퍼스는 인간의 실존방식으로 3가지를 들어요.

첫째, 인간은 자유를 가진 존재예요.

나는 '해야 할 일'을 선택할 수 있고, '하고 싶은 일'을 선택할 수도 있어요. 내가 '해야 할 일'을 선택한다면, 나는 의무를 중요한 가치로 생각하는 사람이 돼요. 내가 '하고 싶은 일'을 선택한다면, 나는 취향을 중요한 가치로 생각하는 사람이고요. 인간은 어떤 것을 선택함으로써, 자신이 어떤 사람인지를 규정할 수 있는 존재예요. 의자는 무언가를 선택할 수 없죠? 선택은 인간 고유의 특징이에요.

둘째, 인간은 타자와 관계를 맺는 존재예요. 인간은 개별자이고 단독자이므로 고독해요. 그래서 어떤 방식으로든 타자와 관계를 맺죠.

셋째, 인간은 역사적 존재예요. 자유의지를 가지고 타자와의 관계 속에서 선택을 하고, 그러한 선택을 통해 역사에 참여해요.

한계상황

인간은 살다 보면 회피할 수도 없고, 그렇다고 해결되지도 않는 어쩔 수 없는 최악의 상황에 직면해요. 유신론적 실존주의자 카를 야스퍼스 1883~1969는 이것을 **한계상황**이라고 해요.

인간이 맞닥뜨릴 수밖에 없는 한계상황에는 4가지가 있어요.

첫째, 죽음이에요. 누구도 죽음을 피할 수 없어요. 둘째, 생존경쟁이죠. 인간은 살아 있는 한 타자와의 경쟁이 불가피하죠. 셋째, 고통입니다. 인간의 삶은 고통이죠. 고통의 원인은 많아요. 질병, 가난, 늙음, 이별, 이 모든 게 고통이에요. 넷째, 죄예요. 인간은 죄를 짓지 않고 살고 싶지만, 실제로는 죄를 짓지 않고 살 수 있는 방법은 없어요.

야스퍼스의 한계상황은 석가모니가 말하는 생로병사와 비슷해요. 야스퍼스의 철학은 기독교 사상과 매우 가깝지만, 그는 불교철학을 상당히 긍정적으로 봤어요. 1960년대 일본 방문 당시 미륵보살반가사유상에서 최고 경지에 도달한 인간의 실존 모습을 봤다고 감탄하기도 했어요.

한계상황에 대한 야스퍼스의 철학은 자신의 경험에서 나온 것 같아요. 그는 독일을 장악한 나치의 강요로, 유대인 부인을 지키기 위해 교수직을 포기하고 대학을 떠나야 했어요. 출판을 비롯한 모든 활동이 금지됐죠. 제2차 세계대전이 일어나고 유대인 학살이 시작되자, 나치에 의해 포로수용소에 끌려갈 경우를 대비해 부인과 극약을 가지고 다녔다고 해요.

인간은 이러한 한계상황에서 좌절을 겪을 때, 예컨대 죽음을 직면하는 순간 실존적 자각을 하게 돼요. 자신을 둘러싸고 있는 껍데기를 다 제거하고, 자신의 벌거벗은 모습을 직접 대면하게 되죠. 이것을 **실존조명**, **실존의 밝아짐**이라고 해요. 야스퍼스는 자신을 자각하는 것이야말로 진정한 철학적 과제라고 봤어요.

지금까지의 철학은 "인간이 외부에 있는 대상을 어떻게 인식할 수 있는가?"를 물었죠. 그런데 야스퍼스에게 진정한 철학적 과제는 **자신을 있는 그대로 자각**하는 거예요. 그리고 그는 인간은 한계상황에서 좌절할 때 비로소 자신을 자각하게 된다고 주장해요.

초월세계

우리는 대상세계를 합리적 이성으로 파악하고 인식하려고 해요. 그것이 바로 과학이죠. 그런데 그게 다가 아니에요. 인간이 한계상황에서 좌절하고, 자신을 자각할 때 나타나는 세계도 있어요이것을 편의상 '초월세계'라고 할게요. 야스퍼스는 합리적 이성으로 파악되는 세계와 실존적 자각으로 나타나는 초월세계, 이 전체를 **포괄자**라고 해요.

산과 들판, 나무가 존재자라면, 지평선은 존재 자체라고 할 수 있어요. 산과 들판, 나무는 우리가 가까이 가서 붙잡을 수 있어요. 하지만 지평선은 붙잡을 수 없죠. 우리가 더 가까이 보기 위해 다가가면, 지평선은 다시 우리에게서 멀찌감치 물러나요.

우리는 존재자는 붙잡을 수 있지만, 존재 자체는 붙잡을 수 없어요. 야스퍼스는 지평선처럼 자신의 모습을 드러내지 않는 존재 자체를 '포괄자'라고 한 거죠.

초월세계는 언어로 기술할 수도 없고, 직접적으로 인식할 수도 없어요. 하지만 우리는 초월세계가 있다는 걸

지평선-존재 자체
산과 들판-존재자

알 수 있어요. 그 세계로부터 온 암호를 통해서요. 그 암호가 담은 메시지는 "결단을 통해 한계상황을 넘어서라"는 거죠. 그런 의미에서 야스퍼스에겐 유대인 아내가 초월세계에서 날아온 암호였어요. "아내를 지켜라"라는 암호를 해독하고, 초월세계를 엿볼 수 있었던 거죠.

앞에서 소개한 한스 홀바인의 〈대사들〉 그림을 다시 보죠. 천구의·해시계·천체시계·수학책 등은 합리적 이성의 결정체인 과학·천문학·지리학·수학을 상징해요. 화려한 옷을 입은 두 사람은 합리적 이성을 가진 인간을 상징하고요. 그런데 인간은 언젠가는 죽죠. 누구나 다 죽어요. 그 죽음을 상징하는 게 바로 해골이에요. 서양 회화에서 해골은 '메멘토 모리죽음을 기억하라'라는 의미를 가지고 있어요.

한스 홀바인은 합리성으로 대표되는 사물들을 나열해 놓고, 그 밑에 합리성으로 포착되지 않는 죽음을 그려 놓았어요. 죽음은 인간에게는 한계상황이죠. 이러한 상황에서 인간은 구원받을 수 있을까요? 화가는 그 구원의 단서를 그림 왼쪽 위의 커튼으로 숨겨놓았어요. 그러고 보면 이 십자가가 바로 야스퍼스가 말하는 초월세계로 들어가는 암호인 것이죠.

영상으로 한 번 더!

선택이 불안한 당신에게
사르트르: 실존은 본질에 앞선다

'철학자'라고 하면, 어떤 이미지가 떠오르나요? 일상생활과 좀 거리가 먼 뜬구름 잡는 생각을 하는 사람, 염세적이거나 비관적인 생각을 하는 사람, 혹은 비일상과 비정상의 중간쯤에 있는 약간 비범한 혹은 이상한 생각을 하는 사람? 사실 이것은 오해예요. 철학의 목표는 자신의 생각을 명료하게 다듬는 거예요. 그래서 논리적 오류를 저지르거나, 착각이나 쓸데없는 비관주의에 빠지는 걸 경계하는 거죠.

철학에 이런 부정적인 이미지가 생긴 이유가 있겠죠? 그중 하나는 20세기에 유행한 실존주의가 우리나라에 수입될 때, 실존주의에 대한 왜곡된 이미지가 굳어졌기 때문이 아닌가 싶어요.

실존주의에는 **유신론적 실존주의**와 **무신론적 실존주의**가 있어요. 유신론적 실존주의자로는 키르케고르, 야스퍼스 등이 있고, 무신론적 실존주의자로는 사르트르1905~80, 메를로 퐁티 등이 있어요.

유신론적 실존주의		무신론적 실존주의	
키르케고르	야스퍼스	사르트르	메를로 퐁티

인간의 실존은 본질에 앞선다

사람들은 '사르트르'라고 하면, "인간의 실존은 본질을 앞선다"는 말을 떠올려요. 실존은 무엇이고, 본질은 또 무엇일까요?

옆의 그림은 모양도 색깔도 크기도 각각 다르지만, 모두 의자예요. 심지어 나무박스도 의자라고 할 수 있죠. 사람이 앉을 수 있으니까요. 의자의 본질은 사람이 거기에 앉을 수 있다는 거죠.

의자의 본질은 사람이 앉을 수 있다는 것이다.

여기서 **본질**은 '어떤 것이 존재하는 이유, 목적'을 말해요. 모든 것은 본질을 갖고 있어요. 신발의 본질은 사람의 발을 보호하는 거죠. 우산의 본질은 비를 안 맞게 하는 것이고요.

인간의 본질은?

사람은 각기 피부색도 생김새도 다르지만, 모두 인간이라고 하죠? 생각할 수 있으니까 인간인가요? 아니죠. 생각할 수 없어도, 인간은 인간이에요. 그러면 인간의 본질은 뭐죠?

인간에게는 본질이 없어요. 인간이 존재하는 이유, 목적, 기능 같은 것 없어요. 인간은 그냥 존재하는 거예요. 심지어 존재하고 싶어서 존재하는 것도 아니에요. 혹시 태어나고 싶어서 태어난 사람 있나요? 우리 모두는 그냥 태어났어요. 그냥 세상에 던져진 존재자인 거죠. 이것을 **피투성**被投性이라고 해요.

이처럼 인간은 태어난 목적, 기능 혹은 가치가 없고, 그냥 **실존**하는 존재자예요. 이것이 **인간의 실존은 본질에 앞선다**는 말의 뜻이에요.

자유를 '선고받은' 인간

인간은 실존이 본질에 앞서는 존재이기에, 자유예요. 어떻게 살아야 한다는 규범이 없어요. 무엇을 해야 한다는 의무도 없고요. 주어진 역할도 없어요. 그런데 이것이 좋은 건가요?

글쎄요. 내가 민족 중흥의 사명을 띠고 태어났으면, 그것을 위해 살면 돼요. 가문의 영광을 위해 태어났으면, 가문의 영광을 위해 살면 되고요. 그런데 인간한테는 그런 사명 같은 것 없어요. 무엇을 하든 자신의 자유예요. 이런 자유가 좀 부담스러울 수 있죠? 그래서 사르트르의 말에 따르면, 인간은 자유를 '선고받은' 존재인 거죠.

선택과 불안

인간은 자유를 선고받았기에, 매 순간 어떤 선택에 직면해요. 대학원 진학을 할지, 직장생활을 할지, 결혼을 할지, 비혼을 할지, 투표를 할지, 복지제도에 찬성할지를 선택해야 해요. '하고 싶은 일'을 해야 할지, '해야 할 일'을 해야 할지 선택해야 해요. 정답이 없기에, 선택은 어려운 일이에요. 인간에겐 주어진 목적이나 기능이 없으니 정답도 없죠. 그래서 인간은 불안해요. 정답이 없는 문제지를 받은 거니까요.

사람들은 불안을 피하기 위해, 마치 선택의 자유가 없는 것처럼 행동해요. 알바가 마치 천직인 것처럼 몰입해요. 샐러리맨이 천직인 것처럼 한치의 심리적 동요 없이 열심히 일하는 사람들도 있어요. 사르트르는 이것을 자기기만이라고 해요. 마치 다른 걸 할 수 있는 선택지가 없는 것처럼 자신을 속이고 있다는 거죠.

'기투'하는 존재

그런데 정말로 우리의 선택에서 정답이 없나요? 사실은 정답이 없는 게 아니에요. 모든 선택지가 다 정답이에요.

우리의 선택에서 정답이 뭘까요? 나한테 가장 가치 있는 게 정답이 겠죠. 내가 어떤 걸 선택하면, 그것이 나한테는 가장 중요한 가치가 돼요. '하고 싶은 일'을 선택하면, 나의 욕망이 중요한 가치가 되죠. '해야할 일'을 선택하면, 의무가 중요한 가치가 되고요. 내가 어떤 것을 선택하는 순간, 거기에 가치가 생기는 거죠. 그러니 내가 선택한 모든 게 전부 정답인 것이죠.

인간은 선택을 하면서 계속 미래로 나아가야 해요. 자유가 불안하긴 하지만, 선택을 하면서 미래의 가치를 계속해서 만들어가야 해요. 그래서 인간은 기투하는 존재예요. 자신을 던지는 존재란 거죠. **기투**企投란 '인간이 현재를 넘어 미래를 향해 자신을 스스로 던지는 실존의 방식'을 말해요.

인간은 기투하는 존재

앙가주망

인간의 선택은 자유지만, 선택에 대한 책임을 져야 해요. 선택이 어려운 이유는 거기에 책임이 따르기 때문이에요. 다른 사람에게 무엇을 선택해야 하냐고 묻거나, 나의 선택을 위임하는 것은 선택에 대한 책임을 조금이라도 전가하고 싶기 때문이죠. 하지만 다른 사람에게 물을 필요

없어요. 그냥 선택하면 되고, 그것이 정답인 양 행동하면 돼요.

그럼, 내 맘대로 선택을 해도 될까요? 그것은 아니에요. 나의 선택은 바로 보편적 인간의 선택이에요. 내가 창조한 가치는 인간의 보편적 가치가 돼요. 내가 만든 가치는 나만의 가치가 아니라 다른 모든 사람들의 가치가 되기 때문이죠.

시몬 드 보바르와 사르트르. 보바르는 실존주의 철학자로 『제2의 성』을 저술했다. 사르트르와 그녀는 계약결혼을 한 것으로 유명하다.

따라서 나의 선택이 다른 사람들에게 어떤 영향을 미치는지도 고려해야 해요. 이것을 **앙가주망**, 영어로는 engagement라고 해요. '계약', '구속'이란 뜻이죠. 앙가주망은 정치나 사회문제에 적극적으로 참여하는 것이에요. 내가 어떤 것을 선택할 때, 사회적 책임도 고려해야 하기 때문이죠.

"인간은 아무런 목적도 이유도 없이 그냥 던져진 존재자다. 우리가 어떤 것을 선택하든, 그것은 우리의 자유이다. 어떤 것을 선택하는 순간, 거기서부터 가치가 나온다. 그것은 나만의 가치가 아니라 다른 모든 사람들의 가치다."

이것이 바로 사르트르의 실존주의예요. 한마디로 정리하면 이렇습니다. "인간은 피투성으로 태어났지만, 기투하는 존재이다."

영상으로 한 번 더!

600만 명을 죽인 아저씨

한나 아렌트: 악의 평범성

나치 친위대 아이히만

제2차 세계대전 때, 나치 독일은 유럽에 살던 1,200만 명의 유대인 중에 600만 명을 죽였어요. 대부분이 아우슈비츠 같은 포로수용소에 있는 가스실에서 죽었죠. 나치 친위대 소속의 루돌프 아이히만은 유럽 전역에 흩어져 있던 유대인들을 포로수용소로 데려오는 수송 책임자였어요.

독일이 전쟁에서 패하자, 아이히만은 아르헨티나로 도망쳤어요. 그곳에서 15년 동안 숨어 살다가 이스라엘 정보기관 모사드에게 체포되어 예루살렘의 전범재판 법정에 서게 되었죠. 이 재판에 온 세계의 관심이 쏠렸어요.

유대인 정치철학자 한나 아렌트1906~75는 나치의 폭압을 피해 미국으로 망명했고, 컬럼비아대학 교수로 있었어요. 그녀는 『뉴요커』 특파원 자격으로 8개월 동안 이 재판을 참관하고 기록을 남겼어요. 그것이 바로 『예루살렘의 아이히만』이라는 책이에요.

아이히만의 항변

1961년 12월 첫 재판이 열렸어요. 아이히만을 처음 본 한나 아렌트는 깜짝 놀랐어요. 수많은 유대인을 죽인 살인마라고 하기엔 너무나 평범한 모습이었거든요.

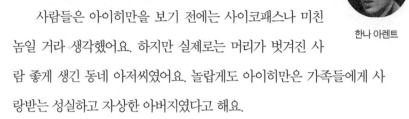

한나 아렌트

사람들은 아이히만을 보기 전에는 사이코패스나 미친 놈일 거라 생각했어요. 하지만 실제로는 머리가 벗겨진 사람 좋게 생긴 동네 아저씨였어요. 놀랍게도 아이히만은 가족들에게 사랑받는 성실하고 자상한 아버지였다고 해요.

아이히만은 자신의 무죄를 주장했어요. 윗사람이 시킨 대로 했을 뿐이라고요. 맡은 일을 최선을 다해 열심히 했을 뿐인데, 왜 자신이 유죄냐고 항변했어요.

"양심의 가책을 느끼지 않느냐?"는 질문에는 "왜 가책을 느끼겠냐?"고 반문했어요. 공직자로서 위에서 시킨 일을 하지 않았으면 양심의 가책을 느껴야 하겠지만, 자신은 시킨 일을 열심히 했다고요.

"나는 법을 지켰을 뿐이니, 양심의 가책을 받지 않는다. 나는 죄가 없다."

1961년 예루살렘의 전범재판 법정에 선 아이히만

악의 평범성

아이히만은 재판을 하면서 정신감정을 받았는데, 아무런 문제가 없다는 소견이 나왔어요. 한나 아렌트는 이렇게 말했어요.

"특별한 악인이 따로 있는 것이 아니다. 어떤 상황에 놓이면, 누구나 저런 악행을 할 수 있다." 한나 아렌트는 이것을 **악의 평범성**이라고 불렀어요. "악은 평범함 속에 도처에 있다"는 거죠.

우리 주변에도 이런 악은 널려 있어요. 공안정권의 고문 기술자들, 팔레스타인 폭격에 박수를 치며 환호하는 사람들, 포로를 개처럼 다루는 군인들, 이들도 일상생활에서는 평범한 사람들일 수 있어요. 자기가 하는 일이 악행이라고 생각하지 않을 수 있어요. 우리도 어떤 상황에 처하면, 자기가 어떤 일을 하고 있는지, 어떤 상태에 있는지 객관적으로 인지하지 못할 수 있어요.

그런데 우리는 스스로 "나는 아이히만이 아니야"라고 할 수 있나요? 물론 아이히만처럼 중대한 범죄를 저지르지는 않았죠. 하지만 우리는 흔히 자신이 속한 공동체의 요구라는 명목으로 불의를 보고도 못 본 척하죠.

그렇다면 아이히만은 무죄일까요? 한나 아렌트는 아이히만의 죄를 이렇게 말해요.

"그의 죄는 '사유 불능성'이다. 그중에서도 '타인의 입장에서 생각하기의 무능성'이다." 생각의 무능이 바로 아이히만의 죄라는 거죠.

영상으로 한 번 더!

멈춰 주세요
피터 싱어와 탐 레건: 동물권 논쟁

동물에 대한 인식

서양철학은 전통적으로 동물에 대한 도덕적 지위를 인정하는 데 상당히 인색했어요. 17세기 근대철학자 데카르트는 인간의 몸은 자동기계 장치와 같고, 마음이 이 자동기계 장치를 움직인다고 봤어요. 하지만 동물은 정신이나 마음이 없는 자동기계 장치라고 생각했기에, 쾌락이나 고통을 느낀다고 생각하지 않았어요.

칸트도 마찬가지예요. 칸트에게 인간은 수단이 아닌 그 자체가 목적인 존재예요. 하지만 이성이 없는 동물은 수단일 뿐이에요. 인간과 동물은 근본적으로 다른 도덕적 지위를 가진다고 본 거죠.

그렇다고 칸트가 동물을 경시해도 된다고 한 건 아니에요. 동물을 경시하지 않는 태도를 기름으로써, 타인을 존중하는 태도를 닦을 수 있다고 봤어요. 동물을 인간에 대한 존중을 연마하기 위한 수단일 뿐이라고 본 거죠.

동물권 개념은 현대에 들어서야 등장했어요. 그 변화를 일으킨 사람이 호주 철학자

근대 → 현대
벤담 → 피터 싱어
공리주의

칸트 → 탐 레건
의무주의

피터 싱어와 미국 철학자 탐 레건이에요.

피터 싱어는 벤담의 공리주의를 받아들여 동물권과 관련된 공리주의를 주장했어요. 탐 레건은 칸트의 의무주의를 받아들여 동물권과 관련된 의무주의를 주장했고요.

피터 싱어의 공리주의

공리주의는 간단히 말해 '최대 다수의 최대 행복'을 늘리는 행위가 옳다는 입장이죠. 19세기에 공리주의는 매우 급진적인 사상이었어요. 왕이든 자본가든 노동자든, 나의 행복이든 너의 행복이든 가중치를 똑같이 놓고 봤으니까요. 1인 1표의 원리가 깔려 있죠. 공리주의는 현대 민주사회로 들어가는 관문이 되었죠.

피터 싱어1946~는 『동물해방』에서 이렇게 물었어요.

"'최대 다수의 최대 행복'에서 최대 다수가 왜 꼭 인간이어야 하나요?"

피터 싱어

동물도 고통을 당하지 않을 권리, 즉 동물권이 있다는 거죠. 우리는 성차별을 해서는 안 되고, 인종 차별, 계층 차별, 학력 차별, 장애인 차별, 특정지역 사람을 차별해서는 안 돼요. 마찬가지로 동물을 좋아할 수도 안 좋아할 수도 있지만, 종 차별을 해서는 안 돼요. 즉, 동물권은 기호의 문제가 아니라 인간의 의무이자 당위의 문제라는 거죠.

레건의 의무주의

의무주의는 중요한 것은 행복이 아니라, 자신의 양심에 따라 지킬 것은 지켜야 한다는 거예요. 칸트가 주장한 정언명령은 어떤 조건이든 묻지도 따지지도 말고 따라야 하는 도덕법칙이죠. 정언명령 중 하나를 보죠. "사람을 수단으로서만 대하지 말고, 동시에 목적으로 대하라." 인간을 그 자체로 목적인 존재로 보는 거죠.

탐 레건1938~2017은 동물도 감각이나 지각, 기억이나 의식을 가지고 있다고 봤어요. 동물도 삶의 주체이기에 내재적 가치를 가지고 있어요. 따라서 동물도 도덕적 권리를 가지고 있으며, 인간과 마찬가지로 수단으로만 대해서는 안 돼요. 모든 생명체는 고유한 생명체로서의 가치를 존중받아야 해요. 어찌 보면 불교의 생명사상과 비슷한 것 같기도 해요.

구명보트의 개

피터 싱어나 탐 레건은 현실 문제에 대한 입장에는 큰 차이가 없어요. 둘 다 공장식 축산, 동물 실험, 육식을 반대해요. 그런데 이론상으론 차이가 있어요. 그 미묘한 차이를 이해하기 위해 사고실험을 소개해 볼게요.

유람선이 사고가 나서 뒤집혔어요. 구명보트에 사람 네 명과 개 한 마리가 간신히 올라탔어요. 정원이 초과되어 누군가를 바다에 던져야 해요. 누구를 바다에 빠뜨려야 할까요?

공리주의의 영향을 받은 피터 싱어라면, 개를 바다에 빠뜨려야 한다고 할 거예요. 인간이 살아남았을 때 얻을 행복의 양이, 개가 살아남았을 때 얻을 행복의 양보다 크다고 보기 때문이에요.

의무주의자인 탐 레건도 개를 바다에 빠뜨려야 한다고 할 거예요. 하지만 그 이유는 달라요. 인간을 빠뜨렸을 때 잃는 내재적 가치가 개

인간의 행복이
개의 행복보다
더 크다.

피터 싱어

인간의 내재적 가치가
개의 내재적 가치보다
더 크다.

탐 레건

의 내재적 가치보다 더 크다고 보기 때문이에요.

이번에는 좀더 극단적인 상황을 생각해 보죠. 영화 〈매트릭스〉의 주인공 네오가 여주인공 트리니티와 100만 마리 개 중 하나만 구할 수 있다고 하죠. 네오는 누구를 구하는 게 옳을까요?

피터 싱어라면, 100만 마리 개를 살려야 한다고 볼 거예요. 개 100만 마리가 살아남았을 때 얻을 행복의 양이, 트리니티 한 사람이 살아남았을 때 얻을 행복의 양보다 크다고 보기 때문이죠.

하지만 탐 레건이라면, 트리니티를 살려야 한다고 대답할 거예요. 인간의 내재적 가치가 개의 내재적 가치보다 크다고 생각하니까요. 레건은 내재적 가치는 양을 더하거나 곱할 수 없다고 봤어요.

오늘날 우리는 모든 인간은 동등한 인권을 가지고 있다고 생각해요. 인류가 이 단계로 오기까지 엄청난 시간이 걸렸어요. 오늘날 법은 인간에게 성별, 신분, 지능, 경제력에 관계없이 동등한 인권을 부여해요. 이처럼 인권이 확대되는 과정에서 동물권에 대한 논의도 시작됐어요.

아이러니하게도 현대적 의미의 동물보호법을 최초로 만든 나라는 나치 독일이에요. 어떤 사람들은 히틀러가 동물을 좋아했기 때문이라고 해요. 아무튼 아이러니하죠.

많은 나라에서 동물권을 헌법에 명시하고 있어요. 1978년 유네스코는 〈세계동물권리선언〉에서 모든 동물은 생존의 권리를 가지며, 학대와 잔혹 행위의 대상이 되어서는 안 된다고 선언했어요. 유럽이나 미국 일부 주에서는 축사에서 소와 돼지, 닭을 움직일 수 없는 상태로 키우면 불법이에요. 스위스에서는 살아 있는 가재를 끓는 물에 넣어 요리하면 불법이고요. 우리나라도 동물권에 대한 관심이 높아지고 있지만, 여전히 동물 학대가 많고 처벌 수위가 낮다는 의견이 많죠. 이 점에 대해 더 많은 사회적 관심이 필요해요.

세계동물권리 선언문

모든 동물은 권리를 가지고 있기에, 인간이 다른 동물 종의 존재할 권리를 인정하는 것이야말로 이 세상에서 모든 종들이 상생할 수 있는 토대이기에 다음과 같이 선언한다.

제1조 모든 동물은 태어나면서부터 평등한 생명권과 존재할 권리를 가진다.

제2조 인간은 다른 동물을 몰살시키거나 비인도적으로 착취할 권리를 사칭해서는 안 된다. 모든 동물은 인간의 관심과 돌봄, 그리고 보호를 받을 권리를 가진다.

제3조 어떤 동물도 잘못된 처우나 잔인한 행위의 대상이 되어서는 안 된다.

제4조 모든 야생동물은 땅이건, 하늘이건, 물이건 본연의 자연환경에서 자유롭게 살아가고 생육할 권리가 있다. 교육적인 목적을 위해서조차 동물의 자유를 박탈하는 것은 이 권리를 침해하는 것이다.

……

영상으로 한 번 더!

붙어!
존 내쉬: 게임이론과 죄수의 딜레마

게임이론은 의사결정에 관한 이론이에요. 어떤 상황에서 어떤 의사결정이 가장 유리한지 계산하는 거죠. 정치학·경제학·생물학에서 주로 이용돼요. 그런데 철학책에서 왜 게임이론을 다루냐고요? 게임이론은 윤리적 문제들에 대한 실마리를 제공해요. 인간은 왜 이타적인지, 왜 협력하는지와 같은 문제들요. 이 글을 끝까지 읽어보면, 제가 왜 이런 말을 하는지 이해될 거예요. 죄수의 딜레마 이야기부터 해보죠.

죄수의 딜레마

A와 B는 은행을 털고, CCTV까지 삭제하는 등 모든 증거를 없애 버렸어요. 그리고 둘이 돈을 나눠 가지고, 끝까지 비밀을 지키기로 맹세하고 헤어졌죠. 그런데 용의자로 체포되어 각각 취조실에 앉게 돼요. 경찰이 A에게 이렇게 말해요.

"너네 둘이 묵비권을 행사하기로 약속했지? 그러면 둘 다 징역 1년씩만 살면 되니까. 그런데 너는 묵비권을 행사했는데, 동료가 자백했다고 하자. 그러면 너는 징역 20년이야. 옆방의 동료는 무죄이고. 그럼 열받겠지? 그런데 너네 둘 다 자백하면 징역 5년으로 끝나. 혹시 너만 자백하고, 옆방 동료는 묵비권을 행사했다고 하자. 이 경우 너는 무죄이고, 동료만 징역 20년이야. 동료한테는 미안하겠지만, 토끼 같은 자식을 생각해서 얼른 자백하고 설렁탕이나 먹자, 응?"

이때 강도는 자백하는 게 나을까요, 묵비권을 행사하는 게 나을까요?

'최대 다수의 최대 행복'이라는 공리주의를 적용하면, 둘 다 묵비권을 행사하는 게 최선이에요. 둘 다 징역을 1년씩만 살다 나오면 되니까요. 동료와의 약속도 지키는 셈이고요.

문제는 나는 약속대로 묵비권을 행사했는데, 동료가 자백하는 상황이에요. 이 경우 동료는 무죄예요. 나는 징역 20년을 살아야 하고요. 이것을 **죄수의 딜레마**라고 해요.

애덤 스미스는 개인이 각자의 이익에 충실해 합리적 선택을 하면, '보이지 않는 손'이 전체에 이익을 가져다준다고 했죠? 그런데 '죄수의 딜레마'는 개인이 각자의 이익에 충실했는데, 결과적으로 둘 모두에게 이익이 아닌 상황을 보여줘요. 둘 다 동료를 믿고 묵비권을 행사하면, 징역 1년으로 끝날 수 있어요. 그런데 둘 다 내 이익만 생각해서 자백하면, 각자 징역 5년씩을 살아야 해요. 그래서 '딜레마'라는 거죠.

그런데 이런 선택 상황이 계속된다면, 어떻게 될까요?

만약 내가 첫 번째 딜레마 상황에서 배반한다면, 다음번에는 동료도 배반할 가능성이 높아지겠죠. 또한 사람에 따라 선택이 달라질 수도 있어요.

항상 협력하는 천사파, 항상 배반만 하는 막가파도 있겠죠. 상대방이 처음에 배반하면 나도 다음번에 배반하고, 상대방이 협력하면 나도 협력하는 정의파도 있고요. 이를 눈에는 눈 전략, 혹은 '팃포탯Tit for Tat'이라고 해요. 정의파처럼 행동하다가 후반에 한 번씩 배신을 때리는 사기꾼파, 일단 협력하고 자신에게 유리하면 그대로 유지하고 불리하면 패를 바꾸는 파블로프파, 우선 협력하다가 상대방이 배신하면 나도 끝까지 배신하는 원한파도 있어요.

천사에게는 배신하고 정의파에게는 협력하는약자에게 강하고 강자에게 약한 조폭파도 있고, 아무런 전략도 없이 임의로 협력도 하고 배신도 하는 오리무중파도 있을 거예요webupon.com, 또는 구글에서 'Prisoner's dilemma simulation'으로 검색하면 '죄수의 딜레마'를 시뮬레이션을 할 수 있어요.

천사파   막가파   정의파(팃포탯)   사기꾼파

파블로프파   원한파   조폭파   오리무중파

토너먼트

1980년대에 미국 미시건대학 로버트 액설로드 교수가 죄수의 딜레마 전략 리그전을 벌였어요. 참가자들이 다른 모든 팀과 한 번씩 경기를 해서 점수를 합산하는 방식이었죠. 각국의 수학자·심리학자·경제학자가 만든 16개 전략 프로그램이 참가했어요. 우승팀은 캐나다의 수학자가 제시한 팃포탯, 즉 정의파였어요. 상대가 협력하면 나도 협력하고, 상대가 배신하면 나도 배신하는 전략이 우승한 거죠.

두 번째 대회에는 62개 팀이 참가했어요. 어떻게 하면 정의파를 이길까가 관심사였죠. 하지만 이번에도 정의파가 우승했어요. 액설로드 교수는 상위권 전략의 특징을 다음과 같이 정리했어요.

> **대회 상위권 전략의 특징**
> 1. 먼저 배반하지 않는다.
>   먼저 배반하는 전략은 처음에는 점수를 얻지만, 전체적으로 보면 손해다.
> 2. 대인이 되어라.
>   응징은 확실히 하고, 용서도 확실히 한다.
> 3. 자신의 전략을 노출시켜라.
>   어떤 팀은 전략을 숨기고 미끼를 던지는데, 점수를 많이 얻지 못한다.

그러고 보면 칭기즈칸의 전략과 비슷해 보여요. 칭기즈칸은 유럽을 정벌할 때, 먼저 사절을 보내 경고했어요. "항복하면 살려주고, 반항하면 죽인다." 항복하면 세금을 좀 뜯긴 했지만, 그들의 문화·언어·종교를 모두 인정하고 자치권을 주었어요. 저항하면 무자비하게 도륙해서 씨를 말렸고요. 말 그대로 팃포탯 전략을 썼죠. 이것이 칭기즈칸이 유라시아에서 승자가 될 수 있었던 이유예요.

내쉬 균형

평화로운 마을에 천사들이 살고 있었어요. 천사들끼리는 협력을 아주 잘하기 때문에 성장률이 20%가 넘었죠. 땅도 넓어지고 개체수도 급격히 늘어났어요. 그런데 갑자기 막가파가 등장했어요. 막가파는 천사파의 피를 빨아먹으며 가파르게 개체수를 증가시켰어요. 이에 천사파는 급격히 감소했어요. 결국 막가파가 대부분의 땅을 차지하게 되었죠. 천사파는 구석에 있는 천사마을로 피신했고요.

그런데 막가파가 잡은 이 마을은 성장률이 1%대로 떨어졌어요. 막가파는 자기들끼리도 협력이 안 되니까요. 그나마 천사마을이 있어서 경제가 돌아간 거죠. 그마저 없었다면 마이너스 성장을 했을 거예요. 상황이 이렇게 되자, 막가파의 개체수가 줄어들기 시작해요.

이때 돌연변이 정의파가 등장해요. 정의파는 막가파를 철저하게 응징해요. 천사파와는 상생을 하고요. 정의파가 늘어날수록 천사파도 덩달아 늘어나요. 이때부터 성장률이 조금씩 올라가면서 10%대를 유지하게 돼요.

그렇다고 해서 막가파들이 완전히 사라진 건 아니에요. 피를 빨아먹을 수 있는 천사파들이 아직 많이 남아 있으니까요. 이렇게 해서 정의파, 천사파, 막가파는 적절한 균형을 이루게 돼요.

그런데 사회가 복잡해질수록 새로운 전략들이 생겨요. 처음에는 정의파였는데, 나중에는 사기꾼파가 되기도 해요. 천사파가 너무 당

천사파와 막가파, 정의파, 원한파 등은 결국 적절한 비율로 한마을에서 옹기종기 살아가게 된다.

하다 보니 원한파로 바뀌기도 해요. 제일 골치 아픈 것은 역시 오리무중파예요. 아무튼 이 마을에선 여러 파들이 옹기종기 모여서 협력도 하고 배신도 하면서 잘살았다고 해요.

나중에 이 마을에 천사파 30%, 정의파 20%, 막가파 20%, 사기꾼파 10%, 원한파 10%, 오리무중파 10%가 남았어요. 몇 세대가 지나도록 변동이 없었다고 해보죠.

여러분이 이 마을로 이사를 갔다면 어떤 전략을 취하겠나요? 꼭 하나의 파를 선택할 필요는 없어요. 실제로 거의 대부분의 사람들이 상황에 따라 천사파가 되기도 하고, 막가파도 되기도 하니까요.

이때 최적의 전략을 짜서 그 마을에 잘 적응한 상태가 될 수 있죠. 다른 사람들이 전략을 바꾸지 않는 한, 여러분의 전략을 바꿀 필요가 없는 상태겠죠. 이것을 **내쉬 균형**이라고 해요. 존 내쉬1928~2015의 이름을 딴 거예요. 미국의 수학자이자 게임이론의 창안자이며, 영화 〈뷰티플 마

존 내쉬

인드)의 주인공이죠.

이 마을이 다른 마을들의 틈바구니에서 살아남았다면, 그들의 전략이 적절했다는 거예요. 마찬가지로 인간은 다른 생명체들 사이에서 살아남았을 뿐만 아니라 만물의 영장이 됐죠? 이는 인간의 전략이 적절하다는 거예요.

그럼, 인간의 전략이란 무엇일까요? 적절하게 착하고, 적절하게 악하며, 적절하게 정의롭고, 적절하게 협력하는 거죠. 결국 때로는 경쟁하고, 착취하고, 협력하는 것이 인간이라는 종의 경쟁력인 거죠. 이는 **진화의 산물**이에요.

현실세계에서의 죄수의 딜레마

죄수의 딜레마 상황은 우리 주변에서 자주 볼 수 있어요. 1970~80년대 미국과 소련은 서로 믿지 못하니 군비 경쟁을 계속할 수밖에 없었어요. 미중 무역전쟁이나 2019년 북미회담 결렬도 마찬가지예요. 미국은 북한을 못 믿고, 북한은 미국을 못 믿는 거죠. 상대방 자체를 못 믿은 것도 있지만, 정치적으로 상대방이 약속을 지키지 못하는 상황이 될 수도 있다고 생각했던 거죠.

한편 딜레마 상황은 공정한 경쟁과 적절한 균형을 위한 메커니즘이 될 수도 있어요. 예컨대 기업들 간에 가격담합이 일어나지 않는 이유도 상대방을 믿지 못하기 때문이에요. 상대방에 대한 신의를 지키는 이유 역시 상대방이 나를 신뢰해 주기를 원해서이기도 하고요.

엑설로드 교수가 개최한 토너먼트에서 '정의파'가 우승했다는 건

현실세계의 죄수의 딜레마 상황: 군비 경쟁, 미중 무역전쟁, 2019년 북미정상회담 결렬

매우 흥미로워요. 최근에는 정의파보다 우수한 전략이 개발되었어요.

정의파를 개량한 점진파Gradual 전략이에요. 상대방이 배반한 횟수를 기억했다가, 그 횟수만큼 상대를 연속으로 배반해요. 처음에는 배신을 한 번씩 주고받고, 상대가 두 번째로 배신하면 연속으로 두 번을 배신하는 거죠. 상대가 세 번째로 배신하면, 연속으로 세 번을 배신하고요. 정의파보다 진화한 형태로서 가중처벌을 내리는 것이죠.

또 하나 주목해야 할 것은 **파블로프 전략**이에요. 기본적으로 정의파와 비슷하지만 좀더 개량된 전략이죠. 정의파는 상대방이 실수로 배신했을 때 보복해요. 하지만 파블로프파는 상대방이 배신하면, 그것이 실수인지 전략인지를 판단하려 해요. 다음에 똑같은 상황을 만들어 또다시 배신하는지 확인하는 거죠.

우리는 게임이론과 '죄수의 딜레마'를 통해 인간이 협력하고 공존하는 건 진화의 산물임을 알 수 있어요. 그것이 인간의 생존에 유리하다는 것도요.

영상으로 한 번 더!

Justice League
롤스, 노직, 왈저: 정의란 무엇인가?

【질문】 가상의 섬에 100명이 살고 있다고 하죠. 이 섬에는 만수르 같은 부자도 있고, 가난하여 그야말로 생존만 하는 사람도 있다고 하죠.

벤담의 공리주의는 왕이든 부자든 가난한 사람이든 똑같은 1로 보고, '최대 다수의 최대 행복'을 추구했어요. 그렇다면 사회정책에서 부자든 가난한 사람이든, 똑같이 1을 주는 게 공정한 걸까요? 아니면 약자는 보호하기 위해 2, 또는 3을 주는 게 공정할까요?

이것이 바로 현대 정치철학의 핫이슈인 정의의 문제예요. 10여 년 전에 출판된 마이클 샌델 교수의 『정의란 무엇인가』라는 책을 통해 많이 알려진 문제이기도 하죠. 정의에 대한 입장은 크게 롤스와 노직, 왈저가 말한 3가지로 나눌 수 있어요.

존 롤스의 복지형 자유국가

존 롤스1921~2002는 미국의 정치철학자로 '정의'를 가장 중요한 사회적 덕목으로 봤어요. 과연 어떤 것이 정의인가, 어떻게 해야 이 사회가 정의로울 수 있는가에 대한 답을 찾고자 했어요. 이를 위해 그는 '무지의 베일'을 제시해요.

롤스

무지의 베일

【상황】만수르 같은 부자와 가난한 사람들이 모여 사회제도를 만든다고 하죠. '소득세를 어떻게 할까? 아파트 보유세를 얼마로 할까? 복지 예산은 얼마나 책정할까?' 등에 대해 토론한다고 하죠.

부자들은 대체로 자신들에게 많은 세금을 매기는 데 반대할 거예요. "그냥 부자가 된 줄 아냐? 내가 이 아파트를 사려고 얼마나 노력했는데."

반면 가난한 사람들은 부자들이 세금을 더 내야 한다고 주장하겠죠. "너희들이 잘나서만 부자 됐냐? 부모가 부자여서, 또는 국가가 세금으로 도로 깔고 공원 만들고 인프라를 구축해 주어 너희 아파트 값이 오른 거 아니냐?" 합의가 제대로 되지 않아요.

그런데 이들이 모두 죽어, 하늘나라에서 자신이 다시 태어날 국가의 사회제도를 어떻게 만들지 토론한다고 해보죠. 이번엔 상황이 다르겠죠? 누가 만수르로 태어날지, 누가 가난한 집에 장애인으로 태어날지 모르니까요.

무지의 베일이란 사람들이 어떤 게 자신에게 유리한지 불리한지 전혀 모르는 상황에서 협의에 참여하는 것을 말해요. 성별, 자산, 소득, 교육 수준 등을 하나도 모르는 상태예요. 다른 사람뿐 아니라 내가 어떤 사람인지조차 알지 못하는 가상의 상황이죠.

롤스는 이러한 무지의 베일을 쓴 상태에서 협의를 해야 '정의로운 사회'를 위한 절차적 정의가 보장된다고 봤어요. 내가 어떤 사람인지, 내게 유리한지 불리한지를 잊어버리고 협의에 참여해야 더 많은 사람들이 행복한 정의로운 결론에 도달할 수 있다고 본 거죠.

정의의 제1원칙: 자유 우선의 원칙

롤스는 정의가 실현되기 위한 두 가지 원칙을 내놓았어요.

제1원칙은 자유 우선의 원칙이에요.

모든 사람들은 다른 사람의 자유를 침해하지 않는 한, 자유를 가장 광범위하고 평등하게 누릴 수 있어야 해요. 인간은 태어나면서부터 천부인권으로 생명권·자유권·사유재산권 등 3가지 기본권리를 가지고 있어요. 그리고 누구나 사상의 자유, 양심의 자유, 언론과 집회의 자유, 선거의 자유 등 기본적인 자유권을 동등하게 누릴 수 있어야 해요. 이 정의의 제1원칙은 항상 제2원칙에 우선해요. 그런 의미에서 보면, 롤스의 기본적인 입장은 **자유주의**라고 할 수 있어요.

내가 이 중 어떤 사람으로 태어날지 알 수 없도록
'무지의 베일'을 쳐라

스티브 잡스　평범한 사람　빌 게이츠　워런 버핏

만수르　발레리나　손흥민　거지　장애인　평범한 사람

그런데 기본적인 자유를 평등하게 가진다고 해서, 우리 사회의 불평등이 없어지는 건 아니에요. 불평등한 사회가 정의로울 수 있나요? 롤스는 정의의 제2원칙을 제시해요.

정의의 제2원칙: 기회 균등의 원칙, 차등 조정의 원칙

롤스의 정의의 제2원칙은 두 가지가 있어요.

기회 균등의 원칙은 모든 사람이 똑같은 기회를 가질 수 있도록 해야 한다는 거죠. 예컨대 부자건 가난한 사람이건 교육을 똑같이 받아야 해요.

차등 조정의 원칙은 사회적 약자에게 더 많은 이익을 주어야 한다는 거예요. 간단히 말해 복지제도를 강화해야 한다는 거죠.

롤스의 입장을 간단히 정리해 보죠. 세상은 불가피하게 불평등해요. 하지만 복지와 기회의 균등을 통해 정의로워질 수 있어요. 롤스의 이러한 입장을 **복지국가형 자유주의**라고 해요.

롤스의 정의의 원칙

제1원칙	제2원칙	
자유 우선의 원칙 모든 인간은 기본적인 자유권을 가져야 한다.	기회 균등의 원칙 모든 인간은 똑같은 기회를 가져야 한다.	차등 조정의 원칙 사회적 약자에게 더 많은 복지를 제공해야 한다.

노직의 자유지상주의

노직

로버트 노직1938~2002은 롤스의 의견에 반대해요. 노직은 소유권을 가장 중요하게 봤어요. "내가 돈을 얻는 과정이 정당하다면, 내 것을 왜 가난한 사람을 위해서 내놓아야 하죠?"

롤스는 부자들이 세금을 더 내야 한다고 했죠? 노직은 부자들도 돈을 쉽게 번 것이 아니라며, 그 과정을 보면 세금을 더 내란 소리를 그렇게 쉽게 못할 거라고 했어요. 가난한 사람을 위해 세금을 더 내라고?, 그건 세금을 내기 위해 더 많은 시간을 일하도록 강제노동을 시키는 것과 똑같다고 해요. 그래서 노직은 근로소득세에 반대했어요.

노직의 입장에 찬성하는 사람들은 소유권을 확실하게 보장하지 않으면, 사회적 경쟁력이 떨어진다고 해요. 자본주의 사회가 경제적으로 발전할 수 있었던 것은 소유권을 확실하게 보장했기 때문이죠. 국가는 그저 경찰을 통해 타인이 내 재산을 빼앗지 못하도록 하면 돼요. 군대를 이용해 다른 나라가 내 재산을 빼앗지 못하도록 최소한의 일만 하면 되고요. 노직의 이러한 입장을 **자유지상주의**라고 해요. 극단적인 형태의 자유주의라고 할 수 있죠.

자유지상주의의 지상 명제는 다음과 같아요. "내 돈만 건드리지 않으면, 세상이 아무리 불평등해도 정의롭다."

왈저의 공동체주의

마이클 왈저1935~도 노직과 마찬가지로 롤스에 대한 비판으로부터 자

신의 정치철학을 펼쳐요. 왈저는 "왜 모든 것을 돈으로 환
산하냐?"고 롤스를 비판했어요. 세상에는 다양한 가치가 있
고, 다양한 원칙에 입각해 가치를 분배해야 하는데, 롤스는
분배의 기준이 돈밖에 없다고 생각한다는 거죠.

왈저

왈저에 따르면, 경제도 정치권력도 문화도 종교도 가치가 있어요.
경제 영역에서는 돈을 많이 벌 수 있는 능력을 가진 사람이 많이 벌면
돼요. 정치 영역에서는 정치를 잘하는 사람이 권력을 가지면 되고요.
문화 영역에서는 영화를 잘 만들고 소설을 잘 쓰는 사람이 문화 권력
을 가지면 돼요. 종교 지도자는 도덕성이 높고 신심이 강한 사람이 되
면 되고요.

그런데 현실에서는 돈이 많으면, 정치권력도 문화권력도 가지죠?
왈저는 국가가 돈 많은 특정 사람들이 정치·경제·사회·문화의 다양한
가치들을 모두 소유하는 것에 제동을 걸어야 한다고 주장했어요. 또한
정의로운 분배를 위해서는 그 가치들이 공동체의 역사 속에서 각각 어
떻게 생기고 성장했는지 알아야 한다고 했죠. 이러한 입장을 **공동체주의**
라고 해요.

어떻게 분배하는 게 정의인가?

롤스, 노직, 왈저가 관심을 가진 것은 '어떻게 분배하는 것이 정의인가?'
하는 문제였어요. 두 사람씩 묶어 공통점을 살펴보죠.

복지형 자유주의와 자유지상주의

롤스의 복지형 자유주의와 노직의 자유지상주의의 공통점은 3가지를 꼽을 수 있어요.

첫째, 개인의 권리를 강조해요. 롤스는 개인의 평등권과 복지권을 강조했고, 노직은 개인의 소유권을 강조했죠.

둘째, 절차를 중요시해요. 롤스는 무지의 베일 절차를 거치면 정의로운 합의를 할 수 있다고 봤죠. 노직은 돈을 습득한 절차만 정당하다면, 내가 그 돈을 갖고 있는 건 정당하다고 했고요.

셋째, 보편적인 정의를 추구해요. 자신들이 제시한 정의는 미국에서도 정의이고, 아마존 정글 부족마을에서도 정의라는 거죠.

복지형 자유주의와 공동체주의

롤스의 복지형 자유주의와 왈저의 공동체주의의 공통점은 두 가지예요.

첫째, 평등을 강조해요. 롤스는 세상이 불평등할 수밖에 없다는 걸 인정해요. 그래도 복지나 균등한 기회를 통해 격차를 좀더 줄여보자는 거죠. 왈저는 부자가 모든 권력을 차지하는 것을 막고 골고루 분배하자고 해요. 그런 점에서 둘 다 평등을 강조했다고 볼 수 있어요.

둘째, 큰 정부를 강조해요. 골고루 분배하려면 복지제도를 강하게 만들어야 하고, 정부의 역할이 커져야 한다는 거죠.

자유지상주의와 공동체주의

노직의 자유지상주의와 왈저의 공동체주의의 공통점은 사실 분명한 것

어떻게 분배하는 것이 정의인가?

은 아니에요. 하지만 둘 다 역사적 과정을 중요하게 봤어요. 노직은 개인의 부가 어떤 과정을 거쳐 형성되었는지를 봐야 한다고 했죠. 왈저는 공동체에서 가치가 어떤 역사적 과정을 거쳐 형성되었는지를 봐야 한다고 했고요.

동의하지 않을 사람도 있겠지만, 복지국가형 민주주의를 지지하는 정치인으로는 미국의 오바마 전 대통령이 있어요. 자유지상주의를 지지하는 정치인으로는 트럼프가 있고요. 공동체주의를 지지하는 정치인으로는 미국 민주당 대통령 경선주자였던 버니 샌더스가 있죠. 트럼프는 우파, 샌더스는 좌파 정치인이라고 할 수 있어요. 그리고 오바마는 약간 애매한데, 미국 민주주의의 기준으로 보면, 약간 왼쪽에 있는 사람이에요. 유럽 민주주의의 기준으로 보면, 약간 오른쪽에 있는 사람이라고 할 수 있고요.

마지막으로 한 가지 덧붙이자면, 롤스는 개인의 능력을 '사회적 자산'으로 봤어요. 스칼렛 요한슨의 외모, 호날두의 재능, 스티브 잡스의 혁신 능력, 테슬라 창업자인 일론 머스크의 창의력과 추진력 같은 것들이 개인의 자산이 아니란 거죠.

스칼렛 요한슨이 아마존에서 태어났다면, 이상한 외모를 가졌다고 놀림을 받았을 거예요. 호날두는 달리기를 잘하니, 만날 사냥만 해야 했겠죠. 스티브 잡스가 한국에서 태어났다면, 또라이 소리를 들었을 수도 있어요. 일론 머스크는 어쩌면 정신병원에 잡혀 들어갔을지도 몰라요.

이들이 성공할 수 있었던 것은 제때에 제 위치에 태어났기 때문이고, 이들이 성공할 수 있는 사회에서 태어났기 때문이란 거죠. 그래서 롤스는 이들의 자산이 개인의 것이 아니라 사회적 자산이라고 봐요.

영상으로 한 번 더!

빌 게이츠나 워런 버핏은 항상 자신이 성공한 이유는 단지 운이 좋았기 때문이라고 해요. 이들이 대부분의 재산을 사회에 환원하겠다고 약속한 이유도, 아마 그런 생각이 기본적으로 깔려 있기 때문인 듯해요.

행복의 세 얼굴

셀리그만: 긍정심리학

충격!! **근대의 3가지 발견**
지동설
진화론
정신분석학

근대에 세상을 충격에 빠뜨린 3가지 발견이 있었어요.

하나는 지동설이에요. 지구가 우주의 중심인 줄 알았는데, 알고 보니 지구는 태양의 주위를 도는 행성일 뿐이었죠.

다른 하나는 진화론이에요. 인간은 신이 창조한 특별한 피조물인 줄 알았는데, 알고 보니 원숭이에서 진화했을 뿐이란 거죠.

또 다른 하나는 정신분석학이에요. 인간이 원숭이랑 별반 다르지 않다는 사실진화론이 내키지 않았지만, 어쨌든 진화론을 받아들였어요. 그런데 알고 보니 그 원숭이가 병든 원숭이라는 거죠.

왜 긍정심리학이 등장했을까?

정신분석학의 창시자인 지그문트 프로이트1856~1939는 인간의 의식 아래에 어둡고 병든 커다란 무의식의 세계가 있다고 해요. 그런데 프로이트는 무의식을 어떻게 발견했을까요? 정신질환을 앓고 있는 환자들의 꿈을 분석하면서 발견했어요. 병원에 가면 건강한 사람도 다 환자가 된다는 말이 있죠? 마찬가지로 정신질환자들의 증상에 초점을 맞춰 인간을 바라보면, 모든 인간이 병든 환자처럼 보일 수 있죠.

긍정심리학의 행복에 대하여

미국 정신의학회에서 발행한 『정신질환의 진단 및 통계 편람』은 모든 정신질환을 정의하고 분류한 책이에요. 이 책을 보면 별의별 정신질환이 다 있어요. 이 기준으로 보면, 세상에 정상인 사람이 하나도 없다고 봐야 해요. 세상에 정신질환이 이렇게 많으니, 심리학은 정신질환을 진단하고 치료하는 데 초점을 맞추었겠죠? 정신질환을 치료하면, 사람들이 더 행복해질 수 있다고 생각했으니까요.

그런데 연구를 하다 보니, 정신질환을 치료했다고 사람들이 더 행복해지는 건 아니었어요. 더 불행해지지는 않았지만, 그렇다고 더 행복해지지도 않았어요. 행복과 불행은 개념적으로는 반대긴 하지만, 둘의 증감이 반대되는 상관관계를 가진 건 아니니까요.

이에 심리학자들은 정신질환 같은 부정적인 면만이 아니라, 행복과 같은 긍정적인 면도 함께 다뤄야 한다고 생각하기 시작했어요. 그래서 나온 것이 **긍정심리학**이에요. 긍정심리학은 미국의 심리학자 마틴 셀리그만1942~에 의해 시작되었고, 미하이 칙센트미하이와 크리스토퍼 피터슨에 의해 발전했어요.

학습된 무기력

셀리그만은 '학습된 무기력'이라는 주제를 연구했어요. 개를 도망가지 못하게 울타리에 가둬놓고, 바닥에 전기충격을 가

셀리그만

5분 뚝딱 철학 — 생각의 역사 2

하면 펄쩍펄쩍 뛰겠죠. 그
런데 울타리가 높으면 도망
가지 못하고 자포자기하고
주저앉아요. 이런 상황에
익숙해지면, 나중에 울타리
의 문턱이 낮아져도 도망갈

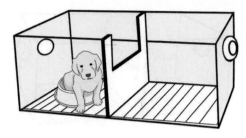

무기력을 학습하면, 도망갈 수 있어도 가지 않는다.

생각을 하지 않아요. 무기력을 학습했기 때문이에요.

　　아기 코끼리가 다리 한쪽이 묶인 상태로 자라게 두면, 성인 코끼리
가 되어도 어딘가에 묶여 있으면 움직일 생각을 못해요. 셀리그만은 인
간에게도 이처럼 학습된 무기력이 생길 수 있다고 봤어요.

묶여서 자란 코끼리는 다 자라서도, 묶여 있으면 움직일 생각을 하지 않는다.

어떤 개들은 왜 무기력을 학습하지 않는가?

셀리그만은 여러 마리의 개를 대상으로 실험했어요. 그런데 모든 개에
게 학습된 무기력이 생긴 건 아니에요. 어떤 개들은 끝까지 포기하지 않
고, 울타리를 넘어서 전기충격으로부터 벗어났어요.

　　질문을 '개들은 왜 무기력을 학습하는가?'에서 다른 식으로 바꿔

어떤 개들은 왜 무기력을 학습하지 않는가?

보죠. 어떤 개들은 왜 무기력을 학습하지 않을까요? 긍정적인 부분에 초점을 맞춰 생각해 보자는 거죠.

인간의 심리도 마찬가지예요. 인간의 심리에는 긍정적인 면도 있고, 부정적인 면도 있어요. 이전까지 정신분석학은 인간 심리의 부정적인 면만을 다뤘죠. 셀리그만은 이제는 심리학이 긍정적인 면을 다뤄야 한다며, 행복에 대해 본격적으로 연구하기 시작했어요.

행복의 3가지 측면

【질문】행복이 뭘까요? 어떻게 사는 게 행복한 거죠?

셀리그만은 행복한 삶의 3가지 측면에 대해 이야기해요.

행복한 삶의 첫 번째 측면은 **즐거운 삶**이에요. 셀리그만이 말하는 즐거운 삶이란 어떤 걸까요? 간단히 말해 좋은 사람과 맛있는 음식을 먹고, 재미있는 영화를 보고, 좋은 곳을 여행하면서 재미있게 사는 거예요. 문제는 이런 종류의 즐거움은 쉽게 질린다는 거죠. 맛있는 것도 한두 번이고, 여행도 마찬가지예요.

행복한 삶의 두 번째 측면은 **좋은 삶**이에요. 좋은 삶이란 그냥 일상적인 삶을 말해요. 일하고 여가를 즐기고 가정을 꾸리고 아이를 양육하는 것 같은 거요.

여기서 중요한 것은 몰입이에요. 어떤 것에 집중하면 시간이 순식간에 지나가죠? 좋아하는 일을 할 때 이런 몰입을 경험해요. 셀리그만은 몰입의 상태를 오래, 자주 갖는 것이 행복해지는 방법 중 하나라고 해요.

행복한 삶의 세 번째 측면은 **의미 있는 삶**이에요. 누구나 자신만의 장점이 있죠. 셀리그만은 자신의 장점을 이용해 다른 사람들의 행복에 기여하는 삶이 의미 있는 삶이라고 해요.

의미 있는 삶은 각자 다를 수 있어요. 어떤 사람에게는 봉사하는 삶이 의미가 있어요. 하지만 어떤 사람에게는 철학을 공부하는 것이 더 의미가 있고요. 많은 돈을 버는 게 더 의미 있는 사람도 있죠. 이처럼 각자 의미가 있는 게 달라요. 어떤 특정한 삶이 모든 사람에게 의미가 있는 건 아니에요.

셀리그만은 행복한 삶과 만족스런 삶을 구분해요. 즐겁다는 것과 만족스럽다는 것은 서로 다른 개념이에요. 즐거운 삶이라고 해서 반드시 만족스러운 삶은 아니란 거죠. 반면에 좋은 삶이나 의미 있는 삶은 만족스러운 삶이라고 해요. 물론 좋고 의미가 있으면서 즐겁기까지 하다면 그야말로 금상첨화죠. 하지만 즐겁기만 해서는 그다지 만족스럽지 못할 거라고 해요. 저는 이 지점에서 비트겐슈타인이 생각났어요.

비트겐슈타인의 즐거운 삶과 의미 있는 삶

오스트리아에서 태어나 영국에서 활동한 현대 철학자 비트겐슈타인은 평생을 자살 충동과 죽음에 대한 공포에 시달렸어요. 성격도 괴팍해서 아주 외롭게 살았어요. 그럼에도 불구하고, 죽으면서 자신의 삶이 아주 만족스러웠다고 말했어요.

즐거운 삶 ✕
좋은 삶 ○
의미있는 삶 ○

비트겐슈타인

이유가 뭘까요? 비트겐슈타인의 진짜 마음을 알 순 없죠. 하지만 추측해 볼 수는 있어요. 비트겐슈타인은 즐거운 삶을 살지는 못했어요. 하지만 자신이 좋아하는 철학에 몰입할 수 있었고 철학자로서 의미 있는 성과를 냈어요. 그래서 스스로 만족하지 않았나 싶어요.

즐거운 삶 ○
좋은 삶 ✕
의미있는 삶 ✕

영화 〈매트릭스〉의 사이퍼

이와 반대의 삶도 있겠죠. "의미 따위 개나 줘"라고 하면서 즐거움을 좇는 삶도 있어요.

영화 〈매트릭스〉에서 사이퍼는 매트릭스의 요원과 거래를 해요. 모피어스를 배신하는 대신, 매트릭스에 대한 자신의 모든 기억을 지워주고, 돈 많은 유명인으로 다시 태어나게 해달라고요. 말 그대로 즐거운 삶을 보장해 달라는 거죠. 자신이 먹고 있는 스테이크가 가짜라는 것을 알지만, 새로운 생에서는 어쨌든 그 스테이크가 주는 즐거움을 만끽하고 싶은 거죠.

우리는 살면서 이와 비슷한 상황에 직면할 때가 많아요. 어떤 일이 재미도 있고 의미도 있으면 좋죠. 하지만 사실 그런 일은 많지 않아요. 즐거움이든 의미든, 어느 하나를 선택해야 하는 경우가 대부분이에요. 그만큼 행복해지는 것은 어려워요.

그런데 한번 뒤집어 생각해 보죠. 감정은 인간을 움직이는 심리적 메커니즘이에요. 예컨대 산속에서 호랑이를 만나면 무섭죠. 왜냐하면 그래야 도망가니까요. 뱀이 바로 옆에 있으면 섬뜩하죠. 그래야 얼른 달아나니까요. 맛있는 음식을 먹으면 행복하죠. 그래야 또 맛있는 음식을 찾아다니니까요.

두려움, 섬뜩함, 행복함 같은 인간의 감정은 결국 인간의 생존에 필요한 행위를 하도록 만드는 동기일 뿐이에요. 생존을 위한 수단이란 거죠. 그래서 '행복해져야겠다'는 것은 삶의 목표가 될 수 없어요. 수단이 목표가 될 수는 없으니까요.

【질문】 그러면 인간은 무엇을 목표로 살까요?

인간은 그냥 사는 거예요. 왜 꼭 행복해야 하죠? 그냥 살면 안 되나요? 그냥 살다가 행복이 부수적으로 따라오면 좋지만, 행복해지지 않아도 어쩔 수 없어요.

현대 사회는 행복을 지나치게 강요해요. 너도나도 행복이 목적이래요. 행복해지려고 할수록 더 행복해질 수 있다면 얼마나 좋겠어요? 하지만 현실은 그렇지 않죠.

물론 긍정심리학은 행복도 훈련을 통해 얻을 수 있다고 해요. 하지만 오히려 그 반대일 수 있어요. 행복해지지 못해서 생긴 스트레스 때문에 더 불행해질 수 있어요. 그래서 '행복은 삶의 목표가 아니야'라고 가볍게 생각하면, 스트레스도 덜 받고 좀더 행복해지지 않을까 하는 좀 역설적인 생각을 해봤어요.

하지만 그래도 행복하세요!

영상으로 한 번 더!

나는 왜 이 일을 하는가?

사이먼 사이넥: 골든 서클

제2차 세계대전 때 유대인 수송 책임자였던 루돌프 아이히만은 예루살렘의 전범재판에서 자신에게는 죄가 없다고 주장했어요. 상부에서 맡긴 임무를 충실히 했을 뿐이라고요. 이 재판을 참관한 정치철학자 한나 아렌트는 아이히만이 유죄라고 했어요. '생각의 무능'이 그 이유였죠.

　아이히만이 정말 아무 생각이 없었을까요? 나름 엄청나게 생각이 많았을 거예요. 그러면 뭐가 문제였을까요?

왜 해야 할까? ─ 골든 서클

아이히만은 자신이 '무엇을' 해야 하는지는 잘 알고 있었어요. 그것은 유럽 전역에 흩어져 있는 유대인들은 한곳으로 모으고, 기차에 태워 아우슈비츠 수용소로 이송하는 일이었죠.

　그리고 '어떻게?' 하면 그 일을 효율적으로 할 수 있는지도 잘 알고 있었어요. 당시에 독일군이 차지한 지역에 놓인 철도의 길이는 무려 약 17만 킬로미터였어요. 관련된 철도 공무원이 50만 명, 노동자가 90만 명이었고요. 어마어마한 규모죠. 그러니 철도 시간표를 짜고, 시간에 맞춰 환승시키는 건 몹시 복잡한 일이었을 거예요. 나중에 아이히만은 당시 열차 시간표를 짜는 일은 과학 그 자체였다고 했어요.

아이히만은 열차 시간을 효율적으로 맞추고, 유대인들에게 일종의 바코드를 심어서 관리하고, 나중에는 시간을 아끼기 위해 아예 열차 안에 가스실을 만들었어요. 아무튼 업무 측면만 보면 유능한 관리였어요.

그런데 아이히만이 생각하지 못한 것이 있어요. 자신이 '왜' 그것을 해야 하는지를 생각하지 않았던 거죠.

『나는 왜 이 일을 하는가』의 저자이자 유명한 강연자인 사이먼 사이넥1973~은 이것이 문제라고 해요. 우리는 대부분 자신이 '무엇을' 해야 하는지 잘 알고 있어요. 그리고 그것을 '어떻게' 하면 잘할지 생각하고 연구하죠. 그런데 '왜' 해야 하는지는 생각하지 않아요.

훌륭한 리더는 생각을 거꾸로 해요. 먼저 '왜Why'를 물어요. 또한 그러한 가치를 만들기 위해서는 '어떻게How' 해야 하는지를 생각해요. 그리고 그것을 하기 위해서 '무엇을What' 해야 할지를 고민해요. 사이먼 사이넥은 이것을 **골든 서클**Golden Circle이라고 해요.

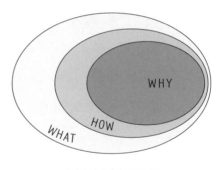

사이먼 사이넥의 골든 서클

랭글리의 실패와 라이트 형제

1900년 초반 미국에서는 비행기를 개발하려는 노력이 한창이었어요. 모두 실패로 돌아갔죠. 그런데 미국 하버드대학의 항공 분야 최고 권위자인 랭글리라는 사람이 무인 비행에 성공했어요. 그러자 미국 국방부

최초의 유인 비행에 성공한 라이트 형제

에서 엄청난 자금을 지원했어요. 그는 최고의 과학자들과 기술자들을 모아 유인 비행 연구팀을 짰어요. 언론은 랭글리가 언제 유인 비행에 성공할지 계속 보도했죠. 그러나 시험 비행은 계속 실패하고, 거의 포기 상태에 놓이게 되었어요.

그사이 최초의 유인 비행에 성공한 인물은 뜻밖에도 오하이오주의 시골 마을에 살던 자전거 수리공들이었어요. 라이트 형제는 대학 교육을 받은 적이 없고 자금도 없었고 언론의 관심도 받지 못했어요. 그런데 이들이 먼저 유인 비행에 성공한 거죠.

라이트 형제가 유인 비행에 성공하자, 랭글리는 비행 프로젝트를 바로 중단해 버렸어요. 라이트 형제는 어떻게 비행에 성공할 수 있었을까요?

목적과 수단

사이먼 사이넥에 따르면, 라이트 형제는 '왜'라는 질문에 확실한 답을 가지고 있었어요. 비행에 성공하면 인류에게 새로운 미래가 열린다는 꿈이 있었어요. 비행 자체가 목적, 동기, 가치, 이유였기에 끝까지 포기하지 않고, 여러 시도를 할 수 있었죠.

하지만 랭글리의 목적은 돈과 명예였어요. 물론 돈이나 명예가 가치가 없다는 건 아니에요. 그것도 사람에 따라서는 좋은 가치가 될 수 있어요. 하지만 핵심은 랭글리에게 비행의 성공은 그 자체가 목적이 아니었다는 거예요. 돈을 벌기 위한 수단이었죠. 랭글리도 "나는 왜 비행기를 개발하려고 하는가?"라는 질문에 먼저 답했다면, 결과가 달라졌을 수도 있어요. '왜'라는 질문을 한번 던져볼게요.

> 【질문】 왜 아침마다 일어나죠?
>
> 왜 이 책을 보고 있죠?
>
> 왜 회사에 나가죠?
>
> 왜 그토록 공부를 열심히 하죠?
>
> 왜 남의 시선에 신경을 쓰죠?
>
> 왜 타인들과 어울리죠?
>
> 왜 여행을 떠나죠?
>
> 왜 사회적 규범을 지키죠?

물론 이 질문에 모두 답할 필요는 없어요. 하지만 한번쯤은 생각해 봐야 해요. 대부분의 사람들은 어떤 행위를 '그냥' 해요. 나중에 누군가 "너 왜 그렇게 했니?"라고 물으면, 그제야 이러저러한 이유를 들어요. 그런데 '왜?'라는 질문을 먼저 해야 해요. 그러면 우리가 하는 행위의 많은 부분들이 바뀔 수 있을 거예요.

영상으로 한 번 더!

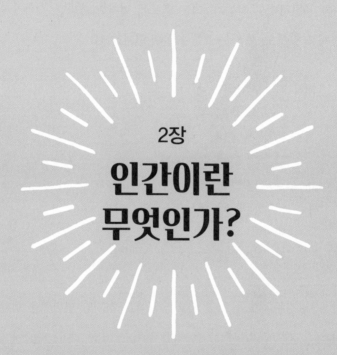

2장

**인간이란
무엇인가?**

Psychology 심리학

인간이란 무엇인가?

- 프로이트: 꿈의 해석
- 칼 융: 분석심리학
- 아들러: 개인심리학

- 안나 프로이트, 베일런트: 방어기제
- 라캉 1: 상상계, 상징계, 실재계
- 라캉 2: 욕망

- 라캉 3: 무의식의 메커니즘
- 에릭슨: 자아심리학
- 행동주의 심리학과 철학

- 인본주의 심리학
- 사이코 사이버네틱스

- 성격장애
- 인공지능과 인간의 생각

내 안의 또 다른 나

프로이트: 꿈의 해석

모든 것을 한마디로 정리한 유대인 3명이 있어요. "모든 것은 사랑이다." 예수가 말했죠. "모든 것은 투쟁이다." 마르크스가 말했어요. "모든 것은 무의식이다." 바로 프로이트의 말이에요.

영화 〈라이프 오브 파이〉(2012)

영화 〈라이프 오브 파이〉에서 주인공 파이는 배가 난파되어 구난정을 타고 홀로 바다를 표류해요. 구난정에는 동반자가 있었는데, 바로 배 안쪽에 숨어 있던 호랑이였지요. 여기서 호랑이는 주인공 파이의 무의식의 은유metaphor예요. 호랑이는 파이에게 위협을 가하기도 하고 지켜주기도 해요. 파이는 호랑이와 먹을 것을 두고 경쟁하기도 하고 길들이기도 해요.

파이와 호랑이의 관계가 바로 의식과 무의식의 관계예요. 수면 위에 있는 빙산의 작은 부분이 의식이고, 수면 아래 있는 빙산의 커다란 부분이 무의식이죠.

인간의 3가지 얼굴

초자아 SuperEgo 자아 Ego 원초아 Id

정신분석학의 창시자인 프로이트는 자신과 환자들의 꿈을 분석해서 『꿈의 해석』이란 책을 썼어요. 이 책에서 인간에게는 3가지 얼굴이 있다고 주장해요. 바로 원초아, 자아, 초자아예요. 각각 이드, 에고, 슈퍼에고라고도 해요. 의식과 무의식에 걸쳐 있는 이 3가지 자아의 모습에 대해 살펴보죠.

원초아

원초아는 원초적 본능을 말해요. 원초적 본능에는 크게 에로스 Eros와 타나토스Thanatos가 있어요.

　에로스는 삶의 본능, 자기보존의 본능이에요. **타나토스**는 죽음의 본능, 파괴의 본능이고요. 에로스에는 식욕·배설욕·수면욕·성욕이 있어요. 먹지 않고 배설하지 않고 자지 않으면 죽듯이, 이 욕구들은 모두 삶의 본능이에요. 그런데 성욕이 왜 삶의 본능일까요? 섹스 안 하면 사람이 죽나요? 물론 그렇지는 않죠. 하지만 섹스를 하면 죽지 않을 수 있어요. 내 유전자를 다음 세대에 남기니까요.

　갓 태어난 아기는 이런 원초아, 즉 원초적 본능밖에 없어요. 배고프면 울고, 싸고 싶으면 싸는데, 그렇게 해도 문제가 없어요.

에로스	타나토스
삶의 본능	죽음의 본능
자기보존의 본능	파괴의 본능

자아

아기가 생후 12개월이 지나면 엄청난 사건이 벌어져요. 배고파서 울어도 엄마가 따뜻하고 포근한 젖을 안 줘요. 딱딱한 숟가락을 입에 넣어주니 짜증이 나죠. 아기는 현실은 자신의 욕망과 다르고, 떼를 쓴다고 모든 것이 해결되지 않는다는 걸 깨달아요. 이때 아기에게 **자아**가 생겨요.

자아가 하는 일이 바로 현실을 파악하는 거예요. 엄마 젖을 먹고 싶다는 욕망이 생기면, 자아가 말해요. "네 맘대로 되는 게 아니야. 배고프다고 마냥 울기만 하면 되는 줄 알아? 기쁜 표정 같은 반응을 보여야 네가 원하는 걸 더 잘해줘. 젖은 이제 포기해. 이유식도 먹을 만하잖아. 익숙해져야지."

자아의 목소리에 의해 아기는 이런 합리적인 생각을 하기 시작해요.

초자아

생후 18개월 정도가 지나면, 아기한테 두 번째로 충격적인 사건이 벌어져요. 배변 훈련이 시작되는 거죠. 싸고 싶은데 엄마가 못 싸게 해요. 싸고 싶지도 않은데 자꾸 변기에 앉히고요. 이때 아이는 현실이 자신을 통제한다는 걸 깨닫고 좌절을 느껴요. 현실이 내 욕망과 같지 않다는 걸 깨달을 때 느끼는 좌절이죠. 현실이 내 욕망을 통제할 때 느끼는 좌절이기도 하고요.

이제는 아무 때나 배설하면 엄마나 아빠한테 엄청 혼나요. "그러면 안 돼!"라는 소리를 반복해서 들으면, 아이의 마음속에 내면화돼요. 그때 나타나는 것이 **초자아**예요. 부모가 통제하기 전에 아이의 초자아가 먼저 나타나서 스스로를 통제해요. 이게 양심의 소리예요.

4세 정도가 되면, 이제 아이는 관심이 자신의 성기에 집중돼요. 이 때부터 남자아이는 엄마에게 에로스의 욕구를 갖게 돼요. 엄마를 차지하고 있는 아빠에게 타나토스의 욕구를 갖게 되고요. 엄마를 사랑하고 아빠를 미워하게 된다는 얘기예요. 여자아이는 반대겠죠.

원초아가 이런 욕구를 가지면, 자아가 와서 말려요. "아빠를 이길 수 있어? 게임도 안 되는데 괜히 까불지 마." 엄마에 대한 에로스의 욕구와 아빠에 대한 타나토스의 욕구를 억압하는 거죠.

원초적 욕구를 계속 누르기만 하면 언젠간 터지기 마련이죠. 그때 자아가 원초아를 살살 달래요. "원초적 욕구를 있는 그대로 표출하지 마. 다르게 바꿔서 표출해 봐. 아니면 좋게 포장하고 승화시켜 봐" 우회 전략을 짜주는 거죠. 이것이 바로 '방어기제'예요.뒤에서 설명할게요. 그리고 원초아가 너무 강해 억압이 안 되면, 초자아가 나서서 더 크게 "안 돼!"라고 해요.

원초아, 자아, 초자아의 균형

인간은 원초아, 자아, 초자아라는 3가지 얼굴을 가지고 있어요. 원초아는 원초적 본능이에요. 초자아는 도덕, 양심의 목소리이고요. 그리고 자아는 원초아와 초자아 사이에서 균형을 맞춰요. 원초아가 너무 강하면 누르기도 하고, 우회 전략을 짜주기도 해요. 초자아인 도덕의 목소리가 너무 높아지면 조금 누그러뜨리기도 하고요.

정신적으로 건강한 사람은 자아가 적절한 기능을 해서 원초아와 초자아가 균형을 이뤄요. 이런 균형이 깨지면 불안을 느끼게 되죠. 그런데 원초아가 너무 강해 균형이 깨질 수도 있어요.

【질문】 원초아가 강한 사람은 누가 있을까요?

디오게네스 　 니체

고대 그리스의 괴짜 철학자 디오게네스, 그리고 니체 등을 원초아가 강한 사람이라고 볼 수 있어요. 이들은 원초아에 휘둘리는 게 아니라, 원초아를 해방시키자고 한 사람들이니 살짝 다를 수도 있지만 말이에요.

【질문】 초자아가 강한 사람은 누가 있을까요?

칸트

칸트는 초자아가 강한 사람으로 볼 수 있어요. 칸트의 윤리학은 의무주의죠. 의무주의의 모토는 "지킬 것은 지킨다"예요. 초자아가 강한 사람들은 지켜야 할 것을 못 지켰을 때 양심의 가책을 심하게 받아요.

윤동주의 〈서시〉에 이런 구절이 있어요. "죽는 날까지 하늘을 우러러 한 점 부끄럼이 없기를 / 잎새에 이는 바람에도 나는 괴로워했다." 초자아가 강한 사람들은 양심의 가책을 느끼면, 이렇듯 잎새에 이는 바람에도 괴로워하는 거죠.

영상으로 한 번 더!

나는 누구인가?
칼 융: 분석심리학

다음 그림은 고갱의 대표작 〈우리는 어디서 왔는가, 우리는 무엇인가, 우리는 어디로 가는가〉예요. 그림의 제목이 왜 이러냐고요?

한번 생각해 보죠. "나는 누구죠? 우리는 도대체 뭐죠?" 이 질문에 답하기는 생각보다 쉽지 않아요. 그런데 그럴듯한 대답을 한 사람이 분석심리학의 창시자 칼 융1794~1864이에요. 융은 "나는 누구인가?"라는 질문에 어떻게 답했을까요?

프로이트에 반기를 든 융

스위스 취리히 의과대학의 교수였던 융은 프로이트의 무의식에 관한 이론에 깊은 감명을 받아서 오스트리아 빈으로 만나러 가요. 당시 프

고갱, 〈우리는 어디서 왔는가, 우리는 무엇인가, 우리는 어디로 가는가〉(1897~98)

로이트는 51세였고, 융은 32세였으니, 19세나 차이가 났죠. 하지만 둘은 처음 만나서 13시간 동안이나 얘기를 나눴어요. 대화가 잘 통했나 봐요. 둘은 함께 연구를 하기 시작했어요. 프로이트는 융을 자신의 후계자로 생각했어요.

융은 의식 아래에 커다란 무의식이 있다는 프로이트의 이론에 동의했어요. 히스테리나 강박적 신경증 같은 질환이 성적 에너지와 관련이 있다는 점도 인정했고요.

융

그런데 유아 성욕론이나 오이디푸스 콤플렉스 등은 도저히 이해할 수 없어서 이론에서 빼자고 했지만, 프로이트는 콧방귀도 안 뀌었던 모양이에요. 그도 그럴 것이 이들은 프로이트 이론의 핵심이라, 그것을 빼면 김빠진 콜라가 되거든요. 이로 인해 둘의 사이는 금이 가기 시작했어요.

융과 프로이트의 성장 배경

프로이트의 어머니와 아버지

프로이트는 왜 그렇게 성적 설명에 집착했을까요? 물론 어떤 사람의 사상이 성장 과정의 산물이라는 것이 바람직한 것 같지는 않아요. 하지만 프로이트의 경우 전혀 관계없다고 볼 수는 없을 듯해요.

프로이트의 부모는 나이 차이가 많이 났어요. 아버지가 40세, 어머니가 20세 때 결혼했죠. 아버지는 세 번째 결혼이었어요. 전처 사이에서 낳은 첫째 아들이 21세였으니, 아들보다 어린 부인을 맞은 거죠. 둘의 결혼 후 전처 소생의 아들 둘은 영국으로 이민을 갔어요. 아버지가 적극 주선했는데, 아들과 자신의 부인 사이에 혹시 무슨 일이 생기지 않을까 하는 불안감 때문이었을 거라는 추측도 있어요. 오이디푸스 콤플렉스가 연상되죠?

결혼 이듬해 프로이트가 태어났어요. 바로 밑의 남동생은 생후 1년 만에 죽고, 내리 딸 다섯을 낳고, 그 밑으로 프로이트와 열 살 터울인 남동생이 태어났어요. 그러다 보니 어머니는 장남인 프로이트와 아주 강한 애착관계를 가졌을 것으로 추측돼요. 프로이트의 이런 성장환경 때문에, 그가 오이디푸스 콤플렉스를 생각해냈다고 추측하는 사람들도 있어요.

반면 융의 아버지는 목사였어요. 어머니는 정신질환이 있어서 장남인 융이 어렸을 때 정신병원에 있었어요. 융은 오이디푸스 콤플렉스가 생긴다는 유아기 시절, 어머니랑 같이 지낸 적이 없었어요. 오히려 아버지와 보낸 시간이 많았죠. 그러니 오이디푸스 콤플렉스가 이해가 되지 않았을 거예요. 결국 융은 프로이트의 정신분석학회를 탈퇴하고, 분석심리학회를 만들어 자신만의 이론을 내놓기 시작했죠.

융의 분석심리학

【질문】의식이란 무엇일까요?

의식은 지각하고 경험하는 거예요. 지금 나는 '의식적으로' 무언가를 생각하면서 '의식적으로' 무언가를 쓰고 있어요. 이게 바로 자아예요.

그런데 이 모습이 진짜 제 모습일까요? 여러분 앞에서 저는 『5분 뚝딱 철학-생각의 역사』의 저자라는 가면을 쓰고 있어요. 우리는 항상 상황과 환경에 맞는 가면을 바꿔 써요. 직장에 가면 직장인의 가면을 쓰죠. 어떨 때는 센 척하는 가면을 써요. 이런 가면을 '페르소나'라고 해요.

가면을 벗으면 또 다른 내가 나와요. 그것이 나의 **개인 무의식**이에요. 개인 무의식 속에는 그림자가 있어요. 여기서 **그림자**란 자아의 억압된 성향과 충동을 말해요. 그것은 짐승이거나 괴물일 가능성이 커요.

개인 무의식 아래에는 또 다른 무의식이 있어요. 그것이 바로 **집단 무의식**이에요. 집단 무의식은 인류가 지속되면서 겪은 과거의 경험이 누적된 거예요. 우리는 뱀이나 어둠을 무서워하죠. 이는 우리의 조상인 원시인들이 뱀이나 어둠 때문에 위험했던 경험이 누적되어 왔기 때문이에요. 이러한 것들은 인간의 꿈, 환상, 신화, 예술 속에서 반복적으로 나타나요. 이런 정신적 이미지를 **원형**이라고 해요.

또한 집단 무의식 속에는 아니마와 아니무스도 있어요. 모든 사람은 남성성, 여성성을 다 가지고 있죠. 남성이 가지고 있는 여성성을 **아니마**라고 해요. 여성이 가지고 있는 남성성을 **아니무스**라고 하고요.

이것이 끝이 아니에요. 집단 무의식에 걸쳐 있는 것이 바로 **자기**Self예요. 이것이 바로 진정한 나예요.

나의 진짜 모습은 무의식 속에 있다.

위의 그림에서 안쪽이 무의식이고, 바깥쪽이 의식이에요. 의식 밖에는 얼굴, 즉 가면만 있어요. 나의 진짜 모습은 무의식 속에 있고요. 가운데 태양이 진짜 나예요. 즉, '자기Self'는 정신 전체의 중심이에요.

나를 찾아 떠나는 여행

나의 전체 정신은 '자기'를 중심으로 통합돼요. 내 의식의 중심인 '자아'가 내 정신 전체의 중심인 '자기'를 향해 가는 것을 **개별화, 개성화**라고 해요. 이것이 자기실현의 과정이고, 나를 찾아 떠나는 여행이에요. 융은 자기를 찾는 것이 삶의 목표라고 봤어요. 자아가 자기를 찾아 떠나는 여행이 바로 삶이란 거죠.

그럼, 자기를 찾는 여행은 언제 떠나야 할까요? 융은 젊은 시절에는 그것이 불가능하다고 봤어요. 사회 속에서 살기 위해서는 때에 따라 이런저런 가면을 적절하게 써야 하니까요. 아니마와 아니무스 같은 감출 것은 감추고 살아야 하죠.

그런데 중년이 되면, 비로소 자기실현을 할 수 있는 기회가 와요. 그러려면 마음의 문을 대담하게 열어야 해요. 이전에는 인식하지 못했던 자기의 무의식과 대면해야 하고요.

또한 나의 페르소나 안쪽에 있는 진짜 모습을 봐야 해요. 정신적·심리적으로 자신의 양성성을 인정해야 해요. 남성은 자신 속의 아니마를 알아야 하고, 여성은 자신 속의 아니무스를 알아야 해요. 남성성, 여성성이라는 굴레로부터 자유로워져야 해요. 그러면 의식적으로도, 무의식적으로도 진짜 자기를 인식할 수 있게 돼요.

자기실현의 여행은 언제 끝날까요? 자기는 무한한 잠재성과 가능성을 가지고 있어요. 자아는 죽을 때까지 자기가 가지고 있는 잠재성과 무한한 가능성을 열어야 해요. 그러므로 개별화 과정은 죽을 때까지 계속된다고 볼 수 있어요.

영상으로 한 번 데!

열등감,
문제는 그게 아니야

아들러: 개인심리학

2015년 일본 작가들이 아들러의 심리학에 감명받아 쉽게 재구성한 『미움받을 용기』를 썼어요. 이 책이 베스트셀러가 되면서 우리나라에 아들러 열풍이 불었죠. 사람들이 왜 아들러 심리학을 좋아할까요? 제가 보기엔, 모든 것을 성적 욕망으로 해석하는 프로이트 심리학과 달리, 건강한 심리이론을 제시했기 때문이에요. 열등감에 대한 새로운 관점을 제공하기도 했고요.

안과 의사 아들러

알프레드 아들러1870~1937는 1870년 오스트리아 빈 근교의
유대인 집안에서 태어났어요. 어린 시절 몹시 병약해서 폐
렴과 구루병을 앓았고, 두 번의 교통사고로 죽을 고비를 넘
겼어요. 옆에서 같이 자던 동생이 죽는 광경을 목격하기도
했고요.

아들러

　아들러는 건강이 안 좋은데다가 공부도 잘 못했어요. 중학교 때는
공부를 너무 못해서, 선생님이 아버지에게 구두 만드는 기술을 가르치
면 먹고살 수 있지 않겠냐고 했어요. 아들러는 건강하고 공부도 잘하는

형에게 상당한 열등감을 느꼈어요. 그럴 때 기운을 복돋아 준 사람이 바로 아버지였어요. 그 덕분인지 아들러는 우수한 성적으로 학교를 졸업하고, 나중에는 안과 의사가 됐어요.

열등감과 콤플렉스

아들러는 안과 의사로 일하면서 시각 능력이 떨어지면, 청각이나 촉각 등 다른 감각이 더 발달한다는 재미있는 사실을 발견했어요. 신체의 한 기능이 떨어지면, 다른 기능이 그 약점을 보완하는 거죠. 이런 경우들이 꽤 많아요. 선천적으로 심장이 약한 사람이, 후천적으로 심장 근육이 강화되기도 해요. 두뇌에서 언어를 담당하는 브로카 영역이나 베르니케 영역이 손상되면, 그 주변의 다른 부분이 대신 그 일을 담당하고요.

또한 아들러는 눈이 안 좋은 사람들이 오히려 책을 읽는 데 더 집착한다는 걸 알아냈어요. 인간은 어떡하든 자신의 단점을 만회하려는 경향이 있다는 거죠.

말을 더듬었던 데모스테네스는 자갈을 물고 말하는 연습을 했고, 그 결과 고대 그리스 최고의 웅변가가 됐어요. 『일리아드』와 『오디세이아』를 쓴 호머가 장님이었다는 설도 있어요. 17세기 영국의 시인 밀턴은 눈이 먼 상태에서 구술로 『실락원』을 썼어요. 19세기 체코의 작곡가 스메타나는 완전히 귀가 먹은 상태에서 「나의 조국」을 작곡했고요. 베토벤도 18년 동안 귀가 먹은 상태에서 작곡을 했어요. 귀머거리이면서 장님이었던 헬렌 켈러는 자서전을 썼죠.

우리는 이러한 사례들을 통해 인간은 물리적으로든 심리적으로든,

어떤 방식으로든 자신의 결점을 극복하려는 경향이 있음을 알 수 있어요. 열등감을 극복하려는 의지가 있는 거죠.

아들러는 구루병으로 4세까지 걷지 못했어요. 이때 아기 아들러가 좌절했을까요? 그냥 걸으려고 계속 시도를 하다 보니, 근육이 붙고 요령을 터득하면서 마침내 걷게 된 거죠. 이처럼 인간은 자신의 불완전함을 채우기 위해 뭔가를 계속 시도하는 성향이 있어요.

이때 자신이 불완전하다는 생각은 나쁜 게 아니에요. 열등감은 나쁜 게 아니에요. **열등감**은 인간을 움직이는 동력이죠. 문제는 열등감 그 자체가 아니라 열등감으로 인한 콤플렉스예요.

열등감 그 자체는 좋은 것도 아니고, 나쁜 것도 아닌 객관적인 사실일 뿐이에요. 그것을 나쁜 것이라고 가치를 평가할 때 **열등감 콤플렉스**가 생기고, 좌절을 맛보게 돼요. 아니면, 반대로 자신이 다른 사람보다 우월하다고 스스로를 속이는 **우월감 콤플렉스**가 생기고요. 열등감 콤플렉스와 우월감 콤플렉스는 동전의 양면과 같은 하나의 감정이에요.

열등감 콤플렉스

우월감 콤플렉스

아들러의 개인심리학

안과 의사였던 아들러는 나중에 정신과 의사가 됐어요. 아들러의 심리학을 프로이트 이론과 비교해 보죠.

프로이트는 인간을 원초아, 자아, 초자아로 나누고, 그 사이에서 균형을 맞추며 살아가는 존재로 봤어요. 하지만 아들러는 인간을 '더 이상 나눌 수 없는 것Individual'이라고 해요. 그래서 아들러의 심리학을 **개인심리학**이라고 해요.

프로이트는 인간의 과거에 관심을 가졌지만, 아들러는 인간의 미래에 관심을 가졌어요. 물론 인간은 과거의 사건에 영향을 받아요. 하지만 아들러는 '인간이 자신의 부족한 점을 채우며, 더 나은 자신을 창조해가는 존재'라고 봤어요.

아들러는 "인간을 왜 자꾸 과거에 사로잡힌 존재로만 보냐?"고 반문해요. 과거의 사건 자체는 바꿀 수 없죠. 하지만 그 사건에 대한 관점

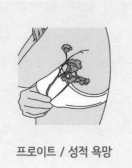

프로이트 / 성적 욕망   아들러 / 우월해지려는 의지

을 바꿈으로써 미래에 미치는 영향을 바꿀 수 있어요. 쉽게 말해 프로이트는 과거의 그 사건 때문에 현재 이 모양, 이 꼴로 살 수밖에 없다고 해요. 반면 아들러는 현재 나의 의지로 과거의 사건에 대한 관점을 달리 하면, 미래에는 이 모양 이 꼴로 살지 않을 수 있다는 거죠.

또한 프로이트는 인간을 움직이는 것은 성적 욕망이라고 봤어요. 하지만 아들러는 인간을 움직이는 건, 열등감을 극복하고 우월해지려는 의지라고 해요. 인간은 의지를 통해 얼마든지 미래를 만들어 갈 수 있는 존재란 거죠.

생활양식

사람마다 고유의 생활양식이 있죠. 여기서 **생활양식**은 한 사람이 갖는 자신과 타인에 대한 이미지, 어떤 상황에 대한 태도, 삶의 목표 등과 같은 무의식적 신념체계예요. 성격과 비슷하지만, 좀더 넓은 개념이라고 생각하면 돼요. 이러한 생활양식은 4, 5세 즈음에 형성돼요.

한 사람의 생활양식은 사회적 관심과 활동 수준에 따라 결정돼요.

생활양식의 유형

	사회적 관심이 높음	사회적 관심이 낮음
활동 수준 높음	사회적 유용형	지배형
활동 수준 낮음	기생형	회피형

여기서 **사회적 관심**은 이타적이고 타인과 협력하려는 성향이고, 활동 수준은 문제를 해결하려는 에너지예요.

생활양식에는 지배형, 기생형, 회피형, 사회적 유용형 등이 있어요.

지배형은 사회적 관심은 적고 활동 수준이 높아요. 타인에 대한 지배와 통제, 착취를 통해 자신의 이익만을 챙기려는 사람이죠. 어릴 때 부모로부터 통제를 많이 받은 사람일수록 지배형 인간이 되기 쉬워요.

기생형은 사회적 관심은 많지만 활동 수준이 낮아요. 타인에게 빌붙어 자신의 이익을 야금야금 챙겨요. 어릴 때 과잉보호를 받고 자라면 기생형 인간이 되기 쉬워요.

회피형은 사회적 관심도 적고 활동 수준도 낮아요. 매사에 소극적이고 불평만 하고 실패가 두려워 어떠한 시도도 하지 않아요. 부모가 기를 꺾어 버리면 회피형 인간이 되기 쉬워요.

사회적 유용형은 사회적 관심도 많고 활동 수준도 높아요. 심리적으로 성숙한 인간으로, 자신의 욕구와 타인의 욕구를 동시에 충족시키는 유형이죠.

아들러는 생활양식이 형제들 간의 서열과 관계가 있다고 봤어요. 특히 형제들 간의 경쟁구도와 열등감을 극복하려는 과정에서 생활양식이 형성된다고 해요.

첫째아이는 책임감이 강하고 리더 기질이 있
어요. 하지만 다소 보수적이고 권위적이어서
사회적 부적응자가 될 가능성이 상대
적으로 높다고 해요.

둘째아이는 야심적이고 승부
욕이 매우 강하며 반항적이고 소
유욕도 강해요. 막내는 과잉 보호

한 사람의 생활양식은 형제 간 서열과도 관계가 있다.

를 받고 자랐기에 의존적이고 열등감 콤플렉스를 가질 수 있다고 봤어
요. 하지만 열등감을 극복하는 과정에서 크게 성공하는 경우가 상대적
으로 높다고 해요. 또한 외동은 관심을 받으려는 욕망이 강하고 소극적
이어서 타인과의 경쟁을 회피하려는 경향이 있다고 해요.

열등감을 넘어서

모든 인간은 불완전해요. 불완전함 자체는 아무런 문제가 안 돼요. 문제
는 불완전함 그 자체가 아니라, 그것을 열등감 콤플렉스로 해석하고, 자
신을 현재의 상황에서 꼼짝하지 못하게 옭아매는 거예요.

아들러는 사람들이 이미 벌어진 과거의 사건이라도, 그것을 새롭게
해석함으로써 자신의 불완전함을 극복하는 계기로 만들 능력이 있다
고 믿었어요. 마지막으로 아들러의 목소리에 귀를 기
울여 보세요.

"자신의 불완전함을 그대로 받아들여라. 그리고
그 불완전함을 통해 새로운 자기를 창조하라."

영상으로 한 번 더!

김 부장이 사는 법
안나 프로이트, 베일런트: 방어기제

프로이트의 무의식 이론

프로이트   융   아들러

정신분석학의 빅 3는 프로이트, 융, 아들러예요.

먼저 정신분석학의 창시자 지그문트 프로이트는 인간의 의식 아래 커다란 무의식이 있다고 했죠.

융은 처음에는 프로이트의 무의식 이론에 매료되어 제자가 됐어요. 하지만 나중에는 그의 이론에 반대하고 정신분석학회에서 빠져나와 분석심리학회를 만들었죠.

알프레드 아들러도 마찬가지예요. 프로이트의 제자였고 공식적인 후계자가 되기도 했어요. 하지만 그의 이론에 동의할 수 없어 정신분석학회를 탈퇴하고 개인심리학회를 따로 만들어요.

그리고 정신분석학의 빅 3는 아니지만, 빼놓을 수 없는 것이 바로 프로이트의 딸 안나 프로이트예요.

방어기제 이론

프로이트는 인간은 불안과 위협으로부터 자신을 보호하기
위해 **방어기제**를 사용한다고 했어요. 안나 프로이트는『자아
와 방어기제』에서 아버지의 이론을 발전시켜 방어기제 이
론을 10개로 체계화했어요. 그것이 바로 퇴행, 억압, 반동형
성, 격리, 취소, 투사, 내사, 자기에게로 향함, 역전, 승화예요.

안나 프로이트

    미국의 정신과 의사이자 인생 성장 연구의 대가인 조
지 베일런트1934~는『성공적인 삶의 심리학』에서 방어기제
이론을 더욱 체계화해요. 성숙도에 따라 병리적 방어기제,
미성숙한 방어기제, 신경증적 방어기제, 성숙한 방어기제
등 4단계로 나누고, 18개의 방어기제를 내놓았어요.

베일런트

    정신질환계의 바이블『정신질환의 진단 및 통계 편람』에는 50여 개
의 방어기제가 실려 있어요. 이 중에서 제가 보기에 중요하다고 생각되
는 약 30여 개의 방어기제를 베일런트의 방식으로 임의로 분류해 설명
해 볼게요. 방어기제를 이해하기 위해서는 먼저 불안에 대해 이야기해
야 해요.

불안의 3가지 종류

불안은 인간이 느끼는 가장 강렬한 감정 중 하나예요. 사람은 불안을
느끼면, 숨이 가빠지고 심장이 뛰고 땀이 나고 몸의 근육이 긴장돼요.
어떤 연구는 불안해졌기 때문에 심장이 뛰는 거라고 해요. 반대로 심장
이 뛰기 때문에 불안해지는 거란 연구도 있어요. 또 심장이 뛰는 게 곧

불안한 정신 상태라는 연구도 있어요. 어쨌든 불안은 정신적인 상태이지만, 숨이 가빠짐, 심장박동이 빨라짐, 땀이 남, 몸의 근육이 긴장함이라는 신체의 변화와 함께 나타나요.

사실 여기에는 분명한 이유가 있어요. 원시인이 숲속에서 사자를 만나면, 불안과 공포로 뒤도 안 돌아보고 도망을 치겠죠. 허벅지 근육은 격렬하게 끊임없이 움직이고, 심장은 미친 듯이 펌프질해서 허벅지 근육에 피를 보내겠죠. 숨을 가쁘게 몰아쉬어, 산소를 심장에 공급하면서 흘린 땀과 열을 식혀 체온을 유지해요. 이때 불안은 생존에 필수적인 감정이라 할 수 있죠. 이러한 종류의 불안을 **생존 불안**이라고 해요.

그런데 프로이트는 또 다른 불안이 있다고 해요. 정신이 건강한 사람은 자아가 원초아와 초자아 사이의 균형을 맞춰요. 그런데 원초아가 너무 강하면, 자아는 원초아가 사고를 칠까봐 불안해요. 이때 생기는 불안이 **신경증적 불안**이에요.

반대로 초자아가 너무 강하면, 자아는 초자아로부터 맨날 혼날까봐 불안해요. 이때 생기는 불안이 **도덕적 불안**이에요.

그리고 초자아가 강한 사람은 자신에 대한 기준이 높아서 너무 잘하려 해요. 그러다 보니 대인 공포, 발표 불안, 무대 공포 등 **사회적 불안**을 갖게 돼요.

방어기제의 종류

어떤 사람들의 자아는 항상 불안해요. 원초아는 충동적이라 언제 사고 칠지 모르고, 초자아는 좀 잘하라고 압력을 자꾸 가하니 불안할 수밖에요.

이때 자아는 마치 회사의 김 부장 같은 중간 관리자예요. 이 대리가 사고친다고 곧이곧대로 보고하지 않고, 적당히 둘러대죠. 또한 사장이 매출 압박을 가해도, 이 대리에게 그대로 전달하지 않고 다독여 주어야 하는 등 적절한 각색이 필요해요.

이와 같이 자아는 원초아의 충동에서 감출 것은 감추고, 위장할 것은 위장하고, 충동이 터져나오려고 하면 달래요. 한편 초자아의 도덕적 억압을 그대로 전달하면 힘들어 하니 우회적으로 표현해요. 이것이 바로 **방어기제**예요. 방어기제는 현실을 있는 그대로 받아들이는 건 너무 위험하기 때문에 일부러 왜곡하는 거예요. 그렇다고 해서 자아가 의도적으로 방어기제를 사용하는 건 아니에요. 자아의 무의식이 작동하는 거죠.

여기서는 안나 프로이트의 방어기제 10개와 베일런트의 18개를 포함해 설명할게요.참고로 책들마다 번역 용어가 조금 달라요.

1단계: 병리적 방어기제

부정 자신이 감당하지 못하는 참담한 현실을 아예 부정하는 방어기제. 예컨대 암 판정으로 시한부 선고를 받은 사람이 의사에게 오진 아니냐고 우기는 경우.

왜곡 참담한 현실을 받아들이지도 부정하지도 못하겠어서 현실을 왜곡하는 방어기제. 예컨대 돈벌이를 위해 가짜뉴스 유튜브를 하면서 민주주의를 위해서 한다고 착각하는 경우.

망상적 투사 받아들이기 힘든 충동이나 욕구를 망상적으로 엉뚱한 다른 사람에게 뒤집어씌우는 것. 외도를 해놓고는 배우자를 의심하는 경우.

분리 매사를 전적으로 옳은 것과 그른 것으로만 구분하는 방어기제. 예컨대 이 놈은 좋은 놈, 저놈은 나쁜 놈, 이렇게 아군과 적군을 분리함으로써 그 밖의 감정을 무시하는 경우가 이에 속해요.

2단계: 미성숙한 방어기제

행동화 사회적으로 금지된 어떤 행위를 자제할 때 느끼는 불안을 해소하기 위해, 오히려 그 행위를 불쑥 해버리는 방어기제. 짝사랑하는 여성에게 키스하고 싶은 충동을 억제하고 있는데, 그런 상태가 너무 불안해서 불쑥 해버리는 경우예요. 어찌 보면 그냥 충동적인 행위인 것처럼 보여요. 하지만 사실은 무의식적으로 매우 복잡한 과정을 거쳐 표출된 행위라고 볼 수 있어요.

건강염려증 다른 사람에 대한 공격적인 충동을 자신에게 질병이 있다는 두려움을 통해 해소하는 방어기제.

수동 공격성 다른 사람에 대한 공격적 감정을 직접적으로 표현하지 않고, 간접적·수동적으로 표현함으로써 공격적인 감정을 해소하는 것. 예컨대 뭘 시키면 꾸물거린다든지, 뭘 물어보면 대꾸도 안 하고 묵묵부답하는 경우예요.

정신분열성 환상 환상 속에서 자폐적 사고에 사로잡히고, 이를 통해 좌절된 욕망을 충족하는 방어기제.

투사 받아들이기 힘든 자신의 충동이나 욕망을 다른 사람들이 가지고 있다고 뒤집어씌우는 것. 어떤 이성에게 성적 욕망을 갖고 있는데, 오히려 그 이성이 자신에게 성적 욕망을 갖고 있다고 생각하는 것이 그 예예요.

내사 투사와는 반대로, 다른 사람의 잘못을 자신에게로 돌리는 것. 엄마에게 학대를 받은 아이가 자신이 잘못해서 벌을 받는다고 생각하는 경우.

자기에게로 향함 타인에 대한 분노를 자신에게 돌리는 것. 남편과 싸우다가 아내가 홧김에 자살하는 것. '내사'는 자신을 학대하는 타인인 엄마와 자신을 동일시하고, 엄마에 대한 공격성을 자신을 공격함으로써 해소하려는 거예요. 반면 '자기에게로 향함'은 타인인 남편을 공격하지 못하니, 아내가 오히려 자기 자신을 공격하는 거죠.

동일화 이상적인 인물과 자신을 동일시하는 방어기제. 오이디푸스 콤플렉스를 겪은 아이가 아버지를 따라하는 경우가 이에 속해요.

신체화 정신적 갈등이 신체 증상으로 나타나는 것. 수능일에 복통이 일어나는 경우가 그 예죠.

전환 정신적 갈등이 감각기관의 마비로 이어지는 것으로, 신체화의 구체적인 경우죠. 예컨대 임종을 지키지 못했다는 죄책감에 아버지 생각만 하면 숨이 가빠지는 증상이 나타나는 거예요.

3단계: 신경증적 방어기제

전치 충동이나 감정을 만만한 대상에게 푸는 방어기제. 사장한테 화내고 싶은데, 그럴 수 없으니 괜히 김 대리한테 화풀이하는 경우죠. 내가 사랑하는 것은 오빠인데, 그럴 수 없으니 그와 닮은 오빠 친구를 사랑하는 경우예요.

해리 감정적 고통을 피하기 위해 인격과 자기 정체성에 격렬한 변화가 일어나는 방어기제. 배너 박사가 분노가 극에 달하면, 헐크로 변하는 경우가 그 예죠.

지성화 공포를 잊기 위해 모든 상황을 이성적으로 분석하는 방어기제. 만성 불안증에 시달리는 사람이 불안의 심리학적 원인이 무엇인지에 대해 관심을 가지는 거죠. 지식이 자신의 불안을 해소해 줄 거라고 착각하는 거예요.

반동 형성 자신의 감정과 충동을 정반대로 표출하는 방어기제. 강박신경증의 특징이에요. 예를 들어 사회공포증이 있는 사람이 무의식적으로 줄기차게 사람을 만나고 다니는 경우예요.

억압 불안이나 고통스러운 사건을 의식하지 못하는 방어기제. 영화 〈셔터 아일랜드〉에서 주인공 레오나르도 디카프리오는 자신의 세 아이가 아내에 의해 살해된 사실을 기억하지 못해요. 현실이 너무나 괴로워 과거의 사건을 기억하지 못하는 거죠.

격리 어떤 사건과 그에 동반하는 심정을 분리해 감정을 불러일으키지 않으려는 방어기제. 연인과 헤어진 직후에는 슬픔을 느끼지 못하다가 시간이 지나고 느끼는 경우가 있죠. 일시적으로 감정을 격리한 거죠.

퇴행 위기 이전의 상황으로 다시 돌아가려는 반응. 동생이 생긴 아이가 갑자기 대소변을 못 가려 엄마의 관심을 얻으려는 경우가 그 예죠.

철회 초자아의 도덕적 비난을 피하기 위해 잘못된 행위를 취소하려는 것. 일종의 속죄의식이죠. 예컨대 살인을 저지르고 반복적으로 손을 씻는 것.

역전 객체를 주체화해 심리적 안정을 찾으려는 방어기제. 너의 행복이 곧 나의 행복이라고 생각하는 경우가 예이죠.

합리화 받아들이기 어려운 충동이나 욕구에 대해 그럴듯한 이유를 제시하는 것. 수능을 망치고 "행복은 성적순이 아니잖아요"라고 말하는 경우죠.

고착 성격발달의 한 단계에 머물러 다음 단계가 주는 불안에서 벗어나려는 방어기제. 피터팬 증후군이 이에 속해요.

4단계: 성숙한 방어기제

이타주의 자신의 욕구를 충족하는 대신, 타인을 도움으로써 만족을 얻는 방어기제.

대비 앞으로 발생할 수 있는 고통스러운 상황에 대해 과도하게 현실적인 대비를 하는 방어기제.

유머 불안을 농담으로 해소하는 방어기제. 죽음의 공포 앞에서 예술과 농담으로 그 상황을 견디려는 경우가 그 예이죠.

승화 사회적으로 허용되지 않는 충동을 사회적으로 인정을 받는 방식으로 해소하는 방어기제. 피를 보면 흥분하는 폭력성이 아주 강한 사람이 외과의사가 된다든가 하는 경우.

억제 불안이나 고통스러운 사건을 기억하려 하지 않는 방어기제. 억압과 비슷해요. 그런데 억압은 무의식적으로 기억하지 못하는 거예요. 억제는 의식적으로 기억을 안 하는 거고요. 나쁜 생각을 하지 않기 위해 어두운 밤길을 큰소리로 휘파람을 불며 걷는 게 그 예예요. 모든 방어기제는 무의식 차원에서 이뤄지지만, 억제는 의식적 차원에서 이루어져요. 그래서 방어기제로 봐야 하는가에 대한 논란도 있어요.

금욕주의 본능적 욕구나 충동을 따르는 대신에 금욕을 통해 만족을 얻는 방어기제. 고대 그리스의 스토아 학파가 대표적인 예이죠.

보상 내가 욕망하는 걸 갖지 못할 때, 다른 것으로 그 욕망을 충족하려는 것. 나폴레옹은 작은 키를 극복하기 위해 더욱 치열하게 살았다고 해요.

사실 방어기제는 특정한 사람이 가지는 정신질환이라고 할 수 없어요. 『정신질환의 진단 및 통계 편람』에서 다루기는 하지만요. 모든 사람은 어떤 방식이든 불안이나 스트레스를 방어기제를 통해 해소해요. 사람마다 자주 사용하는 방어기제가 있고요.

어떤 사람은 항상 남탓만 해요. 어떤 사람은 끊임없이 자기합리화를 하고요. 어떤 사람은 현실을 보려 하지 않아요. 어떤 사람은 모든 것을 이성적으로만 분석하려 하고요.

따라서 그 사람이 자주 사용하는 방어기제를 보면 성격을 알 수 있어요. 그러고 보면, 자신이 자주 사용하는 방어기제가 무엇인지 스스로 돌아보는 것도 좋을 듯해요.

조지 베일런트는 『행복의 조건』이라는 책에서 하버드 법대 졸업생, 중산층 출신 여성 천재, 대도시 출신의 고등학교 중퇴자 등 세 그룹의 삶을 조사했어요. 여기서 베일런트는 인간이 건강하고 행복하게 늙기 위해 갖추어야 할 7가지 요소를 내놓아요. 고난과 불행에 대응하는 성숙한 방어기제, 교육, 안정된 결혼생활, 금연, 금주, 운동, 알맞은 체중 등요. 성숙한 방어기제는 우리가 행복하게 살기 위해 매우 필요한 요소란 거죠.

대부분의 사람들은 자기가 어떤 사람인지 잘 몰라요. 방어기제는 무의식적 차원에서 작동하지만, 때로는 자기가 어떤 사람인지 알려주는 지표가 될 수도 있어요. 내가 한 행위를 객관적으로 돌아보면, 내가 주로 사용하는 방어기제가 무엇이고, 그를 통해 내가 어떤 사람인지도 알 수 있을 거예요.

영상으로 한 번 더!

나는 내가 생각하지 않는 곳에서 존재한다

라캉 1: 상상계, 상징계, 실재계

프로이트
(정신분석학)

소쉬르
(언어학)

레비스트로스
(구조주의)

라캉
(새로운 이론)

"프로이트로 돌아가자." 프랑스의 철학자이자 정신분석학자인 자크 라캉1901~81이 활동하던 당시, 정신분석학은 자아형성 과정을 다루는 일종의 임상병리학과 같았어요. 이에 라캉은 프로이트 정신분석학의 기본으로 돌아가자고 주장해요. 인간의 의식 아래에 있는 억압된 무의식에 주목하자는 거죠.

라캉은 프로이트의 이론을 소쉬르의 언어학, 레비스트로스의 구조주의 관점에서 재해석해서 완전히 새로운 이론으로 탈바꿈시켰어요.

라캉의 대표작은 1966년 발표된 「에크리」라는 논문이에요. 그는 이 책을 가리켜 "읽을 수 없는 책"이라고 했어요. 실제로 이 책은 이해하기가 굉장히 어려워요.

상상계와 자아의 출현

라캉은 프로이트의 원초아, 자아, 초자아 개념을 달리 해석해, 인간의 정신을 상상계, 상징계, 실재계라는 3가지 차원으로 나눴어요. 인간의 정신은 그 안으로부터 나오는 일종의 '장Field' 같은 것이라고 봤어요.

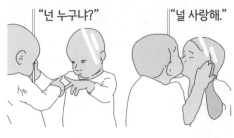

거울 단계   나르시시즘

갓 태어난 아기는 자신이 엄마와 하나라고 생각해요. 여전히 자궁 속에서 엄마와 하나이던 상태에서 벗어나지 못해요. 자신과 자신이 아닌 것을 구분하지 못하는 거죠. 쾌와 불쾌와 같은 원초적 감각만 있지, 그것을 통합하는 나, 자아라는 개념이 없어요.

그런데 6개월에서 18개월 사이에 거울을 보고, '아, 저게 나구나'라는 걸 깨닫게 돼요. 이것을 **거울 단계**라고 해요. 아기는 거울 단계에서 자아를 가지게 돼요. 여기서 거울은 진짜 물리적인 거울일 수도 있고, 자아의 존재를 비추는 다른 무엇일 수도 있어요.

거울 단계에서 아기는 세상에 자신과 엄마밖에 없다고 생각해요. 아기의 신체감각은 파편화되어 있으며 불완전해요. 하지만 거울 속 자신의 이미지는 완벽해요. 이때 아기는 자신을 거울 속의 이미지와 동일시해요. 자신이 완벽한 존재자라는 착각에 빠지고 그 이미지와 사랑에 빠지죠. 이것이 바로 **나르시시즘**이에요.

상상계는 '자아가 형성되는 이미지들의 장'이라고 할 수 있어요. 자아나 환상 같은 인간의 개인적 세계를 의미하죠. 그런데 상상계의 거울 단계에서 나타나는 이러한 나르시시즘은 아기에게서만 찾아볼 수 있는 게 아니죠? 성인이 되어서도 원형으로서 계속 나타나기도 해요. 나르시시즘에 빠진 사람은 자신이 특별한 존재자라고 믿어요.

상징계와 주체의 출현

2자적 관계   3자적 관계

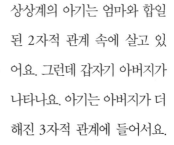

상상계의 아기는 엄마와 합일된 2자적 관계 속에 살고 있어요. 그런데 갑자기 아버지가 나타나요. 아기는 아버지가 더해진 3자적 관계에 들어서요.

아버지는 아기에게 어머니에 대한 욕망을 버리고, 법과 규칙의 세계로 들어오라고 강요해요.

이러한 법과 규칙의 세계가 바로 **상징계**예요. 마음으로 상상할 수 있었던 상상계에 있던 아기의 눈앞에 법과 원칙의 상징계가 나타난 거죠. 상징계는 언어와 문화 같은 인간의 사회적 세계를 의미해요.

아기가 상징계로 들어간다는 것은 **언어의 세계**로 들어간다는 거예요. 법과 원칙을 받아들이게 된다는 것이고요.

헬렌 켈러는 보지도 듣지도 말하지도 못했어요. 적막한 암흑의 세계에는 혼란스러운 촉각과 냄새만이 뒤섞여 있을 뿐이었죠. 그런 그녀에게 사회의 질서와 규율을 가르치는 것은 거의 불가능했을 거예요.

설리반 선생님이 촉수화를 가르쳤지만, 헬렌 켈러는 이해할 수 없었어요. 언어는 사물을 개념화해서 이해하는 것이죠. 그런데 헬렌 켈러는 보지도 듣지도 말하지도 못한 채 혼란스러운 촉각의 세계에 살고 있었죠. 그런 그녀에게 개념을 가르친다는 것은 매우 어려운 일이었을 거예요. 그러다 어느 순간 헬렌 켈러는 **개념의 세계**로 들어가게 돼요.

'아, 이것을 물이라고 하는구나. 이것은 나무라고 하고, 이것은 땅이

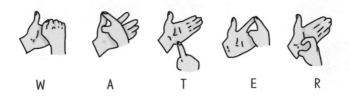

W   A   T   E   R

라고 하는구나.'

헬렌 켈러가 감각자료들을 규칙적인 손가락의 움직임을 통해 개념화할 수 있다는 걸 깨달은 순간이었어요. 바로 이 순간, 그녀는 상상계에서 상징계로 들어간 거예요. 상징계에는 규칙이 있어요. 상징계로 들어간다는 건 규칙을 이해했다는 것이고, 따를 준비가 되었다는 거죠.

상징계로 들어간 아기는 부모나 사회에 의해 이름이나 성별, 직업 등 상징성, 정체성을 부여받게 되고 주체가 형성돼요. 아기는 상상계에서는 자기 마음대로 상상했지만, 상징계에서는 그럴 수 없어요. 상징계에서 주인은 아기 자신이 아니라 '언어'이기 때문이죠. 아기는 언어가 부여하는 의미를 받아들일 수밖에 없어요. 극단적으로는 이렇게 말할 수 있어요.

"인간이 언어를 만든 것이 아니라, 언어가 인간을 만든 것이다."

그리고 언어에 의해 만들어진 인간이 바로 **주체**예요.

근대 철학자 데카르트는 주체를 '생각하는 주체'로 봤죠. 하지만 현대 철학자 라캉에게 주체는 '언어에 의해 생각을 당하는 주체'예요. 자신도 모르게 언어의 메커니즘에 의해 생각을 당한다는 거죠.

가만히 앉아서 명상을 하며, 차분히 생각을 버려 보세요. 그런데 몇 초 동안에도 오만 가지 생각이 들어왔다 나갈 거예요. 지금 '나'라는

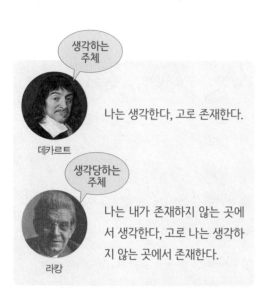

생각하는 주체

나는 생각한다, 고로 존재한다.

데카르트

생각당하는 주체

나는 내가 존재하지 않는 곳에서 생각한다, 고로 나는 생각하지 않는 곳에서 존재한다.

라캉

주체가 생각하고 있는 걸까요?

라캉은 이것이 언어의 기표기호가 계속 바뀌치기를 하고 있는 상황이라고 해요. 라캉에 따르면, 생각의 주인은 내가 아니라 언어예요. 생각은 항상 언어의 형태로 나타나죠. 따라서 주체 안에는 진정한 자기가 없어요.

너머의 세계, 실재계

상상계는 이미지의 세계이고, 상징계는 언어의 세계죠. 화가는 자신의 감정·상상·표상을 이미지로 표현하고, 작가는 글로 표현해요. 그런데 어떤 화가는 알 수 없는 그림을 그리고, 어떤 시인은 의미의 차원으로는 이해할 수 없는 언어를 사용해요. 왜 그럴까요?

그것은 그들의 감정·상상·표상이 이미지나 언어로 표현되거나 도달할 수 있는 것이 아니고, 그것들을 넘어서기 때문이에요. 이러한 것을 '실재계'라고 해요.

실재계는 이미지로도 언어로도 포착되지 않아요. 상상계와 상징계를 넘어서 있어요. 인간이 인식할 수 없는 무정형의 세계인 거죠.

노자의 『도덕경』에 "도가도 비상도道可道 非常道"란 말이 나와요. "도

상상계	상징계	실재계
이미지의 장	언어의 장	언어와 이미지를
거울 이미지	법과 규칙의 세계	넘어서 있으면서
자아 형성	주체 형성	그것을 가능하게
자기애	3자 관계	만드는 것
2자관계아기와 엄마	아기, 엄마, 아버지	

를 도라고 말하면, 그것은 더 이상 도가 아니다." 도道라는 것은 언어로 표현할 수 없기에, 언어로 설명한 도는 더 이상 원래의 도가 아니란 거죠. 즉, '도'라는 것은 언어를 넘어서는 것이기에, 상상계의 이미지로도, 상징계의 말로도 포착되지 않는다는 거죠.

어떤 사람들은 라캉의 실재계를 칸트의 물자체 에 비유해요. 칸트에 따르면, 내가 지금 보고 있는 것 은 책이 아니라, 내 머릿속에 떠오른 책이라는 이미지 예요. 따라서 내 앞에 있는 책이 존재한다고 말할 수  없어요. 그런데 내 앞에 있는 책이 나를 촉발했기에, 그런 이미지가 내 머리에 떠오른 거죠. 따라서 내 앞의 책은 존재해야 해요. 결국 물자체 는 존재한다고 말할 수도 없고, 존재하지 않는다고 말할 수도 없어요. 그 럼에도 불구하고, 물자체가 존재하지 않으면, 우리는 책이라는 표상을 떠올릴 수 없었을 거예요. 라캉의 실재계가 바로 이런 거죠. 실재계는 이미지상상계와 언어상징계를 넘어서 있으면서도, 이들에 게 영향을 미치는 것이죠.

영상으로 한 번 더!

우리는 타자의 욕망을 욕망한다

라캉 2: 욕망

어떤 사람은 미친 듯이 자동차를 사들이고, 어떤 사람은 미친 듯이 구두를 쇼핑해요. 어떤 사람은 미친 듯이 여자를 만나고, 어떤 사람은 미친 듯이 독서를 하죠.

왜 어떤 사람들은 한 대의 차, 한 켤레의 구두, 한 명의 여자, 한 권의 책에 만족하지 못하고, 더 많은 것을 찾아 계속 방황할까요? 이에 대한 라캉의 설명을 들어보죠.

욕구, 요구, 욕망

라캉은 인간이 가지는 욕구와 요구, 그리고 욕망을 구분해요.

욕구란 식욕·수면욕·배설욕 같은 생물학적으로 필요한 것을 채웠으면 하는 바람이에요. 아기는 배가 고프면 엄마에게 젖을 달라고 울고, 잠이 오면 재워 달라고 울어요. 엄마가 아기에게 젖을 주거나 토닥토닥 재워주면 아기의 '욕구'는 금세 충족돼요.

그런데 어느 순간, 아기는 배가 고픈 것도 아니고 졸린 것도 아닌데, 그냥 짜증을 내고 생떼를 부려요. 구체적인 욕구가 생긴 것이 아닌데, 무언가를 요구하기 시작해요. 엄마에게 옆에 24시간 붙어서 자신이 필요로 하는 걸 그때그때 채워 달라는 거죠. 이것이 **요구**예요. 이때 아기가 '요구'하는 것은 엄마의 무제약적인 사랑이에요.

식욕이나 수면욕은 엄마가 그때그때 채워줄 수 있죠. 하지만 이런 무제약적인 사랑은 어느 누구도 채워줄 수 없어요. 이처럼 절대로 충족되지 않는 요구가 바로 **욕망**이에요. 말하자면 요구에서 욕구를 뺀 것이 욕망이라고 할 수 있죠.

욕망은 절대로 채워질 수 없어요. 하지만 사람들은 자신의 욕망이 채워질 거라고 착각해요. 저 차만 타면, 저 신발만 신으면, 저 여자랑 섹스만 하면, 저 책만 이해하면 내 욕망이 채워질 거라고 착각하는 거죠. 이러한 결핍은 결코 해소되지 않아요. 그래서 또 다른 차를 사요. 또 다른 신발을 사요. 또 다른 여자를 찾고, 또 다른 책을 읽어요. 하지만 곧 그것이 헛수고라는 걸 깨닫게 되죠.

타자의 욕망을 욕망한다

【질문】 우리의 욕망은 왜 채워지지 않을까요?

나의 욕망이 내 욕망이 아니기 때문이에요. 나의 욕망이 사실은 타자다른 사람의 욕망이기 때문이에요.

왜 사람들은 자신의 욕망이 아니라 타자의 욕망을 욕망할까요?

라캉은 그 이유를 아기와 엄마와의 관계에서 찾아요. 상상계에는 아기와 엄마의 2자 관계만이 있어요. 이때 아기에게는 엄마가 전부예요. 아기는 엄마가 무언가를 결핍하고 있으며, 자신이 그 결핍을 채워줄 수 있다고 생각해요. 그래서 아기는 엄마의 욕망의 대상이 되기를 원해요.

엄마 말을 잘 듣고, 엄마 말대로 공부를 열심히 해서 좋은 대학에 가고, 의사가 되는 것을 자신의 욕망이라고 착각해요. 그런데 사실 이것은 자신의 욕망이 아니에요. 타자에 의해 주입된 욕망이죠.

현대 소비사회는 인간의 이러한 욕망을 계속 부추겨요. 광고는 "저 가방이 내 욕망이야"라는 착각을 심어줘요. 학벌주의는 "저 대학이 내 욕망이야"라고 부추겨요. 미인선발대회는 "저 여자가 내 욕망이야"라고 꼬드겨요. 『5분 뚝딱 철학-생각의 역사』 같은 책은 "저 철학이 내 욕망이야"라는 착각을 계속 심어줘요.

심지어 "이런 것들은 나의 욕망이 아니라 타자의 욕망일 뿐이야"라고 하며, 모든 욕망을 떨쳐버리기 위해 명상을 하는 행위도 사실은 타자의 욕망일 뿐이에요. 미니멀리즘을 추구하는 삶도, 이타적인 삶을 살겠다는 결정도, 수도자의 삶을 살겠다는 선택도, 사실은 또 다른 타자의 욕망일 뿐이에요. 헛된 욕망으로부터 벗어나려 하는 행위도 또 다른 헛된 욕망일 뿐이란 거죠. 결국 인간의 욕망을 충족시키려는 노력은 실패해요.

우리는 타자의 욕망을 욕망한다. 현대 소비사회는 우리가 타자의 욕망을 나의 욕망으로 착각하도록 계속 부추긴다.

【질문】 인간은 왜 욕망을 피할 수 없을까요?

욕망은 아이가 오이디푸스 콤플렉스를 거치면서 필연적으로 짊어지게 될 운명이에요. 프로이트에 따르면, 남자아이가 4세가 되면 엄마에 대한 성적 욕망을 갖게 되고, 엄마를 차지하고 있는 아빠에 대해 적대감을 갖게 돼요. 하지만 자신이 아빠와는 상대가 되지 않는다는 걸 깨닫고, 엄마에 대한 욕망을 포기해요. 이 욕망은 무의식 속에 억압돼요. 이제 아빠는 물리쳐야 할 대상이 아니라 본받아야 할 대상이 돼요. 이렇게 해서 엄마와 아빠에게 가졌던 양가적인 감정이 해소돼요.

프로이트의 오이디푸스 콤플렉스에 대한 라캉의 설명을 들어보죠.

상상계에는 아기와 엄마의 2자 관계만이 있죠. 이때 아기는 자신이 엄마의 욕망의 대상이 되기를 원해요. 그러면 엄마가 원하는 건 뭘까요? 그것은 남근, 즉 팔루스예요. 아기는 자신이 엄마의 팔루스라고 생각해요. 그런데 아버지가 나타나죠. "I am your father." 아버지는 금지의 상징이죠.

이제 아기는 자신이 엄마의 팔루스가 될 수 없다는 걸 알게 돼요. 이것을 바로 **상징적 거세**라고 해요. 이때 아기는 언어라는 상징적 질서로 들어가게 되고, 비로소 주체가 형성돼요.

엄마에 대한 욕망의 자리에 상징계의 질서가 채워지면서 주체가 형성되는 것이죠. 그렇다고 해서 엄마에 대한 욕망이 있었던 빈자리가 채워지는 것은 아니에요. 영원히 결핍된 상태로 남아요. 다시 말해, 주체가 형성된다는 것은 필연적으로 어떤 결핍을 발생시켜요. 그래서 욕망은 '본질적'으로 결핍이라고 할 수 있는 거죠.

영상으로 한 번 더!

무의식은 언어처럼 구조화되어 있다

라캉 3: 무의식의 메커니즘

라캉은 무의식을 어떻게 설명할까요? "무의식은 언어처럼 구조화되어 있다." 라캉이 한 이 말의 뜻을 알기 위해서는 라캉의 언어이론을 알아야 해요.

소쉬르의 기표와 기의

소쉬르

소쉬르는 언어의 기본 단위인 기호를 기표와 기의로 구분했어요. 기표는 '사과'라는 말이나 글자 같은 형태예요. 기의는 기표가 가리키는 뜻이나 개념이고요. 그런데 사과를 영어로는 애플apple, 일본어로는 링고リンゴ라고 하죠? 즉, 기표와 기의의 관계는 '자의적'이에요. 기의뜻를 꼭 그 기표말이나 문자로 표현할 이유는 없었다는 거죠. 🍎를 '사과'라고 하지 않고, '바나나'라고 이름할 수도 있었다는 거죠. 그런데 한국어나 영어 같은 하나의 언어체계에 들어가면, 기표와 기의가 동전의 양면처럼 밀접하게 결합돼요.

한편, 기호의 의미는 다른 기호들과의 차이에서 발생해요. 예컨대 '아름답다'라는 말의 의미는 '빼어나다, 수려하다, 훌륭하다'와는 유사한 관계, '밉다, 못생기다'와는 반대말이라는 관계에서 나와요.

소쉬르는 기표와 기의 중에서 기의가 우선이라고
해요. '사과'라는 기표는 기의와 결합되어 있죠? 먼저 🍎
이 있으니, 이것을 가리키기 위해 '사과기표'라는 이름
을 붙인 거죠. 그러니 기의가 기표에 우선한다는 거죠.

라캉의 언어이론

라캉은 기표와 기의의 결합이 '자의적'이란 건 받아들여요. 하지만 이러
한 결합이 동전의 양면처럼 밀접하다는 점에는 반대해요. 둘 사이에 장
벽이 있기에, 기표는 기의에 닿지 않고 계속 미끄러진다고 해요. 예를 들
어보죠.

사과를 모르는 A씨가 있다고
하죠. '사과'라는 단어를 네이버 사
전에서 찾아보니, '사과나무의 열
매'라고 나와요. A씨는 사과를 모

사과
사과나무의 열매
    사과나무
      장미과의 낙엽 교목…

르는데, 사과나무를 알겠어요? 그래서 '사과나무'를 사전에서 찾았더니,
"장미과의 낙엽 교목…중략"이라 하여 첫머리부터 뭔 말인지 모르겠어
요. 다시 '장미과'와 '교목'이 대체 어떤 의미인지 찾아봐야 해요아, 이렇게
사전을 찾아서 글로 된 설명을 본다고, 사과가 뭔지 알 수 있을까요?.

라캉에 따르면, 기표사과는 이런 식으로 기의🍎에 닿지 않고 계속
미끄러져요. 사과, 사과나무, 낙엽 교목… 하는 식으로, 하나의 기표가
다른 기표로 대체되면서 이러한 기표들 사이의 차이에서 의미가 발생
한다는 거죠.

또한 소쉬르는 기의가 기표에 우선한다고 했지만, 라캉은 기표가 기의에 우선한다고 해요. 그는 기표사과가 있기 때문에, 기의🍎가 있다고 해요.

김춘수의 시 〈꽃〉을 가만히 생각해 보면 수긍이 갈 거예요. "내가 그의 이름을 불러 주기 전에는 / 그는 다만 / 하나의 몸짓에 지나지 않았다. //" 그리고 "내가 그의 이름을 불러 주었을 때 / 그는 나에게로 와서 / 꽃이 되었다."고 하죠.

마찬가지로 '사랑'이라는 기표가 있기에, 사랑이 비로소 사랑일 수 있다는 거죠. '사랑'이라는 말이 없다면, 우리는 썸을 조금 타던 직장 동료가 휴일에도 자꾸 보고 싶고, 목소리가 듣고 싶고, 막상 만나면 가슴이 뛰는 그 감정을 뭐라 불러야 할지 모르죠. 그런 까닭에 라캉은 '사랑'이란 기표가 없으면, 사랑도 없는 거라고 봤어요.

달리 말하면, 세계는 어쩌면 언어가 있고서야 비로소 우리에게 존재하는 것인지도 몰라요. 이러한 라캉의 언어이론을 기억하고, 이제 그의 무의식에 대한 심리철학으로 가보죠. 그가 주장한 무의식의 메커니즘이 더 잘 이해될 거예요.

무의식은 언어처럼 구조화되어 있다

라캉은 무의식을 설명하기 위해 프로이트가 말하는 무의식의 메커니즘, 소쉬르가 말하는 언어의 구조, 미국 언어학자인 로만 야콥슨이 말하는 수사법을 동원해요.

프로이트는 무의식의 기본 메커니즘을 압축과 전치로 설명했어요.

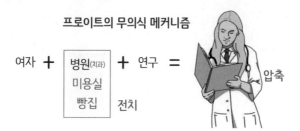

프로이트의 무의식 메커니즘

여자 + 병원(치과) + 연구 = 압축
미용실
빵집 전치

무의식은 꿈을 통해 나타나요. 이때 꿈에는 여러 이미지가 복합적으로 중첩되어 한 장면으로 등장해요압축. 예컨대 무의식에 있던 매혹적인 여자, 병원, 연구라는 이미지들이 중첩되어, 꿈에 그 여자가 의사 가운을 입고 책을 든 모습으로 나와요. 또한 겉으로 드러내기 어려운 무의식이 친숙한 다른 모습으로 위장해 나오기도 해요전치. 평소에 두려워하던 치과 이미지가 미용실이나 빵집처럼 다른 친숙한 모습으로 위장해 등장하는 식이죠.

소쉬르는 언어의 구조가 결합관계와 계열관계로 되어 있다고 해요. 예컨대 "나는 빵을 먹는다"는 문장은 '나는', '빵을', '먹는다'란 말이 결합된 문장이죠. 이처럼 유사한 단어들끼리 결합하는 것을 **결합관계**라고 해요.

소쉬르의 언어 구조

계열관계

나는	빵을	먹는다	결합관계
너는	떡을	버린다	
그녀는	죽을	준다	

이 문장에서 '나'를 너나 그녀로 바꿀 수 있죠. '빵'을 떡이나 죽으로, '먹는다'를 버린다나 준다로 바꿀 수도 있고요. 이처럼 하나의 단어를 인접

한 단어로 바꾸어도 결합관계가 성립하는 것을 **계열관계**라고 해요.

미국 언어학자인 야콥슨은 우리의 언어는 은유나 환유로 가득차 있다고 해요. 은유는 한 사물을 다른 사물의 관점에서 말하는 법이죠. "내 마음은 호수요"처럼요. 환유는 한 개체를 관련 있는 다른 개체로 말하는 거고요. 뉴스에서 미국 행정부의 움직임을 얘기하며, "백악관은"이라고 하는 게 그 예이죠.

자, 정리해 보죠. 라캉은 무의식의 메커니즘은 결국 언어의 구조라고 봤어요. 이는 언어의 수사법으로 드러난다고 했고요. 우리의 무의식은 결국 소쉬르가 말한 언어의 구조인 계열관계와 결합관계에 의해 압축과 전치가 되어 있으며, 은유와 환유로 가득차 있다는 거죠.

그런데 한 가지 주의해야 할 점이 있어요. 프로이트는 무의식이 개별적 인간의 의식 아래에 있다고 봤어요. 하지만 라캉의 무의식은 사회의 구조, 나아가 인류 문화의 보편적 구조를 말해요. 라캉은 이처럼 무의식의 의미를 칼 융의 '원형' 개념이나 레비스트로스의 '인류 문화의 보편적 구조'처럼 확장했어요. 프로이트의 정신분석학 이론을 인류의 보

라캉의 무의식 메커니즘		
프로이트의 무의식 메커니즘	소쉬르의 언어 구조	야콥슨의 언어의 수사법
압축 전치	계열관계 결합관계	은유 환유

무의식이란 무엇인가?

프로이트 — 개별 인간의 의식 아래에 있는 것

라캉 — 사회의 구조 인류 문화의 보편적 구조

융 — 원형

레비스트로스 — 인류 문화의 보편적 구조

편적 정신구조에 대한 이론으로 확장한 거죠.

라캉은 프로이트 이론에서 성적 부분을 빼고, 언어적 차원에서 새롭게 해석했어요. 라캉으로 인해 프로이트의 무의식을 개인뿐만 아니라 인간의 문화에 적용할 수 있게 되었죠. 라캉이라는 천재가 프로이트의 이론을 부활시킨 거죠. 고전이 고전일 수 있는 이유는, 이처럼 후대의 천재들이 발견하여 끊임없이 재해석했기 때문이 아닐까요?

영상으로 한 번 더!

재미없는 모범 답안
에릭슨: 자아심리학

심리학의 지형

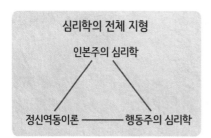

심리학 분야는 크게 정신역동이론, 행동주의 심리학, 인본주의 심리학으로 나눌 수 있어요.

프로이트는 인간의 의식 아래에는 커다란 무의식이 있다고 봤죠. 인간의 행동은 사실 의식이 아니라, 그 심층에 있는 무의식의 영향을 받는다는 거죠. 이처럼 인간의 행위를 그 사람의 정신 내에서 벌어지는 운동이나 작용으로 설명하는 것이 **정신역동이론**이에요. 프로이트, 융, 아들러, 에릭슨이 대표적이죠.

이에 반해 **행동주의 심리학**은 심리학의 대상은 관찰이 가능한 인간의 행동이어야 한다고 봤어요. 개, 비둘기 등의 자극 실험을 통해, 인간도 이처럼 특정한 자극을 주면 행동 반응을 보일 거라고 본 거죠. 파블로프, 스키너, 왓슨, 손다이크가 대표적이에요.

인본주의 심리학은 인간을 자유의지를 가지고, 자기실현을 하고 싶어 하는 존재로 봐요. 매슬로와 로저스가 대표적인 인본주의 심리학자에요. 여기서는 프로이트, 융, 아들러와 함께 대표적인 정신역동이론 심리학자인 에릭 에릭슨1902~94의 이론을 살펴보죠.

나의 정체성이란 무엇인가?

우리는 항상 위기에 직면해요. 어릴 때에도 위기를 겪고, 학생 때에도 나름의 위기를 겪어요. 성인이 되면 좀 나을까요? 성인이 되어서도 끊임없이 위기는 찾아와요. 부모로부터 독립을 해도 위기가 오고, 아이들을 다 키워놔도 위기가 있어요. 노년이 되어서도 또 위기는 찾아와요. 인간은 태어나서 죽을 때까지 위기를 겪어요. 원래 그런 거죠. 위기는 죽어야 끝이 나요.

에릭슨에 따르면, 인간은 일생에 걸쳐서 이러한 사회적·심리적 위기를 겪어요. 그런데 위기를 어떻게 겪느냐에 따라 어떤 믿음이나 성향이 생기게 돼요. 그러한 믿음이나 성향이 바로 그 사람의 정체성을 형성해요.

사회심리적 발달단계

에릭슨은 인간의 사회심리적 발달단계를 8단계로 구분해요.

1단계 영아기~1세 _**신뢰/불신**: 이 단계에서 가장 중요한 것은 엄마와의 신뢰관계예요. 엄마가 아기의 신체적·심리적 욕구를 일관되고 적절하게 충족시켜 주면, 아기는 엄마를 신뢰하죠. 그렇지 않을 경우 불신하게 되고요. 에릭슨은 이 단계를 일생에서 가장 중요한 시기로 봤어요. 이때 생긴 신뢰와 불신이 이후에 맺게 될 사회적 관계에 결정적인 영향을 미친다는 거죠.

2단계 유아기2~3세_자율/수치심: 이 단계에서 아기는 스스로 서고 걷는 법을 배워요. 대상을 관찰하면서 소유하려고 하고, 다른 사람들과 소통하려 해요. 아기는 스스로 할 수 있다는 것에 자부심을 느끼게 돼요. 그런데 이때 통제가 들어오는데, 그것이 바로 배변 훈련이에요.

아기는 배변 훈련을 하면서 엄마의 통제를 받기 시작해요. 이때 엄마의 도움을 받긴 하지만, 어쨌든 스스로 배변 훈련을 한다고 느낄 때, 자신이 자율적이라고 생각해요. 하지만 엄마에게 과도한 통제를 받고 있다고 생각하거나 꾸중을 들으면, 자신에 대해 수치심을 가질 수도 있어요. 이 시기의 아기는 배변 훈련처럼 자율성과 사회적 통제 사이에서 갈등을 빚는 여러 상황을 겪어요.

3단계 유치기3~6세_주도성/죄책감: 이제 아이는 스스로 무언가를 하려고 해요. 가족의 울타리를 넘어 또래와 놀면서 경쟁도 협력도 해요. 성적인 호기심도 많아져요. 아이는 스스로 어떤 목표를 정하고 달성하기 위해 계획을 세우고 실행하며 주도적이 되려고 해요. 하지만 지나치게 자기주도적이 되면, 주변으로부터 강한 제재를 받기도 하죠. 이 과정에서 죄책

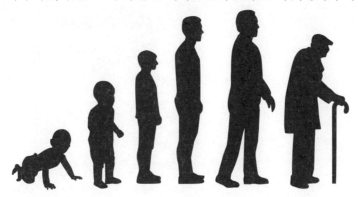

5분 뚝딱 철학—생각의 역사 2

감을 가지게 될 수도 있어요.

4단계 아동기7~11세**_근면/열등감**: 아이는 학교에서 공부하고 또래들과 놀면서 사회성을 학습해요. 이때 학습 결과물에 대해 긍정적인 피드백을 받을 경우 더욱 열심히 해요. 하지만 부정적인 피드백을 받을 경우 열등감을 가지게 될 수도 있죠.

5단계 청소년기12~19세**_정체성/혼란**: 이제 아이는 자신의 정체성에 대해 의문을 갖기 시작해요. 자신의 위치, 능력, 역할, 책임에 대해 어떻게든 규정을 하려는 것이죠. 이때 정체성을 어느 정도 확립할 수 있어요. 그런데 고민하고 방황해도 정체성이 확립이 안 되고, 끝없는 혼란을 겪을 수도 있어요.

6단계 성인기20~40세**_친밀/고립**: 이제 부모로부터 독립하고 성숙한 성인으로서 사회활동을 하게 돼요. 다른 사람과 다양한 인간관계를 맺으며 자신의 정체성을 타인과 조화시켜요. 다른 사람들과 친밀한 인간관계를 형성할 수도 있죠. 하지만 그렇지 못하고 사회적으로 고립될 수도 있어요.

7단계 중년기41~65세**_생산/침체감**: 사회생활을 하면서 일하고 열심히 생산하는 단계예요. 자신이 성취한 것에 대해 어느 정도 만족하면 성취감을 느끼지만, 그렇지 않은 경우 침체감을 느끼게 돼요.

8단계 노년기65세~**_자아통합성/절망감**: 은퇴를 하고 과거를 되돌아보며 삶을 반추하는 시기예요. 나름 긍정적인 평가를 하는 경우 자아통합성을 가지게 돼요. 그렇지 않은 경우 절망감을 느끼게 되고요. 지인들의 죽음으로 무력감과 상실감을 갖게 되기도 해요. 자아통합성을 가지는 경우

죽음까지도 기꺼이 수용하는 태도를 갖기도 해요.

한 가지 유념할 점은 1950년대에 발표된 이론이라, 현재의 관점에서 보면 조금 안 맞을 수 있어요. 당시에는 기대수명도 짧았고, 중장년기와 노년기가 지금 보면 너무 일렀어요.

자아정체성

에릭슨의 아버지는 덴마크 사람이고, 어머니는 유대인이었어요. 에릭슨이 3세 때 아버지가 가족을 떠났어요. 어머니는 유대인과 재혼했고, 에릭슨은 유대인 사회에서 자라게 되었죠.

에릭슨은 어릴 때 자신이 유대인인 줄 알았다고 해요. 유대인들은 금발도 거의 없고 푸른 눈도 거의 없는데, 에릭슨은 큰 키에 금발, 푸른 눈을 가진 전형적인 북유럽 소년이었죠. 그래서 학교에서 놀림을 당하고 이방인 취급을 받으며 정체성에 혼란을 느꼈다고 해요.

에릭슨은 어릴 때의 경험 때문인지, 인간의 정체성에 관심이 많았어요. 미국인으로 국적을 바꾼 후 인디언 보호구역에서 인디언 아이들을 대상으로 연구를 했어요. 이 아이들은 마약, 알코올, 폭력 문제가 심각했어요.

이유를 살펴보니, 아이들이 정체성에 매우 혼란을 겪고 있었어요. 학교에서는 백인 교사로부터 인디언 짓을 못하도록 교육을 받았죠. 집에서는 부모로부터 백인같이 군다며 야단을 맞았고요. 아이들은 학교에서든 집에서든 정체성을 드러내지 못하고 무력감과 좌절감에 빠졌던 거죠.

정체성이란 내가 누구인지, 어떤 사람인지, 무엇을 좋아하는지, 무엇을 할 수 있는지 등 자기 자신에 대한 믿음의 총체를 말해요. 결론적으로 에릭슨은 자신의 정체성을 지키라고 해요. 하얀 인디언이 되지 말고, 진짜 인디언이 되라는 거죠.

에릭슨과 프로이트 비교

에릭슨은 원래 미술교사였어요. 그런데 학교에서 프로이트의 딸 안나 프로이트를 만난 것을 계기로 정신분석학을 공부하게 됐죠. 에릭슨의 심리학은 정신분석학을 기본으로 깔고 있기에 정신역동이론으로 분류해요. **정신역동이론**이란 간단히 말해 인간의 행동을 정신의 운동과 상호 작용으로 설명하는 이론이에요.

에릭슨은 프로이트의 영향을 받았지만, 여러 면에서 다른 이론을 내놓았어요. 프로이트는 인간의 정신을 원초적 본능인 원초아, 도덕의 목소리인 초자아, 중재자 역할을 하는 자아로 구분하죠. 인간 심리에 가장 큰 영향을 미치는 것을 원초아라고 하고요. 하지만 에릭슨은 자아의 역할을 강조했어요.

원초아를 강조한 프로이트는 인간을 병리적 측면에서 다뤘죠. 에릭슨은 병리적 측면을 간과한 건 아니지만, 자아정체성 개념을 중시했어요. 그래서 에릭슨의 심리학을 **자아심리학**이라고 해요.

프로이트는 발달단계를 성적 관심 대상을 기준으로 5단계로 나눴어요. 구강기, 항문기, 남근기, 잠복기, 생식기로요. 반면 에릭슨은 발달단계를 심리적·사회적 측면을 기준으로 3단계를 추가해 8단계로 구분했어요.

　또한 프로이트는 사람의 성격은 아동기 초기에 결정된다고 봤어요. 하지만 에릭슨은 사람의 성격은 일생에 걸쳐서 변화하면서 형성된다고 주장해요.

프로이트와 에릭슨 비교

	프로이트	에릭슨
학문	정신분석학	자아심리학
강조	원초아	자아
핵심	병리적 측면	자아정체성
발달기준	성적 관심 대상	심리적·사회적 측면
발달단계	5단계(아동기)	8단계(일생)

인간은 각 단계의 위기를 긍정적으로 극복할 수도 있고, 부정적으로 겪을 수도 있어요. 그런데 모든 위기를 완전히 긍정적으로 극복한 어떤 사람이 있다고 해보죠. 그는 세상을 전적으로 신뢰하고, 완전히 자율적이고, 주도적이며, 근면하다고 하죠. 자아정체성이 확고하며, 다른 사람들과 친밀한 관계를 맺고, 일을 생산적으로 해요. 심지어 노년에는 자아를 통합하고, 자신의 죽음을 담담하게 받아들인다고 해보죠.

　그런데 이런 사람이 있나요? 이런 사람은 없어요. 만약에 자신이 그런 사람이라고 생각한다면, 아마 그는 또라이일 가능성이 높아요. 실제로 그렇게 살 수는 없어요. 또 그렇게 모든 위기를 긍정적으로 극복하면서 사는 게 좋은 것도 아니에요.

영아기에 엄마를 전적으로 신뢰하게 된 아기는 성인이 되어 인간에 대한 무한 신뢰로 뒤통수를 맞을 수도 있어요. 유아기에 수치심을 경험하지 못한 아이는 성인이 되어 불한당이 될 수도 있고요. 청소년기에 정체성 혼란을 겪지 못한 사람은 다 큰 성인이 되어 정체성 혼란을 겪을 수도 있어요.

마찬가지로 고립된 경험이 없으면, 친밀감이 얼마나 중요한지 몰라요. 절망해 보지 않은 사람이 어떻게 자아를 통합할 수 있겠어요? 에릭슨은 삶의 모범 답안을 제시했지만, 그것은 실제로는 가능하지도 않고, 재미도 없는 모범 답안일 뿐이에요.

그러니 나의 삶이 에릭슨이 제시한 모범 답안에서 많이 떨어져 있다고 해서, 나의 삶에 대해 억울해 할 필요가 없어요. 나의 삶이 실패했다고 생각할 필요도 없고요. 한 사람의 일생은 그렇게 간단하게 평가되거나 측정되는 것이 아니니까요.

영상으로 한 번 더!

Who Am I?

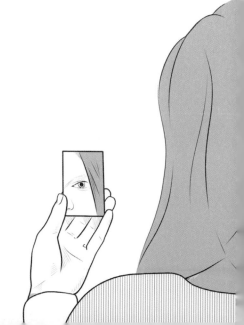

우울증에 걸린 로봇

행동주의 심리학과 철학
(feat. 스키너, 왓슨, 손다이크)

정신역동이론과 행동주의

안나 O라는 오스트리아 여성은 아버지가 죽자, 극심한 스트레스 증상을 앓았어요. 프로이트는 안나 O의 히스테리의 원인이 무의식 속에 들어 있는 아버지에 대한 죄책감 때문이라고 진단했어요. 이처럼 어떤 사람의 행위를 그의 정신에서 벌어지는 운동이나 상호작용으로 설명하는 것을 **정신역동이론**이라고 해요. 프로이트, 융, 아들러 등의 이론이라고 할 수 있죠.

그런데 안나 O의 히스테리 증상이 정말 무의식에 있는 죄책감 때문일까요? 그것을 증명할 수 있나요? 누구도 인간의 마음을 본 적이 없는데, 보이지도 않는 걸 어떻게 증명하나요?

그래서 어떤 사람들은 정신역동이론은 심리학이 될 수 없다고 해요. 심리학의 대상은 관찰이 불가능한 인간의 마음이 아니라, 관찰이 가능한 인간의 행동뿐이란 거죠. 이러한 입장을 바로 **행동주의 심리학**이라고 해요.

그런데 심리학 이론으로서의 행동주의만 있는 게 아니에요. 철학에서도 행동주의란 게 있어요. 이것을 **철학적 행동주의**라고 해요.

고전적 조건화

러시아의 생리학자 이반 파블로프1849~1936는 이런 실험을 했어요.

1. 개에게 고기를 보여줍니다. → 개는 침을 흘려요.

2. 개에게 종소리를 들려줍니다. → 개는 아무런 반응을 하지 않아요.

3. 개에게 고기를 보여주면서 또 종소리를 들려줍니다. → 개는 침을 흘려요.

4. 개에게 종소리를 들려줍니다. → 그러면 개는 침을 흘립니다.

   개는 처음에는 종소리에 아무런 반응을 하지 않았는데, 나중에는 종소리만 들어도 침을 흘리게 돼요.

미국의 심리학자 존 왓슨1878~1958도 비슷한 실험을 했어요.

1. 아기에게 흰쥐를 보여줍니다. → 아기는 아무런 반응을 하지 않아요.

2. 아기에게 큰 소음을 들려줍니다. → 아기는 무서워서 울죠.

3. 아기에게 큰 소음을 들려주면서 흰쥐를 동시에 보여줍니다. → 아기는 울어요.

4. 아기에게 흰쥐만 보여줍니다. → 그러면 아기가 울어요.

   아기는 처음에는 흰쥐에 아무런 반응을 하지 않았는데, 나중에는 흰쥐를 무서워하
   게 된 거죠.

종소리에 아무런 반응을 하지 않았던 개가, 이제 종소리를 들으면 침을 흘려요. 흰쥐에 아무런 반응을 하지 않았던 아기가, 이제 흰쥐만 보면 무서워하고요. 이제 종소리는 개로 하여금 침을 흘리게 하는 충분조건이 된 거죠. 흰 쥐는 아기를 울게 만드는 충분조건이 된 거고요. 이것을 심리학에서는 **조건화가 형성되었다**고 해요.

조작적 조건화

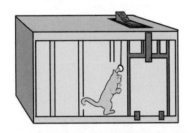

미국의 심리학자 에드워드 손다이크1874~1949는 재미있는 박스를 만들었어요. 밖에는 맛있는 고기가 있어요. 처음에 이 박스에 들어간 고양이는 어쩔 줄 몰랐어요. 그런데 안에서 이리저리 뛰다가 우연히 잠긴 걸쇠를 올리고 줄을 당기게 됐어요. 신기하게도 문이 열리는 거예요. 고양이를 반복적으로 이 박스에 넣으면, 고양이는 먹이가 나오는 방법에 익숙해져요.

미국의 심리학자 B. F. 스키너1904~90도 이와 비슷한 실험을 했어요. 쥐가 레버를 누르면, 먹이가 나온다는 걸 학습하도록 만들었죠. 비둘기가 빨간 점을 쪼면, 먹이가 나온다는 걸 학습하도록 만들었고요.

파블로프의 개나 왓슨의 아기는 아무런 행동을 한 것이 없어요. 그저 밖에서 자극이 주어진 것뿐이죠. 종소리 같은 걸로요. 이러한 경우를 **고전적 조건화**라고 해요.

하지만 손다이크의 고양이나 스키너의 비둘기는 자신이 원하는 것을 얻기 위해 줄을 당기거나 빨간 점을 쪼는 행동을 해요. 스스로 어떤 행위를 함으로써 원하는 걸 얻는 거죠. 이러한 조건화를 **조작적 조건화**라고 해요.

행동주의

고전적 조건화와 조작적 조건화의 차이는 무엇일까요?

첫째, 고전적 조건화의 대상은 수동적 존재이고, 조작적 조건화의 대상은 능동적 존재예요. 개나 아기는 스스로 뭔가를 하지 않았죠. 하지만 고양이나 비둘기는 스스로 어떤 행위를 하도록 학습했어요.

둘째, 자극과 행위의 순서가 달라요. 고전적 조건화는 자극을 주면, 행위가 나타나요. 파블로프의 개는 종소리라는 자극을 주면, 침을 흘리는 행위를 하죠. 반면 조작적 조건화는 행위를 함으로써 자극이 주어져요. 손다이크의 고양이는 스스로 걸쇠를 올리고 줄을 당기는 행위를 함으로써, 먹이를 먹을 수 있는 자극을 받는 거죠.

고전적 조건화와 조작적 조건화의 공통점은 무엇일까요?

그것은 마음을 전혀 고려하지 않았다는 거예요. 흰쥐를 보여주고 아기가 우는지

고전적 조건화	조작적 조건화
수동적 대상	능동적 대상
자극 ➡ 행동	행동 ➡ 자극

관찰하고, 빨간 점을 보여주고 비둘기가 먹이를 먹는 것만 관찰했죠. 아기의 마음이나 비둘기의 마음 따위는 전혀 고려하지 않았어요. 눈에 보이는 자극과 관찰 가능한 행위만을 심리학의 연구대상으로 삼은 거죠.

심리학에서 자주 거론되는 문제 중 하나를 보죠. 성격은 유전적으로 타고나는 것일까요, 환경에 의해 만들어지는 것일까요? 이른바 '본성이냐, 양육이냐' 하는 문제예요. 행동주의 심리학자들은 사람의 성격은 전적으로 환경에 의해 만들어진다는 쪽이에요.

행동주의의 철학적 배경

19세기 말에서 20세기 초 논리실증주의는 검증이 가능한 '과학'만을 학문으로 봤어요. 행동주의는 오직 관찰 가능한 '행동'만을 심리학 탐구의 대상으로 봐요. 그런 점에서 논리실증주의와 입장이 같다고 할 수 있어요.

또한 현대 철학자 비트겐슈타인은 사적언어 논증에서 사적언어는 서로 알 수 없다고 했어요. 내가 나의 마음에 대해 어떤 진술을 해도, 다른 사람은 그것을 알 수 없다는 거죠. 그러니 마음은 학문의 대상이 될 수 없다고 해요. 그런 의미에서 행동주의는 비트겐슈타인의 사적언어 논증과 입장이 같다고 할 수 있어요.

영화 〈브레이드 러너〉에서 주인공 데커드는 레이첼이 인간인지, 안드로이드 로봇인지를 판별하기 위해 여러 가지 질문을 던져요. 그리고 대답을 하는

〈블레이드 러너〉(1982)

레이첼의 반응을 살펴요. 영국의 수학자 튜링은 인공지능이 구별할 수 없을 정도로 사람과 채팅을 아주 잘한다면, 사람의 마음을 가진 것으로 봐야 한다고 했어요. 여기에서도 고려해야 할 것은 상대방의 마음이 아니라 대답, 행동인 셈이죠.

정리하자면, 행동주의 심리학은 논리실증주의, 비트겐슈타인의 사적언어 논증, 튜링 테스트에서 바라보는 관점과 맥을 같이하고 있는 것이죠.

철학적 행동주의

심리학은 인간의 심리과정을 연구하는 학문이에요. 그런데 심리학과 다른 심리철학이라는 게 있어요. **심리철학**은 '물질과 정신의 관계, 몸과 마음의 관계, 마음이란 무엇인가'처럼 좀더 본질적인 문제를 다뤄요. 그리고 심리철학에 철학적 행동주의라는 입장이 있어요.

우리는 보통 어떤 마음이 생기면, 그것을 행동으로 옮기려는 성향이 생긴다고 생각해요. 목이 마르다는 생각을 하기 때문에, 물을 마시려고 냉장고 문을 연다는 것이죠. 그런데 **철학적 행동주의**에서는 마음의 상태가 따로 있는 게 아니라고 해요. 마음은 어떤 행동을 하려는 성향이라고 봐요.

'내가 갈증을 느낀다'는 마음이 있어서

마음의 성향 = 어떤 행동을 하려는 성향

물을 마시려는 성향이 생기는 게 아니란 거죠. '물을 마시려고 하는 성향' 그 자체가 마음이라는 거예요. 이것은 결국 마음이 존재한다는 것을 부정하는 입장으로 연결될 수 있어요. 이와 같은 입장은 유물론이라고 할 수 있죠.

정리하면, 행동주의 심리학의 대상은 관찰되지 않는 마음이 아니라 관찰 가능한 '행동'이에요. 그리고 철학적 행동주의에 따르면, 인간의 마음은 단지 '어떤 행위를 하려는 성향'이에요. 따라서 인간의 마음이라는 것은 없다는 입장이에요.

저는 어릴 때부터 범불안장애를 가지고 있었어요. 항상 불안하고 심장이 두근거렸죠. 지금도 많이 불안해지면 베타 차단제라는 약을 먹어요. 우리 몸에서 아드레날린을 차단함으로써 심장박동을 좀 느려지게 만들어 줘요. 이 약을 먹으면 신기하게도 불안이 사라져요. 이것이 무슨 의미냐면, 내가 불안해서 심장이 두근거린다고 생각했는데, 그것이 아니라 심장의 두근거림이 바로 불안이었던 거예요. 그래서 심장이 두근거리지 않게 하면 불안이 사라지는 거죠.

심장신경학은 두뇌와 심장 간의 관계를 연구하는 학문이에요. 그런데 두뇌가 심장을 조종하는 것이 아니라, 심장은 독자적으로 움직인다고 해요. 불안은 머리에서 오는 것이 아니라 심장에서 온다는 거죠.

여러분은 어떻게 생각하나요? 여러분의 마음은 머리에 있나요, 아니면 심장에 있나요?

영상으로 한 번 더!

자아실현 꼭 해야 하나?

인본주의 심리학: 자아실현
(feat. 매슬로, 정신역동이론, 행동주의 심리학)

프로이트는 매번 환자들만 연구했죠. 그러니 무의식의 성적 충동과 폭력적 충동만 보이죠. 행동주의 심리학은 인간의 심리를 연구한다면서 개나 비둘기를 가지고 실험했어요.

　　인본주의 심리학은 심리학의 대상을 환자, 개나 비둘기 같은 짐승으로 봐서는 안 된다고 해요. 보통의 건강한 인간은 자유의지를 가지고 자기실현을 하고 싶어하는 존재란 거죠. 대표적인 인본주의 심리학자로 매슬로와 로저스가 있어요.

매슬로의 욕구 위계이론

미국의 심리학자 에이브러험 매슬로1908~70는 처음에는 행동주의 심리학을 받아들였어요. 그런데 인간의 행동은 단순히 외부자극으로만 설명할 수 없었어요. 매슬로는 인간의 행동은 내적욕구, 내적동기에 의해 결정된다고 봤어요. 인간의 내적욕구에는 위계가 있어요. 이것이 유명한 매슬로의 **욕구 위계이론**이에요.

　　매슬로는 인간의 욕구에는 5단계가 있다고 해요.

1단계_생리적 욕구: 가장 원초적이고 강력한 욕구죠. 식욕·성욕·수면욕

같은 일차적인 생존과 생식에 대한 욕구를 말해요. 생리적 욕구가 충족되지 않으면, 다른 욕구들은 일어날 가능성이 적어요.

2단계_안전의 욕구: 신변의 안전과 신체를 보호하고자 하는 욕구예요. 재정적 안정, 심리적 안정도 여기에 포함돼요. 안전의 욕구가 충족되지 않으면 불안과 공포를 느끼게 되죠.

3단계_사회적 욕구: 특정 공동체에 소속되어 타인과 우정, 사랑의 감정을 교류하고자 욕구예요.

4단계_존경의 욕구: 존경의 욕구에는 타인으로부터 인정을 받고자 하는 욕구와 자기 자신으로부터 인정을 받고자 하는 욕구가 있어요. 이것을 흔히 '자존감'이라고 하죠.

5단계_자아실현 욕구: 자신의 잠재력을 발휘하고 능력을 확대하고자 하는 욕구예요.

1단계에서 4단계까지의 욕구를 **결핍의 욕구**라고 해요. 철분이 부족하면 빈혈이 생기죠. 마찬가지로 결핍의 욕구가 채워지지 않으면 신경증이 생겨요. 철분을 보충하면 빈혈이 바로 없어지죠. 마찬가지로 결핍의 욕구는 채워지면 신경증이 금방 사라져요. 결핍의 욕구는 휘발성이 강한 욕구인 거죠.

하지만 5단계인 자아실현의 욕구는 달라요. 자아실현의 욕구를 **성장의 욕구**라고 해요. 자아실현의 욕구는 원하

자아실현의 욕구 ——— 성장의 욕구

존경의 욕구

사회적 욕구 ┐ 결핍의 욕구

안전의 욕구

생리적 욕구

매슬로의 5단계 욕구

는 만큼 채워져도 만족하지 못해요. 더 큰 욕구가 생기기 때문에 결코 충족되지 않아요. 그런 의미에서 자아실현의 욕구는 욕구Need라기보다는 오히려 욕망Desire에 가까워요.

대체로 하위의 욕구가 가장 강하고 시급하며, 상위로 올라갈수록 약하고 급하지 않아요. 먹고 배설하고자 하는 욕구는 강하고 시급하지만, 자아실현 욕구는 그렇게 강하지도 않고 시급하지도 않죠. 그래서 하위의 욕구가 충족되지 않으면, 상위의 욕구는 나타나지 않아요.

"사흘을 굶으면 남의 집 담을 안 넘는 놈이  없다"는 말이 있죠? 사흘을 굶으면 자아실현 같은 데 관심이 없어져요. 상위의 욕구는 시급 하지 않기 때문에 자꾸 미루는 경향이 있어요. 대부분의 사람들은 평생을 미루다가 그냥 죽어요.

예외도 물론 있어요. 소크라테스는 사형을 피할 수 있었음에도 스스로 독배를 마시고 죽었어요. 안전의 욕구보다 타인으로부터의 존중의 욕구와 자아실현의 욕구가 더 강했던 거죠. 비트겐슈타인은 제1차 세계대전에 참전하여 포탄이 떨어지는 참호 속에서 『논리철학논고』를 썼어요. 이처럼 자아실현의 욕구가 다른 모든 욕구보다 앞서는 경우도 있어요. 인간이 그렇게 호락호락 단순한 존재가 아니라는 증거죠.

로저스의 자아실현 이론

미국의 심리학자 칼 로저스1902~87는 인간의 심리는 객관적·과학적·실증적 방법으로는 알 수 없다고 해요. 이러한 입장은 후설의 입장과 비숫해요. 후설은 20세기 초 만연했던 실증주의를 반대하며, 현대철학의 주요 줄기인 현상학의 체계를 놓았어요. 그는 심리주의에 대한 비평을 통해 객관적·과학적·실증적 방법론에 반대하고, 인간의 의식을 직접 통찰해야 한다고 했어요. 우리의 판단에 영향을 미치는 선입견에 대한 판단을 보류하고, 현상학적 환원을 통해 순수한 본질을 포착해야 한다는 거죠.

로저스는 **현상적 장**이라는 개념을 내놓았어요. 현상적 장은 한 사람이 세운 주관적 세계 전체를 말해요. 세계는 어차피 나에게 경험된 세계일 뿐이며, 나에게 현상된 주관적인 세계일 뿐이란 거죠. 객관적 세계 같은 건 없어요. 따라서 심리학의 대상은 이러한 주관적 세계, 그것도 현재 나에게 지각되는 주관적 세계라는 거죠.

프로이트는 환자가 과거에 어떤 사건을 겪었기에 현재의 증상이 나타났는지에 주목했죠. 아들러는 현재 이 사람이 과거의 사건을 어떻게 인식하면 미래에 더 훌륭한 사람이 될 수 있는지에 관심을 가졌고요. 아들러에게 중요한 것은 현재 이 사람의 인식이에요. 그런 면에서 로저스의 입장은 아들러와 비슷해요.

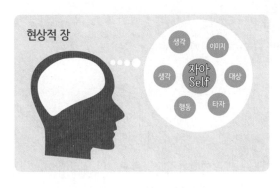

현상적 장에는 자신의 생각과 이미지가 있고, 외부 대상과 타자들도 있어요. 내 행동도 주관적 세계의 결과물일 뿐이에요. 그런데 여기

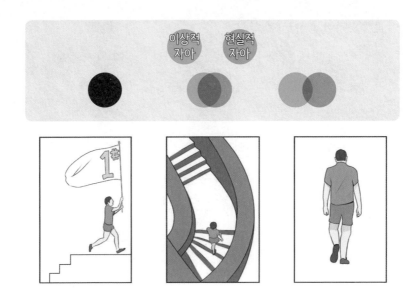

에 자아Self도 있어요. 자아도 현상적 장의 부분일 뿐이에요. 자아도 결국 주관적으로 경험되는 것일 뿐이니까요.

로저스는 자아에는 이상적 자아와 현실적 자아가 있다고 봤어요. **이상적 자아**는 자신이 되고자 하는 자아이고, **현실적 자아**는 실제 그대로의 자아예요.

그런데 두 자아는 일치하지 않죠? 이상적 자아와 현실적 자아가 일치하는 사람은 미친 사람이에요. 하지만 둘은 어느 정도는 일치할 수 있어요. 이상적 자아와 현실적 자아가 일치하는 부분이 많은 사람은 자기 자신에 대해 긍정적이고 자존감이 높은 사람이에요. 일치하는 부분이 적은 사람은 부정적이고 자존감이 떨어지는 사람이고요.

인간은 현실적 자아와 이상적 자아를 일치시키려는 경향이 있어요. 자신의 잠재력을 발휘하고 역량을 키우려는 경향이 있는 거죠. 자아를 실현하려고 하는 거죠.

로저스에 따르면, 자아실현은 진정한 자기 자신이 되는 거예요. 인간이 추구해야 할 궁극의 가치는 자아실현이고, 그러기 위해서는 뭔가를 성취해야 한다는 거죠.

인본주의 심리학은 확실히 정신역동이론과 달라요. 정신역동이론은 인간의 어둡고 부정적인 부분을 조명했죠. 인본주의 심리학은 인간의 밝고 긍정적인 부분만을 보여주는 것 같아요.

그런데 인간은 정신역동이론에서처럼 그렇게 어둡지만도 않고, 인본주의 심리학에서처럼 그렇게 밝지만도 않죠. 인간은 그렇게 단순한 존재가 아니에요.

인본주의 심리학은 인생의 목표가 자아실현인 것처럼 말해요. 물론 자아실현 그 자체는 나쁘지 않아요. 문제는 자아실현의 욕구, 성장의 욕구는 끝이 없다는 거죠.

인본주의 심리학은 자칫 잘못하면 '하면 된다'는 과잉 긍정을 강요할 수 있어요. 이러한 과잉 긍정으로 인해 자기 자신을 착취하게 될 수도 있어요. 그 결과 우울증과 번아웃 증후군 같은 부작용에 시달릴 수도 있고요. 그런 의미에서 보면, 거창한 목표 같은 거 세우지 말고, 대충사는 것도 나쁘지 않다는 생각이 들어요.

영상으로 한 번 더!

무의식으로
꿈을 이루는 방법
사이코 사이버네틱스: 최초의 자기계발서

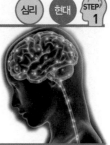

외과의사이자 베스트셀러 저자인 맥스웰 몰츠의 『사이버네틱스』라는 책은 출간된 지 거의 60년이 되었어요. 20대 초반에 도서관에서 우연히 이 책을 발견하고 굉장히 인상 깊게 읽었어요. 그 뒤에도 이 책을 반복적으로 읽은 기억이 나요. 사실 자기계발서를 좋아하지도 않고 거의 읽어본 적도 없어요. 그럼에도 불구하고 이 책을 다루는 이유는 당시 위로를 받았고, 제 삶에 어느 정도 영향을 미쳤다고 생각하기 때문이에요. 사이버네틱스의 전체 구조를 설명하고, 철학과 심리학을 약간 덧칠해 볼게요.

사이버네틱스

그리스어로 큐버네테스Kubernetes라는 단어는 '조종하다, 통제하다'라는 의미가 있어요. 여기서 나온 것이 바로 사이버네틱스Cybernetics라는 말이에요. **사이버네틱스**는 스스로를 통제하고 조절해서 목표에 도달하는 시스템을 말해요.

　유도 미사일은 전투기를 포착하면, 기계적이고 맹목적으로 계속 쫓아가요. 전투기의 움직임에 따라 속도와 방향을 계속 수정하면서 따라

가서 명중시키죠. 치타가 먹잇감을 쫓아갈 때도 마찬가지죠. 또한 외야
수가 공을 잡을 때도 마찬가지예요. 외야수는 날아오는 야구공을 주시
하면서 방향과 속도에 따라 계속 진로를 수정하면서 달려가 잡으려고
하죠. 이들이 바로 사이버네틱스 시스템이에요.

인간의 정신활동에서도 사이버네틱스 시스템이 동작을 해요. 우리는
목표가 주어지면, 그 목표를 잡기 위해 정신적인 활동을 해요. 이때 목
표가 바뀌거나 주변 상황에 변수가 생기면, 방향을 계속 수정해가면서
목표를 향해 나아가죠. 이것을 **정신적 사이버네틱스**라고 해요.

그런데 전투기를 쫓는 유도 미사일이나 먹잇감을 쫓아가는 치타,
공을 쫓아가는 외야수에게 어떤 의식이나 생각이 있나요? 없어요. 목표
의 방향과 속도에 맞춰 무의식적으로 따라 달려요. 사이버네틱스 시스
템은 '의식이 없는 기계적이고 맹목적인 시스템'이에요.

따라서 사이버네틱스 시스템이 제대로 동작하기 위해 중요한 것은,
역설적이게도 이 시스템을 작동시키지 않는 거예요. 이 시스템을 의식
적으로 작동시키면 오히려 꼬여 버려요. 마치 잘하던 일도 너무 의식하
면 오히려 잘 안 되는 것과 마찬가지예요. 피겨스케이팅 선수가 올림픽
같은 아주 중요한 시합에서 잘해야 한다고 너무 의식하면 실수를 하는

5분 뚝딱 철학 — 생각의 역사 2

것처럼요. 사이버네틱스 시스템은 의식적으로 동작하는 것이 아니기 때문이에요. 따라서 사이버네틱스 시스템이 잘 동작하게 하려면 그냥 놔둬야 해요.

목표 설정

전투기가 나타나지 않으면, 유도 미사일은 발사되지 않죠. 먹잇감이 없으면, 치타는 굳이 달리지 않아요. 타자가 야구공을 치지 않으면, 외야수는 그것을 잡기 위해 달리지 않아요.

　사이버네틱스 시스템은 '목표가 있을 때만' 작동을 해요. 사람의 정신활동도 마찬가지예요. 목표가 주어지지 않으면, 정신적 사이버네틱스 시스템이 작동하지 않아요.

따라서 사이버네틱스 시스템에 **목표**를 주는 게 중요해요. 이때 목표는 구체적일수록 좋아요. 그냥 막연하게 철학 공부를 하겠다는 게 아니라, 구체적으로 언제까지 어떤 책을 읽고 어떤 학위를 받겠다는 목표를 세우는 게 좋죠. 그냥 막연하게 부자가 되겠다는 것이 아니라, 구체적으로 언제까지 얼마를 벌겠다는 목표를 세우는 게 낫고요. 그냥 막연하게 야구선수가 되겠다는 것이 아니라, 언제까지 어떤 구단에 들어가겠다는

식으로 구체적 목표를 세
워야 해요.

또한 목표를 달성한
자신을 구체적으로 상상해
보는 것도 매우 중요해요.
철학 박사 학위를 받고
수많은 청중 앞에서 강의하는 자신, 100억대 건물주가 되어 경제적 자
유를 얻게 된 자신, 프로야구 선수가 되어 홈런을 치는 자신을 상상해
보는 것이 중요한 거죠.

왜 그럴까요? 우리의 뇌는 실제의 경험과 상상 속의 경험을 구분하
지 못해요. 따라서 우리가 목표를 '생생하게' 상상하면, 뇌는 그 목표가
실제로 있는 것처럼 착각해요.

치타는 먹잇감이 보여야 달리고, 외야수는 공이 보여야 달리죠? 마
찬가지로 우리 두뇌에 목표를 생생하게 그려줘야 사이버네틱스 시스템
이 작동해요. 사이버네틱스 시스템에 적절한 목표를 주려면, 머릿속에
서 생생하게 상상하세요.

자아 이미지

사이버네틱스 시스템이 목표를 달성하기 위해 계속 올바르게 작동하게
하려면 어떻게 해야 할까요? 그러려면 에너지가 필요하죠. 그 에너지가
바로 **자기 이미지**예요.

모든 사람은 자기 자신에 대한 어떤 이미지를 가지고 있어요. 의식

적으로 딱 떠오르지는 않지만, 뿌리 깊은 무의식 속에는 자기 자신에 대한 구체적이고 세세한 정신적 이미지를 가지고 있어요.

나는 어떤 사람인가?

나는 어떻게 행동하는가?

나는 어떤 반응을 하는가?

나는 무엇을 할 수 있는가?

나는 무엇을 할 수 없는가?

누구나 자기 자신에 대한 이러한 이미지를 가지고 있어요. 그것이 바로 그 사람의 **정체성**이 돼요.

자기 이미지는 자기 자신에 대한 '의식적' 믿음과는 달라요. 자신이 '의식적으로 믿고 있는 자기 자신'과 '무의식 속에 가지고 있는 자기 이미지'는 다를 수 있어요. 실제로 이것이 다른 사람들이 많아요. 자기가 자기를 잘 모르는 거죠.

따라서 자기 이미지는 '의식적'으로 바꾸려도 해도 잘 바뀌지 않아요. 자기 이미지는 무의식의 영역에 있지만, 의지는 의식의 영역에서만 작동하기 때문이죠. 결국 의식은 무의식을 이길 수 없다는 거죠.

만약 의지가 약한 사람이라는 자기 이미지를 가진 사람이 있다고 하죠. 그는 의식적으로 아무리 담배를 끊으려고 해도 실패할 수밖에 없어요. 또한 자신이 정직하지 못한 사람이라는 자기 이미지를 가진 사람이 있다고 하죠. 그는 의식적으로 아무리 정직해지려고 해도 결국은 실패해요.

물론 의지로 그것을 극복하려고 하겠죠. 하지만 그것은 겉으로 보

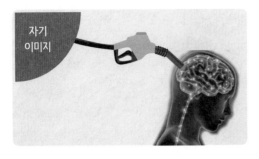
자기
이미지

이는 의지일 뿐이에요. 무의식적으로는 이미 결정되어 있는 것과 마찬가지예요.

진짜로 자신을 변화시키려면, 자기 이미지를 바꿔야 해요. 그렇다면 자기 이미지는 어떻게 바꿀 수 있을까요? 자기 이미지를 바꾸려면 3가지 인식의 전환이 필요해요.

실패한 경험에 대한 인식 전환

누구나 살면서 성공도 실패도 겪게 돼요. 성공한 경험이 많다면 긍정적 자기 이미지를 갖게 되죠. 실패한 경험이 많다면 부정적 자기 이미지를 갖게 될 가능성이 높고요.

그런데 사람은 살면서 필연적으로 실패를 경험할 수밖에 없죠. 그런 경험을 통해 훈련과 학습이 되고요. 이런 점을 인정하면, 실패의 경험이 부정적 자기 이미지로 연결되지 않아요. 오히려 자신의 결점과 약점을 파악할 수 있다는 점에서 유용한 경험이 돼요.

인간은 원래 타고난 해결사

치타는 먹잇감이라는 목표가 주어지면 달려요. 이것은 치타의 본능이에요. 마찬가지로 인간은 어떤 의식적 방해 요인이 없다면 목표를 향해 노력하는 존재예요. 이것은 인간이 원래 타고난 능력이에요. 인간은 원래 문제해결 능력을 타고난다는 사실을 인식하면, 자기 이미지를 긍정적으로 바꿀 수 있어요.

나를 받아들이는 자세

누구나 무능한 점이 있고, 부끄러운 점이 있고, 약점도 있어요. 이것을 인정하지 않으면 자신의 장점을 발휘할 수 없어요. 있는 그대로의 나를 인정해야 해요. 그러면 자기 이미지를 바꿀 수 있고, 긍정적 자기 이미지를 가지는 데 도움이 돼요.

무의식의 힘은 강해요. 우리의 의식은 무의식에 영향을 받죠. 의식은 무의식을 이길 수 없지만, 무의식에 영향을 주기도 해요. 그것을 '메타-의식'이라고 해보죠. 우리의 메타-의식은 목표를 생생하게 그려봄으로써 사이버네틱스 시스템에 목표를 보여주고, 긍정적인 자기 이미지를 가지도록 만들 수 있어요.

맥스웰 몰츠의 이론 속에서는 철학과 심리학 이론들도 엿볼 수 있어요. 먼저 인간의 무의식을 강조한다는 점에서는 프로이트가 연상돼요. 그러한 무의식을 인간의 잠재력으로 본다는 점에서는 융이 떠오르고요. 사이버네틱스 시스템이 맹목적이라는 점은, 인간의 육체를 기계론적으로 본 데카르트의 철학을 닮았어요. 그리고 이러한 모든 것들로부터 독립해 있는 메타-의식은 칸트와 피히테의 초월적 자아를 연상하게 해요.

영상으로 한 번 더!

5명 중에 한 사람 꼭 있다

성격장애: 편집성, 경계성, 강박성,
회피성, 의존성 성격장애 등

주차장을 보면, 사람들의 성격에 따라 주차하는 방식이 달라요. 어떤 사람은 항상 구석에 삐딱하게 주차해요. 어떤 사람은 주차가 목적이 아니라 남의 차를 막는 게 목적인 것 같고요. 어떤 사람은 좌우 딱 맞추어 주차하죠. 또 어떤 사람은 차를 주차하랬더니 우주선을 주차해요.

이처럼 똑같은 상황에 직면하더라도, 사람마다 그 상황을 인식하는 방식과 반응하는 양식이 다를 수 있어요. 사람마다 성격이 다르니 당연히 그렇겠죠.

그런데 어떤 사람들은 상황을 인식하는 방식과 행동양식이 아주 유별나서 사회생활에 문제가 생기기도 해요. 우리는 그런 사람을 성격장애가 있다고 하죠. **성격장애**란 사고방식이나 행동양식이 통상적인 사회적 기준으로부터 벗어나 사회생활에 문제를 일으키는 장애를 말해요.

『정신질환의 진단 및 통계 편람』에서는 성격장애를 3가지 유형으로 분류해요. 첫째, 기이함과 관련된 성격장애로 편집성, 조현형, 조현성 성격장애가 있어요. 둘째, 충동과 관련된 성격장애로 연극성, 반사회성, 경계성, 자기애성 성격장애가 있고요. 그리고 불안과 관련된 성격장애로 회피성, 의존성, 강박성 성격장애가 있어요. 여기서는 이 10가지 성격장애에 대해 살펴보고, 도대체 어떤 사람이 차를 이상하게 세우는지 확인해 보죠이 꼭지의 주차장 얘기와 삽화들은 Rapid Psychler Press의 〈Parking lot of the personality disordered〉의 아이디어를 참고했습니다.

기이함과 관련된 성격장애

편집성 성격장애

편집성 성격장애를 가진 사람의 특징은 상대방이 항상 자신에게 악의를 품고 있다고 의심하는 거예요. 아무런 피해를 주지 않았는데도 말이죠. 예컨대 상대방의 호의에 대해 무슨 나쁜 의도가 있다고 의심해요. 주변 사람들이 짜고 나를 모함한다고 생각하기도 하고요. 농담한 것을 가지고 나를 비난한다고 생각해요.

이들은 자기 확신이 매우 강해요. 다른 사람이 "네가 의심이 많아 그런 거야"라고 설명을 해도 믿지 않아요. 그래서 자가진단이 매우 어렵다고 해요. 히틀러나 스탈린이 편집성 성격장애라고 말하는 사람도 있어요.

그러면 편집성 성격장애를 가진 사람의 주차방식은 어떨까요? 차량 3대에 둘러싸여 한 대가 구석에서 못 나오는 상황이 됐죠? 편집성 성격장애를 가진 사람은 이처럼 다른 사람들이 자신을 궁지에 몰아넣는다고 생각해요.

조현성 성격장애

조현성 성격장애를 가진 사람은 다른 사람들과 관계를 맺는 것에 아예 관심이 없어요. 은둔형 외톨이인 히키코모리가 될 가능성이 높아요. 현실과 분리된 자신만의 세계를 만들고 그 안에서 심리적 안정을 느껴요.

다른 사람들과 어울리지 못해서 사회적으로 고립된 것이 아니에요. 아예 다른 사람들과 어울리는 것 자체에 관심이 없는 거예요. 조현성 성격장애를 가진 사람의 주차방식은 다른 차들과 가까이 있고 싶지 않아 거의 주차장을 벗어나요.

조현형 성격장애

조현형은 조현성과 마찬가지로 다른 사람들과 관계를 맺는 것에 어려움을 겪어요. 그런데 그것보다 더 중요한 특징이 두 가지 있어요.

하나는 기이한 생각과 이상한 행동을 한다는 거죠. 자신이 초능력자나 외계인, 신이라고 믿기도 해요. 실제로 자신을 신이라고 믿는 사이비 교주들이 조현형 성격장애를 가지고 있을 확률이 커요. 이들은 기행을 하거나 옷차림이 부적절한 경우가 많아요.

또 다른 특징은 관계망상적 사고를 해요. 나 이외의 다른 모든 사람이 짜고 나를 속이고 있다고 생각하는 거죠. 조현형 성격장애를 가진 사람의 주차방식은 어떨

까요? 이들은 차를 타고 다니지 않아요. 우주선을 타고 다녀요.

충동과 관련된 성격장애

연극성 성격장애

연극성 성격장애는 예전에 '히스테리성 성격장애'라고도 했어요. 이들
은 관심의 중심이 되고 싶어해요. 말하자면 관종 비슷한 거죠. 화려한
외모와 차림새, 연극적으로 과장된 말투가 특징이에요. 허영심이 많고
자기과시 경향이 강해요. 다른 사람들로부터 끊임없이 관심을 받으려
고 하고, 관심을 못 받으면 불안해져요. 인스타그램이나 페이스북에 보
면 이런 사람들이 좀 있죠.

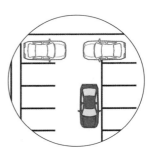

　　하지만 지속적인 인간관계는 힘들어요.
왜 이렇게 다른 사람들의 관심이 필요할까요?
혼자가 되는 것에 대한 불안으로 다른 사람에
게 의존하기 때문이에요. 〈바람과 함께 사라
지다〉의 스칼렛 오하라 이미지를 생각하면 돼
요. 연극성 성격장애를 가진 사람의 주차방식은 어떨까요? 이들은 무조
건 중심에 있어야 해요.

반사회성 성격장애

반사회성 성격장애가 있는 사람들은 충동적이고 공격성이
강하고 거짓말을 아무렇지도 않게 해요. 기본적으로 타인에
대한 감정이입 능력이 낮거나 도덕관념이 적어요. 그래서 범

죄행위를 해도 죄책감을 느끼지 못해요. 어릴 때부터 청소년 비행, 거짓말 등 품행장애를 보였을 가능성이 커요. 성장하면서 범죄행위, 무책임한 가정생활, 폭력행위 등의 행동을 보이고요.

우리가 흔히 아는 사이코패스나 소시오패스가 넓게 보면 반사회성 성격장애에 해당돼요. 반사회성 성격장애를 가진 사람의 주차방식은 어떨까요? 이들은 꼭 다른 사람의 차를 못 나가게 막아야 직성이 풀리는 사람들이에요.

경계성 성격장애

경계성 성격장애를 가진 사람의 기본적인 느낌은 이렇다고 해요.

어떤 아이가 엄마로부터 버림을 받아 길에 혼자 남겨졌다고 하죠. 아이는 두려워하며 엄마를 찾을 거예요. 그런데 엄마가 나를 버렸으니, 나의 의지처인 엄마가 옆에 있어 주었으면 하고 바라지만, 동시에 엄마를 미워하는 감정을 갖게 돼요. 엄마는 내가 유일하게 믿을 수 있는 보호자이지만, 동시에 내가 믿을 수 없는 나쁜 사람인 셈이죠. 그러니 아주 복잡한 감정이겠죠. 이처럼 아이가 부모로부터 보호를 받으면서도, 동시에 학대를 받게 되면 경계성 성격장애를 가지게 될 수 있어요.

전남친 차

이들이 가장 두려운 것은 혼자 버려지는 거예요. 그래서 자신의 의지처로부터 버림받지 않기 위해 필사적으로 노력해요. 자해를 하거나 자살을 하겠다고 협박하기도 해요.

영화 〈혐오스런 마츠코의 일생〉에서 주인공 마츠코는 혼자가 되는 것을 극도로 두려워해요. 그래서 자신을 학대하는 남자 곁을 벗어나지 못하죠. 이것이 바로 경계성 성격장애의 특징이에요.

경계성 성격장애를 가진 사람의 주차방식은 어떨까요? 이들은 전남친이나 전여친의 차 앞을 가리고 있어야 직성이 풀리는 사람들이에요.

자기애성 성격장애

자기애성 성격장애를 가진 이들은 세상에서 자기가 가장 잘났다는 자아도취에 빠져 있어요. 자신의 능력을 과대평가하고 과장된 자존감을 가지고 있죠.

자부심을 겉으로 드러내기도 하지만, 겉으로는 소심하되 마음속으로 자부심을 가지는 경우도 있어요. '나르시시즘 성격장애'라고도 해요.

고대 그리스 신화의 나르시스는 물에 비친 자신의 모습에 반해 빠져 죽죠. 마찬가지로 자기애성 성격장애를 가진 사람은 자신을 과대포장한 이미지에 자아도취가 되어 빠지는 거죠.

자기애성 성격장애를 가진 사람의 차는 어떨까요? 차가 크고, 본 네트 앞에 큰 마크 같은 걸 달거나, 눈에 확 띄는 페인트칠을 하고 다녀요.

불안과 관련된 성격장애

회피성 성격장애

 회피성 성격장애를 가진 사람은 거절과 비판이 두려워서 사회적 관계 자체를 피해요. 그렇다고 조현성 성격장애처럼 다른 사람들에 대한 관심이 없는 게 아니에요. 다른 사람에 대한 관심은 있지만, 자신감이 없기 때문에 관계 자체를 피하는 거죠.

또한 자신이 무능하고 열등하다고 생각해요. 소심하고 부끄러움이 많고, 자신이 사회적으로 부적절하다고 여겨요. 대인공포증이나 사회공포증이 함께 나타나는 경우가 많아요. 회피성 성격장애를 가진 이들은 다른 차들을 피해 구석에 조용히 주차해 놓겠죠.

의존성 성격장애

의존성 성격장애가 있는 사람은 책임지는 걸 두려워해요. 그래서 자신의 모든 행동을 다른 사람의 판단에 맡겨요. 다른 사람으로부터 지지와 보호를 받기 위해 필사적으로 복종하는 경향이 강해요. 여러 원인이 있겠지만, 부모의 과잉보호가 영향을 미친다고 해요. 내향적이고 불안해한다는 점에서 회피성 성격장애와 비슷해요.

주차장에서 의존성 성격장애를 가진 사람은 어떻게 주차할까요? 이들은 혼자 못 있어요. 다른 차에 딱 붙어 있어야 마음이 편한 사람들이에요.

강박성 성격장애

강박성 성격장애를 가진 사람은 매사에 완벽을 추구해요. 완벽한 일처리와 정리정돈에 집착하죠. 완벽하게 하려는 생각에 세부 사항에 얽매여 일의 효율이 떨어지기도 해요.

강박성 성격장애를 가진 사람들과 일을 하다 보면 힘들어요. 절차를 너무 따지고, 디테일에 너무 집착하거나 융통성이 부족해서 진도가 안 나가는 경우가 있어요. 회사에 이런 사람들이 꼭 있죠. 강박성 성격장애를 가진 사람들은 앞뒤, 좌우 딱 맞게 주차하지 않으면 잠을 못 자요.

세상에 참 특이한 사람들 많죠? 어느 그룹에서나 성격이 특이한 사람이 꼭 한 사람씩 있어요. 만약 없다면 내가 특이한 사람일 가능성이 커요.

그런데 사람들은 자기 성격을 잘 모르는 경우가 많아요. 전체 인구의 몇 퍼센트가 이러한 성격장애를 가지고 있을까요? 특정 그룹이나 질환을 가진 사람이 아닌, 일반인들의 성격장애 비율에 대한 자료는 많지 않아요. 조금 오래된 자료이지만The prevalence of personality disorders in a community sample, S. Torgersen, E. Kringlen, V. Cramer, 2001, 1994~97년 조사, 편집성 2.4%, 조현성 1.7%, 조현형 0.6%, 연극성 2.0%, 반사회성 0.5%, 경계성 0.7%, 자기애성 0.8%, 회피성 5.0%제가 여기에 해당돼요, 의존성 1.5%, 강박성 2.9%로 나타났어요.

한 사람이 한 가지 장애만 가지고 있는 것은 아니겠죠? 그래서 전체 인구 중 13.4%가 성격장애가 있는 걸로 나타났어요. 이 수치는 자료

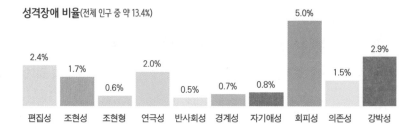

성격장애 비율(전체 인구 중 약 13.4%)

편집성	조현성	조현형	연극성	반사회성	경계성	자기애성	회피성	의존성	강박성
2.4%	1.7%	0.6%	2.0%	0.5%	0.7%	0.8%	5.0%	1.5%	2.9%

마다 다소 차이가 있으므로 참고로만 봐두세요. 꼭 성격장애까지는 아니더라도, 사람마다 자신에게 나타나는 약간의 이상한 성향이 있을 거예요.

성격장애는 정확한 진단표를 가지고 전문가가 판단하는 거예요. 따라서 이 글은 그냥 참고로만 봐주세요. 꼭 성격장애가 아니라도, 우리는 약간 이상한 성향들을 조금씩은 가지고 있죠. 이 글이 자신을 알아보는 계기가 되었으면 합니다.

영상으로 한 번 더!

알파고는 전기양을 꿈꾸는가?

인공지능과 인간의 생각 (feat. 괴델, 튜링, 루카스, 펜로즈)

1997년 IBM의 체스 프로그램인 딥블루와 체스 챔피언 러시아의 카스파로프가 대결을 했어요. 결과는 딥블루가 승리했죠. 이때 사람들은 경악했어요. 그러면서 생각했죠.

'체스는 간단한 게임이니 이겼겠지만, 바둑은 어림도 없을 걸.'

그로부터 20년이 지난 2016년 이번에는 바둑의 신 이세돌 9단에게 구글의 알파고가 도전장을 내밀었어요. 결과는 4대 1로 알파고가 승리했죠. 체스나 바둑은 그렇다고 치죠. 게임이야 규칙대로 하는 거니 인공지능이 더 잘할 수도 있겠죠. 그런데 "인공지능도 인간처럼 생각할 수 있다"고 주장하는 사람들이 있어요.

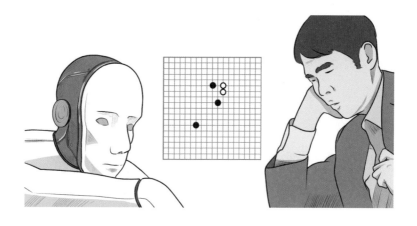

인공지능주의 1 — 튜링머신도 인간처럼 생각할 수 있다?

영국의 수학자이자 논리학자인 앨런 튜링이 1936년 고안한 튜링머신은 컴퓨터의 기초가 됐어요455쪽 참조. 당시 튜링머신은 그저 기계적인 절차만 반복하는 것이었어요. 그런데 어떤 사람들은 튜링머신의 계산이나 인간의 생각이나 같은 것이라고 주장해요. 원래 인공지능주의라는 말은 좀더 학술적인 개념인데, 여기서는 편의상 이런 주장을 인공지능주의라고 할게요.

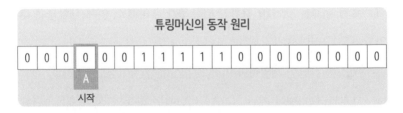

튜링머신의 동작 원리

| 0 | 0 | 0 | 0 | 0 | 0 | 1 | 1 | 1 | 1 | 1 | 0 | 0 | 0 | 0 | 0 | 0 | 0 | 0 | 0 |

A
시작

인공지능주의에는 두 가지 접근방법이 있어요.

인간의 생각은 튜링머신의 계산과 달라 보이죠. 인간은 상황에 맞추어 유연하게 생각하고, 애매하거나 모순적으로 생각하기도 해요. 새로운 개념들을 결합하고 창조해내기도 하고요.

그런데 인간의 이러한 유연함과 창조성은 어디에서 나올까요? 그것은 우리의 정신구조에 여러 생각의 층위가 있기 때문이에요. 나는 '이것이 사과라고 생각한다'라고 생각하기도 하고, 이러한 '나의 생각을 다시 생각'하기도 해요. 또 다시 '나의 이러한 생각에 대한 생각을 다시 생각'하기도 하고요. 즉, 인간은 자신의 생각에 대한 메타적 생각을 하고, 다시 메타-메타적 생각을 하기도 해요.

그런데 인공지능주의자들은 "인공지능에도 다양한 층위의 규칙이 있다"고 해요. 기계적 계산을 하는 튜링머신의 간단한 규칙도 있고, 이러한 간단한 규칙을 수정하는 메타-규칙도 있어요. 또 이러한 메타-규칙을 수정하는 메타-메타-규칙도 있고요. 이렇듯 많은 층위의 규칙들이 켜켜이 쌓이면, 인간처럼 유연하게 생각할 수 있다는 거죠.

예컨대 튜링머신 그 자체는 전기회로일 뿐이죠. 하지만 그것을 구동하는 기계언어가 있어요. 기계언어 위에는 어셈블리 언어가 있고요. 어셈블리 언어 위에는 고차원 언어가 있으며, 그 위에 C언어 같은 것이 있어요. 또 그 위에는 우리가 사용하는 프로그램 언어가 있어요.

인간의 생각에 여러 층위가 있듯이, 인공지능의 규칙에도 여러 층위가 있다는 거죠. 그래서 인공지능주의자들은 인간의 생각과 튜링머신의 계산이 본질적으로 같다고 주장해요.

인공지능주의 2 ─ 인공지능과 인간의 행동은 같은 행동이다?

요즘 나오는 로봇 청소기는 배터리가 방전될 쯤이면, 스스로 콘센트를 찾아가서 충전을 시작해요. 무엇이 로봇 청소기가 스스로 충전하도록 만들었을까요? 혹시 로봇 청소기가 '배터리가 거의 다 됐는 걸. 빨리 충전해야지'라고 생각한 것일까요? 말도 안 되는 것 같죠?

그런데 관점을 한 번 달리해 보죠. 민수가 냉장고 문을 열고 우유를 한 잔 꺼내 마셔요. 왜 그랬을까요? 배가 고프니까 그랬겠죠.

다람쥐가 도토리를 주워 먹어요. 왜 그랬을까요? 배가 고프니까 그랬겠죠. 이번에는 송충이가 솔잎을 먹어요. 왜 그랬을까요? 배가 고파서 그랬을까요? 송충이가 '아이, 배고파. 솔잎이나 먹자'라고 '생각'을 했

배고파서 　배고파서 　배고파서

배고파서 　배고파서 　배고파서

을까요? 글쎄요. 식충식물이 날파리를 잡아먹어요. 식충식물이 '아이, 배고파. 날파리나 잡아먹자'라고 생각을 했을까요? 글쎄요.

그렇다면 인간이 우유를 마시거나, 원숭이나 다람쥐가 먹이를 먹는 행위는 배고파서 하는 행위이고, 송충이가 솔잎을 먹거나 식충식물이 날파리를 먹는 행위는 배고파서 하는 행위가 아닌가요?

인간, 원숭이, 다람쥐, 송충이, 식충식물의 행위의 동기가 이렇듯 명백하게 구별되나요?

인공지능주의자들은 인간, 원숭이, 다람쥐, 송충이, 식충식물 모두 넓은 의미에서 배고파서 하는 행위라고 봐요. 마찬가지로 로봇 청소기가 충전하는 행위도 넓은 의미에서는 배고파서 하는 행위로 봐야 한다는 거죠. 즉, 로봇 청소기도 배고프다는 생각을 했다는 거예요. 로봇 청소기도 생각할 수 있는데, 하물며 알파고나 시리, 챗GPT, 유튜브 알고리즘도 당연히 생각하는 능력을 가지고 있다는 거죠.

이 말의 요지는 다음과 같아요. 인간의 마음이라는 것도 알고 보면 행동으로 드러나는 것일 뿐이에요. 인간의 마음, 생각은 없고, 밖으로 드러난 행동으로만 설명된다는 거죠. 민수가 배가 고프다는 '생각'을 해서 냉장고 문을 연 것이 아니라, 냉장고 문을 여는 것이 배고픔이라는 거예요.

제가 보기에 이러한 입장은 행동주의 심리학으로 연결돼요. 행동주의 심리학의 연구대상은 정신이나 마음이 아니라 오직 관찰 가능한 행동뿐이죠. 이들은 "인공지능과 인간의 행동이 같은 행동이기에, 인공지능의 계산이나 인간의 생각이나 같다"고 주장해요.

자, 인공지능주의자들의 주장에 설득되었나요? 설득된 사람도 있을 테고, 설득되지 않는 사람도 있을 거예요. 이제 인공지능주의에 대한 5가지 반론을 살펴보죠.

인공지능주의에 대한 5가지 반론

통찰에 의한 논증

고대 그리스 과학자 아르키메데스에게 황제가 왕관이 순금인지 아닌지 밝히라고 했어요. 아르키메데스는 목욕을 하다가 갑자기 해결방법이 떠올랐어요. 왕관을 통 속의 물에 넣으면, 금의 비중에 따라 물이 흘러내릴 것이라고 생각한 거죠. 아르키메데스는 너무나 기쁜 나머지 "유레카!"를 외치면서 목욕탕에서 알몸으로 뛰쳐나갔다는 믿지 못할 이야기가 전해져요. 어떤 사람들은 이러한 통찰은 인간만이 가질 수 있으며, 인공지능은 이러한 통찰을 할 수 없다고 해요.

드레이퍼스 논증

초보 운전자는 운전을 할 때 이런저런 계산을 해요. 자동차의 속도, 커브의 정도, 노면 상태, 차의 성능 등을 하나하나 의식하면서 운전을 해요. 반면 숙련된 운전자는 의식하지 않고 직관적으로 운전하죠.

미국의 철학자 휴버트 드레이퍼스1929~2017는 이것이 인공지능이 계산하는 방식과 인간이 생각하는 방식의 차이라고 해요. 인간의 생각은 단순계산 이상의 것이 있다는 거죠. 좀 억지 비유일 수 있지만, 형사가 직감적으로 범인을 알아본다든지, 사업가가 직감적으로 무엇이 돈이 될지 알아챈다든지, 배우자가 바람을 피우는지에 대한 직감 같은 것들은 인공지능의 계산으로는 할 수 없다는 거예요.

존 설의 중국어방 논증

민수가 중국어방에 들어가 있다고 해보죠. 민수는 중국어를 전혀 몰라요. 방 안에는 중국어로 된 질문 목록과 그에 대한 대답이 적혀 있는 책이 있어요. 이제 방 밖에서 중국어로 된 질문 쪽지를 넣으면, 민수는 질문 목록에서 중국어 답을 골라 쪽지에 적어 밖으로 내보내요. 그러면 방 밖에 있는 사람은 방 안에 있는 민수가 중국어를 할 줄 안다고 착각할 거예요.

중국어방에 있는 민수가 중국어로 대화를 한 것이긴 해요. 사실은

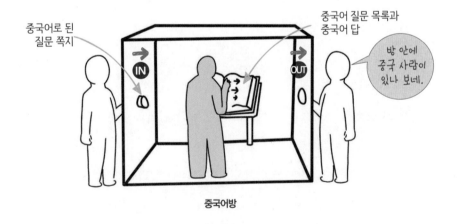

중국어방

중국어를 전혀 모르지만요. 존 설은 마찬가지로 인공지능이 사람과 체스를 둘 수는 있지만, 인간처럼 생각하는 것은 아니라고 주장해요.

괴델-루카스 논증

1931년 괴델은 불완전성 정리를 발표했어요. **불완전성 정리**란 수학체계에서 "참이지만 증명할 수 없는 명제가 존재한다"는 거예요448쪽 참조. 수학이 완벽한 증명체계가 아니란 거죠. 즉, 진리는 증명보다 크다는 거예요.

그런데 진리가 증명보다 크다면, 인공지능이 진리를 알 수 있는 방법이 있을까요? 인공지능의 계산은 반복적이고 규칙적인 알고리즘일 뿐이에요. 인공지능이 진리를 알 수 있는 방법은 없어요. 따라서 괴델의 불완전성 정리는 인공지능이 하는 계산의 한계를 보여준다고 할 수 있어요.

30년 후인 1961년, 루카스는 〈정신, 기계 그리고 괴델〉이라는 논문에서 "불완전성 정리야말로 인간의 생각과 인공지능의 계산이 근본적으로 다르다는 것을 보여준다"고 해요. 인간은 자신의 밖을 볼 수 있지만, 기계는 자신의 밖을 볼 수 없기 때문이에요.

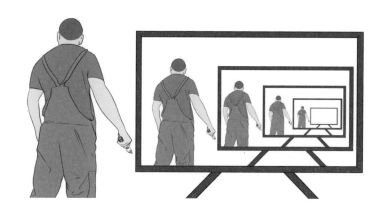

자신의 밖을 본다는 것은 무슨 의미일까요? 어떤 화가가 세계 전체를 그리려고 한다고 해보죠. 화가 자신도 세계의 일부이므로, 그림에 세계를 그리는 자기를 그려넣어요. 그런데 '세계를 그리는 자기를 그리는 자기'가 빠져 있네요. 이것도 그려넣어야겠죠. 이렇게 무한히 계속해서 반복하게 돼요. 그래서 화가는 세계 전체를 그릴 수 없어요. 세계 전체를 그리려고 하면 무한퇴행에서 빠져나올 수 없으니까요.

그런데 인간의 생각은 그렇지 않아요. 인간은 한 번에 그러한 무한퇴행에서 빠져나와요. 인간은 '이것을 사과라고 생각한다는 것을 생각한다'는 것을 생각하다가도, '이것은 사과이다'라는 생각으로 바로 빠져나올 수 있어요. 이것이 바로 인간의 생각과 인공지능의 계산이 본질적으로 다른 이유라는 거죠.

펜로즈의 양자역학적 논증

인간의 생각은 결국 뇌의 활동이에요. 뇌는 수분과 단백질, 유기 물질로 구성되어 있고, 이러한 물질들은 원자들로 구성되어 있죠. 원자들은 다시 소립자들로 구성되어 있고요. 그런데 소립자들은 양자역학에 따라요. 결국 양자역학이 정신활동에 중요한 역할을 한다는 결론이 나와요.

그런데 양자역학에 따르면, 소립자의 위치와 운동은 동시에 결정되지 않아요. 입자의 위치가 정확히 결정되면, 입자의 운동량이 불확실해져요. 입자의 운동량이 결정되면, 입자의 위치가 불확실해지고요. 따라서 현재 입자의 위치가 미래 입자의 위치를 결정한다고 할 수 없어요. 입자의 운동은 인과적으로 결정되는 게 아니니까요. 즉, 인간의 생각도

인과적으로 결정되지 않는다는 거죠.

그런데 인공지능의 계산은 본질적으로 기계적인 절차예요. 따라서 인공지능의 계산은 인과적으로 결정될 수밖에 없어요. 이것이 바로 인간의 생각과 인공지능의 계산이 본질적으로 다른 점이란 거죠.

지금까지 우리는 '인간의 생각과 인공지능의 계산이 같은가?'에 대한 양쪽의 입장을 살펴봤어요. 그런데 이것은 거의 20년 전 자료예요. 당시에는 알파고도 챗GPT도 없었고, 기껏해야 IBM 컴퓨터가 인간을 상대로 체스에서 이겼다고 놀라던 때였어요. 당시의 인공지능 기술은 지금과 비교하면 장난감 수준이었죠. 따라서 최근 논의되는 인공지능에 관련된 이야기는 상당히 다를 수 있어요. 하지만 '인공지능은 생각할 수 있는가'와 같은 본질적이고 철학적인 문제에 대한 찬성과 반대 입장의 핵심 아이디어는 그때나 지금이나 크게 다를 바가 없어요.

테슬라의 창업자 중 한 사람이자 민간우주기업 스페이스X를 창립한 일론 머스크의 말로 글을 마무리할게요.

제가 보기에, 인공지능 전문가들의 문제는 그들이 인공지능에 대해 잘 안다고 착각하고 있다는 것입니다. 저는 최근의 연구를 잘 알고 있습니다. 그런데 알면 알수록 두렵습니다. 인공지능은 우리가 생각하는 이상의 것을 할 수 있습니다. 최근 인공지능의 발전속도가 무섭도록 빠릅니다. 우리는 곧 도래하게 될 초-인공지능 사회를 통제할 방법을 찾아야 합니다.

– 일론 머스크, 테슬라 및 스페이스X 창업자, TED 강연(2017.4.28) 중에서

영상으로 한 번 더!

3장

진리는
절대적인가,
상대적인가?

Epistemology 인식론

진리는 절대적인가, 상대적인가?

- 실용주의
- 포퍼: 반증주의

- 게티어: 지식이란 무엇인가?
- 콰인: 인식론적 전체론
- E. H. 카: 역사란 무엇인가?
- 토머스 쿤: 패러다임의 전환

- 핸슨: 관찰의 이론 의존성
- 푸코: 말, 지식 광기
- 가상현실: 퍼트넘의 통속의 뇌

당신의 신은 얼마?

실용주의

(feat. 퍼스, 윌리엄 제임스, 듀이)

미국은 19세기 후반까지 독일 관념론이 만연해 있었어요. 그런데 칸트나 헤겔이나 하이데거나 이런 양반들의 책을 읽으면 가슴이 답답해 와요. 무슨 말인지 모르겠고, 뜬구름 잡는 것 같고, 도대체 어디에 쓰이는지도 모르겠어요. 이런 거 미쿡⑴ 사람들한테 안 맞아요농담입니다. 그래서 나타난 것이 실용주의예요. **실용주의**는 독일 관념론의 현학적인 꼰대스러움에 반박하면서 생겨난 미국의 철학 사조예요.

　19세기 말 하버드대학 철학과를 중심으로 형이상학 클럽이라는 토론모임이 있었어요. 일종의 반어법인데, 형이상학에 반대하면서 클럽 이름을 '형이상학 클럽'이라고 한 거죠.

　퍼스와 제임스가 참여했는데, 여기에서 실용주의가 태동했어요. 퍼스가 실용주의의 씨를 뿌리고, 제임스가 꽃을 피우고, 나중에 듀이가 집대성하면서 실용주의의 열매를 맺었어요. 이 세 사람 모두 미국 사람인데, 실용주의는 너무나 미국스러운 철학입니다.

실용주의 철학자

찰스 샌더스 퍼스

윌리엄 제임스

존 듀이

퍼스 – 의미의 이론

플라톤은 이데아는 이성의 눈으로 꿰뚫어 봐야 볼 수 있다고 했죠? 데 카르트는 명석판명한 관념을 얻기 위해 화롯가 앞에 앉아서 '혼자' 생각 한 끝에 "나는 생각한다 고로 존재한다"는 결론을 내렸고요.

반면 미국의 분석철학자이자 기호논리학자인 찰스 샌더스 퍼스 1839~1914는 명석판명한 관념을 얻기 위해 필요한 것은 이성도 아니고, 사고도 아니고 '실험'이라고 해요. '무겁다'는 관념을 정확히 알기 위해서 는 쇠와 돌을 천칭에 올려놓는 실험을 해봐야 한다는 거죠.

그러한 실험, 실천 그리고 행위를 그리스어로 프라그마Pragma라고 하는데, 여기에서 프래그머티즘실용주의이라는 말이 나왔어요. 퍼스의 결론은 한마디로 의미는 실험, 실천, 행위를 통해서만 얻을 수 있다는 거예요. 이것을 **의미 의 이론**이라고 해요.

의미의 이론

윌리엄 제임스 – 진리의 이론

미국의 철학자이자 심리학자인 윌리엄 제임스1842~1910는 퍼스의 의미 의 이론을 진리의 이론으로 확대해요. 제임스는 진리의 기준을 실생활 의 유용성으로 봐요. "유용성이 진리다."

【질문】 "차는 나보다 강하다"는 주장은 진리일까요?
이 주장을 믿지 않고 도로를 무단 횡단을 하다가는 죽기 십상이겠죠.
이 주장은 매우 유용해요. 따라서 실용주의 입장에서는 "차는 나보다

유용성이 진리다.

강하다"는 주장은 명백한 진리예요.

【질문】다중우주이론은 실용주의 입장에서 진리일까요?

다중우주이론은 우주는 하나가 아니라 수없이 많다는 거예요. 물리학자나 철학자들은 다중우주이론이 옳은지에 대해 논쟁을 해요. 하지만 실용주의 입장에서는 이러한 논쟁은 아무런 의미가 없어요. 우주가 하나이건 다수이건 나에게 아무런 차이가 없으니까요. 이런 관점에서 보면, 실용주의는 무의미한 논쟁에 빠지지 말자는 입장으로도 볼 수 있죠.

【질문】"신은 존재한다"는 주장은 실용주의 입장에서 진리일까요?

철수는 신을 믿게 된 후 완전히 달라졌고, 영희는 달라진 게 없다고 해보죠. 이 경우 신에 대한 믿음은 철수에게는 매우 유용하지만, 영희에게는 유용성이 없어요. 실용주의 입장에서 "신은 존재한다"는 주장은 철수에게는 진리죠. 영희에게는 진리가 아니고요. 따라서 제임스가 말하는 진리는 상대적 진리라는 비판을 받아요.

제임스는 좀더 파격적인 비유를 들어요.

"진리에는 현금가치가 있다." 유용성을 현금가치로 매길 수 있다는 거죠. 예를 들면 "차는 나보다 강하다"는 믿음은 1억 원, "수많은 우주가 존재한다"는 믿음은 1만 원의 가치가 있으며, "신은 존재한다"는 믿음은 각자에게 다른 가치가 있다는 말이 되겠죠. 일종의 비유라고 봐야 해요.

듀이 – 도구주의

미국의 철학자이자 심리학자, 교육학자인 존 듀이1859~1952는 제임스의 실용주의와 다윈의 진화론을 결합해 도구주의라는 이론을 내놓았어요. **도구주의**란 간단히 말해 우리의 관념과 사상은 실생활에서 마주치는 문제해결을 위한 도구에 불과하다는 거죠.

냉정하게 한번 생각해 보죠. 모든 생명체의 목적은 자신의 생명을 보존하는 거죠. 동식물이나 인간이나 생명을 보존하기 위해 환경에 대응하고 문제를 해결하려 해요.

그런데 인간은 사회생활을 하기에 복잡한 문제를 풀 수 있는 능력이 생겼어요. 그것이 바로 이성이에요. 그 결과물인 지식·이론·사상도 결국 현실적인 문제를 해결하기 위한 도구란 거죠. 듀이는 지식과 이론은 구체적이고 현실적이어야 한다고 주장해요.

인간의 도구는 동물의 도구와는 다른 두 가지 특징이 있어요. 인간은 문제를 능동적으로 해결하고 환경을 능동적으로 바꿔가요. 앞으로 닥칠 문제를 예견하고 예방하고요. 왜 실용주의가 서부개척시대에 미국인들에게 필요한 철학이었는지 알 수 있겠죠?

간혹 저에게 "형이상학을 왜 공부하나?"고 묻는 사람들이 있어요. 이 현실세계에서 도대체 형이상학이 무슨 의미가 있냐는 거죠. 제임스의 표현을 빌자면, 형이상학에는 현금가치가 없지 않냐는 거예요. 실제로 제임스는 많은 철학적·형이상학적 논쟁을 현금 가치가 없는 무의미한 논쟁이라고 했어요.

그런데 현대 과학철학에서는 현재주의와 영원주의가 박 터지는 논쟁을 벌이고 있어요. 현재주의는 과거는 이미 지나갔고, 미래는 아직 오지 않았으며, 오직 현재만이 존재한다는 입장이에요. 영원주의는 과거, 현재, 미래가 모두 거기에 존재한다는 것이고요.

저도 한때 이 논쟁에 빠져서 몇 년을 매달려 공부한 적이 있어요. 이 형이상학적 문제는 저에게는 굉장히 중요한 문제였기 때문이죠. 학문적인 이유에서뿐만 아니라 저의 현실에도 직접적인 영향을 미치는 문제였어요. 왜냐하면 현재주의를 받아들이면, 지금 이 순간은 바로 지나가 없어져 버려요. 하지만 영원주의를 받아들이면, 지금 이 순간은 어딘가에서 영원히 계속되는 순간이 돼요.

지금 이 순간이 없어진다고 생각하면, 삶의 태도가 어떨까요? 지금 이 순간이 영원히 계속될 것이라고 생각하면, 삶의 태도가 어떨까요? 두 경우 삶의 태도는 분명히 다를 거예요. 그래서 현재주의가 옳은가, 영원주의가 옳은가 하는 형이상학적 문제는 무의미한 논쟁이 아니에요. 굉장히 실용적인 문제일 수 있어요. 말하자면 현금가치가 높은 문제일 수 있다는 거죠. 그러니 형이상학이 자신에게 아무런 의미가 없다고 해서, 다른 사람한테 "형이상학을 왜 공부하나?"는 것은 적절하지 않은 말이라고 생각해요.

영상으로 한 번 더!

내 이론은 틀릴 수 없어
포퍼: 반증 가능성

과학을 바라보는 입장은 크게 두 가지로 나눌 수 있어요. **절대주의적 과학관**은 과학적 지식을 합리적이고 객관적이라고 봐요. 슐리크, 카르납과 같은 논리실증주의자들과 칼 포퍼가 이런 입장이죠.

　　상대주의적 과학관은 과학적 지식도 상대적이고 주관적이라고 봐요. 핸슨, 쿤, 파이어아벤트 등이 대표적이죠.

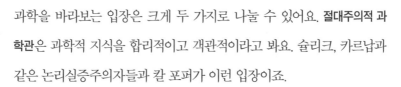

절대주의적 과학관 슐리크 카르납 포퍼　상대주의적 과학관 핸슨 쿤 파이어아벤트

칼 포퍼1902~94의 과학철학을 논리실증주의와 비교하면서 살펴보죠.

논리실증주의

논리실증주의는 20세기 초반 유럽 철학계에 새롭게 나타난 철학 사조예요. 19세기 근대 인식론은 경험론과 합리론이 대립하다가 칸트에 의해 통합되고 헤겔로 이어졌죠.

20세기에 들어 프레게와 아인슈타인에 의해 논리학·수학·물리학이 혁명적으로 발전했어요. 이에 자극을 받은 슐리크, 카르납 등의 논리실증주의자들은 철학에서도 이와 같은 변화가 있어야 한다고 생각했어요. 이들은 오스트리아 비엔나대학에서 정기모임을 가졌기에 '비엔나 서클'이라고도 해요.

논리실증주의자들은 크게 보면 경험론의 후예들이에요. 기본적으로 베이컨의 귀납법을 받아들였어요. 귀납법은 개별적인 현상에 대한 관찰과 경험을 통해 일반화된 법칙을 이끌어내죠?

논리실증주의자들은 이러한 방법론을 이어받아 관찰과 경험을 통해서 검증 가능한 명제만이 의미가 있다고 봤어요. 검증이 불가능한 명제는 의미가 없고요. 검증 가능한 명제만이 과학적이고, 검증 가능한 과학만이 진짜 학문이란 거죠. 검증이 불가능한 명제, 즉 형이상학·윤리학·미학·종교와 같은 것은 비과학이라는 것이죠.

논리실증주의의 이러한 입장을 받아들이면 두 가지 문제가 발생해요. 하나는 귀납법의 한계 문제이고, 다른 하나는 구획의 문제예요.

귀납법의 한계

17세기 유럽인들은 모든 백조가 하얗다고 생각했어요. 당시 유럽에서 발견된 백조들을 모두 관찰하고, 이를 통해 "모든 백조는 하얗다"는 일반법칙을 도출했어요. 이것이 바로 귀납법이죠. 그런데 18세기에 호주에 가보니 검은색 백조가 있었어요. 이제 "모든 백조는 하얗다"는 주장은 일순간에 거짓 명제가 되어 버렸죠. 이를 '귀납법의 한계'라고 해요.

귀납법의 한계란 아무리 많은 관찰을 통해 입증된 사실도 단 하나의 반례만 있으면 거짓이 된다는 거예요. 아무리 많은 관찰을 통해 입증된 명제도 100% 확실한 명제라고 할 수 없다는 거죠.

구획의 문제

논리실증주의자들은 검증 가능한 과학만이 진짜 학문이고, 검증 불가능한 분야는 학문이 아니라고 했죠? 그러자 너도나도 자기들 분야가 검증 가능하고 과학이라고 나서요. 인간을 다루면 인문과학, 사회를 다루면 사회과학, 창조를 다루면 창조과학, 하물며 타로도 과학이고 침대도 과학이라고 해요. 그러니 어떤 것이 과학이고, 어떤 것이 과학이 아닌지 구분하기가 애매해졌어요.

그런데 검증이 가능하면 정말 모두 과학일까요? 검증 가능성이 과학과 비과학을 구분하는 기준일까요? 이것을 '구획의 문제'라고 해요.

가설-연역법

포퍼도 비엔나 서클의 세미나에 초대를 받은 적이 있어요. 하지만 그는 논리실증주의자들의 주장에 동의하지 않았어요.

논리실증주의자들은 과학자들이 귀납적으로 개별 현상에 대한 '관찰과 경험'을 통해 일반화된 과학법칙을 끌어낸다고 봤어요.

논리실증주의	포퍼
귀납법	가설-연역법
개별 사실을 관찰 ↓ 일반화 과학이론	가설 1 ↓ 가설 2 ↓ ⋮ 과학이론

하지만 포퍼는 과학자들은 '가설-연역적 방법'으로 과학이론을 만든다고 주장했어요.

과학자들은 과학이론을 도출할 때, 관찰을 통해 먼저 가설을 세워요. 그리고 그 가설에 대한 반증 사례를 찾아봐요. 만약 그 가설에 대한 반증 사례가 나오면 그 가설을 폐기해요.

이번에는 과학자는 다른 가설을 세워요. 그리고 다시 그 가설에 대한 반증 사례를 찾죠. 반증 사례가 나오면 그 가설은 폐기해요. 이후 또 다른 가설을 세운 후 반례를 찾아보고, 그 가설이 반증되면 또 다른 가설을 세우고… 이렇게 반복하는 거죠. 그러다가 어떤 가설의 반증 사례가 나오지 않으면, 그 가설을 과학이론으로 받아들인다는 거죠.

독일의 화학자 케쿨레는 벤젠의 구조에 대해 연구했어요. 어느 날 뱀이 자신의 꼬리를 물고 있는 꿈을 꿨어요. 그는 벤젠의 구조가 고리 형태라는 가설을 세우고, 그 가설에 대한 반증 사례를 찾아봤지만 없었어요. 이에 케쿨레는 벤젠의 구조가 옆의 그림과 같다는 결론을 내려요.

이처럼 어떤 아이디어에 의해 가설을 세우고, 그 가설에 대한 반증을 찾아보고, 반증 사례를 못 찾는 경우에만 그 가설을 이론으로 받아들이는 것이 바로 **가설-연역법**이에요.

5분 뚝딱 철학 — 생각의 역사 2

포퍼의 반증주의

논리실증주의자들은 검증되면 과학, 검증이 안 되면 비과학으로 구분했죠? 포퍼는 어떤 학문은 검증되더라도 과학이 아닐 수 있다고 해요.

예를 들어 아들러 심리학은 인간의 모든 행위가 열등감에서 비롯된다고 해요. 어떤 사람이 물에 빠진 어린아이를 보고 뛰어들어 구하면, 자신의 열등감을 극복하기 위해서라고 봤어요. 만약 물에 뛰어들지 않으면, 열등감을 극복하지 못해 그랬다고 하고요. 이 경우 아이를 구하기 위해 물에 뛰어들어도, 뛰어들지 않아도 열등감 이론이 검증되는 거죠.

마르크시즘도 마찬가지예요. 마르크스는 자본주의 사회는 내적 모순으로 필연적으로 붕괴하고, 공산주의 사회가 도래한다고 주장했어요. 하지만 자본주의는 붕괴되지 않았죠? 그들은 아직 때가 안 되어 그렇다고 해요. 아마 100년 후에도 아직 때가 안 됐다고 할 거예요.

포퍼는 이런 것들은 사이비 과학이라고 해요. 포퍼는 '반증' 가능성이 과학과 비과학을 가르는 기준이라고 봤어요. 반증 가능한 이론이 과학이고, 반증 불가능한 이론은 비과학이란 거죠. 이것을 포퍼의 **반증주의**라고 해요.

반증주의에 대한 반론

반증할 수 없는 것 천지다

"주사위를 던졌을 때, 3이 나올 확률은 6분의 1이다." 이 가설을 반증할 수 있나요? 주사위를 100번 던져 3이 한 번도 안 나왔어도, 이 가설이 틀렸다고 할 수 없

어요. 확률에 대한 가설은 절대 반증할 수 없기 때문이죠.

존재에 관한 가설도 반증할 수 없어요. 우리는 "외계인이 존재한다"는 가설을 입증하는 증거를 찾을 수 있고, 그 증거가 조작됐다는 증거도 찾을 수 있어요. 하지만 외계인이 존재한다는 가설에 대한 반증, 즉 외계인이 존재하지 않는다는 증거는 찾을 수 없어요. 외계인이 없다는 걸 어떻게 증명할 수 있겠어요?

이렇게 보면 '블랙홀이 존재한다'는 가설도, '원자가 존재한다'는 이론도 반증할 수 없어요. 마찬가지로 'DNA가 존재한다', 혹은 '바이러스가 존재한다'는 이론도 반증할 수 없고요.

반증주의는 그 자체로 모순

어떤 사람들은 반증주의는 그 자체로 논리적 모순이라고 해요. 반증주의는 반증 가능한 이론만이 과학이라고 하죠? 반증주의가 과학이라면, 반증주의 자체도 반증이 가능해야겠죠? 그런데 어떤 이론이 틀릴 수 있는 가능성이 있다면, 그것은 가설일 뿐 이론이 될 수 없어요. 반증주의는 영원히 가설일 뿐이란 거죠.

뒤엠-콰인 논제

어떤 사람들은 반증을 할 수 있어도, 정작 어떤 가설을 포기해야 할지 알 수 없다고 해요. 이를 **뒤엠-콰인 논제**라고 해요.

"모든 백조는 하얗다"라는 명제를 보죠. 어느 날, 석촌호수에 갔다가 황금색 백조를 발견했어요. 그러면 "모든 백조는 하얗다"는 명제를 바로 폐기해야 할까요? 먼저 내가 석촌호수에서 본 것이 백조가 맞는지, 황금색이 맞는지 곰곰이 생각해 보겠죠. 그런 후 '모든 백조는 하얗다'는 가설, '나는 백조와 오리를 구별할 줄 안다'는 가설, 또는 '나는 흰색과 황금색을 구별할 줄 안다'는 가설 중 어떤 가설을 포기할지 결정해야 하는 거죠좀 더 자세한 설명은 205쪽 참조.

	논리실증주의	포퍼의 반증주의
과학의 구분	검증 가능성	반증 가능성
과학적 방법론	귀납법	가설-연역법
사이비 과학	형이상학, 종교, 미학	정신분석학, 마르크시즘
문제점	귀납법의 한계 구획의 문제	확률/존재, 논리적 모순, 뒤엠-콰인 논제

여기서는 논리실증주의와 포퍼의 반증주의를 쉽게 설명하기 위해 대비점을 부각시켰어요. 하지만 둘 다 관찰과 경험을 통한 과학적 방법론이 진리를 탐구하는 가장 좋은 방법론이라고 봤어요. 과학이 모든 학문의 왕자라는 점을 인정했고요. 거시적으로 보면, 둘의 입장은 같아요. 과학적 지식은 합리적이고 객관적이라는 절대주의적 과학관을 지지하니까요.

영상으로 한 번 더!

3쪽 논문으로
스타가 된 철학자
게티어: 지식이란 무엇인가?

어느 분야든 먹튀가 있죠. 경제에서는 주식을 부풀려 되팔아먹고 도망가는 사람, 정치에서는 공약만 남발하고 지키지 않는 정치인, 스포츠에서는 몸값은 엄청 높은데 자기 역할을 못하는 선수를 먹튀라고 하죠. 그런데 철학계에도 먹튀가 있어요. 바로 미국의 분석철학자 에드먼드 리 게티어1927~2021예요.

게티어는 1963년 20대에 〈정당화된 참인 믿음은 지식인가?〉라는 3쪽 반짜리 논문을 썼는데, 이후 평생 논문 한 편 안 쓰고 교수로 살았어요. 어떤 사람들은 게티어를 "20세기 철학계 최고의 먹튀"라고도 해요. 하지만 게티어가 내놓은 이 짧은 논문은 철학계에 엄청난 파장을 일으켰어요. 구글에서 찾아보면 인용 수가 3,800번이 넘어요. 게티어의 문제는 지금까지도 해결되지 않았어요. 그런데 게티어의 문제가 뭘까요?

지식의 정의

철학에서 지식에 대한 논의를 **인식론**이라고 해요. 지식에 대한 가장 근본적인 물음은 '지식이란 무엇인가?' 하는 문제죠.

"뭐 그런 거까지 따져야 하나? 지식이 그냥 지식이지." 이런 생각은 철학하는 자세가 아니에요. 철학은 어떤 개념을 명료하게 정의하는 거죠.

플라톤은 『대화편』 중 〈테아이테토스〉지식의 본질에 대한 글에서 지식을 이렇게 정의해요. 어떤 명제P가 지식이기 위한 필요충분조건을 보죠.

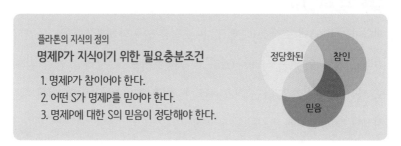

플라톤의 지식의 정의
명제P가 지식이기 위한 필요충분조건

1. 명제P가 참이어야 한다.
2. 어떤 S가 명제P를 믿어야 한다.
3. 명제P에 대한 S의 믿음이 정당해야 한다.

지식이란 **정당화된 참인 믿음**Justified True Belief이란 거죠. 지식은 '참, 믿음, 정당화' 등 3가지 조건을 만족해야 한다는 거예요. 이것을 **JTB 조건**이라고 해요. 예를 들어볼게요.

참: 지식은 '참'인 명제여야 해요. "트럼프는 여자이다"라는 명제는 지식이 아니에요. 이 명제는 거짓이기 때문이죠.

믿음: 지식의 또 다른 조건은 '믿음'이에요. 어떤 S가 트럼프가 여자라고 믿고 있다고 하죠. 이 경우 "트럼프는 남자이다"라는 명제도 지식이 아니에요. 어떤 S는 트럼프가 남자라는 걸 믿지 않기 때문이죠.

정당화: 지식의 세 번째 조건은 '정당화'예요. 이번에는 어떤 S가 트럼프가 남자라는 건 믿는데, 그 이유가 별자리를 보고 그렇게 믿는다고 하죠. 이 경우에도 "트럼프는 남자이다"라는 명제는 지식이 아니에요. 왜냐하면 이 명제는 정당화되지 않았기 때문이에요.

플라톤은 명제가 JTB 조건, 즉 참, 믿음, 정당화란 3가지 조건을 충족시키는 경우에만 지식이 된다고 봤어요. 플라톤의 '지식=정당화된 참인 믿음'이라는 정의는 무려 2500여 년 동안 믿어져 왔어요.

게티어의 반례 1

게티어는 1963년 고작 20대에 "JTB 조건을 만족함에도 불구하고, 지식이라고 말할 수 없는 사례가 있다"고 주장했어요. '정당화된 참인 믿음'도 지식이 아닌 게 있다는 거죠. 플라톤 이후 2500여 년 동안 이어져온 지식에 대한 정의에 반기를 든 거예요.

철수와 민수가 면접시험을 보고, 복도에서 결과를 기다리고 있어요. 민수가 초조한지 주머니에서 동전 10개를 꺼내 만지작거렸어요. 철수는 그 모습을 보고, 민수가 동전 10개를 가지고 있다는 걸 알게 됐죠.

철수는 면접관들이 '민수'를 합격시키려고 한다는 걸 들었어요. 이

에 '합격한 사람의 주머니에는 동전 10개가 들어 있다'고 생각하죠.

근데 이윽고 비서가 나오더니, 합격자가 '철수'라고 해요. 그리고 철수가 모르고 있었지만, 그의 주머니에도 동전이 10개 들어 있었어요.

이때 "합격한 사람의 주머니에는 동전이 10개 들어 있다"라는 명제는 지식일까요? 이것을 지식의 JTB 조건에 넣어보죠.

> 명제P: 합격한 사람의 주머니에는 동전이 10개 들어 있다.

1. 지식은 '참'인 명제여야 하죠? 최종 합격한 철수의 주머니에 동전이 10개 들어 있으니, 명제P는 참이에요. → **참**

2. 지식은 어떤 S가 그 명제를 믿어야 하죠? 철수는 합격한 사람의 주머니에 동전 10개가 들어 있다는 걸 믿고 있어요. → **믿음**

3. 지식은 '정당화'된 명제여야 하죠? 철수는 민수를 합격시킬 거라는 소리를 들었고, 민수 주머니에 동전 10개 들어 있다는 걸 직접 봤으니, 철수의 믿음은 정당화됐어요. → **정당화**

명제P는 이처럼 지식의 JTB 조건을 모두 만족해요. 하지만 지식이 아니에요. 최종 합격자는 결국 철수였죠. 민수가 합격할 거라는 철수의 믿음은 잘못된 믿음이었어요. 이처럼 지식의 JTB 조건을 모두 만족하더라도, 지식이 아닌 경우가 있는 거죠.

게티어의 반례 2

철수는 영희가 포르쉐를 타고 다니는 걸 자주 봤어요. 그래서 영희가 포르쉐를 가지고 있다고 믿고 있어요. 한편 철수의 친구 민수는 여행을 좋아해서 자주 다녀요. 철수는 민수가 지금 어디 있는지 몰라요. 이런 상황에서 철수는 가설P를 세웠어요.

"영희가 포르쉐를 가지고 있거나, 민수가 바르셀로나에 있다."

그런데 알고 보니 영희의 포르쉐는 렌트카였어요. 그리고 아주 우연히 그때 민수는 실제로 바르셀로나를 여행하고 있었어요. 이 명제는 지식일까요? 이것을 지식의 JTB 조건에 넣어보죠.

명제P: <u>영희는 포르쉐를 가지고 있다.</u> 또는 <u>민수는 바르셀로나에 있다.</u>
　　　　　　　　A　　　　　　　　　　　　　　B

---

1. 명제P는 '참'이에요. 영희가 포르쉐를 소유하고 있다는 건 '거짓'이죠. 하지만 민수가 지금 바르셀로나에 있는 건 '참'이죠. 따라서 'A 또는 B' 라는 명제P는 '참'이 돼요. →**참**

2. 철수는 명제P를 믿어요. 철수는 영희가 포르쉐를 소유하고 있다는 걸 믿고 있으니까요. →**믿음**

3. 명제P에 대한 철수의 믿음은 정당화됐어요. 철수는 영희가 포르쉐를 타고 다니는 것을 직접 봤으니까요. →**정당화**

명제P는 이처럼 지식의 JTB 조건을 모두 만족해요. 하지만 지식은

아니에요. 철수는 "영희는 포르쉐를 가지고 있다"는 명제A가 참인 줄 알았지만, 알고 보니 렌터카라서 명제A가 거짓이었어요. 결국 명제P의 정당성과 진릿값 사이에 괴리가 발생했어요. 따라서 명제 P는 지식이라고 할 수 없어요.

좀더 쉬운 예를 들어볼게요. 친구가 나에게 "지금 몇 시냐?"라고 물었어요. 나는 시계를 보고 대답했죠. "지금 3시야."

그런데 알고 보니 내 시계가 고장난 상태였어요. 대답을 할 때, 시간이 우연히 진짜 3시였던 거예요. 이 경우 "지금 3시야"라는 명제는 '참'이고, 내가 그것을 믿고 있긴 하죠. 하지만 이것을 지식이라고 할 수는 없어요. 내가 고장난 시계를 보고 3시라는 것을 알아맞춘 거니까요.

플라톤은 지식의 필요충분조건은 '정당화된 참인 믿음'이라고 했죠? 하지만 게티어는 이 JTB 조건이 지식의 정의에 필요조건이긴 하지만, 충분조건은 아니라는 걸 보여줬어요. 지식은 모두 JTB 조건을 만족해야 하지만, JTB 조건을 만족한다고 해서 모두 지식은 아니란 거죠.

게티어 문제는 철학계에 큰 파장을 일으켰어요. 골드만, 암스트롱, 드레츠키, 노직 등이 JTB 조건을 수정하거나, 추가로 조건을 제시했어요. 하지만 이러한 시도는 번번이 실패했어요. 게티어 문제는 아직 해결되지 않았어요. 어떤 철학자들은 게티어 문제는 해결할 수 있는 게 아니라고 해요. 어쨌든 모든 철학적 난제가 그렇듯, 게티어 문제는 현대 인식론에서 풍부한 논의를 이끌어 냈다는 점에서 의의가 있어요.

영상으로 한 번 더!

내부 총질한 철학자

콰인: 인식론적 전체론

20세기 초 비엔나대학에 "형이상학은 모두 헛소리"라고 주장하는 논리 실증주의자들이 등장했어요. 슐리크, 카르납, 에이어 등이에요.

논리실증주의자들은 실험과 관찰을 통해 검증 가능한 과학적 명 제만이 의미가 있다고 봤어요. 검증 불가능한 형이상학적 명제는 의미 가 없다고 봤고요. 많은 사람들이 논리실증주의에 매료됐어요. 이 대열 에 합류하는 철학자와 과학자들이 늘어났고요.

논리실증주의를 한방에 날려버림

그런데 20세기 중반 미국 철학자이자 논리학자인 윌 리엄 밴 오먼 콰인1908~2000이 논리실증주의를 박살내 버 려요. 〈경험론의 두 도그마〉라는 한 편의 논문으로요. 이후 논리실증주의는 서양철학사에서 거의 사라져 버렸어요. 도 대체 콰인의 논문에 어떤 내용이 있었을까요?

콰인

분석명제와 종합명제 구분에 대한 비판

서양철학은 명제를 분석명제와 종합명제로 나눴어요. 분석명제란 '필연 적'으로 참인 명제예요.

분석명제는 그 의미에 의해서만 참이거나 거짓이 되는 명제예요.

위의 명제는 더 이상 증명이 필요없는 명제죠. 이런 명제는 주어를 분석하면 술어가 나와요. '총각'의 정의가 곧 '결혼하지 않은 남자'이므로, 주어와 술어가 일치하죠. 이 명제는 '필연적'으로 참이에요. 수학적 명제와 논리적 명제가 분석명제에 속해요.

　　반면 **종합명제**는 일일이 자료를 통해 검증해야 하는 명제예요. 경험을 통해 확인해야 하는 명제죠. 이런 명제는 '우연히' 참인 명제예요. 검증을 통해 참일 수도, 거짓일 수도 있는 거죠.

철수는 미혼이나 기혼일 수도 있죠. 그건 알아봐야 알 수 있어요. 따라서 검증을 통해 철수가 총각이란 게 밝혀진다면, 그건 '우연히' 참인 거죠. 과학적 명제가 종합명제에 속해요. 과학적 명제도 검증을 해봐야 참인지 거짓인지 알 수 있으니까요.

　　그런데 콰인은 분석명제와 종합명제가 명확하게 구분되지 않는다고 봤어요. 예를 들어보죠. 심장을 가진 동물은 모두 신장을 가지고 있어요. 신장을 가진 동물은 모두 심장을 가지고

심장　　　　　신장

있고요. 그래서 심장을 가진 동물과 신장을 가진 동물은 일치해요. 그렇다면 다음의 명제를 보죠. 이 명제는 '필연적'으로 참일까요?

심장을 가진 동물이 반드시 신장이 있다고 해서, "심장을 가진 동물은 신장을 가진 동물이다"라는 명제가 '필연적'으로 참은 아니에요. 일치와 필연성 사이의 연결고리가 끊어진 거죠.

콰인은 우리가 분석명제라고 생각하는 것도, 대부분 명백한 건 아니라고 봤어요. 우리는 "총각은 결혼하지 않은 남자이다"라는 명제가 '참'인 것을 알죠. 콰인은 이는 우리가 총각이란 단어의 뜻을 알고 있기 때문일 뿐이라고 봤어요.

콰인의 주장은 논리실증주의에 심각한 타격을 주었어요. 논리실증주의는 검증이 가능한 종합명제, 즉 과학적 명제만이 의미 있는 명제라고 주장했죠? 그런데 콰인의 주장을 받아들이면, 분석명제와 종합명제의 구분이 모호해져요. 무엇이 과학적 명제이고, 무엇이 비과학적 명제인지 명확하게 알 수 없게 돼요.

환원주의에 대한 비판

20세기 가장 영향력 있는 과학철학자 칼 포퍼는 새로운 과학적 연구방법으로 '가설-연역법'을 내놓았죠. **가설-연역법**이란 어떤 현상을 관찰해 가설을 세우고, 그 가설을 검증하는 과정을 통해 과학이론이나 자연법칙을 이끌어낸다는 거죠.

과학자들은 어떤 현상의 관찰을 통해 가설을 세우고, 반증 사례가 나오면 그 가설을 폐기해요. 다시 새로운 가설을 세우고, 이것이 반증되면 또 다른 가설을 세우고… 이렇게 반복하다가 어떤 가설이 반증되지 않으면 과학이론으로 받아들인다는 거죠. 말로는 간단하지만, 실제는

5분 뚝딱 철학—생각의 역사 2

이렇게 간단하지가 않아요.

어떤 사람이 이런 가설을 세웠다고 합시다.

> 석촌호수의 오리는 모두 하얗다.

그런데 어느 날 보니, 석촌호수에 황금색 오리가 한 마리 있어요. 그러면 논리실증주의자들은 곧바로 "석촌호수의 오리는 모두 하얗다"는 가설을 기각하고, 새로운 가설을 세워야 한다고 하겠죠.

하지만 이런 경우 우리는 혹시 내가 거위를 오리로 착각한 것은 아닐까, 누군가 석촌호수에 황금색 물감을 뿌려놓아 오리가 내 눈에 황금색으로 보인 것은

뒤엠-콰인 논제
┌─ 가설 세트 ─
석촌호수의 오리는 모두 하얗다. 핵심가설
오리처럼 생긴 거위는 없다. 보조가설
황금색 물감을 뿌려놓지 않았다. 보조가설

아닐까 의심할 거예요. 하나의 가설은 이처럼 보조가설들과 함께 있어요. 따라서 핵심가설이 반증되었다고 해서, 그것이 그 핵심가설의 반론이 될 수는 없어요. 이것을 **뒤엠-콰인 논제**라고 해요.

뒤엠-콰인 논제도 논리실증주의에 심각한 타격을 주었어요. 논리실증주의자들은 명제 하나하나를 가설-연역법으로 검증함으로써 지식을 쌓아나가려고 했죠. 그런데 뒤엠-콰인 논제를 받아들이면, 명제를 하나하나 따로 떼어 분석할 수 없으니까요.

또 다른 예를 들어보죠. 태평양 섬나라 원주민의 언어를 연구 중인 언어학자가 손짓 발짓으로 의사소통을 하고 있었어요. 그런데 갑자기 토끼가 한

가바가이!

마리 뛰어나오자, 원주민이 그것을 가리키면서 "가바가이!"라고 소리쳤어요. 언어학자는 노트에 '토끼는 가바가이'라고 메모를 했지만, 가바가이가 토끼를 의미하는지, 토끼고기, 또는 뛰어가는 토끼를 의미하는지 확인할 길이 없어요. 언어학자가 다음에 토끼가 지나갈 때 "가바가이"라고 하자, 원주민이 고개를 끄덕거렸다고 해서 이 말이 토끼인지, 토끼고기인지, 뛰어가는 토끼인지는 알 길이 없어요. 물론 '토끼'라고 번역하는 것이 가장 그럴듯하죠. 하지만 편의상의 번역일 뿐 진리라고 할 수는 없어요. 이것을 '언어의 미결정성 논제'라고 해요.

언어의 미결정성 논제란 그 명제만으로는 의미가 결정되지 않는다는 거예요. 하나의 명제는 언어체계, 즉 맥락 속에서 의미가 결정돼요. "철수는 참 진국이야"라는 말의 의미를 외국인에게 설명하는 것은 쉽지 않죠. 이때 '진국'이라는 말은 한국어의 맥락 속에서 봐야 이해되니까요.

콰인은 뒤엠-콰인 논제와 언어의 미결정성 논제를 통해 "진리는 개별적인 가설이나 명제들로 환원되지 않는다"는 것을 보여줬어요. 가설이나 명제를 하나하나 검증하거나 반증하는 건 불가능하다는 거죠.

인식론적 전체론

콰인은 진리에 대한 큰 그림을 바꿔놓았어요. 논리실증주의자들은 과학적 명제, 형이상학적 명제, 철학적 명제가 각각 따로 있다고 봤죠. 각 영역의 개별적 명제를 하나하나 분해해 검증할 수 있다고 본 거죠.

하지만 콰인은 분석명제와 종합명제가 명확히 구별되지 않는다고 봤어요. 과학과 철학, 과학과 형이상학이 구별되지 않는다는 거죠. 진리는 개별적 명제들의 집합이 아니라, 하나의 전체적인 그물망으로 봐야 한다는 거죠. 콰인의 이러한 입장을 **인식론적 전체론**이라고 해요.

그런데 이렇게 보면 문제가 생겨요. 이전의 철학자들은 과학의 토대가 있다고 봤죠. 합리론자들은 과학의 토대가 이성, 경험론자들은 경험이라고 봤죠. 하지만 콰인의 주장처럼 과학과 철학이 구분되지 않는다면, 철학도 과학처럼 다뤄야 해요. 그러면 과학의 토대가 과학이 돼요. 이건 말이 안 되죠? 이런 문제점을 지적하자, 콰인은 이런 대답을 했어요. "뗏목 위에 탄 채로도 뗏목을 부분적으로 보수할 수 있다."

아이러니하게도 콰인도 원래 논리실증주의자였어요. 경험론을 계승했고, 모든 학문의 중심이 물리학이어야 한다고 생각했으며, 유물론을 옹호했어요. 그런데 자신만의 방식으로 논리실증주의를 발전시키려다 보니, 내부 총질을 하게 되어 논리실증주의 자체를 죽여버린 셈이에요. 철학에서도 이처럼 의도치 않은 결과가 나타나는 모양이에요.

영상으로 한 번 더!

과거와 현재의 끊임없는 대화
E. H. 카: 역사란 무엇인가? (feat. 라쇼몽)

고려 후기 승려 일연이 쓴 『삼국유사』 기이 1편에는 단군신화가 나와요. "옛날 환인의 서자 환웅이 천하에 자주 뜻을 두어 인간 세상을 구하고자 했다. 아버지 환인이 아들의 뜻을 알고, 삼위태백을 내려다보니 인간을 널리 이롭게 할 만한지라…." 그런데 단군신화는 역사일까요?

역사를 바라보는 두 가지 관점

역사를 바라보는 입장에는 두 가지가 있어요. 하나는 역사가는 과거에 일어난 사실을 있는 그대로 '객관적'으로 기술한다는 **절대주의적 역사관**이에요. 독일의 역사학자 랑케가 대표적이죠. 실증주의자인 레오폴드 폰 랑케1795~1886는 역사는 실제로 증명할 수 있는 것만을 대상으로 해야한다고 주장했어요. 역사가의 임무는 "오직 사실만을 추구"하는 것이라고 봤어요.

절대주의적 역사관	상대주의적 역사관
랑케	크로체

또 하나는 역사가가 과거에 일어난 사실을 기술할 때, 자신의 '주관'이 들어갈 수밖에 없다는 **상대주의적 역사관**이에요. 이탈리아의 사학자 크로체가 대표적이죠.

베네데토 크로체1866~1952는 "모든 역사는 현대의 역사"라고 해요. 역사란 아무리 먼 시대의 것이라고 해도, 현재의 눈을 통해, 또 현재의 관점으로 보는 데서 성립된다는 거죠.

E. H. 카1892~1982는 여기에서 한 발 더 나아갔어요. "역사란 역사가와 사실 사이의 부단한 상호작용이다." 역사가는 '사실'을 끊임없이 추구하면서도, 한편 사실에 맞춘 해석을 끊임없이 형성해야 한다는 거죠.

역사란 무엇인가?

E. H. 카는 현재 중심의 역사관, 상대주의적 역사관에 가까 운 생각을 가졌어요. 카는 케임브리지대학을 졸업하고 약 20년 동안 외교관으로 근무하다가 1930년대에 학자로 변신 해 주로 러시아 역사를 연구했어요. 그의 저서인 『역사란 무엇인가』는 세계적인 고전의 반열에 오른 책이에요.

E. H. 카

여담입니다만, 『역사란 무엇인가』는 1966년 우리나라에서 번역되었고, 1970, 80년대에 금서로 지정되기도 했는데, 왜 그랬는지는 이해할 수 없어요.

『역사란 무엇인가』의 핵심 메시지는 "역사란 과거와 현재의 끊임없는 대화이다" 예요. 1950년에 제작된 〈라쇼몽〉이라는 일본 영화를 보면, 이것이 무슨 말인지 직관적으로 알 수 있어요.

배경은 10세기 무렵 일본 헤이안 시대,

영화 〈라쇼몽〉(1950)

나무꾼이 숲속에서 사무라이의 시체를 발견하고 관아에 신고해 범인이 잡혀요.

범인은 악명 높은 타조마루라는 도적인데 이렇게 진술해요.

"숲속에서 낮잠을 자다가 사무라이 부부가 지나가는 걸 보고, 여자를 겁탈했어요. 그녀가 결투해 이기는 쪽을 따라나서겠다고 해서 사무라이를 죽였어요."

그런데 사무라이의 아내는 좀 다르게 말해요.

"도적이 나를 겁탈하고 도망간 후 충격을 받아 실신했어요. 정신이 들고 보니, 남편이 죽어 있었어요."

죽은 사무라이로 빙의한 무당은 이렇게 얘기해요.

"아내가 도적에게 나를 죽이라고 시켰어요. 배신감과 모멸감에 아내의 단도로 자결했어요."

목격자인 나무꾼은 이렇게 말해요.

"여자가 이긴 쪽을 따라가겠다고 해서 결투를 벌였어요. 도적이 이기고, 사무라이가 죽은 거예요."

그런데 마지막 반전이 있어요. 이 나무꾼도 여자의 단도를 훔친 사실을 숨기기 위해 거짓말을 한 거예요. 사무라이가 단도가 아니라 도적의 칼에 죽은 것으로요. 하나의 사건에 대한 진술이 사람마다 다 다르죠?

만약 100년 후 역사가가 이 사건을 기록했다고 하죠. 그가 죽은 사무라이의 후손이라고 합시다. 사무라이가 도적을 물리치지 못하고 죽임을 당한 게 아니라, 명예롭게 자결했다고 기록할 수도 있겠죠. 만약 재판 기록이 거의 사라지고 도적의 증언만 남았다면, 후대의 역사가는 도적의 증언을 토대로 사건을 기록할 거예요.

천년 후의 역사가가 21세기 대한민국의 역사책을 쓰고 있다고 하죠. 그런데 그사이에 제3차 세계대전이 일어나 지구상의 모든 자료가 거의 사라졌다고 해보죠. 보수적인 A신문의 기사를 어렵게 찾아 복원한 다음 그것을 토대로 역사서를 쓴다면, 21세기 대한민국을 어떻게 평가할까요? 아니면 진보적인 B신문의 기사를 복원해서 쓴다면 어떻게 평가할까요?

역사는 누가, 어떤 사료를, 어떤 시각과 의도를 가지고 썼는지에 따라서 달라져요. 이러한 예는 얼마든지 있어요. 소크라테스는 제자였던 플라톤 덕분에 4대 성인의 반열에 올랐어요. 그의 반대편에 섰던 소피스트들은 궤변론자가 되었고요.

E. H. 카의 주장에 따르면, 객관적인 역사적 사실이란 건 없어요. 역사에는 그것을 기록하는 현재 역사가의 관점과 의견이 개입되니까요. 이것이 바로 "역사란 과거와 현재의 끊임없는 대화이다"라는 말의 의미예요.

그렇다면 역사는 전적으로 상대적인 걸까요? 이 점에 대해서는 좀 더 신중할 필요가 있어요. 성공한 쿠데타는 쿠데타가 아닐까요? 쿠데타가 성공했더라도, 쿠데타는 쿠데타인 거죠.

비스마르크가 나폴레옹 시대에 태어났다면

인류의 역사는 진보하고 있을까요? 20세기의 위대한 역사가인 아놀드 토인비1889~1975는 역사를 '도전과 응전'의 원리로 설명해요. 자연의 도

내가 독일 통일을 이룬 것은 시대를 잘 타고 났기 때문이지.

비스마르크

전에 대한 인간의 응전으로 인류 문명과 역사가 발전했으며, 인간과 개인의 창조성이 그 변화를 이끌어가는 힘이라고 봤어요.

『역사의 연구』를 쓴 토인비를 정치인들이 좋아하는 역사가라고 하는 사람들도 있어요. 탁월한 개인이 시대를 이끌어간다는 그의 역사철학이 맘에 들었나 봐요.

이에 반해 카는 비스마르크1860~70년대 독일제국 총리가 나폴레옹 시대에 태어났더라도, 독일의 통일을 이루어냈겠냐고 반문해요. 비스마르크 같은 탁월한 개인이 역사에 일정한 역할을 한 것은 사실이죠. 하지만 19세기 후반에 분위기가 무르익었기에 독일 통일이 가능했다는 거죠.

카는 개인은 어디까지나 역사와 사회의 산물이라고 봤어요. 개인의 진정한 자아실현은 그 시대와 역사에 대한 이해로부터 출발한다고 봤고요.

카는 인류가 진보해간다고 믿은 역사철학자예요. 『역사란 무엇인가』에서 "인류 역사의 진보에 대한 신념과 낙관을 결코 포기할 수 없다"고 해요. 여러분은 어떻게 생각하나요? 지금 인류의 역사는 진보하고 있나요? 기술발전으로 문명은 발전하지만, 크게 보면 인류는 디스토피아의 어두운 미래를 향해가고 있는 것은 아닐까요?

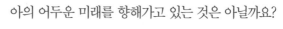

영상으로 한 번 더!

과학, 너마저…
토머스 쿤: 패러다임의 전환

일상에서 '패러다임'이란 말을 많이 쓰죠? 어떤 것을 바라보는 관점이
달라졌을 때 "패러다임이 바뀌었다"라고 해요. "주택시장의 패러다임이
바뀌었다"라든지, "산업의 패러다임이 바뀌었다", 심지어 "속옷의 패러다
임이 바뀌었다"는 말도 본 적이 있어요. 예전에는 속옷이 가리는 용도였
는데 지금은 보여주는 용도라더군요.

패러다임의 정의

패러다임이란 말은 미국의 과학철학자 토머스 쿤1922~96이
『과학혁명의 구조』라는 책에서 사용한 개념이에요. 패러다
임은 한 시대의 과학자들이 공통적으로 받아들이는 인식·

쿤

이론·관습·가치관·기술 등의 집합체를 일컬어요. 간단히 말
해 '한 시대의 과학자들이 자연현상을 바라보는 관점'이라고 할 수 있죠.

　　물리학자였던 쿤은 과학사 강의를 준비하며 아리스토텔레스의 원
전을 보다가, 도저히 이해가 안 되는 게 있었어요. 아리스토텔레스의 철
학은 2500여 년이 지난 지금 봐도 놀라울 정도로 탁월해 보였어요. 그
런데 그의 과학이론은 도저히 납득이 안 될 정도로 허접했어요.

아리스토텔레스는 물질은 불·공기·물·흙의 4원소로 이루어져 있다고 봤어요. 불과 공기의 고향은 하늘이고, 물과 흙의 고향은 땅이라고 했고요. 사과는 왜 땅으로 떨어질까요? 아리스토텔레스는 사과의 기본 성분은 물과 흙이므로, 고향인 땅으로 돌아가려고 하기 때문이라고 봤어요. 어이없죠? 그런데 사람들은 아리스토텔레스의 이런 설명을 2000년 이상 믿어 왔어요.

【질문】 아리스토텔레스의 어이없는 설명을 왜 2000년이나 믿었을까요? 쿤은 처음에 납득이 되지 않았어요. 하지만 연구를 좀더 해보니 이해됐어요. 아리스토텔레스 시대에는 그 시대만의 패러다임이 있었던 거예요. 그 시대로 돌아가 생각해 보니, "사과가 고향에 가고 싶다"는 표현이 나름 합리적이었어요. 그 시대에는 "물질은 자기가 원래 속해 있었던 자리로 가려는 성질이 있다"는 패러다임이 있었거든요.

과학혁명은 종교의 개종과 같다

17세기 뉴턴은 사과가 땅에 떨어지는 이유를 중력으로 설명했어요. 지구의 중력이 잡아당기기 때문이란 거죠. 아리스토텔레스보다 뉴턴의 설명이 더 합리적인가요? 쿤은 어느 패러다임이 더 과학적이고 합리적인지 비교할 수 있는 공통의 잣대는 없다고 봤어요. 이것을 **공약 불가능성**이라고 해요.

쿤에 따르면, 과학은 차근차근 발전하는 학문이 아니에요. 점진적인 발전이나 개혁이 이루어지는 게 아니에요. 기존 패러다임에서 새로운 패러다임으로 전환되는 과정은 혁명적이에요. 한 번에 확 바뀐다는 거죠. 그것도 합리성이 기준이 아니라 사회적·심리적·주관적 요인에 의해서요. 그래서 쿤은 "과학혁명은 종교의 개종과 같다"고 해요.

과학혁명이 일어나는 과정

기존 패러다임으로 설명이 안 되는 어떤 자연현상이 발견되었다고 해보죠. 일단 사람들은 기존 패러다임으로 어떻게든 그 자연현상을 설명하려 해요. 그래도 설명이 되지 않으면, 아예 무시하거나 실험에 오류가 있었겠지 하면서 제쳐놓아요. 이것을 '변칙 사례'라고 해요.

이런 변칙 사례가 자꾸 생긴다고 하죠. 그러면 어떤 천재가 나타나서 새로운 패러다임을 제시하면서 그것들을 해결해요. 이때부터 기존 패러다임의 추종자들과 새로운 패러다임을 받아들이는 사람들이 싸우기 시작해요. 전자는 아무래도 힘과 권위를 가진 나이든 과학자들일 거예요. 후자는 아래 사진에서 뒷줄에 있는 젊은 과학자들이겠고요.

1927년 솔베이회의에 참석한 물리학자들. 알베르트 아인슈타인, 마리 퀴리, 에르빈 슈뢰딩거, 폴 디랙 등이 보인다(연장자가 앞줄에 앉는 것은 동서고금의 진리인 모양이다).

여기에도 힘의 논리가 작동해요. 처음에는 새로운 패러다임이 기존 패러다임을 이길 수 없어요. 하지만 시간이 지나면 나이든 과학자들이 세상을 떠나죠비유가 아니라 진짜로 생물학적으로 죽는다는 말이에요. 이제 새로운 패러다임이 힘을 얻고, 기존 패러다임은 완전히 폐기돼요. 나중에 이 새로운 패러다임도 다시 더 새로운 패러다임에게 자리를 물려주겠죠.

과학자들의 반격

쿤의 과학혁명 이론은 과학의 합리성을 완전히 무시했다고, 과학자들로부터 엄청난 공격을 받았어요. 자신들이 패러다임이나 힘의 논리, 종교의 개종, 군중심리에 따라서 왔다갔다하는 사람들이 아니란 거죠. 이에 쿤은 한발 물러섰어요. 과학자들이 어느 정도의 합리성을 가지고 더 우수한 패러다임을 선택한다고 해요.

뉴턴의 고전역학 패러다임은 20세기에 들어 아인슈타인의 상대성이론 패러다임으로 바뀌었죠. 이제 대부분의 과학자들은 4차원 시공간 개념을 받아들이고 있어요. 사과가 떨어지는 이유를 지구에 의해 시공간이 휘어져 있기 때문이라고 해요. 아인슈타인의 상대성이론은 우리에게 좀 생소해요. 아직 발표된 지 100년밖에 되지 않았으니까요. 200~300년 후에는 사람들이 "여기 시공간이 휘어져 있는 거 안 보이냐?"라고 할지도 모르겠어요. 현재 우리는 이처럼 아인슈타인의 패러다임 속에 살고 있어요. 하지만 길게 생각해 보죠. 아인슈타인의 패러다임이 언제까지 갈 수 있을까요?

영상으로 한 번 더!

인식　현대　STEP 2

원치 않는 결과는 거부한다

핸슨: 관찰의 이론 의존성

미국의 과학철학자 노우드 러셀 핸슨1924~67은 젊었을 때
는 트럼펫 연주자 생활을 했고, 제2차 세계대전 때는 군에
입대하여 비행기 조종사가 되었다가, 나중에는 예일대학 철
학과 교수로 재직한, 아주 재밌는 이력을 가진 철학자예요.

핸슨

오리일까, 토끼일까?

핸슨의 이론을 설명하기 전에 다음의 그림을
보죠. 뭘 그린 것 같나요? 보는 방향에 따라
오리 같기도 하고, 토끼 같기도 해요. 동물이 오른
쪽을 보고 있다고 생각하면 오리로 보여요. 왼쪽을 보고 있다고 생
각하면 토끼로 보이고요. 이것을 '오리토끼 그림'이라고 해요.

　우리가 자연현상을 관찰할 때도 마찬가지예요. 똑같은 자연현상을
보고, 진화론자들은 진화론의 증거라고 하고, 창조론자들은 창조론의
증거라고 믿어요. 하물며 정치현상, 사회현상 모두 마찬가지예요. 어떤
사람은 북미정상회담이 통일로 가는 초석이라고 하고, 어떤 사람은 우
리가 북한에 속고 있다고 해요. 핸슨에 따르면 과학자들도 마찬가지예요.

관찰의 이론 의존성

과학적 방법론은 자연현상을 관찰하고, 가설을 제시하고, 그 가설을 검증하기 위해서 실험하고, 검증되면 이론으로 만드는 과정이에요. 우리는 이러한 과학적 방법론을 객관적이라고 생각하지만, 핸슨은 그렇지 않다고 해요.

핸슨에 따르면, 관찰과 실험의 과정에 관찰자가 입증하고 싶어하는 이론이 개입돼요. 관찰과 실험의 결과가 관찰자의 배경지식에 따라 왜곡될 수 있다는 거죠. 왜냐하면 우리가 관찰하는 것은 외부대상 세계 그 자체가 아니라, 우리의 뇌가 거기서 오는 감각자료를 해석한 이미지일

외부 대상 세계　　　　　두뇌가 해석한 이미지

뿐이니까요. 이것을 **관찰의 이론 의존성**이라고 해요.

핸슨은 "본다는 것은 안구운동 이상의 행위이다"라고 해요. 과장해서 말하면, 인간은 자기가 보고 싶은 것만 보며, 과학자들도 예외가 아니란 거죠.

원치 않는 관측 결과를 거부한다

한발 더 나아가 자신이 원하는 이론에 맞지 않는 관측 사실을 아예 거부하는 경우도 있어요. 17세기 사람들은 달이 완벽한 구이고, 달에 흠

집이 하나도 없다고 생각했어요. 갈릴레오가 망원경으로 관측해 보니 달에 분화구가 많았어요. 그래도 그들은 믿지 않았어요. 망원경으로 보려고 하지도 않았고요.

영국의 천문학자 에딩턴은 아인슈타인의 상대성이론을 검증하기 위해 일식 때 천체 사진을 많이 찍었어요. 그런데 이때 상대성이론의 입증에 도움이 되지 않는 일부 관측 결과를 의도적으로 누락시켰다는 의혹이 있어요. 사실인지 아닌지는 확실치 않

으나, 과학계에서 이런 일이 충분히 일어날 수 있죠.

이미 관측한 결과의 왜곡

심지어 관측 결과를 우리도 모르게 왜곡하는 경우도 있어요.

먼저 10명의 사람들에게 자동차 사고 영상을 보여주고 물었어요.

"추돌사고에서 자동차의 속도는 어느 정도였다고 생각하나요?"

사람들이 대략 시속 50킬로미터 정도였던 것 같다고 대답했어요.

이번에는 같은 영상을 또 다른 10명에게 보여주고 물었어요.

"운전자가 사망한 충돌사고에서 자동차의 속도는 얼마였다고 생각하나요?"

사람들은 시속 60킬로미터 정도였을 거라고 대답했어요.

운전자가 사고로 죽었다는 얘기를 들은 사람들은 영상 속 차량의

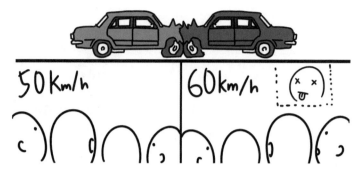

사람이 죽었을 때와 아닐 때의 자동차 사고 시 속도 추정

속도가 더 빨랐던 것으로 기억을 왜곡한 거죠. 우리는 이처럼 이미 관찰한 결과를 왜곡하기도 해요. 핸슨은 관찰의 객관성, 결국 과학의 객관성에 대해 의문을 제기한 거예요.

진실을 보는 것은 어려워요. 특히 어떤 종교적 믿음, 정치적 이해관계, 도덕적 신념이 얽혀 있는 경우에는 더욱 그래요. 보고 싶은 것만 보고, 믿고 싶은 것만 믿는 정도가 아니에요. 보이지 않는 것을 보고, 도저히 믿기지 않는 것을 믿기도 해요.

과학자들도 예외는 아니에요. 과학자도 사이비 종교에 빠져 있는 광신도나 맹목적인 정치 성향을 가진 사람들과 똑같은 인간이니까요. 엄격한 도덕주의에 빠져 있는 사람들과도 똑같은 인간이고요.

영상으로 한 번 더!

과연 그게 당연할까?

푸코: 말, 지식, 광기

미셸 푸코1926~84는 사르트르 이후 프랑스 최고의 지성으로 불려요. 푸코의 철학은 3가지 시기로 나눌 수 있어요. 푸코는 초기에는 '지식'의 문제를 다뤘고, 중기에는 '권력'의 문제를 다뤘어요. 그리고 후기에는 '윤리'의 문제를 주로 다뤘고요.

지식의 고고학

푸코의 초기 관심사인 지식의 문제를 다룬『말과 사물』,『지식의 고고학』부터 살펴볼게요.

고고학은 과거의 유물과 흔적을 찾아서 말 없는 역사를 밝히는 학문이에요. 유적지를 파다가 철제 농기구가 나오면, "음, 여긴 지금으로부터 2500여 년 전 철기시대 지층이군"이라고 판단하겠죠. 더욱 파내려가다 청동기로 된 농기구가 나오면, "여기는 지금으로부터 4000여

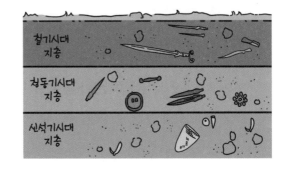

년 전 청동기시대 지층이네"라고 판단할 거예요. 땅을 더 파내려가다가 빗살무늬토기가 나오면, "여긴 지금으로부터 10000년 전 신석기시대 지층이네"라고 판단하겠죠.

그런데 인류가 신석기시대에서 청동기시대, 철기시대로 점진적으로 이행했을까요? 시대의 전환은 점진적으로 이뤄지는 게 아니고 갑작스럽게 이뤄져요. 청동기 기술이 개발되면서 청동기시대가 갑자기 왔고, 철기기술이 개발되면서 철기시대가 갑자기 도래했어요. 그래서 신석기시대, 청동기시대, 철기시대 사이에는 불연속적인 단절이 있어요.

푸코는 지식도 마찬가지라고 주장해요. 신석기시대에는 신석기시대형 지식이 있었겠죠. 청동기시대에는 청동기시대형 지식, 철기시대에는 철기시대형 지식이 있었고요. 푸코는 그러한 지식들 사이에는 불연속적인 단절이 있었다고 해요. 또한 유럽과 아시아에서 나오는 유물이 각기 다르죠. 마찬가지로 같은 시대라도, 유럽 지역에서 통용되는 지식이 있고, 아시아 지역에서 통용되는 지식이 있다고 해요.

푸코의 시대별 구분

좀더 세부적으로 들어가 시대를 구분해 보죠. 유럽의 16세기는 르네상스 시기, 17세기는 고전주의 시기, 19세기는 근대 시기예요.

푸코에 따르면, 16세기 르네상스 시기에는 '유사성'이라는 키워드를 가지고 지식을 구성했어요. 예컨대 호두의 모양과 뇌의 모양이 유사하죠? 이 시대 사람들은 "호두를 먹으면 머리가 좋아진다"고 생각했어요.

17세기 고전주의 시기가 되자, '표상'이라는 키워드를 가지고 지식을 구성하기 시작해요. 표상이란 두 사물의 동일성과 차이를 명료하게 드러내는 것을 말해요. 19세기 근대가 되자, 키워드가 '역사적 주체로서의 인간'이 됐어요. 이 키워드

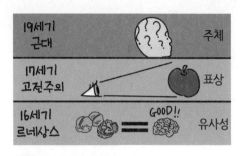

시대별 지식 구성의 키워드

를 가지고 지식을 구성하기 시작했죠.

　각각의 시대마다 그 시대의 지식을 구성하는 무의식적인 인식체계가 있어요. 특정한 시대와 장소에서 지식을 구성하는 일종의 키워드 말이에요. 이는 일종의 무의식적 인식체계예요. 푸코는 이것을 **에피스테메** 참된 인식라고 해요. 시대마다 지식이 달라진다는 거죠. 결국 절대적이고 보편적인 지식 혹은 진리는 없다는 거예요.

광기의 역사

제가 어렸을 때만 해도 좀 큰 시골 동네에는 머리에 꽃을 꽂은 누나, 바보 형, 망자를 본다는 할머니가 있었어요. 지금 보면, 비정상적이라고 할 수 있는 사람들과 한동네에서 어울려 사는 것이 당연한 일이었죠.

　푸코는 『광기의 역사』에서 서구에서 시대에 따라 광기의 개념이 어떻게 형성되고 펴졌는지를 추적해요. 그리고 서구적 이성의 억압적 성격을 폭로했어요.

　유럽도 중세와 16세기까지만 해도 광인들을 격리하지 않았어요. 그런데 17세기에 근대의 문이 본격적으로 열리며, 인간의 이성이 역사

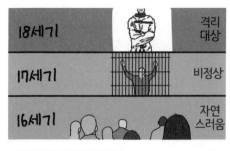
시대별로 광인에 대한 다른 생각

의 중심이 되는 분위기가 조성됐어요. 이제 광인은 비정상으로 구분되기 시작해요. 범죄자, 거지, 부랑자, 게으름뱅이, 무신론자, 이교도들과 함께 감금되었죠.

18세기 후반 산업이 발달하고 노동력이 부족해졌어요. 그러자 거지, 범죄자, 게으름뱅이들은 노동력으로 써먹기 위해 교화시켜 풀어주었어요. 결국 남은 사람들은 노동력으로 써먹을 수 없는 광인들이었죠. 이때부터 정신병원이 생겼어요. 말이 병원이지, 광인들을 분리해 격리하는 곳이었죠. 광기도 시대에 따라 이처럼 개념이 달라진 거죠.

지역적으로도 마찬가지예요. 9세기 후고구려 시대에 관심법을 쓴 궁예가 유럽으로 갔다면, 미친 사람 취급을 받았을 거예요. 9세기 유럽의 이성을 강조하는 스콜라 철학자가 후고구려로 왔으면, 미친놈 취급을 받을 수도 있고요.

주체, 이성, 합리성의 개념 등도 시대의 산물이에요. 어느 시대나 통용되는 개념이 아니에요. 보편적인 것은 사실 보편적인 게 아니에요. 자연스러운 것이 자연스러운 것도 아니고요. 우리가 당연하다고 생각하는 것들이 사실은 당연한 게 아닌 거죠. 그러면 한 가지 의문이 생겨요.

【질문】과학적 지식도 시대에 따라 달라지나요?

현재 우리가 과학적 지식이라고 생각하는 것들도, 사실은 21세기에 우리가 구성해낸 거죠. 과학적 지식도 시대에 따라 달라져요. 그런데 이런 생각, 어딘지 패러다임과 비슷하죠? 패러다임은 한 시대의 과학적 지식을 규정하는 틀을 말하잖아요. 그런 점에서 푸코의 에피스테메와 토머스 쿤의 패러다임은 유사한 면이 있어요.

그런데 쿤의 패러다임은 과학, 특히 물리학에 적용돼요. 푸코의 에피스테메는 과학은 물론 철학, 문화 등 모든 분야에 적용되는 인식체계이고요. 또한 패러다임은 과학자들이 의식적으로 선택하는 것이죠. 반면 푸코의 에피스테메는 사람들의 무의식 속에서 작동해요. 아울러 패러다임은 과학자들이 나름의 합리적인 기준을 가지고 선택한 거죠. 하지만 에피스테메의 선택에는 어떠한 합리적인 기준도 없어요.

권력의 은밀한 지배

푸코는 『감시와 처벌』이라는 책에서 유럽의 감옥과 처벌의 변화를 꼼꼼하게 추적했어요.

18세기 중반까지 형벌은 권력을 과시하는 공개 처벌과 가혹한 신체형이었어요. 이것은 1757년 프랑스에서 있었던 다미엥의 처형에서 적나라하게 드러나요. 왕의 시종이었던 다미엥은 루이 15세를 죽이려다 체포됐어요. 광장에 군중들이 모여들었어요. 다미엥의 공개 처형을 보기 위해서였죠. 불에 달군 집게로 다미엥의 살점을 떼어냈어요. 팔다리를 말에 묶어 찢고… 당시 권력은 이처럼 공개된 장소에서 힘을 과시하고, 공포를 주입하며 사람들을 지배했어요.

18세기 후반이 되면, 감금형과 강제노동 등이 도입돼요. 18세기 공리

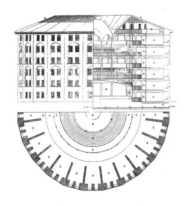

제러미 벤담이 고안한 원형감옥. 윌리 레버리가 그렸다(1791).

주의자 벤담이 고안한 원형감옥은 이러한 권력의 감시와 처벌을 잘 보여줘요.

중앙에 간수가 있는 감시탑이 있고, 죄수들은 원형감옥에 있어요. 중앙의 간수들은 죄수들의 행동을 언제든 볼 수 있어요. 하지만 죄수들은 감시탑의 불빛으로 인해 간수들을 볼 수 없죠. 그러니 간수가 언제 자신을 볼지, 지금 보고 있는지 알 수 없어요. 결국 죄수들은 불안과 공포를 느끼며, 권력의 시선을 **내면화**하고 스스로 자기검열을 하게 돼요.

푸코는 권력이 효율성을 위해 더 부드러워졌지만, 더 교묘하게 우리를 지배하고 있다고 해요. 또한 권력의 시선은 원형감옥을 넘어 우리 일상생활 곳곳에 파고들고 있다고 봤어요.

"감옥이 학교나 공장, 병원과 비슷하고, 이들이 감옥과 닮았다고 해서 놀라운 일인가."

푸코는 철학·의학·범죄학 등을 넘나들며, 우리가 가진 지식과 관념의 뿌리를 파고들었어요. 권력은 근대를 거치며 이성, 합리성이라는 이름으로 지식의 도움을 받아 정상과 일탈을 구분했죠. 푸코는 그들이 우리의 일상을 어떻게 교묘하게 지배하고 있는지 파헤쳐요. 인상 깊은 것은 우리가 학교에서, 직장에서, 일상생활에서조차 권력의 시선을 내면화해 스스로 자기검열을 하고 있다는 거죠. 원형감옥 속의 죄수처럼요.

영상으로 한 번 더!

쓸데없는 의심 한 병

퍼트넘의 통속의 뇌:
이 세계가 가상세계가 아닌 6가지 이유

회의주의의 원조인 고대 그리스 철학자 고르기아스는 〈비존재에 관하여〉On what is not에서 다음과 같은 3가지 명제를 내세웠어요.

> **비존재에 대하여**
> 1. 아무것도 존재하지 않는다.
> 2. 설령 어떤 것이 존재한다고 하더라도, 우리는 그것을 알 수 없다.
> 3. 설령 그것을 알 수 있다고 하더라도, 우리는 그것을 전달할 수 없다.

고르기아스

이처럼 '진리를 알 수 없다'는 입장이 회의주의예요. 그런데 이렇게 특정한 사실을 알 수 없다는 의심을 할 수도 있지만, '우리가 알고 있는 모든 것이 잘못된 것일 수도 있다'는 의심을 할 수도 있어요. 이런 종류의 회의주의를 '총체적 회의주의'라고 해요.

통속의 뇌

총체적 회의주의는 영화의 소재로 자주 등장해요. 영화 〈토탈 리콜〉에서 벌어지는 모든 사건은 가상여행사에서 조작한 꿈이었죠. 영화 〈매트릭스〉의 세계는 인공지능이 만든 가상세계였고요.

철학에서도 총체적 회의주의에 대한 얘기가 자주 등장해요. 동양 철학자 장자는 "사람인 내가 나비의 꿈을 꾼 것인지, 나비인 내가 사람의 꿈을 꾸고 있는 것인지 알 수 없다"고 했어요. 17세기 근대 철학자 데카르트는 "사악한 악마가 나를 속이고 있는 것은 아닌가?" 의심했고요. 20세기 영국 철학자 러셀은 "세계는 사실 5분 전에 창조된 것이고, 과거의 화석은 모두 조작된 것이며, 과거에 대한 나의 기억도 모두 창조자에 의해 5분 전에 주입된 것이 아닐까?"라는 의심을 할 수 있다고 했어요.

미국 철학자 힐러리 퍼트넘1926~은 총체적 회의주의에 대한 철학적 논란을 불러일으켰어요. 그는 우리가 사실은 **통속의 뇌**Brain in a Vat일 뿐이고, 이 세계는 통속의 뇌에 연결된 컴퓨터가 주는 신호로 생긴 가상세계일 수 있다는 사고실험을 내놓았어요.

여러분은 우리가 통속에 들어 있는 뇌라고 생각하나요? 이 세계가 가상세계일 수 있다고 생각하나요?

물론 그렇게 생각하지는 않을 거예요. 그런데 왜 그렇게 생각하지 않죠? 그 이유를 대라고 하면 딱히 할 말이 없어요. 하지만 철학자들은 이 세계가 가상세계가 아니라는 철학적 근거들을 내놓았어요.

총체적 회의주의

장자
나는 사람인가,
나비인가?

데카르트
악마가 나를
속이고 있나?

러셀
우주는 5분 전에
창조되었다?

퍼트넘
우리는 통속의
뇌이다.

데카르트의 설명

완전한 것은 존재할까요? 17세기 근대 철학자 데카르트는 존재하지 않는 것은 완전할 수 없다고 봤어요. 그러니 완전한 것은 존재해야 한다는 거죠. '완전한 것'이란 말에 '존재한다'는 의미가 함축되어 있다고 본 거예요. 그리고 오직 신만이 완전할 수 있으므로, '신은 존재한다'는 결론을 내려요.

만약 신이 존재한다면, 우리를 꿈속에 그냥 내버려 둘까요? 우리가 통속의 뇌로 살도록 둘까요? 데카르트는 신은 전지전능하며 완전히 선한 존재자이므로, 우리 인간이 그런 상태로 살도록 내버려 두지는 않을 것이라고 봤어요. 따라서 데카르트는 우리가 사는 세계는 가상세계가 아니라는 결론을 내려요.

러셀의 설명

【질문】여기에 손이 있어요. 나는 내 손을 볼 수 있어요. 그런데 나는 왜 이 손을 볼 수 있을까요?

　① 손이 여기에 존재하니까.

　② 통속의 뇌에 연결된 컴퓨터가 시뮬레이션으로 내가 이 손을 보는 것처럼, 나를 조작하고 있으니까.

당연히 우리는 내 손이 존재하기 때문에 볼 수 있다고 생각해요. 이것이 통속의 뇌에 연결된 컴퓨터가 내가 이 손을 보는 것처럼 조작하고 있다는 것보다 '더 좋은 설명'이에요. 이게 둘 중에서 더 기본적인 설명이죠. 이 설명을 증명하려고 논증을 할 필요가 없으니까요. 이러한 추론을 **최선의 설명으로서의 추론**이라고 해요.

　20세기 영국 철학자 버트런드 러셀1872~1970은 마찬가지로 우리가 사는 세계가 진짜 세계일 수도 있고, 통속의 뇌가 만들어낸 가상세계일 수도 있지만, 이 세계가 진짜 세계라는 설명이 더 좋은 설명이라고 해요. 러셀은 이러한 추론을 통해 우리가 사는 현실세계가 가상세계가 아니라는 결론을 내려요.

무어의 설명

영국의 분석철학자 G. E. 무어1873~1958는 우리가 사는 세계가 가상세계라는 주장과 진짜 세계라는 주장의 논증을 검토해요.
먼저 이 세계가 가상세계라는 주장의 논증을 보죠.

> (전제1) 이 세계는 통속의 뇌이다.
> (전제2) 외부세계는 존재하지 않는다.
> (결 론) 이 손은 존재하지 않는다.

반면, 이 세계가 진짜 세계라고 주장하는 측은 이런 논증을 제시했어요.

> (전제1) 여기에 손이 있다.
> (전제2) 이 손은 외부대상이다.
> (결 론) 외부세계는 존재한다.

둘 중 어느 것이 더 좋은 논증인가요? **좋은 논증**은 기본적인 사실을 전제로 하여 기본적이지 않은 사실을 추론해요.

　두 전제 중에서 어느 것이 더 기본적인가요? 당연히 "여기에 손이 있다"죠. 이 전제를 증명하기 위해 다른 논증을 제시할 필요가 없으니까요.

두 논증을 검토한 무어는 이 세계가 진짜 세계라는 게 더 좋은 논증이라고 봤어요. 이 세계가 가상세계가 아니란 측의 손을 들어준 거죠.

퍼트넘의 설명

단어의 의미를 결정하는 것은 무엇일까요? 어떤 사람들은 "물"이라고 하면, 떠오르는 관념이 바로 물의 의미라고 해요. 물이란 말에서 떠오르는 무색무취의 액체, 갈증을 없애주는 시원한 것 등의 관념이 물의 의미란 거죠.

반면 미국 철학자이자 수학자 힐러리 퍼트넘1926~2016은 단어의 의미는 그 단어에 대한 관념과는 아무런 상관이 없다고 봤어요. 그는 이런 비유를 들어요.

퍼트넘

안드로메다 은하에 지구와 똑같은 쌍둥이 지구가 있다고 합시다. 딱 하나가 달라요. 지구에서 물의 분자식은 H_2O이죠? 하지만 안드로메다 은하의 쌍둥이 지구에서 물의 분자식은 XYZ라고 하죠.

그런데 지구의 민수와 쌍둥이 지구의 도플갱어 민수는 둘다 물의 분자식을 몰라요. 이들이 각각 물에 대한 관념을 떠올렸다고 해보죠. 이들이 떠올린 물은 같은 물일까요?

아니에요. 지구의 물 분자식은 H_2O이지만, 안드로메다의 물 분자식은 XYZ죠. 이처럼 분자식이 다르니, 둘은 서로 다른 물이죠.

퍼트넘에 따르면, 단어의 의미는 이처럼 그 대상 자체가 사람들과 관계를 맺는 방식에 따라 결정돼요. 예컨대 '주식'이라는 단어의 의미는 주식에 대한 관념과는 상관없어요. 사람들이 주식을 거래하는 방식, 주식가격이 결정되는 방식 등에 의해 결정돼요. 그럴듯하죠?

이제 내가 "세계는 통속의 뇌이다"라고 주장한다고 하죠. 그런데 세계가 정말 통속의 뇌라면, '통'이나 '뇌'라는 대상 자체가 존재하지 않아요. 따라서 이 단어들은 의미를 가질 수 없어요. 그러므로 "세계는 통속의 뇌이다"라는 주장은 그 자체로 모순이 돼요. 이것을 좀더 세련되게 말해 볼게요.

"이 세계가 가상의 세계라는 총체적 회의주의를 주장하기 위해서는 언어를 사용해야 한다. 그런데 총체적 회의주의를 받아들이면, 언어 자체가 의미를 잃어버린다. 따라서 총체적 회의주의는 논증할 수 없다."

퍼트넘은 이런 추론을 통해 이 세계가 가상세계가 아니라는 결론을 내렸어요.

차머스의 해법

"우리가 살고 있는 이 세계가 가상세계일 수 있다. 그래서 어쩌라고?"

통속의 뇌가 "이것은 손이다"라고 말했다고 해보죠. 이때의 손은 '통속의 뇌 속의 손'을 가리켜요. 따라서 통속의 뇌의 "이것은 손이다"라는 말은 틀린 게 아니에요.

호주의 철학자이자 인지과학자 데이비드 존 차머스1966~는 이처럼 설혹 우리가 사는 이 세계가 가상세계라고 하더라도 달라지는 건 없다고 해요. 어찌 보면 무의미한 논쟁이라는 거죠.

윌리엄슨의 설명

숲속을 헤매다가 버섯을 발견하면, 이거 먹어도 될까 의심부터 할 거예요. 그런 의미에서 보면, 의심은 병원균으로부터 우리 몸을 보호하는 일종의 면역 시스템이에요.

그런데 영국의 철학자 티모시 윌리엄슨은 '이 세계가 가상세계인가'라는 식의 총체적 회의주의는 우리의 면역 시스템이 민감하게 오작동을 한 것이라고 봤어요. 말하자면 과민한 알러지, 쓸데없는 의심이란 거죠.

여러분은 어떤 설명이 적절하다고 생각하나요? 납득할 만한 설명이 있나요? 이 세계는 가상세계일 수 있을까요?

어느 날 영화 〈매트릭스〉의 모피어스가 나타나서 파란 약과 빨간 약 중에서 고르라고 했다고 치죠. 여러분은 이 세계가 가상세계일 가능성을 믿고, 주인공 네오키아누 리브스처럼 빨간 약을 선택하겠나요?

영상으로 한 번 더!

4장

언어,
구조주의란
무엇인가?

Language and Structure 언어와 구조

언어란 무엇인가?

- 프레게: 뜻과 지시체
- 러쎌: 기술이론

- 비트겐슈타인 1: 논리철학 논고 (전기)
- 비트겐슈타인 2 언어 용도이론 (후기)
- 성철 & 비트겐슈타인
- 언어습득이론

구조주의란 무엇인가?

- 소쉬르: 구조주의 언어이론
- 레비스트로스: 구조주의 인류학

철학을 수학처럼, 수학을 철학처럼

프레게: 뜻과 지시체

현대철학의 두 줄기

현대철학을 크게 두 줄기로 나누면, 영미권에서 발전한 분석철학, 그리고 독일과 프랑스를 중심으로 한 현상학·실존주의 같은 대륙철학으로 나눌 수 있어요.

분석철학의 토대를 닦은 철학자들

러셀　　　비트겐슈타인　　　카르납

분석철학은 논리학과 수학의 방법론을 철학에 적용했고, 언어와 의미에 대해 주목했어요.

분석철학의 토대를 닦은 철학자로 러셀, 비트겐슈타인, 카르납을 꼽을 수 있어요. 그리고 이들 모두에게 영향을 미친 사람이 바로 프레게예요.

19세기 말 독일의 철학자이자 수학자인 프레게1848~1925는 수학을 논리학처럼 만들기 위해 기호 논리학을 내놓았어요. 러셀이 이를 받아서 철학적 사고의 도구로 사용함으로써 분석철학이 시작됐죠.

이후 분석철학자들은 철학에서 언어가 매우 중요하고, 언어를 명료하게 사용함으로써 많은 철학적 문제를 해결할 수 있을 것으로 기대했어요.

현대철학에서는 언어 분석과 언어의 의미론이 매우 중요해요. 분석 철학과 언어철학을 이야기하기 위해서는 프레게로부터 시작해야 해요. 지금부터 그의 대표적인 논문 「뜻과 지시체」에 관해 살펴보죠.

의미에 관한 문제

우리는 언어를 이용해 세계를 기술해요. 그런데 우리가 사용하는 일상언어는 세계를 기술하는 데 적합하지 않고, 철학을 하는 게 불가능해요.

우리가 일상적으로 사용하는 말들은 문법적으로는 맞더라도, 논리적으로는 모호하거나 부정확한 경우가 많아요. "모든 새는 날개가 있다"라는 문장은 문법적으론 맞지만, 논리적으론 부정확하죠. 타조는 새지만 못 날잖아요. 이처럼 일상언어는 겉으로 보이는 문법구조와 그 심층에 있는 논리구조가 일치하지 않기 때문에, 철학을 하는 데 부적합하다는 거죠.

프레게는 논리적 사고를 하려면, 일상언어를 논리화해서 이상언어로 만들어야 한다고 봤어요. 그래야 언어를 통해 세계를 명료하게 기술할 수 있다고 본 거죠.

그런데 일상언어를 이상언어로 만드는 작업을 하다 보니 몇 가지 문제가 생겼어요. 그중 하나가 '의미론적 값'에 관한 거예요. '의미론적 값'이라고 하니 좀 이상하죠? 여기선 그냥 '의미'라고 할게요.

고유명사의 의미

고유명사의 의미는 그 고유명사가 지시하는 것이에요. 고유명사가 지시

김필영 → 지시

트럼프 → 지시

하는 것을 **지시체**라고 해요. 예컨대 '김필영'이라는 고유명사의 의미는 '김필영'이라는 고유명사가 가리키는 지시체예요. 바로 저 말이에요. 마찬가지로 '트럼프'라는 고유명사의 의미는 그것의 지시체인 트럼프라는 사람이죠. 그런데 고유명사의 의미를 그것이 지시하는 지시체로 볼 경우 3가지 문제가 있어요.

홍길동의 의미

【질문】'홍길동'의 의미는 뭘까요?

홍길동은 진짜로 존재했던 사람이 아니죠. '홍길동'이라는 고유명사가 지시하는 지시체는 없어요. 따라서 '홍길동'이라는 단어의 의미도 없는 셈이죠. 그런데 왜 "홍길동은 아버지를 아버지라고 부르지 못했다"라는 문장이 의미를 가지는 거죠? 이것이 고유명사의 의미를 그것이 가리키는 지시체라고 봤을 때 생기는 첫 번째 문제예요.

개밥바라기와 샛별

저녁에 밤하늘에 뜨는 아주 밝은 별이 있는데, 옛날에는 그 별을 '개밥바라기'라고 불렀어요. 저녁에 뜬다고 해서 영어로는 'evening star'라고 해요. 또한 새벽에도 아주 밝게 빛나는 별이 있는데, 옛날 사람들은 그것을 '샛별'이라고 불렀어요. 영어로는 새벽에 뜬다고 해서 'morning star'라고 해요. 그런데 사실 개밥바라기와 샛별은 같은 별이에요. 바로 '금성'을 일컫는 말이에요.

민수는 개밥바라기와 샛별이 같은 별인지 모른다고 하죠. 그런데 누군가가 "개밥바라기가 바로 샛별이다"라고 했다고 해보죠.

민수는 이 문장이 참인지, 거짓인지 몰라요. 개밥바라기가 샛별이란 사실을 모르니까요.

그래도 민수는 이 문장이 무슨 의미인지는 알아요. '개밥바라기', '샛별'이란 단어의 의미도 아니까요. 그런데 고유명사의 의미가 그것이 가리키는 지시체일 뿐이라고 한다면가정, 민수가 이 문장에서 개밥바라기와 샛별의 지시체가 같다는 것도 안다는 말이 돼요. 이는 결국 이 문장이 참이라는 걸 안다는 말이죠. 따라서 고유명사의 의미는 그것이 가리키는 지시체일 뿐이라는 가정은 틀린 거죠.

트럼프, 이순신, 충무공

"트럼프는 이순신은 이순신이라고 생각한다"는 문장은 참이에요. 그렇다면 "트럼프는 이순신은 충무공이라고 생각한다"는 문장은 참일까

트럼프는 '이순신'은 '이순신'이라고 생각한다. 참
트럼프는 '이순신'은 '충무공'이라고 생각한다. 거짓

= 이순신 = 충무공 =

요, 거짓일까요? 글쎄요. 트럼프가 이순신을 충무공이라고 부른다는 걸 알 수 있겠어요? 따라서 이 문장은 거짓이에요.

만약 고유명사의 의미가 그것이 가리키는 지시체라면, 트럼프에게 이순신과 충무공이 같은 의미를 가지게 돼요. 그래서 앞의 두 문장의 진릿값참 또는 거짓이 같아야 해요. 그런데 앞의 두 문장은 각각 참과 거짓으로 진릿값이 다르죠? 따라서 고유명사의 의미가 그것이 가리키는 지시체라는 가정은 맞지 않는다는 거죠.

뜻과 지시체

프레게의 주장

고유명사의 의미
지시체 + 뜻

프레게는 하나의 고유명사의 의미에는 그것이 가리키는 지시체뿐 아니라, 그것이 가지고 있는 뜻도 포함되어 있다고 봤어요.

이렇게 보면, 앞에서 발생한 문제들이 쉽게 해결돼요. '홍길동'이라는 고유명사의 지시체는 없지만, 그 뜻은 있어요. 그래서 "홍길동은 아버지를 아버지라고 부르지 못했다"는 문장이 의미를 가질 수 있어요.

'햄릿'이라는 고유명사도 지시체가 없죠. 하지만 그 뜻은 가지고 있어요. 그래서 "햄릿은 '죽느냐 사느냐 그것이 문제로다'라고 말했다"라는 문장이 의미를 가질 수 있는 거죠.

소설 속의 인물만 그런 게 아니에요. '세상에서 가장 큰 자연수'라는 말도 마찬가지예요. '세상에서 가장 큰 자연수'가 가리키는 지시체는 없지만, 뜻을 가지고 있어요. 그래서 우리는 이 말의 의미를 아는 거죠.

이렇게 보면 두 번째 문제도 해결돼요. 즉, "개밥바라기는 샛별이다"라는 문장의 의미는 알지만, 이 문장이 '참'이라는 걸 모를 수 있다는 게 설명돼요.

세 번째 문제도 마찬가지예요. "트럼프는 이순신은 이순신이라고 생각한다"는 문장은 참인데, "트럼프는 이순신은 충무공이라고 생각한다"는 문장은 거짓일 수 있죠? '이순신'과 '충무공'의 지시체는 같지만, 그 뜻은 다르기 때문이죠.

또 다른 비유를 들어보죠.

"강릉 경포대에는 달이 5개가 뜬다"는 말이 있어요. 하늘에 떠 있는 달, 바다에 비친 달, 호수에 비친 달, 술잔에 비친 달, 그대 눈에 비친 달. 그런데 사실 하나가 더 있어요. 그것은 바로 내 망막에 비친 달이에요.

'하늘에 뜬 달', 이것이 바로 **지시체**예요. 그밖의 '바다에 비친 달, 호수에 비친 달, 술잔에 비친 달, 그대 눈에 비친 달', 이 4개의 달은 모두

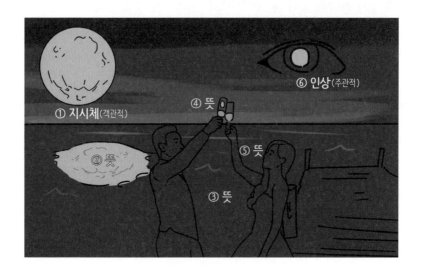

지시체가 같지만, **뜻**은 달라요. 이순신과 충무공이 같은 사람을 가리키지만, 그 뜻이 다른 것처럼요.

마지막으로 내 망막에 비친 달을 바로 **인상**image이라고 해요.

지시체는 객관적이에요. 하늘에 떠 있는 달은 누가 봐도 똑같죠? 하지만 **인상**은 주관적이에요. 관찰자에 따라 달이 다르게 보일 수 있으니까요.

【질문】 '바다에 비친 달, 호수에 비친 달, 술잔에 비친 달, 그대 눈에 비친 달'은 주관적인 건가요, 객관적인 건가요?

관찰자가 어디를 보느냐에 따라 달라져요. 관찰자가 바다를 보면, 바다에 비친 달이 보일 거예요. 호수를 보면 호수에 비친 달이, 술잔을 보면 술잔에 비친 달이, 그대의 눈을 보면 눈동자에 비친 달이 보일 거고요. 따라서 뜻은 **관찰자 의존적**이에요.

그렇다고 해서 바다에 비친 달이 주관적인 것은 아니에요. 왜냐하면 내가 바다를 통해 본 달이나, 당신이 바다를 통해 본 달이나 똑같이 생긴 달이니까요. 즉, 뜻은 관찰자 의존적이지만, 그래도 객관적이에요. 그래서 우리가 언어를 통해 소통할 수 있는 거죠.

그러고 보면 뜻은 지시체와 인상 사이에 걸쳐 있는 거라고 볼 수 있어요. 누군가 "호날두!"라고 외쳤다고 합시다. 이때 '호날두'의 지시체는 바로 호날두라는 사람 자체예요. 그런데 "호날두!"라는 말을 들은 사람들의 머리에 떠오른 인상은 다 다를 거예요. 어떤 사람은 훌륭한 축구 선수 이미지를 떠올릴 거예요. 어떤 사람은 갑부 이미지를, 누군가는 한국 팬들을 실망시킨 이미지를 떠올리고요.

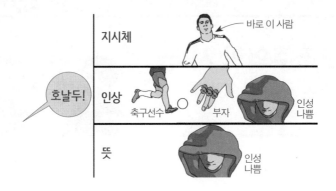

뜻은 많은 사람들이 공통적으로 공유하는 객관적인 속성이죠. 반면 인상은 이처럼 주관적 속성이고요.

정리해 보죠. 프레게는 언어를 명료하게 사용함으로써 많은 철학적 문제를 해결할 수 있다고 봤어요. 그리고 언어를 분석하는 작업을 했죠. 그중 하나가 고유명사의 의미에 관한 것이었어요.

프레게는 이전 철학자들과 달리, 고유명사의 의미에는 '지시체'만 있는 게 아니라 '뜻'도 있다는 걸 증명하려 했어요. 이 과정을 통해 언어와 세계가 뭔가를 기술하는 방식이 매우 복잡하며, 많은 철학적 문제들이 거기서 발생한다는 걸 알게 되었죠. 그래서 이후 분석철학자들은 언어를 명료하게 분석하면, 많은 철학적 문제를 해소할 수 있다고 보게 됐어요.

영상으로 한 번 데!

구조주의의 시작
소쉬르: 구조주의 언어이론

스위스의 언어학자 페르디낭 드 소쉬르1857~1913는 글을 남기는 걸 싫어했다고 해요. 강의가 끝나면 자신의 강의록을 찢어 버렸어요. 학위논문 빼고는 책이나 논문도 일절 쓰지 않았고요. 그래서 소쉬르 사후에 그의 강의를 들은 제자들이 강의록을 모아낸 책이 바로 『일반 언어학 강의』예요.

이전의 언어학은 주로 언어의 계통, 특정 지역 언어의 변천사, 단어의 어원을 추적해 정리하는 작업을 했어요. 그런데 소쉬르는 언어의 체계와 구조에 관심을 가졌어요. 그러한 작업 내용이 담긴 것이 바로 『일반 언어학 강의』죠. 그런 의미에서 소쉬르의 언어학은 구조주의 철학의 출발점이라고 볼 수도 있어요.

구조주의는 우리가 생각하는 것들이 서로 연결되어 있는 '구조'가 있다고 봐요. 이 구조에서 우리가 쓰는 언어, 문화, 정치, 사회 등이 생산된다고 생각해요. 그래서 우리를 둘러싼 다양한 구조를 이해하면, 인간의 마음과 정신구조, 그리고 세계를 더 잘 이해할 수 있다는 거죠.

랑그와 파롤

소쉬르는 언어를 랑그Langue와 파롤Parole이라는 두 차원으로 구분했어요. 랑그는 우리가 사회 속에서 배우는 언어 규칙, 언어 체계, 언어 규범이에요. 파롤은 어떤 사람이 말을 하는 행위를 말하고요.

사람들은 말을 할 때파롤, 머릿속에 있는 랑그, 즉 언어 규칙과 언어 체계에 따라 말을 하죠. 랑그와 파롤은 서로 불가분의 관계예요.

랑그를 장기의 규칙이라고 한다면, 파롤은 장기를 두는 행위죠. 장기를 두는 행위를 통해 장기의 규칙이 실현되죠. 마찬가지로 말을 하는 행위인 파롤을 통해 언어 규칙인 랑그가 실현돼요. 아무도 장기를 두지 않는다면, 장기 규칙이 무의미하겠죠? 마찬가지로 아무도 말을 하지 않는다면, 언어 규칙은 무의미하죠.

그런데 언어를 꼭 이렇게 구분해야 할까요? 랑그와 파롤은 비슷하지만, 서로 달라요.

"내가 잘못했다"라는 문장을 보죠. 이 문장은 한국어 규칙인 랑그에 근거하고 있죠. 말 그대로 자신이 잘못했다는 뜻이에요. 그런데 누군

언어

랑그 ------ 불가분관계 ------ 파롤
언어 규칙/언어 체계/언어 규범   말을 하는 행위

"내가
잘못했다."

가가 잔뜩 화가 나서 "그래, 내가 잘못했다, 내가"라고 한다면, 완전히 다른 의미가 돼요. 특정한 상황에서는 의미가 달라지는 거죠.

소쉬르는 언어학은 랑그를 집중적인 연구 대상으로 삼아야 한다고 봤어요. 그에게 중요한 것은 언어의 본질, 언어 체계였어요. 사람들이 어떻게 말을 하는지에 관한 게 아니라요.

언어 연구방법에는 두 가지가 있어요. 통시적 연구는 시간의 흐름에 따라 언어의 변천사를 연구해요. 조선의 언어와 현대 한국어를 비교 연구하거나, 우리말과 남미 원주민 언어 사이의 유사성 같은 걸 연구하죠.

이에 반해 공시적 연구는 한 시기의 언어구조와 상태를 연구해요. 장기판을 봅시다. 한나라에서 포로 "장군!"을 불렀다면, 왕이 피하거나

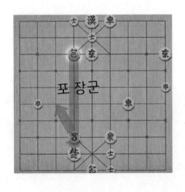

말을 움직이면 돼요. 지금까지 장기가 어떻게 진행됐는지 복기해볼 필요가 없어요. 중요한 것은 장기의 규칙과 말들 사이의 위치 관계예요. 마찬가지로 소쉬르는 언어를 연구할 때, 통시적 연구보다 공시적 연구가 중요하다고 생각했어요.

기표와 기의

언어는 기호예요. 소쉬르는 기호를 기표시니피앙, signifiant와 기의시니피에,

signifié로 구분해요. **기표**는 '표시하는 것'이에요. 예를 들어 '사과'라는 소리를 말하죠. 사과라는 이미지도 기표라는 설명도 있습니다. **기의**는 '표시되는 것'이에요. '사과'라는 소리를 듣고 떠오르는 '개념'을 말해요.

그런데 기표와 기의가 필연적인 관계에 있는 건 아니에요. 사과에 꼭 '사과'란 이름이 붙었어야 할 이유가 있나요? 바나나에 '사과'란 이름이 붙었을 수도 있는 거죠. 즉, 기표와 기의는 '우연히' 결합된 거예요. 또한 기호는 그 자체로 의미를 가지는 게 아니라 우리가 정한 규칙에 따라 특정 의미를 가지게 되죠. '학생'이란 단어의 의미는 우리가 정하는 것이죠. 그런데 규칙이 다른 나라에선 다르게 정해질 수도 있어요. 이러한 규칙은 자유롭게 정할 수 있어요. 이것을 '기호의 자의성'이라고 해요.

물론 우리는 "사과" 하면, 사과의 이미지를 떠올려요. 사회적으로 이미 그렇게 약속했기 때문이죠. 그렇다고 해서 기표와 기의가 필연적으로 연결되어 있는 것은 아닌 거죠.

기호

기표(시니피앙)	기의(시니피에)
표시하는 것	표시되는 것

구조주의 언어관

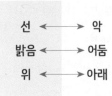

기표와 기의의 관계가 '우연히' 결합된 것이라면, 기호의 의미는 어떻게 생겼을까요?

소쉬르는 기호의 의미는 다른 기호들과의 차이에서 나온다고 봤어요. '아버지'란 말의 의미는 '가족 중에서 어머니도 아들도 딸도 아니고…'라는 차이에서 온다는 거죠. 사과의 의미는 '과일들 중에서 배도 오렌지도 바나나도 아니고…'라는 차이에서 나오고요.

극단적 예가 선과 악, 밝음과 어둠, 위와 아래와 같은 개념이에요.

색상조견표

악이 없이는 선이 있을 수 없죠. 선이 없으면 악이 있을 수 없고요. 마찬가지로 어둠 없이는 밝음이 있을 수 없죠. 밝음 없이는 어둠이 있을 수 없고요.

좀더 이해하기 쉬운 예를 들어보죠. 왼쪽은 색상 조견표인데, 저한테는 그냥 다 파란색으로 보여요. 하지만 각각 이름이 있어요. 전문가들은 아마 각각의 색을 구분할 수 있겠죠.

그런데 아무리 전문가라도, 하나만 보여주고 "무슨 색이죠?"라고 물으면 대답하기 어려울 거예요. 왼쪽의 색은 '아주르블루'인데, 이것 하나만 볼 때는 이름을 알아맞추기가 쉽지 않아요. 색상 조견표를 보면, 무슨 색인지 알기가 좀더 쉬워질 거예요. 조금 극단적으로 말하면, 아주르블루 색깔은 다른 색깔과의 차이를 통해 결정되는 거죠. 마찬가지로 기호의 의미는 다른 기호들과의 차이라는 관계에 의해 만들어져요.

이번에는 '아주르블루'라는 색깔의 이름이 아예 없다고 가정해 보죠. 그리고 "이 색이 뭔 색이죠?"라고 물으면, 전문가도 대답하기 힘들 거예요. 아마 이보다 좀더 진한 엔지안블루나, 좀더 밝은 스카이블루라고 답할지도 모르죠. 아주르블루라는 색의 이름이 아예 없으니까요.

소쉬르에 따르면, 언어는 단순히 현실에 있는 대상을 지시하는 것이 아니라, 언어가 있기에 언어가 현실을 적극적으로 구성해요. 그것도 현실과 상관없는 언어 기호 사이의 체계에 의해 자의적으로 구성하는 거죠. 따라서 언어는 닫힌 기호체계이며, 언어의 의미는 내적인 매커니즘에 의해 발생해요. 조금 적극적으로 해석하면, 아주르블루라는 색깔이 있어서, 아주르블루라는 이름이 붙은 게 아니에요. 아주르블루라는 이름이 있기 때문에, 아주르블루라는 색깔이 있다는 거죠.

인간은 언어에 갇힌 존재라고 할 수 있어요. 언어로 말할 수 없는 건 생각할 수 없어요. 이것이 소쉬르의 **구조주의 언어이론**이에요. 이러한 이론으로부터 유럽의 구조주의가 시작됐어요.

우리가 쓰는 말을 한 번 생각해 보세요. 소쉬르의 말에 동의하나요? 언어가 있기에, 현실이 적극적으로 구성되나요? ADHD 질환이라는 병명이 있기에, ADHD 증상이 있는 건가요? 아니면 ADHD 증상이 있기에, 이 병명이 생긴 것일까요? 저는 전자의 측면이 크다고 생각해요. 여러분의 생각은 어떤가요?

영상으로 한 번 더!

슬픈 열대
레비스트로스: 구조주의 인류학

형질인류학   문화인류학

인류학은 좀 생소한 학문이죠? 인류학에는 형질인류학과 문화인류학이 있어요. 형질인류학은 인간의 생물학적 특징을 연구하고, 문화인류학은 인간이 만든 다양한 문화를 연구해요. 클로드 레비스트로스

1908~2009는 구조주의 인류학의 창시자인데, 그를 알면 구조주의 철학이 어떤 것인지 이해하는 데 도움이 돼요.

보로로족 마을의 이항대립

영화 〈아바타〉를 보면 두 개의 대립되는 요소들이 반복해서 나와요. 선과 악, 공격과 방어, 실제와 가상, 생명과 기계…, 스토리에서 이러한 이항대립은 기본이죠. 슈퍼 히어로는 혼자서 나오지 않고 꼭 거기에 맞서는 악당이 나와요. 그래야 스토리가 만들어지기 때문이죠.

레비스트로스

레비스트로스는 브라질의 보로로족 마을을 연구한 적이 있어요. 150여 명이 사는 이 마을의 한가운데 큰 오두막집이 있고, 여기서 미혼 남자들이 생활해요. 주변에 작은 오

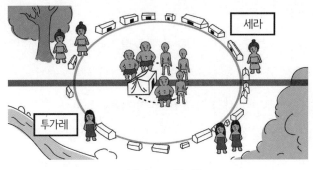

브라질의 보로로족 마을

두막들이 있는데 여자들이 살아요. 여자들은 남자들의 오두막에 갈 수 없어요.

가운데 선을 중심으로 두 씨족으로 나뉘는데, 북쪽 사람들을 '세라', 남쪽 사람들을 '투가레'라고 해요. 세라는 '약한', 투가레는 '강한'이라는 뜻이에요. 같은 씨족끼리는 결혼을 못하기에, 세라인은 투가레인, 투가레인은 세라인과 결혼해야 해요.

보로로족은 모계사회이기 때문에 자식들의 씨족은 엄마를 따라요. 두 부족은 역할 분담이 아주 잘되어 있어요. 세라인이 죽으면 투가레인이, 투가레인이 죽으면 세라인이 장례를 치러주는 식이죠. 종교활동을 할 때도 역할 분담이 되어 있어요. 장례를 치르면 동쪽이나 서쪽에 묻히는데, 각각의 지역은 두 명의 영웅이 지키고 있다고 해요.

레비스트로스는 인간은 기본적으로 두 개의 요소가 대립하는 방식, 즉 선과 악, 실제와 가상, 이데아와 현실, 배트맨과 조커, 세라인과 투가레인, 동쪽과 서쪽 등 대립하는 방식으로 생각한다고 봤어요. 이것을 **이항대립**이라고 해요.

친족의 구조

동서고금을 막론하고, 인간 사회가 공통적으로 금지하는 것이 바로 근친상간이죠. 이 말을 뒤집어 보면, 인간은 근친상간을 금지함으로써 비로소 동물이 아닌 인간이 되었다는 말이에요.

왜 인간은 근친상간을 금지할까요? 3가지 설명이 있어요. 하나는 근친혼이 유전적으로 문제를 일으키기 때문이고, 다른 하나는 근친혼을 하면 족보가 얽혀 위계질서를 세우기 힘들기 때문이라고 해요.

유전적 문제   위계의 파괴   여자의 교환

왼쪽은 17세기 스페인의 마그리타 공주. 합스부르크 왕가는 근친혼으로 유전병을 앓았는데, 그 증상 중 하나가 주걱턱이었다.

이에 대해 레비스트로스는 다른 설명을 내놓았어요. 혼인이 본질적으로 부족들끼리 여자를 교환하는 활동이기 때문이라고 해요. 우리 부족의 여자를 다른 부족으로 보내야 하기에 근친혼을 금지했고, 이러한 결혼 방식을 통해 다른 부족과 공존할 수 있는 친족구조가 만들어졌고, 이것이 바로 사회구조가 되었다는 거죠.

또한 레비스트로스는 부족엔 전형적인 타입의 친족관계가 있으며, 이는 부족마다 다르다는 것을 발견했어요. 파푸아뉴기니의 트로브리안드 부족은 남편과 아내의 사이가 아주 좋고 아빠와 아들도 아주 친밀해요. 친밀함은 G(good)로 표시. 그런데 형제들 사이는 굉장히 엄격해서 아내와 남동생 사이는 소원하고, 조카와 외삼촌 사이도 엄격해요. 소원함은 B(bad)로 표시.

5분 뚝딱 철학 — 생각의 역사 2

코카서스의 체르키스 부족은 남편과 아내가 거리를 유지하는데, 다른 사람들 앞에서는 함께 나서지도 않을 정도예요. 아빠와 아들 사이의 관계도 굉장히 엄격해요. 대신에 남매들 사이의 관계는 굉장히 친밀하고, 외삼촌과 조카의 관계는 아주 끈끈해요. 조카가 장가를 갈 때면 외삼촌이 경제적 지원을 많이 해줘요.

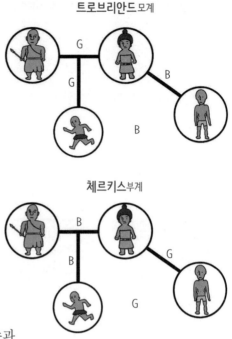

솔로몬제도의 시우이 부족과 통가에 있는 부족, 파푸아뉴기니의 쿠부투족도 나름의 친족관계가 있어요. 이것을 **친족의 기본구조**라고 해요.

모든 친족관계는 친밀함과 소원함이라는 두 개의 이항관계로 설명할 수 있어요. 가족 구성원들이 서로 느끼는 감정조차도 사실은 자연스러운 것이 아니라 사회구조가 만들어낸다는 거죠.

문화 상대주의

레비스트로스는 브라질 원주민들의 식인 풍습에 대해 이야기해요. 원주민들은 죽은 친족이나 전쟁에서 잡은 다른 부족을 잡아먹기도 했어요. 친족을 먹음으로써 그 사람의 지혜를 흡수할 수 있고, 적을 먹어버림으로써 위협에서 벗어날 수 있다고 생각했어요.

【질문】 당시 적을 먹는 것과 생포해 가둬 놓은 것 중에서 어떤 것이 더 실용적이고 합리적이었을까요? 인간적인 관점이나 지금 우리의 관점에서 생각하지 말고, 그 시대 그 사회의 관점에서 생각해 보세요.

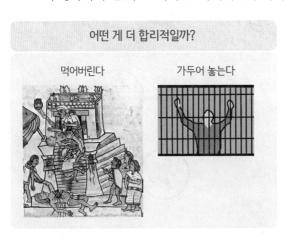

어떤 게 더 합리적일까?

먹어버린다   가두어 놓는다

레비스트로스는 문명과 야만을 이런 식으로 구별할 수 없다고 봤어요. 사람이나 개를 먹지 않는다고 문명인이고, 먹는다고 야만인이라고 할 수 없다는 거죠. 야만적 행위처럼 보여도 그 사회 속에 들어가서 보면 나름의 합리적인 이유가 있어요. 그들의 행위가 야만적으로 보이는 이유는 그들의 문화와 우리의 문화가 다르기 때문이지, 그들이 미개하기 때문이 아니라고 해요. 문명과 야만, 서구와 비서구의 경계는 없다는 거죠.

모든 문화는 기본적으로 같은 구조에서 시작됐으며, 외형상 드러나는 모습만 다를 뿐이에요. 동양문화든 서양문화든 고대문화든 현대문화든 상관없이, 인간이 이룩한 문화들의 심층에는 동일한 보편적 구조가 있어요. 따라서 문명이 따로 있고, 야만이 따로 있는 게 아니란 거죠.

인간의 문화를 관통하는 공통적인 질서가 있으며, 그러한 질서는 인간이 갖고 있는 무의식적 구조예요. 개인의 감정이나 행동은 주체적으로 만들어지는 것이 아니라 이러한 구조 속에서 형성돼요. 그런 점에서 레비스트로스는 **구조주의자**라고 할 수 있어요. 대부분 자신이 구조주의자라는 점을 인정하지 않았는데, 레비스트로스는 구조주의자임을 자처했어요.

슬픈 열대

레비스트로스는 대학에서 철학을 전공했는데, 방구석 철학자가 체질에 맞지 않았나 봐요. 인류학에 관심을 갖고, 1935년부터 1938년까지 브라질에서 원주민들과 생활하며 그들의 문화를 기록해서 나온 책이 『슬픈 열대』예요.

이 책에서 그는 문명이라는 이름으로 원주민 사회를 파괴하는 서구인들을 고발해요. 서구인들은 원주민들이 벌거벗고 다니고, 얼굴에 문신을 하고, 다른 문화를 가지고 있다는 이유로 미개인으로 낙인을 찍었죠. 서구인들은 문명화시킨다는 명목으로 그들의 삶의 터전과 문화를 파괴했어요. 그래서 책 제목을 '슬픈 열대'라고 지었나 봐요. 레비스트로스는 문화의 다양성을 인정하지 않는 편협성이 오히려 야만적이라고 비판해요. 원주민들의 문화가 야만이 아니라 서구 문명이 진짜 야만이라는 거죠.

영상으로 한 번 더!

한국의 왕은 대머리다
러셀: 기술이론

존재란 무엇일까요? 진짜로 존재하는 것은 무엇일까요? 우리는 왜 존재할까요? 존재론은 이런 것을 묻는 학문이에요. 그런데 버틀런드 러셀 1872~1970이 "플라톤으로부터 시작돼 서양에서 2500여 년 동안 이어져 온 존재론을 한방에 싹 정리했다"고들 해요. 왜 그럴까요?

마이농의 존재론

미국의 대통령

황금으로 된 산

어떤 것을 기술, 설명하는 단어들을 **기술구**라고 해요. 예컨대 트럼프에 대한 기술구는 '미국 대통령'이고, 옆의 그림과 같은 산에 대한 기술구는 '황금으로 된 산황금산'이죠.

이제 "황금산은 존재하지 않는다"라는 문장을 보죠. 황금산은 실제로 없으니, 이 문장은 참이에요. 그런데 우리는 어떻게 존재하지도 않는 것에 관한 이런 문장을 이해할 수 있을까요?

마이농

19세기 오스트리아의 철학자 알렉시우스 마이농1853~1920은 황금산이 현실세계에는 존재하지 않지만, 다른 세계 어딘가에 다른 방식으로 존재한다고 봤어요.

마이농에 따르면, 신도 존재하고, 선의 이데아도 존재하고, 유니콘도 존

신   유니콘   둥근 사각형

재하고, 정의도 존재하고, 둥근 사각형도 존재해요. 이렇게 생각하면, 세상에 존재하는 게 너무 많아지죠? 우리가 말하는 모든 것이 존재해야 하니까요. 그래서 마이농의 존재론을 **팽창된 존재론**이라고 해요.

기술구의 3가지 문제

모순 발생: 마이농의 팽창된 존재론을 받아들이면 모순이 발생해요. 황금산은 실제로는 존재하지 않는데, 황금산이 존재해야 해요. 따라서 앞의 "황금산은 존재하지 않는다"라는 문장이 "황금산은 존재하면서 존재하지 않는다"가 돼요. 이것은 명백한 모순이죠.

논리학의 기본법칙에 안 맞는다: "한국의 왕은 대머리다"라는 문장을 보죠. 한국의 왕이 지시하는 지시체는 없지만, 우리는 이 문장의 의미를 알아요. 왜 그럴까요? 프레게는 '한국의 왕'이라는 기술구는 지시체는 없지만, 뜻을 가지고 있기 때문이라고 해요.

그런데 "한국의 왕은 대머리다"라는 문장은 거짓이죠? 한국의 왕이 존재하지 않으니까요. 마찬가지로 부정문인 "한국의 왕은 대머리가 아니다"라는

| '한국의 왕'은 대머리다. | 거짓 |
| '한국의 왕'은 대머리가 아니다. | 거짓 |

문장도 거짓이에요. 한국의 왕이 존재하지도 않는데 어떻게 참일 수 있겠어요?

그런데 논리학에 따르면, 어떤 문장이 거짓이면, 그 문장의 부정은 참이 되어야 해요. 즉, "한국의 왕은 대머리다"라는 문장이 거짓이면, 이 문장의 부정인 "한국의 왕은 대머리가 아니다"라는 문장은 참이 되어야 해요. 그런데 앞의 예에서처럼 어떻게 두 문장이 모두 거짓일 수 있죠?

한국의 왕은 대머리다. ✗ ✗
한국의 왕은 대머리가 아니다. ✗ ✗

"한국의 왕은 대머리다"라는 문장과 부정문인 "한국의 왕은 대머리가 아니다"라는 문장은 참도 거짓도 아니에요. '한국의 왕'이라는 기술구가 지시하는 지시체가 없어서 불완전한 문장이기 때문이죠. 그런데 논리학의 기본 법칙인 '배중률'에 따르면, 하나의 문장은 참이거나 거짓이어야 해요. 제3의 값을 가질 수 없어요. 따라서 프레게의 주장은 결국 논리학의 배중률을 어긴 셈이죠.

문장 변환의 오류: "허균은 『홍길동전』의 저자다"라는 문장을 보죠. 이 문장은 참이에요. '허균=홍길동전의 저자'니까요. '홍길동전의 저자'를 허균이라고 바꾸어 "허균은 허균이다"라고 할 수 있어요.

그런데 이 두 문장은 문법적으로는 같지만, 의미는 완전히 다르죠. 앞 문장은 새로운 정보를 담고 있지만, 뒤의 문장은 아무런 정보도 담고 있지 않아요. 이것이 바로 기술구의 세 번째 문제점이에요.

러셀의 기술이론

지금까지 우리는 기술구의 3가지 문제점들을 살펴봤어요. 러셀은 이러한 문제점들을 일거에 해소하는 방법을 내놓았어요. 그것이 바로 **기술이론**이에요. 러셀은 "C는 Y다"라는 문장을 이렇게 분석해요.

> 'X는 Y다'라는 문장을 참으로 만들어 주는 X=C의 C라는 실체가 있다.

이렇게 봐서는 모르겠죠? 하나하나 따져보죠.

"한국의 왕은 대머리다"라는 문장을 보죠. 러셀의 기술이론을 적용하면 이렇게 분석할 수 있어요.

> 'X는 왕이고, 한국인이며, 대머리다'라는 문장을
> 참으로 만들어 주는 'X=C의 C'라는 실체가 있다.

'한국의 왕'이라는 기술구를 '왕이고, 한국인이고, 대머리'라는 술어로 바꿨어요. 이 문장은 한국의 왕이라는 지시체에 관한 문장이 아니므로, 지시체가 존재할 필요가 없기 때문이죠. 그런데 왕이고, 한국인이고, 대머리라는 술어를 만족시키는 실체 C는 존재하지 않아요. 따라서 "한국의 왕은 대머리다"라는 문장은 거짓이죠.

이번에는 부정문인 "한국의 왕은 대머리가 아니다"라는 문장을 보죠. "X는 왕이고, 한국인이며, 대머리이다'라는 문장을 참으로 만들어 주는 X=C의 C라는 실체는 없다." 이 문장은 당연히 참이에요. 거짓인 어떤 문장의 부정문은 참이 되기 때문이죠. 러셀의 기술이론을 받아들이면, 이처럼 존재에 대한 기술구의 문제를 모두 해결할 수 있어요.

기술이론의 의미

러셀은 기술구는 어떤 대상을 지시하는 것이 아니라, 단지 어떤 상태를 설명하고 있을 뿐이라고 봤어요. 따라서 기술구는 따로 분리해서는 아무런 의미가 없어요. 오직 문장 속에서만 어떤 역할을 하는 불완전한 기호예요.

러셀은 '트럼프', '김필영', '이순신'과 같은 고유명사도 사실은 하나의 기술구에 불과하다고 봤어요. 이러한 고유명사도 사실은 '숨겨진 기술구, 위장된 기술구'라는 거죠.

여러분은 '이순신' 하면 무엇이 떠오르나요? 실제 이순신이라는 인물이 떠오르나요? 우리 중 아무도 '이순신'이라는 인물을 본 사람이 없어요. '이순신'이라고 하면, 우리에게 떠오르는 것은 '조선시대 장수로서 왜군과의 해전에서 23전 23승을 거두고, 노량 앞바다에서 전사한 명장'이라는 기술이에요. '이순신'이라는 고유명사는 어떠한 지시체를 가리키는 게 아니라, 이러한 일들에 대한 서술이란 거죠.

좀더 직관적인 비유를 들어보죠. 0이라는 숫자를 보죠. 아무것도 존재하지 않을 때 0이라고 해요. 따라서 0은 자연수가 아니에요. 그런데 "3에서 3을 빼면 0이다"라고 말하는 순간, 0이라는 숫자는 갑자기 의미를 갖게 돼요. 0이 갑자기 존재하게 된 것이죠.

존재론은 '존재란 무엇인가? 진짜로 존재하는 것이 무엇인가?'를 묻는 철학이에요. 그런데 철학은 왜 존재를 문제로 삼을까요? 러셀은 그것이 언어 때문이라고 해요.

러셀에 따르면, "황금산은 존재하지 않는다", "한국의 왕은 대머리다"라는 문장에서 '황금산'이나 '한국의 왕'이라는 기술구가 가리키는 지시체는 없어요. '트럼프, 김필영, 이순신' 같은 고유명사도 숨겨진 기술구일 뿐이에요. 역시 지시체가 없어요.

고유명사나 기술구는 이처럼 어떤 것이 존재한다는 의미를 가지고 있지 않아요. 그런데 우리는 언어를 '주어+술어'의 형식으로 사용하다 보니, 주어에 들어가는 고유명사와 기술구가 가리키는 것이 실제로 존재하는 것처럼 착각하게 되었다는 거죠.

결국 러셀은 서양철학의 존재론은 우리가 언어를 사용하면서 생긴 착각 때문에 만들어진 학문이라고 봤어요. 어떤 대상도 가리키지 않는 기술구를 주어 자리에 놓음으로써, 실제로 존재하는 것처럼 착각하게 되었다는 거죠. 러셀은 자신의 기술이론이 이 점을 명백하게 보여준다고 봤어요. 자신의 철학이 존재론이 사실은 명청한 학문일 뿐이라는 걸 밝혔다고 본 거죠.

영상으로 한 번 더!

말할 수 없는 것에 대해서 침묵해야 한다

비트겐슈타인 1: 논리철학 논고

21세기를 목전에 둔 1999년 『타임』지가 20세기에 가장 영향력이 있는 인물 100인을 선정했어요. 철학자로서 유일하게 이름을 올린 사람이 바로 비트겐슈타인이에요. 이견이 없을 수는 없겠지만, 20세기에 가장 큰 영향을 미친 철학자 중 한 사람으로 루트비히 비트겐슈타인1889~1951을 꼽는 데 대부분의 사람들이 동의할 거예요.

　대부분의 철학자들은 대체로 자신의 사상을 일관되게 밀고 나가

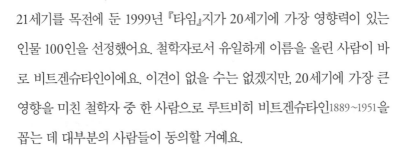

『타임』지 선정 20세기 가장 영향력 있는 인물

처칠　간디　고르바초프　히틀러　호찌민

루이 암스트롱　비틀스　찰리 채플린　밥 딜런　부르스 리

아인슈타인　프로이트　괴델　튜링　비트겐슈타인

요. 하지만 비트겐슈타인은 중간에 생각이 크게 바뀌었어요. 그래서 그의 철학은 전기 철학과 후기 철학으로 구분해요. 전기철학에 관한 책이 『논리철학 논고』이고, 후기 철학에 관한 책이 『철학적 탐구』예요. 여기서는 비트겐슈타인의 전기 철학 『논리철학 논고』를 살펴보죠.

꿀통에 빠진 파리

비트겐슈타인의 철학을 관통하는 핵심 아이디어는 모든 철학적 문제는 언어가 왜곡되어 만들어진 '가짜 문제'라는 거예요. 형이상학은 거창한 말을 하는 것 같지만, 알고 보면 그냥 말장난일 뿐이라고 해요.

위키피디아에서 '헤겔'을 검색하면, 다음과 같은 문장이 나와요. "법은 객관적 정신의 즉자적 현실화인 저차원의…" 철학책을 펴면 온통 이런 말이죠. 하지만 이해하기 힘들다고 자괴감을 갖지는 마세요. 비트겐슈타인은 우리가 이런 말을 이해할 수 없는 이유는 헛소리이기 때문이라고 봤으니까요.

오스트리아에서는 파리를 잡을 때, 다음 그림처럼 생긴 유리병에 꿀을 넣어요. 파리가 이 유리병 안에 들어가면 못 나와요. 비트겐슈타인은 철학자들이 바로 이런 파리 신세라고 했어요. 자기들만의 언어의 유희에 빠져서 나오지 못하는 신세라는 거죠.

그럼, 어떻게 해야 할까요? 파리를 탈출시키려면, 꿀의 달콤한 냄새부터 없애야 해

존재란 무엇인가

"법은 객관적 정신의 즉자적 현실화인 저차원의…"

요. 비트겐슈타인은 먼저 언어의 미사여구를 빼고, 의미를 명료하게 다듬고, 논리적으로 체계화해야 한다고 주장했어요. 그래야 세계의 참모습을 드러낼 수 있다고요.

그림이론

교통사고 현장의 시뮬레이션 영상을 보면, 진짜 현장은 아니지만, 실제 사고를 그림처럼 보여주죠. 우리는 영상을 보며 교통사고가 어떤 식으로 발생하는지 알 수 있어요. 이번엔 옆의 자막을 보죠.

> 고속도로에서 3차로를 달리던 승용차 한 대가
> 갑자기 2차로로 들어가더니,
> 1톤 트럭 앞에 급정거를 했다.
> 이 여파로 뒤따르던 4.5톤 트럭과
> 2.5톤 트럭이 잇달아 멈춰 섰다.
> 뒤따라오던 1톤 트럭은 급정거를 하지 못해서
> 앞의 2.5톤 트럭과 충돌했다.

언어가 교통사고 현장을 생생하게 그려주기에 장면을 머릿속에 그릴 수 있죠. 비트겐슈타인은 세계의 구조와 언어의 구조가 동일하기에, 언어는 세계를 그림처럼 보여준다고 봤어요.

비트겐슈타인은 세계의 구조와 언어의 구조가 어떻게 동일하다고 봤을까요?

세계에는 다양한 **대상**이 있어요. 그리고 거기에 대응하는 언어가 바로 **이름**이에요. 266쪽의 고흐의 〈아를의 침실〉을 보면, 그림 속에 각종 대상들이 있어요. 그리고 이들에게는 각각 액자, 사각형, 벽, 파란색이라는 이름이 있죠.

대상들의 관계는 **사태**예요. 이러한 사태에 대응하는 것이 **요소명제**이고요. 예컨대 "액자는 사각형이다", "벽은 파랗다"와 같은 명제가 바로 요소명제예요.

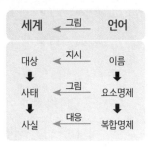

사태를 연결하면 **사실**들이 돼요. 예컨대 "사각형 액자가 파란색 벽에 걸려 있다"와 같은 거예요. 그리고 사실에 대응하는 것이 **복합명제**예요. 또한 사실들의 총합이 바로 **세계**이고요.

언어도 마찬가지예요. 이름들을 연결하면 요소명제가 되고, 요소명제를 연결하면 복합명제가 되고, 복합명제의 총합이 '언어'예요.

자, 이렇게 보면 세계의 구조와 언어의 구조가 같아요. 대상에 대응하는 것이 이름이고, 사태에 대응하는 것이 요소명제죠. 사실에 대응하는 것이 복합명제고요. 그래서 비트겐슈타인은 언어를 통해 세계를 보여줄 수 있다고 봤어요. 언어를 통해 세계를 그림처럼 보여줄 수 있다고 해서 **그림이론**이라고 해요.

세계는 사실들의 총체다

비트겐슈타인의 『논리철학 논고』에는 이런 말이 나와요.

"세계는 사실들의 총체이지, 사물들의 총체가 아니다."

이 말에 대한 두 가지 해석을 보죠. 고흐의 〈아를의 침실〉이라는 그림을 보죠. 이 침실에는 액자, 사각형, 벽, 파란색이라는 이름으로 불리는 여러 **대상**들이 존재해요.

그런데 대상은 그냥 존재할 수 없어요. 이 침실 안에 사각형은 그냥 존재할 수 없어요. 존재하는 것은 사각형 액자, 즉 "액자는 사각형이다"라는 요소명제로 그려진 **사태**예요. 마찬가지로 이 침실 안에 벽도 파란색도 그냥 존재할 수 없어요. 존재하는 것은 파란색 벽, 즉 "벽은 파랑다"라는 요소명제로 그려진 사태예요. 이 침실을 세계라고 한다면, **세계**는 대상들의 총체가 아니라 '사실들의 총체'인 거죠.

이제 또 다른 설명을 보죠. 이 침실에는 침대, 탁자, 의자, 벽, 액자가 있죠. 그런데 이들을 합해도 이 방이 되지는 않아요. 침대라는 이름은 그냥 침대라는 대상을 가리키는 것일 뿐이죠. 이 침실을 제대로 기술하려면, "침대가 존재한다", "탁자가 존재한다"라는 요소명제로 사태를 보여줘야 해요. 따라서 세계는 사물들의 총체가 아니라 '사실들의 총체'라는 것이죠.

고흐, 〈아를의 침실〉(1888)

어떤 설명이 옳든지 간에, 세계는 사물들의 총체가 아니라 사실들의 총체라는 점을 받아들여 보죠. 그러면 〈아를의 침실〉의 방에 대해 이렇게 말할 수 있어요. "'세계는 침대가 있고, 침대 위에는 빨간색 침대보가 있다. 파란색 벽에는 사각형 액자가 6개 걸려 있고, 탁자 위에는 물병과 물잔이 있고…'라는 사실들의 총합이다."

진리함수이론

사태에 대응하는 것이 요소명제라고 했죠? 따라서 요소명제의 진릿값은 사태와의 일치 여부에 달려 있어요. 요소명제와 사태가 일치하면 '참'이에요. 요소명제와 사태가 일치하지 않으면 '거짓'이고요.

복합명제의 진릿값은 요소명제의 '진릿값'과 요소명제들을 연결하고 있는 '논리적 연결사'에 달려 있어요. 그래서 "복합명제는 요소명제의 진리함수다"라고 해요. 이것을 **진리함수이론**이라고 해요.

요소명제 p와 q가 있다고 해보죠. 요소명제를 연결하는 논리적 연결사는 5개가 있어요.

p&q라는 복합명제는 'p 그리고 q'라는 의미로, p와 q 모두 참일 때 참이에요. p∨q 복합명제는 'p 또는 q'라는 의미로, p와 q 중 하나 이상이 참일 때 참이고요. p→q라는 복합명제는 '만약 p라면 q이다'라는 의미로, P가 참이고 q가 거짓일 때만 거짓이에요. p≡q

p&q	p와 q 모두 참일 때 참
p∨q	p와 q 중 하나 이상이 참일 때 참
p→q	p가 참이고 q가 거짓일 때만 거짓
p≡q	p와 q의 진릿값이 같을 때만 참
~p	p가 거짓일 때 참

라는 복합명제는 '만약 p라면, 그리고 오직 그 경우에만 q이다'라는 의미로, p와 q의 값이 같을 때만 참이고요. 아울러 ~p라는 복합명제는 'p가 아니다'라는 뜻으로, p가 거짓일 때 참이에요.

말할 수 없는 것에 대해서 침묵해야 한다

비트겐슈타인의 『논리철학 논고』는 다음과 같은 말로 끝을 맺어요.

"말할 수 없는 것에 대해서 침묵해야 한다."

善이라는 한자는 '착할 선'이기도 하고, '좋을 선'이기도 하죠. 영어에서도 good은 '착하다'라는 의미도 있고, '좋다'라는 의미도 있어요. 그러면 한 가지 물어보죠.

【질문】 착한 사람은 좋은 사람인가요?

당연히 착한 게 좋은 것 같지만, 여러분은 어떻게 생각하나요? 착한 게 좋은 건가요? 이에 대한 비트겐슈타인의 답은 "헛소리하지 마"예요.

앞에서 요소명제와 사태가 대응한다고 했죠? 그런데 "착한 것은 좋은 것이다"라는 요소명제에 대응하는 사태가 있나요? 그런 건 없어요. 그러니 "착한 것은 좋은 것인가?"라는 물음은 그 자체로 난센스, 헛소리라는 거죠.

비트겐슈타인은 기존의 철학, 특히 형이상학·윤리학·종교에서 말하는 신·도덕·자유와 같은 개념이 사실은 모두 말할 수 없는 것, 그냥 헛소리, 난센스라고 봤어요.

당시 논리실증주의자들은 검증이 불가능한 비과학적인 명제들을 버려야 하고, 오직 과학만이 탐구할 가치가 있는 학문이라고 주장했어요. 형이상학·윤리학·종교·예술 등은 학문이 아니라고 했죠. 그들은 비과학적인 영역에 있는 명제들을 난센스라고 한 비트겐슈타인의 주장에 열광했어요. 그를 모임에 초대해 세미나를 열기도 했죠.

비트겐슈타인이 비과학적인 영역의 명제들을 난센스라고 말하긴 했어요. 그렇다고 그것들이 중요하지 않다고 본 것은 아니에요. 오히려 더 중요하고 가치 있는 것이라고 봤어요. 논리실증주의자들이 오해한 거죠.

말할 수 없는 것은 말할 수 없는 것이기 때문에, 세계 밖에 있어요. 세계 안에 있는 것은 수학·논리학·과학이에요. 세계 밖에 있는 것은 형이상학·윤리학·종교·예술이고요. 어떤가요? 비트겐슈타인의 철학에 수긍되는 점이 있나요?

영상으로 한 번 더!

사이코패스 게임

비트겐슈타인 2: 언어 용도이론

비트겐슈타인의 철학은 중간에 크게 바뀌어 전기 철학과 후기 철학으로 구분된다고 했죠? 전기 철학에 관한 책이 『논리철학 논고』이고, 후기 철학은 『철학적 탐구』예요. 여기서는 후기 철학에 대해 살펴볼게요.

언어 용도이론

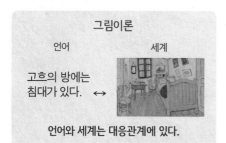

그림이론

언어　　　　세계

고흐의 방에는 침대가 있다. ↔

언어와 세계는 대응관계에 있다.

이탈리안 제스처

언어와 세계는 일대일 대응관계가 아니다.

비트겐슈타인은 『논리철학 논고』에서 그림이론을 내놓았어요. **그림이론**이란 언어와 세계가 대응관계에 있다는 거죠.

그런데 어느 날 비트겐슈타인은 이탈리아 경제학자 피에로 스라파와 그림이론에 대해 얘기하던 중 새로운 생각을 하게 됐어요. 스라파는 대화중에 손가락으로 목을 바깥으로 튕기는 이상한 제스처를 했어요. 이탈리아에서 의문이나 조소를 뜻하는 제스처죠. 그냥 말을 할 때와 이런 제스처를 취하면서 말을 할 때, 같은 말이라도 의미가 달라져요. 이때 비트겐슈타인은 언어의 의미가 결코 한 가지가 아니라는 걸 깨닫게 돼요. 그리고 언어 용도이론을 내놓았어요.

바다에서 수영을 하고 있는데, 사람들이 "상어가 나타났다"고 외쳤다고 해보죠. 죠스를 떠올리고 공포를 느끼게 되죠. 그런데 어린아이가 유튜브를 보다가 "상어가 나타났다"고 하면, 상어 가족이 등장하는 애니메이션 〈아기 상어〉를 떠올리고 신이 날 거예요. 이처럼 같은 '상어'라는 단어도 상황과 맥락에 따라 의미가 달라요.

언어가 상황과 맥락에 따라 다른 의미를 가진다는 입장을 **언어 용도이론**이라고 해요. 언어와 세계는 일대일 대응관계가 아니란 거죠.

언어 게임

고스톱을 칠 때, 국화 십자리는 열로도 사용되고, 쌍피로도 사용돼요. 매조 십자리는 흑싸리, 공산과 함께 고도리를 할 때 필요하고요. 이처럼 모

열, 쌍피   고도리

든 화투장에는 그 쓰임새와 용도가 있어요. 화투장의 용도가 바로 그 화투장의 의미가 되죠. 고스톱 규칙이 화투장의 용도와 의미를 결정해요.

그런데 지역에 따라 초 십자리를 쌍피로 쳐주는 곳도 있고, 안 쳐주는 곳도 있어요. 고스톱 규칙에 따라 초 십자리의 의미가 달라지는 거죠. 그러니 고스톱을 치기 전에 규칙을 합의해야 해요.

언어도 이와 마찬가지예요. 누군가 "상어가 나타났다"라고 할 때, 죠스가 나타났으니 도망가라는 의미일 수 있죠. 〈아기 상어〉 동영상을

보자는 의미일 수도 있고요. 언어의 의미는 상황과 맥락에 따라 달라지는 거죠. 따라서 상황과 맥락에 따라 어떤 언어규칙을 따라야 하는지에 대해 합의해야 해요. 그런데 언어규칙은 고스톱 규칙처럼 간단하게 합의할 수 있는 게 아니에요. 우리가 삶 속에서 자연스럽게 배우게 되는 거죠. 이것을 **삶의 양식**이라고 해요.

가족 유사성

단어의 의미는 상황과 맥락에 따라 다르게 사용되긴 해요. 그렇다고 해서 완전히 다른 의미를 가지는 건 아니에요. 어쨌든 유사한 의미를 가져요. 비트겐슈타인은 이러한 유사성을 **가족 유사성**이라고 해요.

아빠, 엄마, 아들, 딸로 구성된 가족이 있다고 하죠. 아빠와 아들은 체형이 닮았고, 엄마와 딸은 머리가 좋다는 점이 닮았을 수 있죠. 아빠와 딸은 얼굴이 닮았고, 아들과 딸은 느긋한 성격이 닮았을 수도 있고요. 가족 모두의 공통점은 없더라도, 부분적으로는 서로가 서로를 닮은 부분들이 있어요.

가족 유사성

언어에도 이러한 가족 유사성이 있어요. '놀이'라는 단어를 보죠. 축구경기도 놀이고, 고스톱도 놀이죠. 어떤 사람에게는 매주 로또를 사는 것이 놀이일 수 있고, 심지어 어떤 사이코패스는 살인을 놀이삼아 하기도 해요.

이들 모두에 있는 공통점은 없지

만, 부분적으로는 서로 닮은 부분이 있어요. 축구와 고스톱은 승패가 있다는 점이 닮았어요. 고스톱과 로또는 운이 좋아야 한다는 점이 닮았고요. 로또와 살인은 스릴이 있다는 점이 닮았어요연쇄 살인마 입장에서 그렇다는 말입니다. 이것이 바로 가족 유사성의 개념이에요.

사적언어 논증

모든 사람이 자신만의 상자 를 하나씩 가지고 있는데, 그 상자 안에 딱정벌레가 들

어 있다고 하죠. 내 상자 안은 볼 수 있지만, 다른 사람의 상자 안은 볼 수 없다고 해보죠.

이런 상황에서 내 상자와 다른 사람의 상자 안의 딱정벌레가 같은 딱정벌레라고 할 수 있나요? 상대가 무당벌레나 장수하늘소를 보고 딱정벌레라고 착각한 것일 수도 있잖아요.

우리는 다른 사람의 상자 속에 무엇이 있는지 알 수 없어요. 사적언어란 마치 각자의 상자 속 딱정벌레와 같아요. **사적언어**는 의미에 사적 경험이 들어 있어요. 그래서 다른 사람은 이해할 수 없어요.

저는 막연하게 불안을 느낄 때가 있어요. 구체적인 무엇에 대한 불안도 아니고, 그렇다고 실존적 불안도 아니고, 뭐라고 설명할 수 없는 불안을 느낄 때가 있어요.

제가 그 불안이라는 감정에 S라고 이름을 붙였다고 해보죠. "나는 지금 S라는 감정을 느낀다." 이때 S라는 감정은 나만 아는 감정이므로

나는 지금 S하다.

사회적 의미를 가질 수 없어요. 이것은 마치 각자의 상자 속에 든 딱정벌레와 같아요. 그래서 사적인 감정은 있을 수 있지만, 사적인 언어는 있을 수 없어요.

정리해 보죠. 비트겐슈타인은 전기 철학의 대표작 『논리철학 논고』에서 '언어 그림이론'을 내놓았어요. 언어와 세계가 일대일로 대응한다고 봤어요. 단어와 대상이 일대일로 대응한다고 본 거죠. 따라서 세계를 파악하기 위해서는 언어의 본질적 의미를 명료하게 하는 것이 우선이라고 주장했어요. 이러한 입장은 논리실증주의에 영향을 미쳤어요.

그런데 후기 철학의 대표작 『철학적 탐구』에서는 '언어 용도이론'을 내놓았어요. 언어란 상황과 맥락에 따라 달라진다는 것이죠. 따라서 언어와 세계는 일대일로 대응하는 것이 아니고,

비트겐슈타인의 전기/후기 철학

구분	전기 철학	후기 철학
대표작	논리철학 논고	철학적 탐구
이론	언어 그림이론	언어 용도이론
언어의 의미	언어는 세계에 대한 그림	상황과 맥락에 따라 달라짐
언어와 세계	일대일 대응	일대일 대응 아님
영향	논리실증주의	일상 언어학파

언어에 본질적인 의미 따위는 없다고 주장해요. 마치 한 가족을 규정하는 본질 같은 건 없고, 단지 부분적으로 닮은 가족 유사성이 있을 뿐인 것처럼요. 이러한 입장은 옥스포드대학을 중심으로 하는 일상 언어학파에 영향을 미쳤어요.

영상으로 한 번 더!

성철과 비트겐슈타인
깨달음에 관한 철학적 고찰

불교 수행자에게 중요한 가치 중 하나는 깨달음이에요. 깨달음이란 무엇일까요? 깨달음이 정말로 가능할까요? 만약 깨달음이 가능하다면, 깨달음에 대한 철학적 논의를 할 수 있을까요?

깨달음의 역설

불교에서는 깨달음을 얻기 위해서는 모든 집착을 내려놓아야 한다고 해요. 그런데 깨달음을 얻고자 하는 사람이 내려놓을 수 없는 집착이 하나 있어요. 그것은 바로 깨달음에 대한 집착이에요.

그렇게 보면 깨달음을 얻는 것은 불가능해 보여요. 왜냐하면 깨달음을 얻기 위해서는 모든 집착을 버려야 하는데, 깨달음을 얻고자 하는 사람은 '깨달음에 대한 집착'을 가지고 있을 수밖에 없으니까요.

비유를 하나 들어보죠. 한 이발사가 '자기 수염을 스스로 깎지 않는 사람'의 수염만을 깎아주는 원칙을 가지고 있다고 해보죠. 그렇다면 이 이발사는 자신의 수염을 깎을 수 있을까요, 없을까요?

이 이발사가 자신의 수염을 깎으려고 하면, 원칙상 자신의 수염을 스스로 깎지 않는 사람의 수염만을 깎아야 하므로, 자기 수염을 깎을

수 없어요. 그리고 원칙을 지키기 위해 자기 수염을 깎는 것을 포기하면, 자기 수염을 스스로 깎지 않는 사람의 수염을 깎아주는 원칙을 가지고 있으니, 자기 수염을 깎을 수 있어요.

러셀의 '이발사의 역설'

이 이발사는 자신의 수염을 깎으려고 하면 깎을 수 없고, 자기 수염을 못 깎는 줄 알고 안 깎으면 깎을 수 있게 돼요. 이것을 러셀의 '이발사의 역설'이라고 해요.

깨달음도 이와 비슷한 역설에 빠져요. 깨달음을 얻기 위해 모든 집착을 버리려고 하면, '깨달음에 대한 집착'도 버리게 되어 깨달음을 얻을 수 없어요. 깨달음을 포기하면, 모든 집착을 버리게 되어 깨달음을 얻을 수 있을 것 같지만, 깨달음을 포기했으므로 깨달음을 얻을 수 없고요. 여기서는 이것을 '깨달음의 역설'이라고 할게요.

깨달음의 역설에 대한 반론

깨달음의 역설은 수행의 관점에서 보면 금방 해소돼요. 아리스토텔레스는 어떤 사람이 한두 번 정직하게 행동했다고 해서, 그 사람을 정직하다고 할 수는 없다고 했어요. 오랜 시간 동안 정직하게 행동해서 정직함이라는 성향이 몸에 배어야, 비로소 그 사람을 정직하다고 할 수 있다는 거죠. 그리고 정직함이라는 성향이 배면, 굳이 정직하게 행동하려고 하지 않아도 정직하게 행동하게 된다고 해요.

깨달음도 이와 마찬가지예요. 수행을 통해 집착을 하지 않는 성향이 몸에 배면, 굳이 집착을 버리려고 하지 않아도 그 어떤 것에도 집착을 하지 않게 돼요. 그러한 상태를 '깨달음'이라고 할 수 있어요. 따라서 깨달음의 역설은 사실 아무런 문제가 되지 않아요.

돈오돈수, 돈오점수

한국 불교계에 중요한 논쟁 중 하나가 바로 돈오점수, 돈오돈수 논쟁이에요. **돈오점수**란 단박에 깨치고, 점진적인 수행을 통해 완전한 깨달음에 도달하는 거예요. 고려의 지눌 스님은 한 번 깨달음을 깨쳤다고 해서 다 끝난 게 아니라, 지속적인 수행을 통해 완전한 깨달음의 상태로 나아가야 한다고 했어요. 한 겨울 동안 쌓인 눈이 봄이 온다고 해서 바로 녹지 않는 것처럼요.

한겨울 쌓인 눈이 봄이 온다고 바로 녹더냐? 돈오점수

단박에 깨치면 그만이지 뭘 수행을 해? 돈오돈수

　　돈오돈수란 단박에 깨달으면 그것이 완전한 깨달음이므로, 이후에 수행 같은 것은 필요없다는 거예요. 고려의 보우 스님은 단박에 깨치면 그만이지, 뭘 또 수행을 하냐고 했어요. 성철 스님은 돈오돈수를 주장하고, 지눌의 깨달음돈오점수은 진짜 깨달음이 아니라고 봤어요. 깨달음은 단번에 깨치는 것이지, 점진적인 수행을 통해 완성되는 게 아니라는 거죠. 만약 깨달은 후에도 수행을 해야 한다면 그 깨달음은 진짜 깨달음이 아니라는 거예요. 그런데 지눌 스님도 성철 스님도 깨달은 분인데, 왜 둘의 말이 다를까요? 둘의 깨달음은 어떤 점에서 같고, 어떤 점에서 다를까요? 우리가 그것을 알 수 있을까요?

사적언어 논증

깨달음은 철저하게 사적인 체험이에요. 비트겐슈타인은 깨달음과 같은 사적인 체험에 관한 단어를 '사적언어'라고 해요. 사적언어는 사적 체험이 들어 있기에, 다른 사람이 그 의미를 알 수 없어요. 마치 통증은 주관적인 경험이기에, 내 통증과 다른 사람의 통증이 같을 수 없는 것처럼요.

깨달음도 마찬가지예요. 지눌 스님이 경험한 깨달음과 성철 스님이 경험한 깨달음을 같다고 할 수 없어요. 어떤 깨달음이 진짜 깨달음인지도 알 수 없어요. 따라서 우리는 이렇게 말할 수 있어요. 깨달음은 철저하게 사적 영역에 있으므로, 깨달음에 관한 철학적 논의는 불가능하다고요. 여기서 이것을 '사적언어 논증'이라고 해보죠.

사적언어 논증에 대한 반론

깨달음에 대한 두 가지 정의가 있어요. 바로 지적 깨달음과 열반적 깨달음이에요. **지적 깨달음**이란 공空사상을 이해하는 거예요. 모든 것은 연

기모든 현상이 일어나고 소멸하는 법칙에 의해 변화하는 것이며, 따라서 본질이나 실체가 없다는 것을 깨닫는 거죠. **열반적 깨달음**은 미세한 망념 하나하나까지 남김없이 모두 제거한 상태에서만 도달할 수 있는 어떤 체험으로서의 깨달음을 말해요.

성철 스님은 열반적 깨달음이야말로 진정한 깨달음이라고 해요. 진정한 깨달음

은 말이나 언어로 얻어지는 게 아니라는 거죠. 그래서 선불교에서는 깨달음을 얻기 위해서는 언어로부터 벗어나야 한다고 강조해요. 당나라 신찬선사의 시를 보죠.

한껏 열어놓은 저 문은 싫다 하고
단단히 닫힌 창만 두들기는구나.
백년 동안 경전만 들여다본들
어느 때에 깨치기를 기다릴 건가.

불경에 "손가락으로 달을 가리키면 달을 봐야지, 왜 손가락을 보냐?"라는 말이 있어요. 여기서 손가락은 달을 가리키는 수단일 뿐 목적이 아니죠. 성철 스님은 여기에서 손가락을 '언어'라고 해요. 언어는 깨달음을 얻기 위한 수단일 뿐 그 자체가 목적이 아니에요. 깨달음을 얻기 위해서는 수행을 하면 되지, 깨달음에 대해 설명하는 문자에 집착할 필요가 없어요. 경전에만 빠져 있지 말고, 수행을 하라는 거죠.

언어의 한계에 대한 이러한 통찰은 비트겐슈타인의 비유에서도 나타나요. 비트겐슈타인은 철학자도 언어의 달콤함에 빠져 오도 가도 못하는 파리 신세라고 해요. 사실 사적언어 논증은 그 자체로 모순이에요. 깨달음은 말로 설명할 수 있는 게 아니라는 점을 받아들이면, 깨달음이 객관적으로 존재하니, 존재하지 않느니 하는 논의 자체가 무의미해져요.

철학자는 언어의 달콤함에 빠진 파리 신세

어떤 사람이 당나라의 뛰어난 선승 조주선사에게 물었어요. 이 질문은 불교에서 심오하고도 당혹스러운 철학적 문제 중 하나예요.

"한 줄기의 빛이 수십만 갈래로 갈라지고 있다면, 이 한 줄기의 빛은 어디에서 비롯된 것일까요?" 그러자 조주선사는 아무 말 없이 자기의 신발 한 짝을 벗어던졌어요. 깨달음은 언어로 전달되는 게 아니므로, 그런 헛소리 같은 질문을 하지 말라는 거죠.

이런 입장을 받아들이면, '깨달음의 역설이 진짜 역설이냐, 지눌 스님과 성철 스님의 깨달음이 같은 깨달음이냐', '깨달음에 대한 철학적 논의가 가능하냐' 같은 문제가 모두 깨닫지 못한 사람들의 왈가왈부 헛소리가 돼요. 그리고 보면 지금까지 한 저의 이야기도 전부 헛소리였던 것 같아요. 이 글은 성철 스님의 말씀으로 마무리하겠습니다.

달을 볼 때, 그냥 '달을 봐라' 하면 곤란하거든. 손가락을 가지고 달을 가리키면서 '달을 봐라'라고 한단 말이야. 그 목표는 달에 있는 것이지, 손가락에 있지 아니한데 말이야. 모르는 사람은 달은 안 보고, 자꾸 손가락만 쳐다보게 되면, 영원토록 달을 못 보게 된다 이 말이야. … 누구든지 손가락, 즉 말하자면 말로 따라가지 말고, 실질의 목표인 달을 봐라, 이 말이야.

영상으로 한 번 더!

5분 뚝딱 철학 — 생각의 역사 2

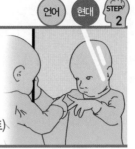

우리는 어떻게 말을 배웠나?

언어습득이론: 스키너, 촘스키, 피아제(feat. 칸트)

스키너의 언어행동주의

스키너 박스에 쥐를 넣어뒀어요. 쥐는 왔다갔다하다가 우연히 레버를 눌렀죠. 그랬더니 먹이가 나왔어요. 쥐는 레버를 누르면 먹이가 나온다는 것을 알게 됐어요. 이제 쥐는 먹이를 먹기 위해 계속 레버를 눌렀어요. 마찬가지로 빨간 점을 쪼면 먹이가 나오는 스키너 박스에 비둘기를 넣어두었더니,

비둘기는 먹이를 먹기 위해 빨간 점을 계속 쪼았어요.

쥐와 비둘기는 원하는 것을 얻기 위해 행위를 스스로 조작할 수 있게 된 거죠. 행위-보상-강화의 메커니즘이 작동한 거예요.

미국의 심리학자 B. F. 스키너1904~1990는 심리학의 대상을 마음이 아니라, 이처럼 관찰 가능한 행위와 보상으로 한정지었어요. 이러한 심리학을 **행동주의**라고 해요.

스키너는 인간이 언어를 배우는 과정도 마찬가지라고 봐요. 아빠가 "아빠, 아빠 해봐"라고 말하면, 아기는 그 말을 모방하여 "아빠"라는 말

> 아빠, 아빠 해봐.

을 하게 되죠. 아빠가 떨 듯이 좋아하면, 그것이 아기한테 보상이 돼요. 그러한 보상이 아기가 아빠라는 말을 더 잘하도록 강화하고요. 아기는 언어를 배우는 능력을 타고나는 것이 아니라, 이러한 경험을 통해 학습하게 된다는 거죠. 이것이 바로 스키너의 **언어행동주의**예요.

촘스키의 내재주의

우리는 들어본 적도, 배운 적도 없는 단어나 문장의 의미를 이해하는 능력을 가지고 있어요. '청소 박사'라는 말은 처음 듣는 아이도 이 말이 청소를 잘하는 사람을 의미한다는 걸 알아요. 우리는 "I believed you was an idiot."와 "I believed you to be an idiot."는 문장구조가 다르지만, 같은 의미라는 것도 알아요.

언어습득
장치

보편문법
통역앱
언어습득장치

노엄 촘스키1928~는 인간은 태어날 때부터 언어습득 장치Lnguage Acquisition Device: LAD를 가지고 태어난다고 봤어요. 그 안에는 모든 언어에 적용되는 공통적인 문법인 보편문법이 내장되어 있다고 해요. 쉽게 설명해 볼게요.

스마트폰에 통역앱이 깔려 있다고 해보죠. 통역 앱에 한국어를 패치하면 한국어를 통역할 수 있고, 영어를 패치하면 영어를 통역할 수 있죠. 여기에서 스마트폰이 바로 언어습득장치이고, 통역 앱이 보편문법이에요. 인간은 태어날 때 통역 앱이 깔려 있는 스마트폰을 하나씩 가지고 태어난다는 것이죠. 이처럼 인간은 태어날 때부터 언어를 배울 수 있는 능력을 가지고 있다는 입장을 **내재주의**라고 해요.

촘스키의 내재주의와 칸트의 인식론

칸트는 우리의 뇌는 감각자료가 들어오면, 먼저 그것을 시간과 공간의 형식으로 거르고, 12범주의 틀에 정리하면서 인식하게 된다고 봤어요. 마치 밀가루를 붕어빵 틀에 부어 붕어빵을 만드는 것처럼요. 인간은 이러한 형식과 범주가 있기 때문에, 감각자료를 체계적으로 정리해서 인식할 수 있다는 거죠.

촘스키의 보편문법은 칸트의 시간/공간 형식과 12범주와 비슷해 보여요. 우리 뇌는 대상을 인식하기 이전부터 이미 시간/공간 형식과 12범주를 가지고 있죠? 마찬가지로 인간은 언어를 배우기 이전부터 이미 보편문법을 가지고 있어요. 인간은 보편문법이 있기에, 언어를 배울 수 있어요.

또한 인간의 뇌는 시간/공간 형식과 12범주를 가지고 있기에, 인간의 지식은 다 똑같은 형식이죠. 마찬가지로 인간의 언어도 다 똑같은 형식이에요. 모든 언어는 보편문법을 기반으로 하기 때문에 서로 번역도 할 수 있는 거죠.

영화 〈콘택트〉에서 인간과 외계인은 서로 보편문법이 달라요. 그래서 사람들은 외계

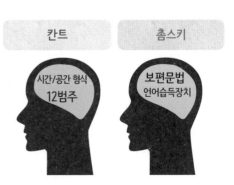

인의 언어를 이해하지 못했죠. 그런데 언어학자인 주인공이 외계인의 언어를 배우자, 그들처럼 과거-현재-미래를 통째로 놓고 보는 사고를 할 수 있게 되었죠.

이렇듯 "언어가 사고를 결정한다"는 입장을 **언어결정론**이라고 해요. 만약 언어결정론을 받아들이면, 인간이 선험적으로 가진 형식과 범주는 촘스키가 말하는 보편문법과 연관이 있다고 볼 수 있는 거죠.

피아제의 상호작용이론

인간의 인지능력은 단계를 거쳐 발달해요. 0~2세의 아기는 시각·청각 같은 감각을 인식하고, 몸을 움직이는 걸 배우죠. 2~7세에는 자기중심적·상징적·직관적·물활론적모든 물질은 생명이나 혼, 마음을 가지고 있다고 믿는 자연관으로 사고하는 방식을 알게 돼요. 7~11세에는 관계적 사고와 보존개념을 배우고요. 11세 이후로는 추상적·과학적·체계적으로 사고하는 방법을 익히게 돼요.

스위스의 철학자이자 발달심리학자인 장 피아제1896~1980는 아이의 인지능력이 성장하면서 언어능력도 함께 발달한다고 봤어요. 언어능력이 따로 있는 것이 아니라, 인지능력의 부산물이라는 거죠.

0~2세의 아기는 두세 단어를 조합하는 말을 배우고, 2~7세에는 자기중심적 말을 쓰게 돼요. 7~11세에는 사회화된 언어를 익히고요. 이처럼 아이의 언어능력은 주변환경에 영향을 받으면서 발달하므로, 외부환경으로부터 지속적인 자극이 필요하다고 해요. 이것을 **상호작용이론**이라고 해요.

스키너	촘스키	피아제
언어 행동주의	내재주의	상호작용이론
행동-보상-강화	보편문법	인지능력
후천적	선천적+후천적	선천적+후천적
	격발의 요인	형성의 요인

정리해 보죠. 스키너의 언어 행동주의는 아이가 환경을 통해 후천적으로 언어를 배운다는 입장이에요. 촘스키의 내재주의와 피아제의 상호작용이론은 인간은 선천적으로 타고난 언어능력이 있고, 후천적으로 외부환경으로부터 영향을 받아 언어를 배운다고 보고요.

내재주의와 상호작용이론은 비슷해 보이기도 해요. 하지만 환경의 영향에 대한 입장이 서로 달라요. 내재주의에서 환경은 '격발의 요인'이에요. 아이가 한국어 환경에 놓이면, 그것이 계기가 되어 한국어를 배운다는 거죠. 반면 상호작용이론에서 환경은 '형성의 요인'이에요. 아이가 한국어 환경에 놓이면, 인지능력이 발달하면서 한국어를 점점 학습하게 된다는 거죠.

철학에서 언어습득이론은 굉장히 중요해요. 왜냐하면 인간은 언어를 통해 사유를 하고, 그 사유의 결과물이 철학이니까요. 그래서 우리가 언어를 어떻게 습득하는지를 알면, 철학의 한계에 대해서도 알 수 있을 것이기 때문이에요.

영상으로 한 번 더!

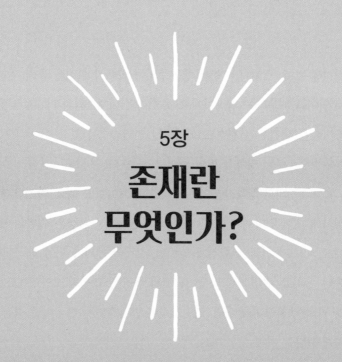

5장

존재란
무엇인가?

Ontology 존재론

존재란 무엇인가?
- 후설: 초월론적 현상학
- 하이데거: 존재와 시간

- 들뢰즈: 차이와 반복, 나무와 리좀, 사건의 존재론
- 데리다: 해체주의

- 결정론과 자유의지 1, 2
- 스티븐 와인버그: 인류원리
- 물리주의

시간이란 무엇인가?
- 베르그송: 순수 지속으로서의 시간
- 맥타가트: 시간은 존재하지 않는다

나의 의식의 눈으로 본 세계

후설: 초월론적 현상학

(feat. 하이데거, 윌리엄 제임스, 이상의 날개)

'모든 학문의 왕'이던 철학은 근대 과학혁명 이후에 서서히 몰락의 길을 걷기 시작했어요. 철학이라는 이름으로 뭉뚱그려서 다루었던 문제들이 과학적 방법론을 채택하면서 하나씩 떨어져 나갔죠.

철학에서의 '영혼의 문제'는 심리학자들이 다루기 시작했어요. '만물의 근원이 무엇인가'라는 문제는 물리학자들이 논하기 시작했고요. 인간과 사회에 대한 문제는 정치학·경제학·사회학 같은 개별 학문들이 가지고 떨어져 나갔죠. 그러다 보니 철학자들이 할 일이 없어진 거예요.

하지만 이 양반들 그냥 죽을 양반들이 아니죠? 이들은 살 길을 찾기 시작해요. 그렇게 해서 발견한 것이 블루오션 시장, 바로 현대철학의 두 줄기입니다.

현대철학의 두 줄기는 분석철학과 현상학이에요. 쉽게 말해 **분석철학**은 언어를 분석하고 논리적 방법론을 통해 철학을 하는 학파예요. **현상학**은 자신의 의식이 나타나는 것을 직관하는 방식으로 철학을 하는

현대철학의 두 줄기

분석철학
언어분석
논리적 방법론

프레게

현상학
자기의식
직관

후설

학파이고요. 분석철학의 창시자가 프레게이고, 현상학의 창시자가 바로 후설이에요.

현상학이 나타난 배경

에드문트 후설1859~1938이 활동하던 19세기 유럽의 학문에는 3가지 경향성이 있었어요. **과학주의**는 말 그대로 과학적 방법론을 채택해 실험과 관찰을 통해 진리를 탐구하는 입장이에요. **객관주의**는 진리는 객관적으로 존재한다는 입장이고요. **실증주의**는 초월적이고 형이상학적인 사변을 제거하고 검증 가능한 것만 받아들이겠다는 입장이죠.

문제는 물리적 대상에 적용해야 하는 과학적 방법론을 일반화해 모든 학문에 적용했다는 거예요. 심지어 심리적 현상, 사회학, 윤리학, 정치학 같은 학문에도 이러한 경향이 나타났어요. 후설은 이런 경향이 학문은 물론 문화 전반에 위기를 가져올 것으로 봤어요.

후설은 인간의 정신, 의식, 내면을 직접 탐구하는 방식을 제안해요. 그래서 후설 이야기의 첫 번째 주제는 바로 의식이에요.

과학주의, 객관주의, 실증주의… 학문과 문화의 위기다!

후설

의식이란 무엇인가?

우리는 의식이 무엇인지 잘 알고 있다고 생각해요. 하지만 막상 그것이 무엇인지 설명하려고 하면 애매하죠. 인간 의식의 특징은 대략 4가지로 정리할 수 있어요.

의식은 투명하다

〈5분 뚝딱 철학〉 유튜브 촬영 중

나는 나의 의식을 아주 잘 알고 있어요. 나는 지금 이 마이크를 의식하고 있어요. 이 방이 조금 덥다고 의식하고 있고요. 그리고 '무슨 말을 할까'라고 생각하고 있는 나를 의식하고 있어요. 내가 나의 의식을 모를 수는 없어요. 이것이 바로 의식의 투명성이에요.

의식은 개별적 경험이 하나로 묶인 것

새끼줄은 여러 가닥의 지푸라기들을 꼬아 만들죠. 마찬가지로 의식은 과거에서 현재까지의 개별적인 경험들을 꼬아놓은 거예요. 새끼줄에서 지푸라기 한 가닥을 뽑아낼 수 없죠? 마찬가지로 의식에서 하나의 개별적인 경험을 뽑아낼 수는 없어요.

의식은 흘러가는 것

오늘 한순간의 의식 같은 것은 없어요. 의식은 그냥 흘러가는 거예요. 의식의 흐름은 문학작품에 간혹 등장해요. 서술자의 마음속 의식의 상태를 있는 그대로 그냥 써내려가는 거죠. 여기에는 시간의 순서도 없고 논리적 순서도 없어요. 이유도 근거도 없어요. 이상의 〈날개〉 도입부를 잠깐 보죠.

박제가 되어버린 천재를 아시오? 나는 유쾌하오. 이런 때 연애까지가 유쾌하오. 육신이 흐느적흐느적하도록 피로했을 때만 정신이 은화銀貨처럼 맑소. 니코틴이 내 횟배 앓는 뱃속으로 스미면 머릿속에 으레 백지가 준비되는 법이요. 그 위에다 나는 위트와 패러독스를 바둑 포석처럼 늘어놓소. 가증할 상식의 병이오. ……

이상의 〈날개〉에서 주인공의 의식은 계속해서 흘러요. 주인공의 의식의 어느 한순간을 잘라서 그 단면을 볼 수는 없어요. 그것은 마치 흐르는 강물을 잘라 그 단면을 볼 수 없는 것과 마찬가지죠.

의식은 지향적이다

앞에서 나는 마이크를 의식하고 있고, 방이 덥다고 의식하고 있으며, '내가 무엇을 말할까'라고 생각하는 나 자신을 의식하고 있다고 했죠? 이처럼 의식은 항상 '어떤 것에 대한' 의식이에요. 대상이 없는 의식은 없어요. 대상이 있어야 의식이 있어요. 의식이 있어야 대상이 있고요. 이것을 **의식의 지향성**이라고 해요.

지향성의 작용

어떤 사람이 사과라는 대상을 보며, '이 사과 참 맛있겠다'라는 의식을 가진다고 해보죠. 이때 '맛있겠다'라는 의식은 바로 이 사과에 대한 의식이죠. 이 사과가 없으면 이런 의식은 있을 수 없어요. 이 사과는 결국 나의 의식 속에 있는 거죠. 따라서 나의 의식이 없으면 이 사과도 있을 수 없어요. 이처럼 의식은 대상과 관계를 맺을 때만 의식이 돼요. 대상은 의식과 관계를 맺을 때만 대상이 되고요. 대상이 의식 속으로 들어오면, 의식은 의미를 부여해요. 이처럼 의미를 부여하는 작용을 **노에시스**라고 해요. 의미가 부여된 그것을 **노에마**라고 하고요.

그렇다면 진짜로 존재하는 것은 의식일까요, 대상일까요? 이 문제는 철학의 단골 소재예요. 실재론자들은 존재하는 것은 의식 밖에 있는 '대상'이라고 봐요. 관념론자들은 존재하는 것은 '의식'일 뿐이라고 하고요. 후설은 진짜로 존재하는 것은 '의식 속의 대상'이라고 봤어요. 이것을 **내실론**이라고 해요. '의식 속의 대상이 실제로 존재한다'는 입장으로 보면 될 것 같아요.

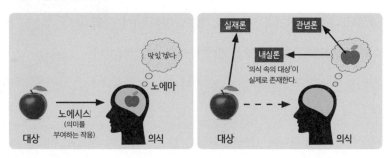

만약 의식과 대상이 따로 존재한다면, 둘의 일치 여부가 진리의 기준이 돼요. 의식과 대상이 일치하면 진리죠. 둘이 일치하지 않으면 진리가 아니고요. 따라서 진리를 찾기 위해서는 대상을 꼼꼼하게 살펴야 해요.

그런데 후설의 입장을 받아들이면, 진리의 개념이 달라져요. 후설의 내실론에서 의식과 대상은 따로 존재하는 게 아니에요. 의식이 곧 대상이에요. 따라서 진리를 찾기 위해서는 나의 의식을 꼼꼼하게 살펴야 해요. 그렇다면 나의 의식을 어떻게 살펴야 진리를 찾을 수 있을까요?

현상학적 환원

세계에서 벌어지는 어떤 현상을 바라보는 태도는 사람마다 다르죠. 제갈공명은 별똥별이 떨어지는 것을 보고, '방통이 죽었구나'라고 생각했어요. 칼 세이건은 별똥별이 떨어지는 걸 보고, 대기권에 들어온 돌덩어리가 공기 마찰로 불이 난 것으로 생각하고요. 모든 사람은 자신만의 방식으로 세상을 봐요. 이것은 자연스러운 거예요. 이러한 관점을 가지는 것을 **자연적 태도**라고 해요.

제갈공명

방통이 죽었구나.

칼 세이건

대기권에 들어와 불에 타는구나.

자연적 태도

그런데 자연적 태도는 철학적 태도가 아니에요. 자연적 태도를 가지고서는 사태 그 자체를 볼 수 없어요. 철학을 할 수 없는 거죠. 후설은 '철학을 한다'는 것은 인간이 자연적 태도에서 벗어나는 것이라 봤어요. 그리고 자연적 태도에서 벗어나 철학을 하려면, 현상학적 환원을 해야 한다고 해요.

현상학적 환원을 하기 위해서는 다음의 3단계를 거쳐야 해요.

[Step1] 판단을 중지한다. 에포케
[Step2] 가정/전제를 제거한다.
[Step3] 이 상태에서 경험을 기술한다.

현상학적 환원

예를 들어 봅시다. 우리는 깨어 있는 한 시간을 경험해요. 우리가 경험하고 있는 시간에 대해 현상학적 환원을 해보죠.

[Step1] 먼저 시간에 대한 판단을 중지해요. 경험하고 있는 것에 대한 그 어떤 판단도 중지에포케를 해요. 이를테면 '시간'이라고 하면 떠오르

는 관념들이 있죠? 시간은 흐르는 것이고, 과거는 지나간 것이고, 미래는 아직 오지 않은 것이라는 관념들요. 이와 같은 판단을 중지해요.

[Step2] 시간에 대한 모든 가정과 전제를 제거해요. 시간은 시계로 잴 수 있고, 눈에 보이지 않으며, 상대성이론에 따르면 시간이 느려진다 같은 것들요. 우리가 이미 알고 있는 이러한 가정과 전제들을 제거하는 것이죠.

[Step3] 이제 시간에 대한 우리의 경험을 기술해요. 그러면 우리는 항상 현재만을 살고 있다는 걸 알게 돼요. 즉, 시간은 흐르는 것이 아니라 그냥 멈춰 있는 영원한 현재이며, 이것이 시간의 진짜 모습이라는 걸 알게 돼요예시일 뿐입니다.

현상학적 태도

자연적 태도 ➡ 현상학적 환원 ➡ 현상학적 태도

우리는 자연적 태도를 가지고 있어요. 그런데 우리는 현상학적 환원을 통해 현상학적 태도를 가질 수 있어요. **현상학적 태도**란 우리의 일상적 사유로는 포착하지 못했던 대상의 본질을 자신의 순수한 의식으로 직관하는 거예요. 비유를 들어볼게요.

플라톤의 동굴의 비유에서 동굴 밖에 나간 사람은, 지금까지 자신이 알던 세계가 그림자의 세계라는 걸 깨닫게 되죠. 이런 상태가 현상학적 태도예요. 불교에서 말하듯이, 망상에서 벗어나 깨달음을 얻는 상태라고도 할 수 있죠.

다른 비유를 들어볼게요. 우리는 왼쪽에 서 있으면 좌파의 주장만 보이고, 오른쪽에 서 있으면 우파의 주장만 보이죠. 특히 유튜브 알고리즘은 내가 보고 싶은 것만 보여줘요. 좌파에게는 좌파의 뉴스만을, 우파에게는 우파의 뉴스만을 보여주죠. 그런데 한 발 떨어져서 세상을 보면, 좌파의 주장도 우파의 주장도 보일 거예요. 현상학적 태도를 가진다는 건, 한 발 떨어져서 초연한 관찰태도를 가지는 거예요.

또한 현상학적 태도를 가지는 건, 초월적 자아를 발견하는 것이에요. 나의 육체는 지금 여기 매여 있죠. 하지만 나의 의식은 거미줄처럼 시간과 공간 속에 걸쳐 있어요. 나의 의식은 과거의 일을 후회하고, 미래의 일을 기대하기도 해요. 나의 의식은 상상 속에서 뉴욕으로 가기도 하고, 영화 속으로 들어가기도 해요. 이처럼 초월적 자아는 시간과 공간에 매어 있지 않아요.

데카르트는 벽난로 앞에 앉아 졸다가 문득 이런 생각을 해요. '잠깐, 이 모든 것이 꿈이 아닐까?' 그러면서 우리가 아는 감각적 지식, 수학적 지식이 진짜가 아닐 수 있다는 회의를 시작해요. 그렇게 세상 모든

초월적 자아는 시간과 공간에 얽매이지 않는 자아이다.

것을 의심하고 의심하다가 더 이상 의심할 수 없는 사실을 발견하는데, 그것이 바로 '나는 생각한다'는 것이죠. 그로부터 데카르트는 '나는 존재한다'는 결론을 내리고, 신의 존재를 증명하고, 수학을 살려내고, 자신의 감각이 진짜라는 결론에 도달했어요.

후설이 주장한 철학적 방법론의 구조도 데카르트의 방법론과 유사해요. 후설은 현상학적 환원을 통해 모든 가정과 전제를 제거하고, 결국 그 안에서 순수의식을 찾아내자고 해요. 그런 순수의식을 통해 철학을 다시 엄밀한 학문으로 만들자는 것이죠.

후설은 이런 유언을 남겼어요.

"나는 철학자로 살아왔고, 철학자로 죽고 싶다."

후설은 그의 유언처럼 엄청난 양의 글을 남겼어요. 4만여 장의 글을 썼고, 4,000여 권의 책에 빼곡히 메모를 했어요. 후설의 글은 나중에 다행히도 어느 신부에 의해 나치의 눈을 피해 벨기에로 옮겨졌어요. 후설의 글들은 아직 정리 중이라고 해요. 일생에 걸쳐서 어마어마한 작업을 한 것이죠.

영상으로 한 번 데!

존재 현대 STEP 3

스테이-헝그리,
스테이-풀리시

하이데거: 존재와 시간(feat. 스티브 잡스)

실존주의는 크게 두 가지가 있어
요. **무신론적 실존주의**는 말 그대로
신을 믿지 않는 실존주의예요. 니
체, 하이데거, 사르트르가 대표적
이죠.

    유신론적 실존주의는 신을 믿는
실존주의예요. 키르케고르와 야스
퍼스가 대표적이에요.

무신론적 실존주의

니체   하이데거   사르트르

유신론적 실존주의

키르케고르   야스퍼스

    독일 철학자 마르틴 하이데거1889~1976의 철학은 매우 어려워요.
『존재와 시간』은 독일어로 씌어 있지만, 독일 사람들조차도 "언제 독일
어로 번역되냐?"고 농담을 할 정도로 어려워요. 내용 자체도 어렵지만,
용어가 너무 복잡해서 그런 것 같아요.

    하이데거는 우리의 일상언어는 이미 너무 오염되어 있기에, 이런
언어를 가지고는 철학을 할 수 없다고 봤어요. 분석철학자들도 같은 생
각을 했죠. 분석철학자들은 언어를 분석함으로써 언어에 낀 묵은 때를
벗겨내는 작업을 했어요. 하지만 하이데거는 기존 언어를 버리고, 아예

새로운 언어를 만들어 버렸어요. 『존재와 시간』을 보면, '세계-내-존재', '손-안에-있음' 같은 단어들이 계속 튀어나와요. 여기서는 이런 단어들은 조금만 쓰면서 되도록 쉽게 이야기해 볼게요.

존재와 존재자

서양철학은 플라톤의 이원론을 중심으로 이데아의 세계, 이성의 세계, 무한의 세계, 보편의 세계를 중시했어요. 그런데 인간은 언젠가는 죽죠? 인간은 유한하고, 개별적인 육체를 가진 존재예요. 언젠가는 죽어요. 중요한 건 이거잖아요. 그런데 왜 철학은 매일 이데아니 보편이니 이성이니, 이딴 얘기만 할까요?

하이데거는 인간은 우연히 세상에 내던져진 존재자라고 해요. 따라서 우리는 자신이 죽음을 향해가고 있는 개별적인 존재자라는 걸 직시해야 한다는 거죠. 그래서 하이데거의 철학을 '실존주의'라고 해요. 하지만 하이데거는 자신의 철학은 실존주의가 아니라 존재론이라고 해요. 실존을 강조한 것은 맞지만, 실존을 통해 존재를 규명하는 것을 중시했다면서요.

하이데거의 **존재론**은 이전까지의 존재론과는 달라요. 이전의 존재론은 존재자를 문제삼았어요. **존재자**란 '존재하는 어떤 것'을 말해요. 하지만 하이데거는 존재에 주목했어요. **존재**란 '존재자의 존재상태, 존재방식'을 말해요. 예를 들어 "마동석은 용감하다"라는 문장에서 마동석이 '존재자'예요. 그리고 존재자인 마동석이 존재하는 방식, 즉 용감하게 존재하는 방식이 '존재'이고요.

플라톤 이후 서양철학은 만물의 근원이 무엇인지, 실체가 무엇인지 등 존재자에 대해서만 주목했어요. 존재에 대해서는 이야기한 적이 없어요. 그래서 하이데거는 서양철학의 역사를 **존재 망각의 역사**라고 해요. 존재를 이토록 망각하고 살았기에, 우리는 존재에 관한 물음을 들으면 이상한 기분이 들어요.

마동석은 용감하다
존재자 존재(존재방식)

서양철학의 역사는
'존재 망각의 역사'

왜 우주는 존재하는 것일까요?

청중 웃음

이것은 우주의 신비입니다. 엄숙해지세요.

왜 세상이 존재하고, 왜 우리가 그 속에 있을까요?

왜 '무'가 아니라, 무엇인가가 있나요?

이것이야말로 초궁극적인 '왜'라는 질문입니다.

-짐 홀트, 미국의 철학자이자 과학작가, 존재론적 수수께끼에 주목한 세계적 베스트셀러
『세상은 왜 존재하는가?』의 저자, TED 강연, 〈우주는 왜 존재하는가〉2014.9.2 중에서

그런데 가만히 생각해 보세요. 우주가 왜 존재하는지, 우리가 왜 존재하는지, 놀라운 것 아닌가요? 하이데거는 세계는 왜 존재하는가, 나는 왜 존재하는가, 더 나아가 존재한다는 것은 무엇인가, 존재란 무엇인가에 답을 하기 위해 『존재와 시간』이라는 무시무시한 책을 썼어요.

현존재

하이데거는 존재가 뭔지 밝히기 위해서는, 먼저 인간이 뭔지 밝혀야 한다고 봤어요. 오직 인간만이 자신의 존재를 문제삼을 수 있으니까요. 오직 인간만이 '나는 누구인가?', '나는 왜 존재하는가?'라는 질문을 던질 수 있죠.

하이데거는 '인간'이라는 말은 오염된 단어라 봤어요. 신의 형상에 따라 만들어진 만물의 영장이라는 선입견이 들어 있다는 거죠. 이런 단어로는 존재를 해명할 수 없다고 봤어요. 하이데거는 '인간' 대신 **다-자인**Da-sein이라 부르자고 해요. Da는 존재자가 존재하는 장소인 '거기'를, Sein은 '있음'을 의미해요. 다-자인을 '거기-있음', 우리말로는 **현존재**라고 해요. 여기에서 '거기'는 일종의 의미의 그물망이에요. 인간은 다른 존재자들과 관계를 맺으면서 생긴 의미 속에서 존재한다는 거죠.

따라서 현존재에게 세계는 객관적인 대상이 아니에요. 이전의 철학자들은 나를 주체, 세계를 객체로 놓고, 주체인 내가 객체를 어떻게 인식하는지에 주목했어요.

하지만 하이데거에겐 이러한 구분이 무의미해요. 그는 세계를 인간현존재과 다양한 방식으로 관계를 맺음으로써 형성된 일종의 의미체계

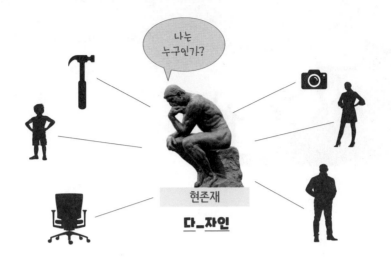

라고 봤어요. 현존재는 그러한 세계와 관계를 맺을 때에만 비로소 현존 재가 된다고 주장해요.

현존재의 3가지 특징

첫째, 현존재는 실존해요.

아리스토텔레스는 인간을 인간답게 만드는 것은 이성이라 고 봤죠. 하지만 하이데거는 현

미어캣은 존재한다.

현존재는 실존한다.

존재를 현존재로 만드는 것은 현존재의 존재방식이라고 해요.

동물과 현존재는 존재방식이 달라요. 미어캣은 다 같은 미어캣이 죠. 하지만 현존재는 개별성과 고유성이 있기에, 다 다른 현존재예요. 트 럼프, 마돈나, 김필영 각기 개별성과 고유성이 있죠. 그런 의미에서 미어 캣은 존재하지만, **현존재는 실존한다**고 해요.

둘째, 현존재는 **염려하는 존재자**예요.

염려하는 존재자

이제까지 철학자들은 인간이 이성을 가지고 있느니, 주체가 있느니 해왔어요. 하지만 하이데거는 현존재의 특징을 염려하는 존재자라고 해요. 현존재는 자신을 염려하고, 자신과 관계를 맺고 있는 도구들을 배려하고, 자신과 관계를 맺고 있는 다른 사람들을 염려하는 존재자란 거죠.

셋째, 현존재의 또 다른 특징은 피투성이에요.

피투성

세상에 던져진 존재자

현존재는 자신이 태어나고 싶어서 태어난 게 아니에요. 죽고 싶어 죽는 것도 아니고요. 현존재는 그냥 태어나진 거예요. 그냥 세상에 던져진 존재자인 거죠. 이것을 '던져졌다'는 의미에서 **피투성**이라고 해요.

도구와 타자

세계에는 현존재만 있는 것이 아니죠. 사물들도 있고, 다른 현존재들도 있어요.

먼저 사물들의 존재방식을 보죠. 의자는 사람이 앉는 쓸모가 있어요. 카메라는 사진을 찍는 쓸모가 있고요. 망치는 못을 박는 데 쓸모가 있죠. 사물들의 존재방식은 '현존재에게 어떤 쓸모가 있느냐'에 달려 있어요. 이러한 도구의 존재방식을 **손-안에-있음**이라고 해요.

손-안에-있음

현존재

눈-앞에-있음

여기에 종이 뭉치가 있다고 해보죠. 나에게는 아무런 쓸모가 없어요. 이것은 나에게는 도구가 아니죠. 그냥 있는 거예요. 그런데 내가 '이게 뭐지?' 하고 펴봤다고 하죠. 이때 이것은 나에게는 도구가 아니라 인식의 대상이 돼요. 이러한 존재방식을 **눈-앞에-있음**이라고 해요.

이제까지 철학은 대상을 인식론적 관점에서만 봤어요. 이것이 무엇인지, 실체가 무엇인지를 아는 것이 중요했죠. 하지만 하이데거는 중요한 것은 사물들의 존재방식, 즉 현존재와 관계를 맺는 방식인 쓰임새라고 봤어요.

현존재는 다른 현존재, 타자들과도 관계를 맺어요. 하이데거는 이러한 타자들을 **함께-있음**이라고 해요. 현존재는 대상도 타자와의 관계 속에서 봐요.

예컨대 아침에 주차장에서 내 차의 낙서를 발견하면, 우리는 '내 차에 낙서가 있다'라고 생각하지 않고, 즉각적으로 '어떤 놈이 내 차에 낙서를 했어?'라고 생각하죠. 이처럼 우리는 대상도 타자들과의 관계 속에서 보는 거죠.

함께-있음

현존재

시간성

시간은 흐르죠. 과거는 이미 지나갔고, 현재는 바로 이 순간이며, 미래는 아직 오지 않았어요. 인간은 이러한 시간 속에서 존재해요. 그런데 시간은 정말로 과거에서 현재로, 현재에서 미래로 객관적으로 흐르던가요?

하이데거는 시간을 '현존재의 존재방식을 드러내는 지평'이라고 해요. 쉽게 말해 현존재는 시간의 관점에서 봐야 그 존재방식이 드러난다는 거죠.

현존재에게 과거, 현재, 미래는 뒤엉켜 있어요. 현존재에게 시간은 과거에서 현재로, 현재에서 미래로 직선적으로 흐르는 게 아니에요. 현존재에게 과거, 현재, 미래는 상호의존적이고 동시적이에요.

예를 들어 현존재는 자신의 관심을 시간 속에서 전개시켜 나가요. 현존재는 '미래에 나는 화가가 되겠다'라는 식으로 자신의 관심을 미래의 가능성으로 투사해요. 이것을 **기투**기획투사라고 해요. 그런데 그러한 가능성은 진공 상태에서 나오는 게 아니죠?

현존재는 과거의 경험, 과거에 자신이 처해 있었던 상황들의 영향을 받고, 그것을 통해 현재의 자신을 규정하면서 미래 자신의 가능성을 구상해요. 이러한 존재방식을 **시간성**이라고 해요.

▶▶ 에드바르 뭉크, 〈죽음의 침대〉(1895)

죽음을-미리-앞서-봄

시간은 무한한 과거로부터 시작되었고, 무한한 미래로 이어져요. 이처럼 객관적인 시간은 무한해요. 그런데 인간은 어느 순간 태어나고, 어느 순간 죽어요. 그래서 현존재의 시간성은 유한해요. 즉, 시간은 무한하지만, 시간성은 유한한 거죠.

하이데거는 현존재가 현재를 초월하여 미래로 자신을 던질 수 있다고 봤어요. 따라서 현존재는 죽음을 미리 앞서 가서 볼 수 있어요. "죽음을 자각하는 자만이 일상성에서 벗어나 본래적인 삶을 살 수 있다." 하이데거는 우리가 미리 죽음에 대해 경험해 봄으로써 삶의 방식을 바꿀 수 있다고 해요.

우리는 아무 생각 없이 살죠. 별 생각 없이 그냥 살아요. 다른 사람의 눈을 의식하며, 좋은 학교, 승진, 사회적 명성, 돈을 얻으려고 버둥거리며 살아요. 그런데 갑자기 시한부 선고를 받으면, 그제야 내가 누구인지, 어떻게 살아왔는지, 나에게 정말로 중요한 것이 뭔지, 질문을 하게 되겠죠. 내가 죽는다는 사실을 똑바로 보고 나서야 내 삶의 의미를 찾으려 해요. 이것이 **죽음을-미리-앞서-봄**의 의미예요. 스티브 잡스의 얘기를 들어보죠.

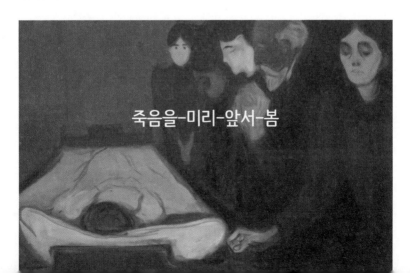

죽음을-미리-앞서-봄

스티브 잡스

17세 때 이런 경구를 봤어요.

"하루를 살더라도, 마지막 날인 것처럼 살아라. 언젠가는 그 길이 옳았음이 보이리라."

그후로 매일 아침 거울을 보면서 나 자신에게 묻곤 했어요.

"오늘이 내 인생 마지막 날이라면, 지금 하려는 일을 할 것인가?"

'곧 죽는다'는 생각은 인생의 결단을 내릴 때마다 가장 중요한 연장이었어요. 모든 외부의 기대, 자부심, 수치스러움, 실패에 대한 두려움 등은 죽음 앞에서는 의미가 없어지고, 진실로 중요한 것들만 남기 때문이죠.중략

우리의 시간은 제한되어 있어요. 타인의 삶을 사느라 인생을 낭비하지 마세요. 가장 중요한 것은 가슴과 영감을 따르는 용기를 내는 것이에요. 중략

어렸을 때『전세계편람』이라는 재기 발랄한 잡지를 좋아했어요. 마지막 호의 뒤표지에 모험을 떠나는 사람이 만났을 법한 시골 길 사진이 실려 있고, 그 밑에 이런 문구가 있었어요.

Stay Hungry, Stay Foolish. 항상 갈망하세요. 미련할 정도로 추구하세요.

— 스티브 잡스의 스탠포드대학 졸업 축사2005.6.12 중에서

죽음을 앞두면 정말로 중요한 게 보여요. 그 중요한 것을 뺀 나머지는 모두 부차적인 것이죠. 이처럼 현존재는 자신이 언젠가는 죽는다는 것을 미리 앞서 가서 봄으로써 새로운 삶을 살 수 있어요. 그것은 현존재의 가장 본래적인 본성으로 돌아간다는 것을 의미해요

영상으로 한 번 더!

막장 드라마는 이제 그만
들뢰즈: 차이와 반복, 나무와 리좀, 사건의 존재론

1980년대를 마르크스의 시대라고
한다면, 1990년대는 푸코의 시대이고,
2000년대는 가히 들뢰즈의 시대라고
할 수 있어요. 질 들뢰즈1925~1995 관

1980년대   1990년대   2000년대

마르크스의 시대   푸코의 시대   들뢰즈의 시대

련 논문도 엄청나게 쏟아져 나왔어요. 사람들이 그만큼 들뢰즈에 대해
서 열광한다는 것이죠. 문제는 들뢰즈의 철학이 어렵고 생소하고, 어찌
보면 좀 이상해 보이기도 한다는 거예요. 하지만 가만히 들여다보면, 흥
미로운 부분이 있고 끌리는 부분도 있어요.

차이와 반복

플라톤, 중세 기독교, 칸트, 헤겔의 철학을 관통하는 핵심 아이디어는 바
로 **본질주의**예요. 어떤 진짜가 있다는 것, 변하지 않는 진짜가 있다는 것

동일성의 철학   차이의 철학

플라톤   중세 기독교   칸트   헤겔   들뢰즈

이죠. 그것이 바로 이데아의 세계이고, 신의 세계이고, 물자체예요. 이러한 철학을 **동일성의 철학**이라고 해요.

인상파 화가 모네가 그린 〈루앙 대성당〉 연작을 보죠. 모네는 1892~1894년 루앙 대성당 앞의 카페에 앉아 똑같은 장면을 반복해 20여 장 그렸어요. 그림이 그때그때 달라요.

그렇다면 루앙 대성당의 이데아는 뭔가요? 그런 것 없어요. 플라톤이나 중세 철학자, 칸트나 헤겔은 변하지 않는 본질이 있다고 했지만, 그런 것은 없어요. 원본이 없으니, 각각의 그림은 틀린 것이 아니라 다른 거죠. 루앙 대성당의 이데아를 없애 버리니, 비로소 차이가 보이는 거죠.

들뢰즈는 세계의 존재를 설명하는 근본개념은 동일성이 아니라 이와 같은 **차이**라고 봤어요. 차이 개념을 통해 플라톤, 중세 기독교, 칸트, 헤겔로 이어지는 주류 서양철학에 반대하고 있는 거죠.

공장에서 반복적인 공정을 거치면 동일한 생산물이 나오죠? 이를테면 똑같은 타이어가 나와요. 그런데 불량품이 나오면 버리죠? 불량품, 즉 차이를 숨어 버리기 때문에 제품은 동일성을 가지게 돼요.

하지만 들뢰즈는 차이를 긍정해요. 차이를 버리지 않고 긍정하면,

모네, 〈루앙 대성당〉 연작(1892~94)

반복을 통해 차이가 만들어져요. 모네가 루앙 대성당을 반복해 그렸기 때문에 〈루앙 대성당〉 연작들이 서로 차이가 있는 것처럼요. 마찬가지로 앤디 워홀은 더 팩토리The factory, 공장라고 불리는 작업실에서 반복적으로 마를린 먼로, 모택동, 캠벨 수프 캔 그림을 생산하면서 차이를 만들어냈어요.

들뢰즈는 '차이를 긍정한다'고 했죠? 이 말은 단지 서로 다르다는 걸 인정한다는 것만이 아니에요. 나를 끊임없이 다른 나로 만들어 보자는 거예요. 지금의 나와 차이가 있는 나로 변화해 보자는 거죠. 그런 의미에서 들뢰즈에게 차이는 만들어내야 할 미래의 차이라고 할 수 있어요.

끊임없이 다른 나를 만들어보자.

들뢰즈

나무와 리좀

고대 그리스 후기 철학자인 플로티노스? ~ 270는 이데아의 자리에 일자The One를 놓고, 일자로부터 정신과 영혼과 물질이 흘러나온다고 했어요. 질 들뢰즈와 펠릭스 가타리는 이를 **나무형 사유방식**이라고 해요. 세계에 중심이 되는 어떤 것이 있고, 세계가 그 중심으로부터 위계질서를 가지고 존재한다는 식의 사고방식이죠.

플로티노스가
본 세계

일자(The One)	
정신	이동가능
영혼	
물질	↓

나무형 사유방식

들뢰즈와 가타리는 **리좀형 사유방식**으로 세계를 보자고 해요. 리좀은 땅속줄기란 뜻이에요. 땅속줄기에는 중심도 없고, 질서도 없고, 패턴도 없어요. 그냥 여러 줄기들이 닥치는 대로 갈라지고

나무형 사유방식

무엇이 존재하는가?

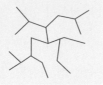

리좀형 사유방식

어떻게 관계를 맺는가?

무엇과
접속하느냐가
중요

접속해요. 또 접속이 끊어지기도 해요. 그렇게 뒤엉켜 있어요. 여기에는 위계질서가 없고, 모두 평등한 관계를 맺고 있어요.

나무형 사유방식은 '존재하는 사물들이 무엇이냐'를 물어요. 반면 리좀형 사유방식은 '사물들이 서로 어떤 관계를 맺느냐'를 물어요.

리좀형 사유방식은 사물의 성격이 다른 사물과 어떤 관계를 맺느냐에 따라 결정된다고 봐요. 예컨대 입은 음식과 접속하면 먹는 기관이 돼요. 애인과 접속하면 키스하는 기관이 되고요. 입이 무엇인지가 중요한 것이 아니라, '무엇과 접속하느냐'가 중요하다는 거죠.

리좀형 사유방식은 사물이 다른 사물들과 관계를 맺는 방식을 강조했다는 점에서는 구조주의 입장과 비슷해요. 하지만 관계가 고정된 것이 아니라 계속 변한다고 본다는 점에서는 후기 구조주의라고 볼 수 있죠.

생산적 욕망

인간의 의식 아래 저 깊은 곳에는 무의식이 도사리고 있죠. 프로이트와 라캉은 인간의 무의식에 원초적이고 성적인 욕망의 덩어리가 있다고 봤어요. 이러한 욕망은 결핍으로 인해 생기고요. 이들은 그 결핍을 채우면 욕망이 사라질 것이라고 봤어요.

프로이트는 욕망을 막장 가족 드라마 소재로 만들었어. 욕망은 그런 게 아니야!

하지만 들뢰즈와 가타리는 이러한 결핍은 채워지지 않는다고 해요. 결핍을 채우면 욕망이 사라질 것이라는 건 착각이란 거죠. 결핍은 차를 산다고, 다른 신발을 산다고, 공부를 한다고 채워지는 게 아니라고 본 거죠.

들뢰즈와 가타리는 프로이트가 욕망을 무의식의 성적 욕망, 오이디푸스 콤플렉스니 하며, 막장 가족 드라마의 소재로 만들어 버렸다고 비판해요.

또한 이들은 욕망은 막연한 결핍이 아니며, 아주 구체적이라고 해요. 먹고 싶다, 돈 벌고 싶다, 그림 그리고 싶다, 음악 하고 싶다처럼요. 이러한 욕망은 '무엇과 접속하느냐'에 따라 달라져요. 입이 음식과 접속하면, 먹고 싶다는 욕망이 생겨요. 친구와 만나면, 말하고 싶다는 욕망이 생기고요. 애인을 만나면, 키스하고 싶다는 욕망이 생겨요.

들뢰즈와 가타리는 욕망을 끊임없이 새로운 것을 생산하려는 긍정적인 힘으로 봤어요. 이때 욕망은 개인적이기만 한 게 아니고, 끊임없이 운동을 하면서 뭔가를 생산하는 우주의 근본적 운동원리라고 봤어요. 마치 스피노자의 '코나투스'나 니체의 '힘에의 의지'처럼요.

사건의 존재론

들뢰즈는 생명체들을 포함해 모든 개체들을 '기계'라고 해요. 기계는 다른 기계와 접속하면 그 성격이 달라지죠. 모터에 날개를 달면 선풍기가 되고, 바퀴를 달면 자동차가 되는 것처럼요. 마찬가지로 모든 개체는 다른 개체와의 접속을 통해 성격이 달라진다고 봤어요. 예를 들어보죠.

여기에 학생, 교사, 책상, 칠판 같은 기계들이 있다고 해보죠. 들뢰즈와 가타리는 이처럼 기계들학생, 교사, 책상, 칠판 등이 접속된 곳교실을 **영토화**라고 해요. 교실에서는 조용히 해야 하고, 공부를 해야 하고, 잠을 자서는 안 된다는 규칙이 있죠. 이러한 규칙들을 **코드화**라고 해요. 그리고 영토화와 코드화가 관계를 맺는 장을 **배치**라고 해요.

그런데 이 교실에 방송국 예능 프로그램의 카메라를 설치했다고 해보죠. 그러면 교실이라는 영토화가 카메라와 접속함으로써 갑자기 촬영장이 되어 버려요. 그리고 규칙도 바뀌요. 예능 촬영장이 되었으니, 규

사건의 존재론

영토화
접속하는 곳

코드화
규칙

배치
영토화와 코드화가 관계를 맺는 장

5분 뚝딱 철학 — 생각의 역사 2

칙은 재미있는 상황을 연출하는 것으로 코드화가 되죠. 교실이라는 배치가 풀리면서 촬영장으로 다시 재배치됐다고 할 수 있죠.

그런데 이러한 배치는 하나의 사건이라고 할 수 있어요. 이처럼 '무엇에 접속하느냐'에 따라 사건이 끊임없이 벌어져요. 기계들은 욕망을 가지고 있기 때문에, 그들의 접속으로 만들어진 배치도 끊임없이 변해요.

전통적인 존재론에서는 대상을 중요시했어요. 학생, 교사, 책상, 칠판 같은 것 말이에요. 대상들 사이에 벌어지는 사건은 우연적이고 일시적인 것으로 봤어요. 그래서 철학에서 사건을 다루지 않았어요.

그런데 들뢰즈와 가타리에게 중요한 것은 대상들이 아니에요. 그들은 기계들의 배치를 통해 벌어지는 사건을 중시했어요. 이러한 사건 속에 의미가 있다는 거죠. 이러한 존재론을 **사건의 존재론**이라고 해요.

정리해 보죠. 들뢰즈와 가타리는 『철학이란 무엇인가』라는 책에서 "철학은 새로운 개념을 창조하는 작업"이라고 해요. 서로 다른 철학적 개념들이 접속하면서 새로운 철학적 개념이 생겨난다는 것이죠.

철학은 새로운 개념을 창조하는 작업이다. -들뢰즈, 가타리

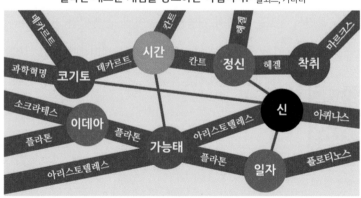

예컨대 철학적 개념은 리좀형 사유방식으로 보면 이렇게 말할 수 있어요.

소크라테스와 플라톤이 접속하면서 '이데아' 개념이 생겨났어요. 플라톤과 아리스토텔레스가 접속하면서 '가능태'라는 개념이 생겨났고요. 그리고 플라톤과 플로티노스가 접속하면서 '일자' 개념이 나왔어요. 아리스토텔레스와 토마스 아퀴나스가 접속하면서 '신'이라는 개념이 나왔고요. 또한 과학혁명과 데카르트가 접속하면서 '코기토'나는 생각한다는 뜻. 생각하는 존재로서의 인간'라는 개념이 생겨났어요. 데카르트와 칸트가 접속하면서 '시간과 공간' 개념이 생겼고요. 그리고 칸트와 헤겔이 접속하면서 '절대정신'이라는 개념이 나왔고, 헤겔과 마르크스가 접속하면서 '착취' 개념이 생겨난 거죠.

들뢰즈는 철학이 철학자의 뒤를 파고들어가 기이하고 색다른 새끼를 낳는 작업이라고 말해요. 철학은 새로운 개념을 창조하는 작업이란 거죠. 그런데 이 말은 들뢰즈나 되니 할 수 있는 소리예요. 들뢰즈는 서양철학사가 무엇을 중심으로 어떻게 전개됐으며, 어떻게 발전해 왔는지 꿰뚫고 있었을 거예요. 그러니 그 접속을 풀고, 자신만의 방식으로 재접속을 하면서 새로운 철학적 개념을 만들어낼 수 있었던 거죠. 따라서 철학을 하려면, 먼저 철학적 개념을 체계적으로 정리해야 해요. 그래야 해체를 하든, 접속을 하든, 리좀을 하든 할 수 있는 것이죠.

영상으로 한 번 데!

사기꾼이라고 의심받은 철학자

데리다: 해체주의 (feat. 그라마톨로지)

회화, 패션, 건축에서 해체주의는 뭔가 전통적이고 이성적이고 정형화된 형식으로부터 벗어나고자 하는 것 같아요. 해체주의에 사람들이 열광하는 이유는 빈틈없는 이성으로부터 벗어나는 해방감을 주기 때문일 거예요.

　　자크 데리다1930~2004는 알제리 출신의 프랑스 철학자예요. 그에 대한 호불호는 굉장히 갈렸어요. 미국에서는 엄청난 인기를 얻었죠. 하지만 정작 프랑스에서는 인정을 못 받았어요. 데리다의 철학은 알맹이가 별로 없다며, 철학자로 취급하지 않는 사람도 있었어요. 이러한 논란에도 불구하고, 데리다가 해체주의의 선구자이며, 그가 제시한 철학적 개념들이 현대철학에 많은 영향을 미치고 있는 것도 사실이에요.

해체주의

서양철학에서는 본질과 현상, 관념론과 유물론, '세상은 변하느냐, 변하지 않느냐' 같은 문제들이 반복적으로 나타나요. 서양철학은 가운데 경계선을 그어놓고, 이데아의 세계, 이성 등을 중심부로 규정했어요. 현실세계, 감각을 주변부로 규정했고요.

니체는 이러한 전통의 형이상학을 파괴하려고 했죠. 그래서 '망치를 든 철학자', '전복의 철학자'라고 불렸어요. 그런데 니체의 후예인 데리다는 좀더 영리해요. 데리다는 다 때려 부수면 남는 자재를 쓸 수 없으니, 그냥 해체했다가 다시 조립하자고 해요. 그래서 데리다의 입장을 **해체주의**라고 해요.

말과 글

서양철학에는 뿌리 깊은 말 중심주의가 있어요. 말은 그리스어로 '로고스'라고 해요. 그래서 요한복음의 "태초에 로고스가 있었다"는 말을 "태초에 말씀이 있었다"로 번역해요. 따라서 말 중심주의는 로고스 중심주의라고 할 수 있어요. 그리고 로고스는 '이성'이라는 뜻도 있어요. 따라서 로고스 중심주의는 이성 중심주의로 이어져요. 이처럼 서양철학의 전통에는 말 중심주의, 로고스 중심주의, 이성 중심주의가 있어요.

데리다는 이 점에 반대해요. 문자는 말의 대리물, 보충 수단이 아니라

고 해요. 커피를 마시면서 "이 커피는 왜 이렇게 맛이 없냐?"라는 말을 했다고 하죠. 이때 우리 마음속에는 과거에 마셨던 커피에 대한 기록경험들이 있죠? 데리다는 이러한 기록을 일종의 텍스트로 봐요. 이때 **텍스트**란 단지 문자만이 아니에요. 인간의 몸과 정신에 남겨진 기억과 상처를 포함하는 넓은 개념이에요.

　말이 사유라면, 문자는 그러한 사유를 가능하게 하는 몸이에요. 말이 기의라면, 문자는 기의의 물질적 조건인 기표이고요. 몸이 없으면 사유가 불가능하죠. 물질적 기표가 없으면 기의가 있을 수 없고요. 마찬가지로 데리다는 문자가 없으면, 말을 할 수 없다고 봤어요. 데리다는 이처럼 **그라마톨로지**Grammatology, 문자학를 통해 문자의 힘을 강조하면서 로고스 중심주의, 이성 중심주의를 해체하고자 했어요.

차연

데리다는 해체의 전략으로 차연이라는 개념을 내세워요. **차연**은 '차이'와 '지연'의 합성어인데, 데리다가 만든 신조어예요.

　언어학자인 페르디낭 드 소쉬르1857~1913는 기호를 기표와 기의로 구분했어요. '사과'라는 소리는 기표이고, 이 소리를 듣고 떠오르는 개념이 기의예요. 기표와 기의는 우연히 결합된 것이죠. '사과'라는 기표가 배나 바나나를 가리킬 수도 있었던 거죠.

그렇다면 기표와 기의는 어떻게 연결될까요? 소쉬르는 기의는 기표들 간의 차이에 의해 결정된다고 주장해요.

친구가 "~주에 놀러가자"라고 말했는데, 주위가 시끄러워서 앞의 말을 못 들었다고 해보죠. 그래서 '~주' 자로 끝나는 도시를 떠올려 보니 광주, 전주, 진주가 생각났어요. "광주라고?" 물어보니 아니라고 해요. 이번에는 "전주라고?" 물어봤더니 아니라고 해요. 결국 '아, 진주에 놀러가자는 말이구나' 하고 결론을 내려요. 즉, 진주의 기의는 광주도 전주도 아니라는 차이에 의해 결정된다는 거죠. 이것이 소쉬르의 차이 개념이에요.

데리다는 여기에서 한발 더 나아가요. 지도책을 보니, '~주' 자로 끝나는 도시가 광주, 전주, 진주 말고도 굉장히 많아요. 상주, 성주, 의주, 양주, 공주… 등. 그래서 친구가 가자는 도시가 어디인지를 알려면 끝없이 물어봐야 해요.

의미가 차이에 의해 결정되긴 해요. 하지만 의미의 구조는 이처럼 불안정하고 변덕스러워요. 그러다 보니 의미의 결정이 계속 지연돼요. 결국 의미가 결정되지 않는다는 거죠.

차연의 개념은 진짜와 가짜의 구별을 해체하자는 사상과 맞아떨어져요. 플라톤은 현실세계는 가짜지만, 이데아 성분의 함량에 따라 좋고 나쁨이 결정된다고 봤지만, 데리다는 진짜는 없다고 해요. 있는 것은 모조리 가짜예요. 진짜도 가짜도 없고, 그냥 차이만 있다는 거죠.

진짜도 가짜도 없고, 있는 것은 차이뿐!

데리다

그런데 데리다는 '차연'의 의미도 차연되기 때문에 명확하지 않고, 의미가 고정된 것처럼 보인다면서 유보니 공간화니 대치니 하며 막 바꾸어 불러요. 데리다의 책을 읽다 보면 열받을 수 있어요. 그래서 그를 사기꾼이 아닌가 의심의 눈초리로 보는 사람들도 있었어요.

데리다의 주장은 텍스트에는 어떤 고정된 의미가 없고, 해석만 있다는 주장으로 볼 수도 있어요. 그런 점에서 보면, 이 이야기는 데리다에 대한 저의 하나의 해석 정도로 이해해도 될 것 같아요.

영상으로 한 번 더!

아인슈타인에게 딴지 건 철학자

베르그송: 순수 지속으로서의 시간

시간의 공간화

우리는 공간을 나누어 사용해요. 도시는 주거지역, 상업지역, 공장지역으로 구분하죠. 건물은 사무실, 휴게실, 화장실로 구획해서 사용하고요.

시간도 마찬가지예요. 학교에 가면 요일별, 시간별로 수업을 하죠. 회사에 가면 출근시간, 점심시간, 퇴근시간으로 시간을 구분하고요. 시간을 구분하는 것에 익숙해진 아이들은 방학 때만 되면 시간표를 짜죠. 시간을 공간처럼 이미지화해서 생각하는 거예요.

일상생활에서도 시간을 공간처럼 말해요. "월드컵 시즌이 다가오고 있다"처럼 시간을 거리로 표현하기도 하죠. "사건이 뒤로 갈수록 미궁으로 빠져들었다"처럼 시간을 방향으로 서술하기도 하고요.

영어에서도 마찬가지예요. "This technique has been passed down to the present day이 기술은 오늘날까지 전해져 내려오고 있다"처럼, 시간을 높이로 말하기도 해요. "We finished 10 minutes ahead of time우리는 10분 일찍 끝냈다"처럼, 시간을 위치로 서술하기도 하고요. 이렇듯 시간을 공간처럼 생각하는 것을 **시간의 공간화**라고 해요.

제논의 역설과 시간과 공간

【질문】시간을 공간처럼 다룰 수 있을까요?

그렇지 않아요. 시간과 공간은 전혀 달라요. 우리는 공간 속을 왔다 갔다할 수 있지만, 시간 속에서는 그렇게 할 수 없죠. 우리는 특정 공간에 정지해 있을 수 있지만, 특정 시간에 정지해 있을 수는 없어요. 시간은 끊임없이 흘러요.

제논이 제시한 '화살의 역설'을 예로 들어보죠. 궁수가 활을 쏘면, 화살이 날아가서 과녁에 도달하겠죠. 그런데 화살이 과녁에 꽂히려면, 그 절반이 되는 지점을 통과해야 해요. 그리고 그 절반 지점을 통과하려면, 다시 그 절반이 되는 지점을 통과해야 하고…, 결국 화살이 과녁에 도달하기 위해서는 무한한 지점을 통과해야 해요.

그런데 화살이 어떻게 유한한 시간 동안 무한한 지점을 통과할 수 있겠어요. 따라서 '화살의 역설'은 '나는 화살은 과녁에 도달할 수 없다', '나는 화살은 날지 않는다', 즉 운동은 불가능하다고 해요.

반면, 프랑스의 현대 철학자 베르그송1859~1944은 운동은 결코 나눌 수 없다고 봤어요. 그런데 제논이 나는 화살의 운동을 나눴기 때문에, 이런 말도 되지 않는 역설이 생겼다고 비판해요.

시작부터 끝까지 한 번에 운동하는 것과, 시작에서 중간까지 한 번 운동한 다음 중간에서 끝까지, 이렇게 해서 두 번 운동하는 것은 다르죠. 운동을 나누면 질이 변해요. 따라서 베르그송은 운동은 나눌 수 없다고 한 거죠.

또한 운동이란 일정 시간 동안 공간적 위치가 변하는 거예요. 그래서 운동을 나눈다는 것은 곧 시간을 나눈다는 거죠. 그런데 시간은 나눌 수 없죠? 따라서 베르그송은 운동도 나눌 수 없다고 해요.

한 대중 강연에서 베르그송에게 당신의 철학을 한마디로 요약해 달라고 했어요. 베르그송은 이렇게 말했어요.

"시간은 존재한다. 그리고 그것은 공간이 아니다." 베르그송 철학의 중심에는 이렇듯 시간이 있어요. 그래서 그의 철학은 '시간의 철학'이라고 할 수 있어요.

순수 지속으로서의 시간

눈을 감고 명상할 때를 생각해 보세요. 여러 생각과 감정들이 중첩해 생기기도 하고, 동시에 사그라들기도 해요. 그러면서 우리의 의식은 끊임없이 흘러가요. 이때 시간은 1초, 2초, 3초, 이렇게 구분되어 흐르는 게 아니에요. 과거와 현재, 미래가 정확하게 구분되는 것도 아니고요. 과거의 감정이 현재의 감정과 뒤섞이기도 해요. 미래에 대한 생각이 현재의 생각과 뒤섞이기도 하고요. 베르그송은 시간은 원래 이런 거라며, 이를 **지속**Duration이라고 해요. 여기서 지속은 시간이 흐름에 따라 개별자가 질적인 변화를 겪는 것을 말해요.

"순수한 지속은 명확한 윤곽도 없고,… 수와는 어떠한 유사성도 없이 서로 녹아들고 서로 침투하는 질적인 변화의 연속일 것이다." 베르그송의 시간을 **순수 지속으로서의 시간**이라고 해요.

베르그송과 아인슈타인

베르그송은 시간을 수량화해서 다루는 물리학에 문제가 있다고 봤어요. 그래서 아인슈타인이 파리에 왔을 때, 상대성이론이 갖고 있는 여러 철학적 문제점들을 지적했죠.

아인슈타인의 특수상대성이론에 따르면, 움직이는 대상의 시간은 느려져요. 베르그송은 이때 느려지는 것은 시간 자체가 아니라 시계의 속도와 운동의 속도라고 주장했어요. 아인슈타인은 이렇게 대답했어요.

"과학자의 시간과 철학자의 시간은 서로 다른 모양이군."

베르그송은 상대성이론에 상을 주어서는 안 된다고 노벨상위원회를 설득했어요. 결국 아인슈타인은 상대성이론이 아니라 광전효과를 발견한 공로로 노벨상을 받았죠. 나중에 베르그송은 자신이 상대성이론의 몇몇 개념들을 잘못 이해했다고 인정했고, 자신의 책 『지속과 동시성』을 사후 전집에서 빼달라고 요청했어요. 매우 쿨하죠? 시간은 참 다루기 어려운 주제예요. 도대체 시간이란 무엇일까요?

영상으로 한 번 더!

카이사르 암살사건은 과거인가?

맥타가트: 시간은 존재하지 않는다

(feat. 슈메이커, 프라이어)

현대철학에서 중요한 논란 중 하나가 '시간이 흐르는가, 흐르지 않는가' 하는 문제예요.

기원전 5세기 무렵 헤라클레이토스는 최초로 '시간이 흐른다'로 해석할 수 있는 주장을 했어요. 동시대의 파르메니데스는 '시간이 흐르지 않는다'라고 해석할 수 있는 주장을 했고요. 그 후에 2500년 동안 잠잠했는데, 20세기에 들어 아인슈타인과 철학자 J. H. E 맥타가트1866~1925가 파르메니데스의 진영에 가담하면서 논쟁에 다시 불이 붙었어요. 아

인슈타인은 상대성이론을 통해 시간이 흐르지 않는다는 주장에 강력한 근거를 마련했어요. 맥타가트는 철학적 논증을 통해 시간이 존재하지 않는다는 결론에 도달했고요.

시간의 두 가지 특징

시간은 무엇일까요? 맥타가트는 시간의 특징에 대해 두 가지를 말해요.

시간은 흐르는 것이다

2026년 월드컵은 지금 2024년 기
준으로 보면 미래지만, 2026년에
는 현재가 되고, 2030년에는 과거
가 되겠죠. 우리는 흔히 이런 말

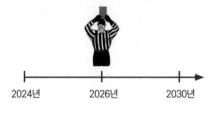

을 해요. "과거는 이미 지나갔다. / 미래는 아직 오지 않았다. / 미래가
현실로 다가왔다." 맥타가트는 이런 표현은 언어적 은유가 아니라 실제
로 시간의 흐름을 나타낸다고 주장해요.

모든 존재자는 과거/현재/미래 속성을 가지고 있다

맥타가트는 어떤 존재자가 과거-속성
을 가지고 있으면 과거-존재자가 되
고, 현재-속성을 가지고 있으면 현

과거-속성　　현재-속성　　미래-속성

재-존재자가 되며, 미래-속성을 가지고 있으면 미래-존재자가 된다고
해요. 카이사르는 과거-속성을 가지고 있어요. 트럼프는 현재-속성을,
2026년 월드컵은 미래-속성을 가지고 있고요.

맥타가트 논증 — 시간은 존재하지 않는다

맥타가트는 다음과 같은 철학적 논증을 통해 "시간이 존재하지 않는다"
고 주장해요.

> 1. 시간이 존재한다. (가정)
> 2. 시간이 존재하면 세상에 변화가 있다.
> 3. 모든 사건은 과거-사건, 현재-사건, 미래-사건이다.
> 4. 과거-속성, 현재-속성, 미래-속성은 양립 불가능하다.
> 5. 시간은 존재하지 않는다. (결론)

먼저 '1. 시간이 존재한다'고 가정하면, '2. 세상에 변화가 있다'는 것이죠. 뒤집어 말하면, 세상이 변하지 않는다면 시간은 존재하지 않는다는 말이 돼요. 우주 전체가 한순간에 멈추어 버리면, 시간도 함께 멈추어 버릴 거예요.

무질서도
낮음

무질서도
높음

엔트로피 증가

시간의 방향

시간의 방향을 열역학 제2법칙무질서도 증가 법칙으로 설명하는 사람들은 이런 입장에 동의할 거예요. 이들은 무질서도가 낮은 상태에서 높은 상태로 이행하는 것을 시간의 흐름이라고 해요. 무질서도가 증가하는 방향이 시간의 방향이라고 하고요.

그런데 이 입장을 받아들이면, 우주 전체가 정지되어 엔트로피가 증가하지도 감소하지도 않는 상태에서는 시간의 흐름도 멈춘다고 해야겠죠? 따라서 이들은 주장2에 대해 동의할 가능성이 커요.

그렇다면 '세상이 변한다'는 건 무슨 말일까요? 그것은 모든 사건은 미래-사건이고, 현재-사건이며, 과거-사건이란 말이에요. 기원전 44년 3월 15일의 카이사르 암살사건은 기원전 5세기 기준으로 보면 미래-사건이고, 기원전 1세기 기준에서는 현재-사건이며, 21세기 기준으로는 과거-사건이죠. 그래서 이렇게 말할 수 있어요.

3. 모든 사건은 과거-사건, 현재-사건, 미래-사건이다.

하지만 과거-사건이면서 현재-사건이며, 동시에 미래-사건일 수는 없어요. 따라서 다음과 같이 말할 수 있어요.

4. 과거-속성, 현재-속성, 미래-속성은 양립 불가능하다.

그런데 주장3과 4는 모순이에요. 과거/현재/미래 속성이 양립 불가능하다면, 모든 사건이 과거/현재/미래 사건일 수는 없으니까요. 이러한 모순이 발생한 이유는 주장1에서 '시간이 존재한다'고 가정했기 때문이에요. 따라서 맥타가트는 이런 결론에 도달해요.

5. 시간은 존재하지 않는다.(결론)

맥타가트는 시간이 정말로 존재하는지를 논증하기 위해 귀류법 형식을 사용했어요. **귀류법**이란 어떤 것을 전제로 삼고, 이로부터 모순이 발생하면 그 전제가 틀렸다는 결론을 내리는 것이죠. 즉, 맥타가트는 먼저 '시간이 존재한다'고 가정하고, 이로부터 모순을 도출함으로써 '시간은 존재하지 않는다'는 결론에 도달한 거예요.

맥타가트 논증에 대한 3가지 반론

슈메이커의 반론

코넬대학의 시드니 슈메이커1931~ 교수는 주장2가 틀렸다고 해요.

2. 시간이 존재하면, 세상에 변화가 있다.

이 말은 세상에 변화가 없으면, 시간이 존재하지 않는다는 말이죠. 그런데 슈메이커는 우주 전체가 정지해 버려도, 즉 엔트로피가 증가하지 않아도 시간은 흐를 수 있다고 해요. 슈메이커가 든 비유를 보죠.

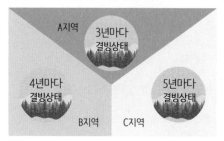
세계가 60년에 한 번 1시간 멈춘다면

A지역 / 3년마다 결빙상태
4년마다 결빙상태 / B지역
5년마다 결빙상태 / C지역

세계가 A, B, C 세 지역으로 나뉘어 있다고 하죠. A지역은 3년, B지역은 4년, C지역은 5년에 한 번씩 1시간 동안 주기적으로 운동과 변화가 정지하는 결빙상태에 빠진다고 해보죠. 그러면 세계 전체가 60년에 한 번씩 1시간 동안 정지한다고 볼 수 있어요. 이것은 아무런 운동과 변화가 없는 텅 빈 시간이에요.

슈메이커는 우리가 이와 같은 '변화 없는 텅 빈 시간'을 지각하거나 인식할 수는 없지만, 적어도 이처럼 논리적·개념적으로 생각할 수는 있다고 주장해요. 따라서 "'변화 없는 텅 빈 시간'이 논리적으로 불가능하다"는 주장2는 틀렸다고 해요.

맥타가트의 반론자체 반론

맥타가트는 "3. 모든 사건은 과거-사건, 현재-사건, 미래-사건이다"라는 주장에서 이때 모든 사건은 '동시에'가 아니라고 해요. 순차적으로 과거/현재/미래 사건으로 볼 수 있다는 거죠.

A. 카이사르 암살사건은 미래-사건이고, 현재-사건이며, 과거-사건이다.

만약 A가 맞다면, 카이사르 암살사건을 이렇게 말할 수 있겠죠.

B. 카이사르 암살사건은 미래-사건이었다가 현재-사건이며, 과거-사건이 될 것이다.

이 경우 "4. 과거/현재/미래 속성은 양립 불가능하다"는 주장과 모순관계가 되지 않아요.

그런데 좀더 생각해 보면, 사실 이 두 번째 반론에도 문제가 있어요. 왜냐하면 주장B는 사실 이런 뜻이기 때문이에요.

C. 카이사르 암살사건은 과거-시점에서는 미래-사건이고, 현재-시점에서는 현재-사건이며, 미래-시점에서는 과거-사건이다.

그런데 이것은 어떤 시점이 과거-시점이기도 하고, 현재-시점이기도 하며, 미래-시점이기도 하다는 말이죠. 이는 "4. 과거/현재/미래 시점은 양립 불가능하다"는 것과 모순돼요. 결국 주장B에서 사건이 가지고 있는 모순을 주장C에서는 시점이 떠안은 것뿐이죠.

논리학자 프라이어의 반론

뉴질랜드의 논리학자 아서 프라이어1914~1969는 맥타가트 논증의 주장2에서 주장3으로 넘어가는 과정이 틀렸다고 해요.

2. 시간이 존재하면, 세계에 변화가 있다.

3. 모든 사건은 과거-사건, 현재-사건, 미래-사건이다.

프라이어는 맥타가트가 카이사르 암살사건이 미래-사건이었고, 현재-사건이며, 과거-사건이 되는 것을 '변화'라고 하는데, 이것은 진짜 변화가 아니라고 해요. '카이사르'가 태어나고 나이가 들고 암살당하는 것이 진짜 변화이지, '카이사르 암살사건'이 미래-사건이었다가 현재-사건이 되고, 다시 과거-사건이 되는 건 진짜 변화가 아니란 거죠.

그런데 사람들은 왜 이것을 변화라고 생각할까요? 프라이어는 언어습관 때문이라고 해요. 예를 들어 우리는 "2천 년 전에 카이사르가 암살되었다"라는 말을, "카이사르가 암살된 사건이 2천 년이 지났다"라고 하죠. '암살되었다'는 동사적 표현을 '암살된 사건'이라는 명사적 표현으로 바꾸었기 때문에, 마치 '카이사르 암살사건'이 변화를 겪는 것처럼 착각한다는 거예요.

제가 보기에, 중요한 것은 맥타가트의 논증 그 자체보다는 그가 철학적 주장을 하는 방식이에요. 맥타가트는 자신의 주장을 논증의 형식으로 제시했어요.

어떤 사람들은 "철학은 뜬구름 잡는 애매한 말장난"이라고 해요. 하지만 전혀 그렇지 않아요. 모든 주장이 그러해야겠지만, 특히 철학적 주장은 명쾌한 논증 형식으로 제시되어야 해요. 그래야 주장의 근거가 명확해지고, 결론도 명쾌해지며, 반론도 구체적이게 돼요. 따라서 맥타가트 논증은 철학하는 방법에 대한 좋은 예시를 보여준 셈이에요.

하지만 여전히 우리의 의문은 남아요.

시간이 존재한다는 것은 과연 무슨 의미일까요? 시간이 흐른다는 말일까요? 그렇다면 시간이 흐른다는 말은 무슨 의미일까요? 과거, 현재, 미래의 구분이 없다는 것일까요? 그리고 시간이 흐르지 않는다는 논증이 과연 어떤 의미가 있을까요? 이에 대한 반론은 적절할까요? 이런 질문들이 끝이 없을 것 같아요.

영상으로 한 번 더!

미래를 선택할 수 있는가?

결정론과 자유의지

(feat. 프랭크 퍼트, 대니얼 데닛)

【질문】 미래는 결정되어 있는가?

인간은 자유의지를 가지고 있는가?

이 두 질문에 대한 YES와 NO의 대답에 따라 몇 가지 입장이 있어요.

미래는 결정되어 있고, 따라서 인간은 자유의지를 가질 수 없다는 입장을 **결정론**이라고 해요. 반대로 인간에게는 자유의지가 있으니, 미래는 결정되어 있지 않다는 주장을 **자유의지론**이라고 하고요. 아울러 미래가 결정되어 있어도, 인간에게는 자유의지가 있다는 입장이 **양립가능론**이에요.

결정론과 자유의지의 문제는 매우 오래된 철학적 문제인데, 도덕적 책임의 문제까지 고려하면 굉장히 복잡해져요.

결정론	양립가능론	자유의지론
• 미래는 결정되어 있다. • 인간은 자유의지가 없다.	• 미래가 결정되어 있어도, 인간에겐 자유의지가 있다.	• 미래는 결정되어 있지 않다. • 인간은 자유의지가 있다.

결정론

좁은 의미의 결정론인 **인과론적 결정론**은 과거의 어떤 사건이 원인이 되어 미래의 어떤 사건이 그 결과 사건으로서 이미 결정되어 있다는 입장이에요. **넓은 의미의 결정론**은 그냥 미래가 결정되어 있다는 거예요. 넓은 의미의 결정론을 논증하는 5가지 방법을 보죠.

인과관계에 의한 논증

인과적 결정론

미래는 원인과 결과의 그물망 속에서 이미 결정되어 있다.

현재 일어나는 모든 사건은 과거 어떤 사건의 결과로서 이미 결정되어 있다고 봐요. 마찬가지로 미래에 일어날 어떤 사건도 현재 일어나는 어떤 사건의 결과 사건으로서 일어나게 될 거예요.

과거사건, 현재사건, 미래사건은 원인과 결과의 그물망 속에서 일어나도록 되어 있어요. 이러한 결정론을 **인과적 결정론**이라고 해요.

논리에 의한 논증

 명제: 2018년 월드컵에서 프랑스가 우승한다.

이 명제는 지금 참이에요. 2018년 월드컵에서 실제로 프랑스가 우승했으니까요. 그런데 이 명제는 2018년 이전에도 참이었을까요?

논리학에서 하나의 명제의 진릿값은 변하지 않아요. 따라서 이 명제는 2018년에도 참이었고, 2024년에도 참이고, 백년이 지나도 참일 거예요.

명제: 2026년 월드컵에서 브라질이 우승한다.

이 명제는 미래의 일이니, 참인지 거짓인지 아직 모르죠? 일단 '참'이라고 해보죠.

> 명제: 2026년 월드컵에서 브라질이 우승한다. (참)

하나의 명제의 진릿값은 변하지 않는다고 했죠? 따라서 이 명제는 2017년에도 참이었고, 2024년에도 참이고, 2026년에도 참이고, 백년이 지나도 참일 거예요. 다시 말해 2026년 월드컵에서 브라질이 우승하도록 이미 결정되어 있다고 볼 수 있다는 거죠.

2024년에 이 명제가 '거짓'이라고 해도 마찬가지예요. 그러면 과거에도 거짓이었고, 미래에도 거짓일 거예요. 따라서 2026년 월드컵에서 브라질이 우승을 못하도록 이미 결정되어 있다고 볼 수 있어요. 이런 결정론을 **논리적 결정론**이라고 해요.

시간에 의한 논증

퍼트넘

미국의 철학자이자 수학자 힐러리 퍼트넘1926~2016은 아인슈타인의 특수상대성이론을 이용해 결정론에 대해 시간에 의한 논증을 내놓았어요. 간단히 정리하자면, 과거사건, 현재사건, 미래사건이 모두 동시적인 사건이라는 거예요. 우주에서 이미 벌어진 과거사건도, 지금 벌어지고 있는 현재사건도, 앞으로 벌어질 미래사건도 사실은 다 똑같이 지금 벌어지고 있는 사건이란 거죠. 이러한 입장을 **블록우주이론**이라고 해요.

신학에 의한 논증

미래는 신의 계획 속에서 이미 결정되어 있다는 입장이에요. 더 이상 설명이 필요없겠죠? 신이 전지전능하다면, 미래가 이미 다 결정되어 있을 거니까요.

실험에 의한 논증

1980년대에 미국의 신경생리학자 벤저민 리벳1916~2007의 실험을 보죠. 실험참가자들은 손에 든 버튼을 아무때나 누를 수 있어요. 버튼을 누르면 시간이 측정돼요.

연구팀은 참가자들이 '버튼을 눌러야지'라고 생각한 다음, ① 시간을 확인하고, ② 그다음에 뇌에서 손가락 근육을 움직이라는 명령을 내리면, ③ 마지막으로 손가락으로 버튼을 누를 거라고 생각했어요.

그런데 실제로 실험을 해보니, 참가자들이 먼저 ① 뇌에서 손가락 근육을 움직이라고 명령을 내리고, ② 그다음에 '버튼을 눌러야지' 생

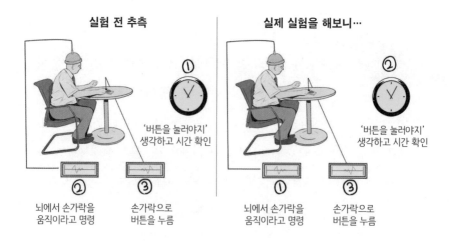

실험 전 추측

'버튼을 눌러야지'
생각하고 시간 확인

② 뇌에서 손가락을
움직이라고 명령

③ 손가락으로
버튼을 누름

실제 실험을 해보니…

'버튼을 눌러야지'
생각하고 시간 확인

① 뇌에서 손가락을
움직이라고 명령

③ 손가락으로
버튼을 누름

각하고 시간을 확인하고, ③ 마지막으로 버튼을 눌렀어요.

　'버튼을 눌러야지'라는 자유의지가 생기기 이전에, 이미 손가락이 움직이고 있었던 거죠. 몸이 먼저 움직이고, 자유의지는 나중에 생긴 것이죠. 그러고 보면 참가자의 자유의지는 역할이 아무것도 없었어요. 벤저민 리벳은 이 실험을 통해 '자유의지는 없다'는 가설을 내놓았어요.

자유의지론

자유의지론은 간단히 말해 인간은 자유의지가 있고, 미래는 결정되어 있지 않다는 입장이에요. 몇 가지 논증을 보죠.

직관에 의한 논증

여러분은 『5분 뚝딱 철학』 책을 스스로 보고 있어요. 자유의지를 가지고 보고 있는 거죠. 이처럼 우리는 직관적으로 자신이 자유의지를 가지고 있다는 걸 알 수 있어요. 이것은 논증을 제시할 필요가 없어요. 내가 자유의지를 가지고 있다는 걸 그냥 안다는 거예요.

정신에 의한 논증

결정론자들은 정신의 상태는 뇌의 물리적 상태에 좌우된다고 생각해요. 하지만 자유의지론자들은 정신은 독립적으로 존재하기 때문에, 뇌의 물리적 상태에 좌우되지 않는다고 봐요. 정신이 자유의지를 가지고 있다는 거죠.

양자역학에 의한 논증

우리의 정신은 뇌의 상태에 의해 결정되고, 뇌의 상태는 뇌의 생화학 반응에 의해 결정돼요. 생화학 반응은 분자와 원자들의 물리적 상태에 의해 결정되고, 분자와 원자들의 물리적 상태는 양자역학을 따라요.

미래는 확률적으로만 결정된다. 따라서 인간은 자유의지가 있다.

로저 펜로즈

그런데 양자역학에 따르면, 입자의 위치는 확률적으로만 결정돼요. 이것은 미래 또한 '확률적'으로만 결정된다는 의미예요. 그렇다면 인간의 자유의지가 들어갈 여지가 있겠죠. 정신은 물리법칙을 따르지만, 그럼에도 불구하고 정신은 자유의지를 가질 수 있다는 거예요. 조금 어렵죠? 뒤의 '과학철학 & 수리철학'에서 쉽게 설명해요.

신학에 의한 논증

유다가 예수를 배신하지 않을 수 있었을까요? 신이 자유의지를 주었기 때문에, 유다는 예수를 팔아먹지 않을 수 있었어요. 만약 유다가 자유의지가 없었다면, 도덕적 책임을 질 필요가 없어요. 하지만 그는 자유의지를 가지고 있었기에, 배신행위에 대한 책임을 져야 했죠.

입증의 문제

미래 99.99% 결정

미래는 결정되어 있지 않다.

미래가 99.99% 결정되어 있고, 0.01%만 자유의지가 있어도, 미래는 결정되어 있지 않다고 할 수 있어요. 결국 결정론자들은 현실적으로 미래가 결정되어 있다는 자신들의 주장을 입증할 수 없다는 거예요.

양립가능론

양립가능론은 '세계는 결정론적이지만, 동시에 인간에게는 자유의지가 있다'는 입장이에요. 그런데 미래가 결정되어 있다면, 인간이 무언가를 선택할 수 있는 자유의지를 가지고 있다고 할 수 있을까요? 모순적으로 보이지만, 이에 대한 3가지 해법이 있어요.

고전적인 논증

결정론에 따르면, 미래는 결정되어 있으므로, 내가 오른손을 들지 왼손을 들지 이미 결정되어 있어요. 나의 행위는 인과적으로 결정되어 있으므로 자유가 없는 셈이죠.

오른손이나 왼손

하지만 나는 지금 오른손을 들 수도 있고, 왼손을 들 수도 있어요. 오른손을 들지, 아니면 왼손을 들지는 내 마음이고, 내 행위를 가로막는 어떤 힘도 없다는 점에서는 나는 '행위의 자유'가 있어요. 이때 결정론에서의 '자유' 개념과 나의 행위의 자유에서의 '자유' 개념은 달라요. 따라서 결정론이 옳지만, 여전히 나는 자유의지를 가질 수 있다는 입장이에요.

프랭크퍼트의 논증

금연치료를 하는 의사가 '흡연자들은 어떤 상태이길래 담배를 못 끊을까? 담배를 한번 피워보면 그 심정을 알 것도 같은데'라는 생각을 한다고 해보죠.

1차적 욕구   2차적 욕구

금연치료 환자는 '담배를 피고 싶다는 욕구'를 가지고 있고, 이 의사는 '담배를 피고 싶다는 욕구에 대한 욕구'를 가지고 있어요. 이때 환자의 욕구를 **1차적 욕구**, 의사의 욕구를 **2차적 욕구**라고 해요. 1차적 욕구는 동물들도 가지고 있어요. 동물들은 자고 싶으면 자고 먹고 싶으면 먹어요. 오직 인간만이 이러한 1차적 욕구에 대한 2차적 욕구를 가지고 있죠.

미국 철학자 해리 프랭크퍼트1929~는 1차적 욕구의 내용과 강도는 인과적으로 결정되어 있지만, 2차적 욕구에 대한 내용은 결정되어 있지 않다고 주장해요. 그래서 인간은 2차적 욕구에 따라 자유의지를 실현할 수도 있고, 담배를 못 끊는 사람처럼 1차적 욕구가 2차적 욕구를 집어삼켜 자유의지를 실현하지 못할 수도 있어요. 세계는 결정론적이지만, 인간에게는 자유의지가 있다는 것이죠.

대니얼 데닛의 논증

미국의 철학자이자 뇌과학자, 인지과학자인 대니얼 데닛1942~은 철저하게 기계적 결정론, 인과적 결정론을 받아들여요. 하지만 그가 생각하는 결정론은 지금까지 우리가 봤던 결정론과는 조금 달라요.

지금까지 우리가 봤던 결정론은 과거가 원인이 되어 미래사건이 그 결과로서 이미 결정되어 있다는 거였죠? 대니얼 데닛은 결정론은 '모든 사건에는 원인이 있다'는 의미일 뿐이며, 미래가 이미 결정되어 있다는 의미가 아니라고 해요.

대니얼 데닛의 철저한 기계적·인과적 결정론을 받아들이면, 인간도 단지 단세포 동물에서 자연으로부터 선택을 받으며 진화를 거듭하면서 출현하게 된 기계일 뿐이에요. 여기까지는 다른 동물과 다를 게 없어요. 모든 동물은 자연에서 살아남는 데 필요한 정보를 뇌뿐만 아니라 몸 전체에 저장해요. 카멜레온이나 문어는 주변환경에 관한 정보를 피부 속에 저장하죠.

인간은 독보적인 선택기계

대니얼 데닛

인간도 마찬가지에요. 인간의 기억, 기질, 재능, 의지 등은 뇌뿐만 아니라 몸 전체에 들어 있어요. 게다가 인간은 언어를 사용할 수 있게 됨으로써 생존에 필요한 정보를 몸 밖에도 저장할 수 있게 되었어요. 그것이 바로 문화예요. 비유하자면 노트북 용량은 500기가짜리인데, 10조 테라짜리 외장하드가 하나 생긴 셈이죠.

대니얼 데닛은 인간이 문화라는 엄청난 정보를 이용해 미래를 예측하고 나쁜 결과를 피하는 선택을 할 수 있는 능력이 생겼으며, 그것이 바로 자유의지라고 해요. 자유의지를 가진 인간은 '자신의 선택에 대한 이유를 제시할 수 있는 기계'라는 거죠. 간단히 말해 인간은 독보적인 선택기계가 되었다는 것이죠.

여러분의 생각은 어떤가요? 우리의 미래는 결정되어 있을까요? 인간은 자유의지를 가지고 있을까요?

영상으로 한 번 더!

우주는 왜 존재하는가?

스티븐 와인버그: 인류원리

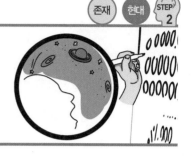

【질문】 우주는 왜 존재할까요?

뜬금없는 질문이지만 한번 생각해 보세요. 우주가 존재하지 않을 수도 있는데, 왜 존재하죠? 물리학자들에 따르면 진공 속의 에너지 속도는 0.0 00000000000000000000000000000000000000000000000000111 056이라고 해요. 그런데 이 값의 0.0000000000000000000000000000 000000000000000000000000000000000000000000000000000000 000000000000000000000000000000000001퍼센트만 달라졌어도, 우 주는 생기지 않았을 거예요. 우주가 존재하는 것 자체가 기적인 거죠.

인간의 존재 이유

【질문】 지구에 왜 지적인 생명체인 인간이 존재할까요?

태양에서 지구까지의 거리는 1억 5,000만 킬로미터예요. 지구가 태양과 조금만 더 가까우면, 너무 뜨거워서 생명체가 존재할 수 없어요. 조금이 라도 더 멀면, 너무 차가워서 존재할 수 없고요. 다행스럽게도 아주 적 절하게 1억 5,000만 킬로미터 떨어져 있기 때문에, 지구에 지적 생명체 인 인간이 생겨날 수 있었죠. 이 역시 기적이죠.

우주의 존재 이유

【질문】 인간과 같은 지적 생명체가 출현하기에 딱 좋은 환경을 가진 우주가 존재하는 이유는 뭐죠? 이런 우주가 존재할 확률은 거의 0퍼센트에 가까운데 말이죠. 이 질문에 대한 답은 3가지가 있어요.

하나는 신이 지적 생명체가 출현하기에 딱 좋은 환경을 가진 우주를 창조했다는 거예요. 이런 경우에 확률 따위는 아무런 문제가 되지 않겠죠.

또 하나의 답은 여러 가지 종류의 우주가 생겨날 수 있는 경우의 수가 어마어마하게 많았다는 거예요. 만물의 최소 단위에 대한 물리이론인 끈이론에 따르면, 생겨날 수 있는 우주의 종류가 10의 500승 개예요. 이렇게 많은 우주 중에서 지적 생명체가 출현하기에 딱 좋은 환경을 가진 우주가 하나쯤 있는 것은 전혀 이상한 게 아니겠죠.

그리고 나머지 하나의 답이 바로 인류원리예요.

인류원리

스티븐 와인버그1933~라는 미국의 물리학자는 우주상수를 설명하기 위해 인류원리를 내세웠어요. 인류원리에 따르면, 지적 생명체가 출현하기에 적합한 환경을 가진 우주가 존재하는 이유는 지적 생명체인 인간이 이 우주에 존재하기 때문이에요. 이해하기 쉽게 비유를 하나 들어보죠.

와인버그

천재 돌고래가 생각하는 바다의 존재 이유

아주 머리가 좋은 천재 돌고래 한 마리가 동해에 살고 있다
고 합시다. 이 돌고래가 왜 우주가 존재하는지, 왜 바다가
존재하는지를 연구했어요. 수년간 연구를 거듭한 결과, 이
우주에 돌고래가 살기 좋은 환경을 가진 바다가 존재할 확률이
거의 없다는 것을 발견했어요. 그런데 돌고래는 자기가 가는 곳이면
어디든 살기 좋은 바다가 있는 게 너무 신기해서 이렇게 말했어요.

"이건 기적이야. 이런 바다가 존재할 확률은 거의 없는데."

여러분이라면 돌고래한테 뭐라고 하겠어요?

"그건 기적이 아니야. 그런 바다가 존재하는 이유는, 그것을 기적이
라고 생각하는 네가 바다에 살고 있기 때문이야."

인류원리에 반대한다

인류원리에 대한 주목할 만한 반론을 보죠. 예를 들어 저는 간혹 "나는
왜 태어났을까?"라는 생각을 해요. 왜 이런 의문이 들까요? 인류원리
를 지지하는 사람들은 내가 태어났으니, "내가 왜 태어났을까?"라는 의
문을 갖는다고 해요. 이는 "나는 인간이므로, 나는 인간이다"라는 말과
같아요. 인류원리는 이처럼 동어반복인 하나 마나 한 주장이란 거죠.

여러분은 인류원리에 동의할 수 있나요? 아니면
헛소리 같나요? 하지만 한 가지는 분명해요. 이 책이
존재하는 이유는 바로 여러분이 읽어주기 때문이라
는 것 말이에요.

영상으로 한 번 더!

박쥐가 되어본다는 것

물리주의

(feat. 메리, 좀비, 박쥐)

모든 것은 물리적이다?

【질문】 인간에게 영혼이 존재할까요?

어떤 사람들은 인간에게 영혼이 존재하고, 인간은 육체와 영혼으로 되어 있다고 생각해요. 이런 입장을 **실체 이원론**이라고 해요.

반면 어떤 사람들은 실체는 하나라고 해요. 여기에는 '존재하는 것은 오로지 육체일 뿐'이라는 입장과 '실제로

실체 이원론	실체 일원론	
육체+영혼	육체 물리주의	영혼

존재하는 것은 영적인 것일 뿐, 육체는 허상에 불과하다'는 입장이 있어요. 이 중에서 존재하는 것은 오로지 육체일 뿐이라는 입장을 **물리주의**라고 해요. 물리주의란 모든 것은 물리적이라는 거죠. 눈앞에 보이는 물질적인 대상뿐 아니라, 영혼·정신·생각·감정 등과 같은 비물질적인 것들도 모두 물리적인 것으로 봐요.

【질문】 영혼이 실체로서 존재할까요?

대답이 꽤 어렵죠. 20세기 철학자들은 질문을 좀더 가볍게 만들었어요.

　"인간의 의식을 물리적으로 설명할 수 있을까?"

"인간의 심적 속성은 물리적 속성으로 환원되는가?"

어떤 이들은 인간의 심적 속성은 물리적 속성으로 환원되지 않는다고 해요. 이들은 인간의 육체와 영혼이 모두 실체로서 존재한다고 봐요. 물질적 속성은 육체로부터 나오고, 심적 속성은 영혼으로부터 나온다고 보죠실체 이원론.

반면 어떤 이들은 존재하는 것은 오로지 육체라고 해요실체 일원론. 이 중에는 인간의 심적 속성은 물리적 속성으로 환원되지 않는다는 입장도 있고, 물리적 속성으로 환원된다는 입장도 있어요.

환원적 물리주의

환원적 물리주의는 심적 속성이 물리적 속성으로 환원된다는 거예요. 여기에는 행동주의, 유형 동일론, 기능주의 입장이 있어요.

행동주의

우리는 타인의 마음을 직접 볼 수 없고, 말, 표정과 행동을 보고 추측해요. 행동주의자들은 이처럼 겉으로 보이는 것만을 마음으로 보자고 해요. 마음은 밖으로 드러나는 행동으로 환원된다는 거죠. 예컨대 기쁨은 웃는 행위, 슬픔은 눈물을 흘리는 행위로 환원된다는 거예요.

유형 동일론

바늘로 손을 찌르면 따끔하죠. 피부 신경을 자극하면 그 자극이 신경을 타고 올라가 두뇌를 자극하고, 따끔하다는 느낌, 곧 마음을 갖게 돼요. 유형 동일론은 이때 따끔하다는 마음, 두뇌가 자극을 받는 것이 동일한 것이라고 봐요. 두뇌의 상태가 곧 마음이므로, 마음은 두뇌의 물리적 상태로 환원된다고 해요.

기능주의

통증이 없으면 야구공을 피하지 않을 것이고, 그러면 다치겠죠? 그래서 인간은 통증이라는 마음을 가져요. 기능주의는 마음이란 이처럼 생명이 살기 위해 하는 어떤 기능이 환원된 것이라고 봐요.

환원적 물리주의에 대한 반론을 볼까요? 인간도 원숭이도 통증을 느껴요. 그런데 인간과 원숭이 두뇌의 물리적 상태가 같지는 않죠. 결국 통증이라는 마음을 실현하는 물리적 상태가 여럿 있을 수 있어요. 따라서 마음이 물리적 상태와 동일하다고 할 수는 없다는 거죠.

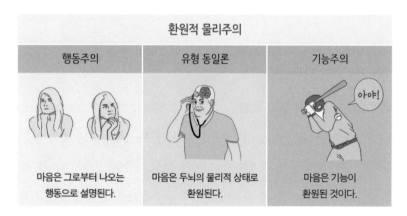

환원적 물리주의

행동주의	유형 동일론	기능주의
마음은 그로부터 나오는 행동으로 설명된다.	마음은 두뇌의 물리적 상태로 환원된다.	마음은 기능이 환원된 것이다.

비환원적 물리주의

저는 짬뽕이 먹고 싶으면 꼭 단골집에 가요. 그 집 국물 맛을 좋아해요.

색, 맛, 통증처럼 주관적이고 의식적인 경험을 '감각질퀄리아, Qualia'이라고 해요. 비환원적 물리주의는 감각질 같은 심적 속성은 물리적 속성으로 환원되지 않는다고 주장해요. 정말 그럴까요?

프랭크 잭슨의 '메리의 방'

메리는 날 때부터 지금까지 자신의 방 밖으로 나온 적이 없어요. 그 방 안의 모든 물건은 흰색, 검은색 아니면 회색이에요. 메리는 인터넷을 통해 색의 파장, 뇌와 안구의 색 인지 과정 등 색에 관한 모든 정보를 공부하고, 자신이 색에 관한 모든 것을 아는 전문가라고 생각했죠.

어느 날 메리가 자신의 방에서 나왔어요. 그런데 빨간색 사과를 보고 충격을 받아요. "아, 저게 빨간색이구나." 메리는 자기가 색에 대해 아는 것이 하나도 없었다는 것을 깨달았어요. 빨간색을 본다는 심적 속성은, 빨간색을 본다는 물리적 속성과 전혀 다른 것이죠. 프랭크 잭슨은 심적 속성은 결코 물리적으로 환원되지 않는다고 주장해요.

데이비드 차머스의 좀비 논변

우리는 인간과 육체적·물리적으로는 같지만, 마음이라고는 전혀 없는 존재인 좀비를 상상할 수 있어요. 이렇게 상상 가능한 것은 논리적으로 존재할 수 있어요. 그런데 환원적 물리주의가 옳다면, 이런 좀비는 존재할 수 없어요. 육체적·물리적으로 똑같으면 마음도 똑같이 있어야 해요. 그런데 좀비는 마음이 없잖아요.

인지철학자인 데이비드 차머스1966~는 환원적 물리주의는 틀렸다고 주장해요. '심적 속성은 물리적 속성으로 환원되지 않는다'는 비환원적 물리주의가 옳다는 거죠.

토마스 네이글의 박쥐 논변

박쥐는 높은 음파를 내어 그 반향으로 물체의 크기와 위치를 파악해요. 그런데 인간인 우리는 박쥐가 음파로 앞의 물체를 확인했을 때, 어떤 느낌을 받는지 알 수 없어요. 박쥐가 되어보지 않고서는 알 수 없죠. 토마스 네이글1937~은 마찬가지로 인간이 갖는 감각질에 대한 경험도 물리적인 것으로 환원될 수 없다고 봤어요.

마음은 두뇌 상태의 산물일까요? 아니면 마음은 두뇌와 별개일까요? 아마도 현대인들은 대부분 마음은 두뇌의 물리적 상태라는 데 동의할 거예요. 그래서 정신에 어떤 문제가 있는 경우 약물로 치료한다든가, 두뇌를 스캔해 치료하는 거죠. 이러한 물리주의적인 입장을 받아들이면, 심리적인 문제는 이제 뇌과학으로도 해결될 수 있어요.

영상으로 한 번 더!

비환원적 물리주의

메리의 방	좀비 논변	박쥐 논변
빨간색을 본다는 것은 물리적으로 설명이 안 된다.	육체적·물리적으로 같으면 마음도 똑같이 있어야 하는데, 좀비는 마음이 없다.	박쥐만이 박쥐의 느낌을 안다.

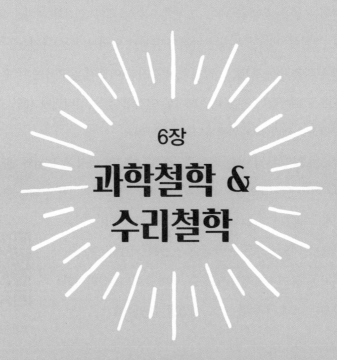

6장

과학철학 & 수리철학

Philosophy of Science

과학철학

- 헴펠: 과학적 설명이론
- 양자역학
- 결정론, 양자역학, 나비효과
- 결정론, 숙명론, 블록우주이론
- 칼 융: 동시성 현상과 홀로그램 우주이론
- 아인슈타인: 안드로메다 패러독스

- 아인슈타인: 상대성이론
- 존 빌: 두 우주선 사고실험
- 루이스: 시간여행
- 존 설: 중국어 방 논증(인공지능)
- 파이어아벤트 : 극단적 반과학주의
- 앨런 소칼: 지적 사기

Philosophy of Math

수리철학

- 칸토어: 무한이란 무엇인가?
- 프레게: 수의 정의
- 수학의 기초론

- 괴델: 불완전성 정리
- 튜링: 튜링머신
- 스티븐 셀빈: 몬티홀 문제
- 루이스 & 엘가

죽음의 산부인과 병동

헴펠: 과학적 설명이론

죽음의 산부인과 병동

2008년 오스트리아에서 발행된 제멜바이스 기념 주화. 50유로짜리 금화이다. 헝가리의 의사이자 과학자인 제멜바이스는 병원 및 의학 처치에서 초기 소독법의 개척자로 환자들의 사망률을 낮추는 데 획기적으로 기여했다.

19세기 비엔나종합병원의 산부인과 제1병동에서는 산모들이 산욕열로 죽는 경우가 매우 많았어요. 이 병원의 산부인과 의사 제멜바이스 1818~65는 산모들의 산욕열로 인한 사망률이 왜 이렇게 높은지 몇 가지 가설을 세우고 검토했어요.

첫 번째로 병원 부근에 나쁜 기운이 돌고 있기 때문이라는 가설을 세웠어요. 하지만 1841~1846년 자료를 조사해 보니 제1병동의 사망률이 15%까지 치솟아 사망률이 2~3%인 제2병동보다 높은 이유를 설명할 수 없기에 이 가설을 폐기해요. 두 번째로 제1병동의 환경이 안 좋아서라는 가설을 세워요. 그러나 사망률이 낮은 제2병동의 환경이 더 안 좋았기에 이 가설도 버려요.

세 번째로 출산방식의 문제라는 가설을 세웠어요. 사망률이 높았던 제1병동에서는 의사들이 산모를 바로 누운 채로 출산하게 했고, 제

2병동에서는 조산사들이 산모에게 옆으로 누운 자세로 출산을 하게 했어요. 하지만 출산방식을 바꿔도 사망률이 변화가 없어 이 가설도 폐기했어요. 네 번째로 제1병동의 위치가 문제라는 가설을 세웠어요. 사제들이 임종실로 가면서 치는 종소리로 인한 산모들의 불안이 산욕열의 원인인가 싶어 다른 길로 돌아가도록 했어요. 사망률은 역시 마찬가지. 이 가설도 폐기해요.

이번에는 사체에서 나오는 어떤 나쁜 물질이 산욕열의 원인이라는 가설을 세워요. 당시 이 병원의 한 의대생이 시체 해부 실습 중에 칼에 손가락을 베인 후, 산욕열과 비슷한 증상으로 사망한 것을 보고 떠올린 가설이에요. 제멜바이스는 이 가설을 바탕으로 의사들에게 해부학 실습 후 염화석회액으로 손을 깨끗이 씻도록 했어요. 그랬더니 제1병동의 사망률이 1%대로 뚝 떨어졌어요. 사체에서 나오는 나쁜 물질이 산욕열의 원인이었던 거죠.

당시는 세균이 뭔지도 몰랐고, 병원에 위생개념도 없었어요. 의사들의 위생이 높은 산모 사망률의 원인이라고 지적한 제멜바이스는 그들

19세기 병원 모습

로부터 엄청난 비난을 받고 결국 병원에서 쫓겨났어요. 나중에는 정신병원에 갇혔고 거기에서 죽었죠. 참 아이러니하죠. 의사들에게 손 좀 씻으라고 했다가 병원에서 쫓겨난 거예요.지금 비엔나종합병원에는 병원의 위생 문제를 처음으로 제기한 제멜바이스의 동상이 세워져 있습니다.

칼 구스타프 헴펠1905~97은 『자연과학철학』에서 제멜바이스가 어떻게 산모들의 사망률을 낮췄는지 설명하고, 과학적 설명에 대한 정의를 내려요. 헴펠의 포섭-법칙적 설명이론과 그에 대한 반론을 살펴보죠.

가설-연역법은 논리적 추론이 아니다

가설-연역법이란 관찰을 통해 가설을 세운 후 검증하고, 반증 사례가 나오면 그 가설을 버리고, 다시 새로운 가설을 세우고 반증 사례가 나오면 그 가설을 버리고, 또 새로운 가설을 세우고…, 그렇게 계속하다가 어떤 가설이 반례가 없다는 게 입증되면 그것을 일반법칙이나 과학이론으로 받아들여요. 앞에서 예를 든 비엔나종합병원의 산부인과 의사 제멜바이스의 연구방법이 전형적인 가설-연역법이죠. 그런데 헴펠은 가설-연역법은 논리적인 연구방법이 아니라고 주장했어요.

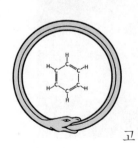

가설-연역법은 논리적 추론이 아니다.

헴펠

첫째, 헴펠은 과학자들이 가설을 세우는 과정이 논리적이지 않다고 봤어요. 예컨대 19세기 독일의 유기화학자 케쿨레는 꿈에서 뱀이 자기 꼬리를 물고 있는 것을 보고, 벤젠의 구조에 대한 가설을 세우고 입증했어요. 마찬가지로 세균의 존재를 모르던 당시, 제멜바이스는 논리적 추론을 통해 사체에서 나온 나쁜 물질이 산욕열의 원인일 수 있다는 가설을 세운 게 아니에요. 헴펠은 가설을 세우는 데는 논리적 추론 그 이상의 통찰이 필요하다고 봤어요.

둘째, 헴펠은 과학자들의 가설 검증 과정도 논리적이지 않다고 해요.

제멜바이스의 사체에서 나온 나쁜 물질이 산욕열의 원인이라는 가설은 이렇게 정리할 수 있어요.

> (전제1) 만약에 산욕열의 원인이 사체에서 나온 나쁜 물질 때문이면, 손을 씻으면 사망률이 감소한다. A→B
> (전제2) 손을 씻으니 실제로 사망률이 감소했다. B
> (결 론) 산욕열의 원인은 사체에서 나온 나쁜 물질 때문이다. A

위의 명제는 'A이면 B이다. 그런데 B이다. 따라서 A이다'라는 형식이에요. 이것은 형식상 '후건긍정의 오류'로서 타당한 논증이 아니에요. 손을 씻으니 사망률이 감소했다고 해서, 산욕열의 원인이 사체에서 나온 나쁜 물질이라고 바로 단정할 순 없어요. 이것은 마치 A씨의 옷에 사망한 B씨의 혈흔이 묻었다고 해서, 바로 A씨를 살인자라고 결론을 내리는 것과 같아요. 가설 검증 과정이 이처럼 논리적이지 않았음에도 불구하고, 실제로 사체에서 나온 나쁜 물질이 산욕열의 원인이라는 가설이 맞다는 게 입증되긴 했죠.

정리하면, 헴펠은 과학자들이 가설을 세우고 검증하는 과정 모두 논리적이지 않다는 거죠. 그러면 어떤 현상을 과학적으로 설명한다는 건 대체 무슨 의미일까요?

헴펠의 포섭-법칙적 설명이론

과학적 현상을 설명하는 다른 방법을 알려줄게.

헴펠

헴펠은 과학적 설명을 포섭-법칙적 모델로 설명해요. **포섭-법칙적 모델**은 초기조건과 어떤 법칙이 주어졌을 때, 설명하고자 하는 현상이 일어나는 것을 논증 형식으로 보여줘요. 포섭-법칙적 모델에는 연역-법칙적 모델DN과 귀납-통계적 모델IS이 있어요.

연역-법칙적 모델은 초기조건들과 보편법칙들이 전제로 주어졌을 때, 설명하고자 하는 어떤 현상이 '필연적'으로 일어난다는 것을 논증 형식으로 보여줘요.

연역-법칙적 모델	(전제1) 초기조건1, 초기조건2, 초기조건3 …
필연적 현상	(전제2) 보편법칙1, 보편법칙2, 보편법칙3 …
	(결 론) 설명하고자 하는 필연적 현상

얼음물이 담긴 물통의 표면에 물방울이 맺히는 현상을 설명한다고 해 보죠. 이때의 초기조건은 '물의 온도는 1도이다', '공기의 습도가 80%이다' 등이에요. 보편법칙은 '낮은 온도에서 공기 중 습기는 물이 된다'예요. 두 전제로부터 "얼음물이 담긴 물통의 표면에 물방울이 맺힌다"는 현상결론이 '필연적'으로 나와요. 이것은 전제가 '참'일 때, 필연적으로 결론이 '참'이기에 연역법칙이라고 할 수 있어요.

그런데 어떤 현상은 필연적으로 발생하지는 않죠? 이런 현상을 설명하는 모델을 **귀납-통계적 모델**이라고 해요. 어떤 초기조건들과 통계적 법칙들이 전제로 주어졌을 때, 설명하고자 하는 현상이 '확률적'으로 일어나는 것을 논증 형식으로 보여줘요.

귀납-통계적 모델	(전제1) 초기조건1, 초기조건2, 초기조건3 …
우연적 현상	(전제2) 통계법칙1, 통계법칙2, 통계법칙3 …
	(결 론) 설명하고자 하는 우연적 현상

전제와 결론 사이에 이중선이 있죠? 전제들이 이러저러할 때, 이런 결론을 내릴 '가능성'이 있다는 뜻이에요. 통계법칙과 설명하고자 하는 현상이 발생할 가능성 사이에 연관성이 있다는 거죠.

'철수는 A백신을 맞았다'를 초기조건으로 놓고, 통계법칙으로 'A백신을 맞으면 코로나가 80% 예방된다'를 놓아보죠. 이 경우 철수가 코로나에 걸릴 가능성이 적다고 할 수 있어요. 그런데 '영희는 B백신을 맞았다'를 초기조건으로 놓고, 통계법칙으로 'B백신을 맞으면 코로나가 99% 예방된다'를 놓아보죠. 이 경우 영희는 코로나에 걸릴 가능성이 거의 없다고 할 수 있어요. 즉, 통계법칙에서 말하는 확률이 그 현상이 아마 그럴 것이라고 생각되는 개연성의 정도를 결정해요.

귀납-통계적 모델

(전제1) 철수는 A백신을 맞았다.	(전제1) 영희는 B백신을 맞았다.
(전제2) A백신을 맞으면 코로나가 80% 예방된다.	(전제2) B백신을 맞으면 코로나가 99% 예방된다.
(결 론) 철수는 코로나에 걸릴 가능성이 적다.	(결 론) 영희는 코로나에 걸릴 가능성이 거의 없다.

귀납-통계적 모델은 어떤 현상을 확률적으로 설명해요. 그래도 '법칙적'이라고 할 수 있어요. 왜냐하면 어떤 현상이 특정한 확률로 발생한다는 것도 법칙이기 때문이에요.

포섭-법칙적 설명이론에 대한 반론

브롬버거의 반론

MIT의 언어철학자이자 과학철학자 실뱅 브롬버거1924~2018는 헴펠의 설명이론은 과학적 현상을 설명하는 데 적합하지 않다고 해요.

　　높이 10미터의 깃발의 그림자 길이가 17.32미터라고 합시다. 깃대의 그림자 길이는 헴펠의 설명이론에 따라 이렇게 설명할 수 있어요.

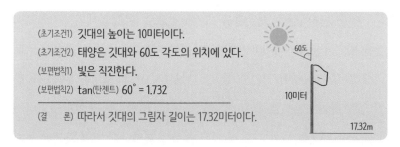

(초기조건1) 깃대의 높이는 10미터이다.
(초기조건2) 태양은 깃대와 60도 각도의 위치에 있다.
(보편법칙1) 빛은 직진한다.
(보편법칙2) tan(탄젠트) $60° = 1.732$
─────────────────────────────
(결　　론) 따라서 깃대의 그림자 길이는 17.32미터이다.

뭐 괜찮은 설명이죠? 그런데 누가 이런 설명을 했다고 합시다.

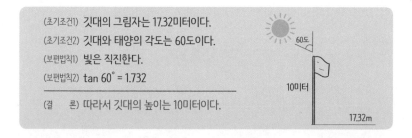

(초기조건1) 깃대의 그림자는 17.32미터이다.
(초기조건2) 깃대와 태양의 각도는 60도이다.
(보편법칙1) 빛은 직진한다.
(보편법칙2) tan $60° = 1.732$
─────────────────────────────
(결　　론) 따라서 깃대의 높이는 10미터이다.

그런데 깃대의 그림자가 17.32미터인 이유는 깃대의 높이로 설명할 수 있지만, 깃대의 높이가 10미터인 이유를 깃대의 그림자가 17.32미터이기 때문이라고 할 수는 없어요.

　　위의 두 설명 모두 헴펠의 설명이론에 부합해요. 하지만 후자의 경우 맞지 않는 설명이죠.

샐먼의 반론

미국의 과학철학자 웨슬리 샐먼1925~2001도 헴펠의 포섭-법칙적 설명이론에 맞긴 하지만 타당한 설명이 아닌 예를 들었어요.

> (초기조건1) **철수는 피임약을 복용한다.**
> (초기조건2) **철수는 남자이다.**
> (보편법칙1) **피임약을 복용하면 임신하지 않는다.**
> _____
> (결   론) 따라서 철수는 임신하지 않는다.

철수가 임신을 하지 않는 이유는 피임약을 먹었기 때문이 아니라, 남자이기 때문이죠. 샐먼은 이처럼 헴펠의 포섭-법칙적 설명이론에 부합하지만 적절한 설명이 아닌 예를 들었어요. 그리고 헴펠의 이론은 과학적 현상을 설명하는 데 한계가 있다고 지적했어요.

스크리븐의 반론

영국의 철학자 마이클 스크리븐1928~은 헴펠의 포섭-법칙적 설명이론에 반대하며, **좋은 설명**이란 '맥락'에 따라 결정된다고 해요. 좋은 설명은 헴펠이 주장한 논증의 형식에 따라 결정되는 게 아니란 거죠.

또한 헴펠과 달리, 어떤 설명을 할 때 반드시 보편법칙까지 동원할 필요는 없다고 봤어요. "창문이 왜 깨져 있지?"라고 물으면, "철수가 야구공을 던졌기 때문"이라고 하면 돼요. 굳이 창문의 강도, 야구공의 속도, 충격 에너지 같은 설명을 할 필요가 없고요. 헴펠의 포섭-법칙적 설명이론이 좋은 설명도 아니며, 아무 경우에나 보편법칙을 끌어들인다는 거죠.

카트라이트의 반론

미국의 과학철학자 낸시 카트라이트1957~는 헴펠의 포섭-법칙적 설명이론으로는 설명할 수 있는 게 거의 없다고 해요.

대부분의 법칙은 다른 모든 조건이 동일한 경우에만 적용돼요케테리스 파리부스, Ceteris Paribus. 그런데 실제로는 동일한 조건이 없어요. 따라서 우리가 일반법칙이라고 하는 것은, 대체로 '참'이 아니라고 주장해요.

예를 들어 스넬의 법칙은 빛이 공기 중에서 다른 매질 속으로 들어갈 때의 굴절에 관한 법칙이에요. 매질이 등방성 물질일 때에만 이 법칙이 들어맞아요. 그런데 지구상에 완벽한 등방성 물질은 존재하지 않아요. 따라서 스넬의 법칙은 법칙이긴 하지만, 실제로는 적용되지 않아요.

헴펠은 어떤 현상을 일반법칙으로 설명해야 한다고 주장했죠? 하지만 카트라이트는 사실 일반법칙으로 설명할 수 있는 건 하나도 없다고 반론을 제기한 거죠.

과학적 발견은 논리적일까요? 헴펠은 과학적 발견에서 가설을 세우고 검증하는 과정이 논리적이지 않다고 주장했어요. 이러한 헴펠의 과학적 설명이론에 대해 브롬버거, 샐먼, 스크리븐, 카트라이트 등은 반론을 주거니 받거니 해요. 조금 복잡한 내용이라서 자세하게 설명하기는 어렵고, 여기서는 간단하게 소개했어요.

영상으로 한 번 더!

반쯤 죽은 고양이

양자역학:
고양이의 죽음을 둘러싼 100년 전쟁

철학의 한 분야로 '물리학의 철학'이라는 게 있어요. 현대 물리학에 대한 해석을 다루는 분야죠. 주로 상대성이론과 관련된 시간과 공간에 대한 철학, 양자역학과 관련된 철학을 다뤄요.

20세기 최고의 양자역학 권위자 리처드 파인만 1918~88은 "그 누구도 양자역학을 이해하지 못한다"라고 했어요. 파인만이 양자역학이 어려워서 한 말은 아니겠고, 양자역학이 우리에게 어려운 이유는 인간의 뿌리 깊은 믿음에 부합하지 않기 때문이라는 말이에요.

그 누구도 양자역학을 이해하지 못한다.

리처드 파인만

아기는 태어나서 24개월 안에 대상영속성을 습득해요. 엄마가 눈에 보이지 않아도, 여전히 존재한다는 것을 알게 되죠. 그런데 양자역학은 마치 "엄마가 보이지 않으면, 엄마가 존재하지 않는 것이다"라고 하는 것 같아요. 인간이라면 누구나 가지게 되는 최초의 믿음에 역행하는 것이죠. 그러니 우리가 양자역학을 잘 이해하지 못하는 건 어쩌

대상영속성	양자역학
엄마가 보이지 않아도, 엄마는 존재한다.	엄마가 보이지 않으면, 엄마가 존재하지 않는 것이다.

면 당연해요. 그래서 누군가 양자역학을 이해했다고 하면, 그것은 양자역학을 이해한 게 아니라 그냥 익숙해진 거라는 얘기도 있어요.

하지만 양자역학은 엄연한 현실이에요. 물리학자들은 양자역학이 옳다는 증거를 속속 내놓고 있어요. 그러니 어쩌겠어요? 다들 어떻게든 이해를 해보려고 하니, 이런저런 해석을 내놓게 돼요. 양자역학의 핵심을 살펴보고, 양자역학에 대한 5가지 해석을 소개할게요.

초간단 양자역학

양자역학에 대해 수식 하나 안 쓰고, 3분 안에 짧게 설명해 볼게요.

이중슬릿에 입자를 통과시키면, 뒤의 스크린에 두 줄의 무늬가 생겨요. 이중슬릿에 파동을 통과시키면, 뒤의 스크린에 간섭무늬빛의 간섭 현상에 의해 생기는 동심원 모양의 흑백 줄무늬가 생기고요. 스크린에 만들어진 모양을 보면, 이중슬릿을 통과한 것이 입자인지 파동인지 알 수 있죠.

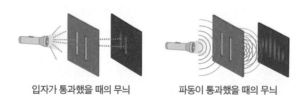

입자가 통과했을 때의 무늬   파동이 통과했을 때의 무늬

그런데 이중슬릿에 전자를 하나하나 통과시켰더니, 간섭무늬가 생겼어요. 이상하죠? 전자는 입자 아닌가요? 입자라면 스크린에 두 줄의 무늬가 생겨야 하는데, 왜 파동을 통과시킬 때 나오는 간섭무늬가 생기죠? 파동은 두 개의 슬릿을 동시에 통과해요. 따라서 전자가 두 개의 슬릿을 동시에 통과한 것이라고 볼 수 있어요.

이번에는 이중슬릿 옆에 감지기를 설치했
어요. 그런 다음에 전자들을 통과시켰더니, 스
크린에 두 줄 무늬가 생겼어요. 전자 입자들이

전자 입자들이 슬릿을 통과하는 모습

각각 1번 슬릿이나 2번 슬릿을 통과한 거예요. 전자가 처음에는 파동이
었는데, 감지기를 설치하니 갑자기 입자가 되어 버렸어요.

방사선 원소도 이와 마찬가지예요. 방사선 원소는 '관찰되지 않을
때'에는 붕괴하는 상태와 붕괴하지 않는 상태가 결정되지 않아요. 이것
을 '중첩상태'라고 해요.마치 이중슬릿 실험에서 '관찰되지 않을 때'에는 전자가 1번
슬릿과 2번 슬릿을 동시에 통과하는 것과 같아요. 그런데 방사선 원소는 '관찰되
면' 붕괴하거나 붕괴하지 않거나 결정돼요.마치 이중슬릿 실험에서 감지기로
'관찰하면', 전자가 1번 슬릿이나 2번 슬릿 중 하나를 통과하는 것과 같아요.

이번에는 이상한 상자 안에 고양이가 한 마리 있어요. 이 상자는
방사선 원소가 붕괴되면, 망치가 떨어지면서 독극물이 퍼지도록 설계
됐어요. 독극물이 퍼지면 고양이는 죽겠죠.

그런데 이 상자를 열기 전에는 고양이가 살았는지 죽었는지 결정
되지 않아요. 중첩상태인 거
죠. 상자를 열면, 그제야 고
양이가 살아 있든 죽어 있든
하나로 결정돼요. 이 고양이
를 **슈뢰딩거의 고양이**라고 해
요. 자, 이제 양자역학에 대
한 본격적인 해석을 보죠.

중첩상태

슈뢰딩거의 고양이

코펜하겐 해석

닐스 보어1885~1962와 베르너 하이젠베르크1901~76의 코펜하겐 해석은 많은 물리학자들이 양자역학에 대한 표준적 해석으로 받아들이고 있어요. 글 첫머리의 양자역학에 대한 설명이 바로 코펜하겐 해석입니다. 코펜하겐 해석의 요지는 두 가지예요.

첫째, 상자 안의 고양이는 50% 확률로 살아 있고, 50% 확률로 죽어 있는 상태라는 거예요. 마치 전자가 1번 슬릿에 50% 확률로 통과하면서, 동시에 2번 슬릿에도 50% 확률로 통과하는 것처럼요. 전자나 고양이는 관찰하기 이전에는 중첩상태로 존재해요.

둘째, 관찰자가 확인을 하면, 중첩상태가 하나의 상태로 결정돼요. 전자를 관찰하면, 1번 슬릿이나 2번 슬릿을 통과한 것으로 확정돼요. 방사선원소를 관찰하면, 붕괴되거나 붕괴되지 않은 것으로 확정되고요. 상자를 열면, 안의 고양이는 살아 있거나 죽어 있는 것으로 결정돼요. 즉, '관찰'이 대상의 상태를 결정해요. 관찰자와 관찰대상은 독립적으로 존재하는 게 아니란 거죠.

다세계 해석

휴 에버렛 3세1930~82의 다세계 해석에 따르면, 상자를 열기 전에는 고양이가 살아 있는 세계와 죽어 있는 세계가 하나로 합쳐져 있어요. 상자를 열어보는 순간, 두 세계로 나뉘져요. 고양이만 두 마리가 되는 게 아니라, 세계가 두 개가 되면서 상자를 여는 관찰자도 두 명이 되는 거예요. 마찬가지로 관찰을 하면, 전자가 1번 슬릿을 통과한 세계와 2번 슬릿을 통과한 세계가 나눠져요. 즉, 무한히 많은 수의 세계가 있다는 거죠.

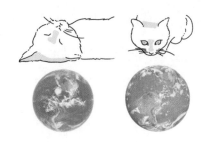

다세계 해석

다세계 해석은 고양이가 50% 확률로 살아 있고 50% 확률로 죽어 있는 중첩상태를 도저히 못 받아들이겠으니, 차라리 세계를 여러 개로 만들어 버린 전략이라고 할 수 있어요. 그런데 하나의 세계에 속하면, 다른 세계를 인식할 수 없죠? 따라서 비록 다세계 해석이 옳다고 해도 그것을 검증할 방법이 없어요.

다세계 해석은 처음에는 닐스 보어한테 깨져서 거의 사장됐어요. 그런데 코펜하겐 해석에 한 가지 문제가 있어요. 고양이가 살거나 죽는 것이 어떤 기준에 의해 결정되는지 설명할 길이 없다는 거죠. 하지만 다세계 해석을 받아들이면, 그런 문제 자체가 안 생겨요. 고양이가 100% 살아 있는 세계도 있고, 100% 죽은 세계도 있으니, 둘 중에 하나를 선택할 필요가 없는 거죠. 요즘에는 다세계 해석을 지지하는 사람들이 꽤 많아졌어요. 코펜하겐 해석과 양강 구도라고들 해요.

앙상블 해석

막스 보른1882~1970은 중첩상태는 그냥 확률의 분포일 뿐이라고 해요. 중첩상태는 상자 안의 고양이 한 마리가 살아 있는 상태와 죽어 있는 상태가 중첩된 게 아니라고 봤어요. 같은 상태에 있는 고양이 중 50%는 살아 있고 50%는 죽어 있는 상태라는 거예요. 예를 들어 슈뢰딩거의 고양이 상자가 100개 있을 때, 상자를 열면 그중의 50마리는 살아 있고 50마리는 죽어 있을 거란 거죠. 그러니 중첩상태니 뭐니 이상한 소리 하지 말고, 그냥 통계로만 보자고 해요. 아주 미니멀한 해석이죠.

앙상블 해석

숨은 변수 해석

아인슈타인

아인슈타인은 코펜하겐 해석에 격렬하게 반대하고, 앙상블 해석을 발전시켜 **숨은 변수 해석**숨은 변수 이론을 내놓았어요.

기상청에서 내일 비가 올 확률이 50%라고 예보했다고 하죠. 알지 못하는 변수들이 있기에 확률을 끌여들여 표현하는 거죠. 아인슈타인은 마찬가지로 양자역학을 고양이가 50% 확률로 살아 있고 50% 확률로 죽어 있다는 중첩상태나 확률로 설명할 수밖에 없는 이유는, 우리가 잘 모르는 변수가 있기 때문이라고 해요. 사실 상자를 열기 전에, 이미 고양이는 살아 있거나 죽어 있거나 결정되어 있다는 거죠.

아인슈타인은 EPR물리량의 측정문제를 제기한 정교한 사고실험 역설을 내놓으며, 코펜하겐 해석을 뒤집으려고 했으나 실패했어요. 그의 숨은 변수 해석은 완전히 폐기됐죠. 그런데 이론물리학자 데이비드 봄1917~92이 숨은 변수 해석을 새로운 방식으로 부활시켰어요봄은 한때 아인슈타인

5분 뚝딱 철학 ─ 생각의 역사 2

의 지지를 받았어요.

봄은 기본적으로 양자역학을 더 자세하게 결정해 줄 숨은 변수가 있다고 봤어요. 봄은 전자는 '파일럿 파'라는 파동을 타고 이동하며, 전자의 위치는 이미 결정되어 있다고 해요. 고양이도 살아 있든 죽어 있든 이미 결정되어 있다는 거죠.

데이비드 봄

이때 파일럿 파는 추상적인 파동이 아니라 실제로 존재하는 물리적인 파동이에요. 여기서부터 봄의 해석은 좀더 멀리까지 나아가요. 봄은 파일럿 파는 우주 전체에 꽉 차 있는 초양자장 때문에 생기며, 우주전체가 이 초양자장으로 연결되어 있고, 우주는 각각의 부분들이 유기적으로 연결되어 있는 하나의 통일체라고 주장해요. 봄의 해석은 초반에는 사이비과학으로 취급받기도 했어요. 그런데 20세기 후반부터 지지하는 사람들이 늘어나고 있어요봄의 해석을 '드브로이-봄 해석'이라고 따로 분류하기도 합니다.

닥치고 해석

물리학자 데이비드 머민은 "코펜하겐 해석을 한 문장으로 줄이면 '입 닥치고 계산해Shut up and calculate'"라고 해요. 양자역학이 우리의 믿음체계에 부합하는지 따지지 말고, 그냥 닥치고 계산이나 하라는 거죠.

이것은 양자역학에 대한 어떠한 해석도 할 수 없다는 의미죠. 양자역학은 해석이 불가능하다는 해석으로 볼 수도 있어요. 이것은 수학의 형식주의와 비슷해요. 수학의 형식주의는 수학은 현실세계와 무관하니 이것저것 따지지 말고 문제나 풀라고 하거든요. 하지만 '닥치고 해석'은 수학의 형식주의보다는 좀더 경험적이에요. 수학은 실험을 할 수 없지만, 양자역학은 실험을 통해 검증이 가능하니까요. 하지만 "그 실험 결과가 뭘 의미하는데?"라고 물으면, 그때는 "닥치고 계산이나 해"라고 대답하면 돼요. 사실 많은 물리학자들이 이 '닥치고 해석'을 받아들이고 있는지도 몰라요.

양자역학에 대한 해석은 이외에도 굉장히 많아요. 이 중에서 코펜하겐 해석이 주류 해석으로 자리잡았어요. 과학계에서는 주류와 다른 목소리를 용납하지 않는 경향이 좀 있어요. 아인슈타인조차도 코펜하겐 해석에 반대했다는 이유로, 말년에 물리학계에서 뒷방 늙은이 취급을 받았어요. 1954년 다세계 이론을 창안한 휴 에버렛 3세는 커리어에 큰 타격을 입었고요. 그래서인지 유럽입자물리연구소에 있던 존 벨은 양자역학을 몰래 연구했다고 해요.

하지만 마이너한 해석이 언제까지 그렇게 남아 있지는 않죠. 다세계 해석은 꾸준히 지지자들이 늘어나고 있죠. 데이비드 봄은 아인슈타인의 숨은 변수 해석을 다른 형태로 부활시켰어요. 양자역학은 등장한 지 이제 100년밖에 되지 않았어요. 그러니 열린 마음으로 다른 여러 해석들에 가능성을 줘보는 것도 괜찮을 듯해요.

그런데 아무리 봐도, 코펜하겐 해석이든, 다세계 해석이든, 봄의 해석이든 받아들이기 쉽지 않죠? 그런데 한번 생각을 바꾸어 보죠.

앞에서 소개한 대상영속성에 대한 믿음은 말 그대로 믿음이에요. 아이는 24개월 즈음, 내가 볼 때나 보지 않을 때나 대상_{엄마}이 있는 그대로의 모습으로 거기에 존재한다는 믿음을 가지게 돼요.

그런데 우리의 사고 틀을 깨고 파격적으로 생각해 보면, 내가 안 보면 대상이 존재하지 않을 수도 있어요. 다르게 존재할 수도 있고요. 우리는 관찰되지 않는 대상이 어떤 방식으로 존재하는지 영원히 알 수 없어요. 이 사실을 파격적으로 받아들인다면, 우리는 코펜하겐 해석이든 다세계 해석이든 무엇이든 다 받아들일 수 있어요. 대상영속성이 없는 세계는 어차피 설명이 불가능한 괴기스러운 세계니까요.

마지막으로 〈은하수를 여행하는 히치하이커를 위한 안내서〉에 나오는 문장을 하나 소개할게요.

이 우주가 무엇을 위해 있고, 또 왜 이곳에 있는지를 누군가가 정확하게 알아낸다면, 그 순간 이 우주는 당장 사라져 버리고, 그 대신 더욱 기괴하고 더욱 설명 불가능한 우주로 대체된다고 주장하는 이론이 있다. 그런 일은 이미 벌어졌다고 주장하는 이론도 있다.

영상으로 한 번 더!

결정론, 양자역학, 나비효과

라플라스: 라플라스의 악마

(feat. 데카르트)

결정론은 보통 인과적 결정론을 의미해요. **인과적 결정론**이란 과거의 사건이 원인이 되어 미래의 사건이 이미 결정돼 있다는 거예요. **결정론**은 17세기 뉴턴으로부터 시작됐고, 19세기 라플라스가 정점을 찍었어요. 그리고 20세기 양자역학이 등장하면서 심각한 타격을 입었어요.

　　하지만 모든 철학적 문제가 그렇듯, 하나의 이론이 등장했다고 해서 문제가 명쾌하게 해결되는 게 아니에요. 결정론은 아직도 논란이 계속되고 있는 중요한 철학적 문제 중 하나예요.

뉴턴의 결정론

아리스토텔레스는 우주의 중심을 지구로 봤어요. 지구를 중심으로 달·수성·금성·태양·화성·목성·토성이 돌고, 그 밖에 붙박이 별들이 있고,

또 그 바깥에는 수정하늘이 있으며, 또 그 너머에 가장 높은 하늘이 있는데 여기에 바로 신GOD이 있다고 생각했어요. 지구부터 달까지는 지상계로 4원소인 물·불·흙·공기로 이루어져 있고, 달 밖은 천상계로 제5원소인 에테르로 이루

어져 있다고 주장했어요.

아리스토텔레스는 지상계와 천상계의 물리법칙은 당연히 다르다고 생각했어요. 이러한 아리스토텔레스의 우주론은 거의 2000년 이상 믿어져 왔어요.

지상계와 천상계의 물리법칙은 다르다.

아리스토텔레스

그런데 17세기에 지상계와 천상계의 물리법칙이 하나라고 주장한 사람이 나타났는데, 바로 아이작 뉴턴이에요. 사과가 떨어지는 이유도, 달

지상계와 천상계의 물리법칙은 하나다.

뉴턴

이 지구를 공전하는 이유도 모두 만유인력으로 설명할 수 있다고 했어요. 또한 지구와 우주를 구성하는 물질도 같다는 것을 알게 됐어요. 뉴턴은 지상계와 천상계의 구분을 없애버린 거죠.

뉴턴의 만유인력의 법칙으로 계산해 보면, 55미터 높이의 피사의 사탑에서 돌멩이를 떨어뜨리면 3.35초 후에 땅에 떨어져요. 몇 번을 떨어뜨려도 똑같아요. 항상 똑같으니 물리법칙이라고 하겠죠. 물리법칙은 자연 안에서 원인 사건이 '필연적'으로 결과 사건을 일으킨다는 것을 보여줘요. 즉, 원인 사건이 결과 사건을 이미 결정해 놓았다는 거죠. 이것이 바로 **결정론**이에요.

결정론을 좀더 밀고 나가면, '우주 초기 자연의 상태에서 미래 전 우주의 상태가 이미 결정되어 있다'는 결론이 나와요. '인간의 정신이 뇌에서 나온다'는 점을 받아들이면, 인간의 정신적 상태도 이러한 결정론으로부터 예외가 될 수 없겠죠.

라플라스의 악마

결정론은 19세기까지 이어져 왔어요. 그 정점에 프랑스의 수학자이자 천문학자, 물리학자, 프랑스 제1제국의 상원총리였던 라플라스1749~1827가 있어요. 그는 이렇게 말했어요.

"우주에 있는 모든 원자의 위치와 운동량을 알고 있는 존재가 있다면, 그것은 뉴턴의 운동법칙을 이용해 과거와 현재의 모든 현상을 설명하고 미래를 예언할 수 있을 것이다." 현재의 모든 상태를 알고, 미래의 모든 상태를 예측하는 존재자를 **라플라스의 악마**라고 해요.

라플라스의 악마
현재의 모든 상태를 알고,
미래의 모든 상태를 예측하는 존재자

결정론과 양자역학

20세기에 들어 사람들은 결정론을 의심하기 시작했어요. 결정적인 이유는 바로 양자역학에 대한 코펜하겐 해석 때문이에요.양자역학 해석 중 코펜하겐 해석이 주류이니 여기서는 그냥 '양자역학'이라고 할게요. 그럼, 양자역학과 결정론이 왜 양립할 수 없을까요? 두 가지 방식으로 설명해 볼게요.

준비운동 : 양자역학의 세계는 왜 기이한가?
양자역학은 분자·원자·전자·소립자 등 너무나 작은 미시적 세계를 다뤄요. 이 세계는 일상을 사는 우리의 상식엔 너무 기이한 세계예요. 우리가 상식으로 받아들이는 뉴턴의 물리학과 너무 다르고요.

망원경으로 멀리서 순천만의 철새를 관찰한다고 해보죠. 우리의 관찰행위는 순천만과 철새 등에게 영향이 없어요. 그냥 그 순간 관찰자일 뿐이죠.

그런데 양자역학의 세계는 너무나 작은 미시세계죠. 그래서 전자 입자의 위치를 관찰해 정확히 결정되면, 운동량이 불확실해져요. 운동량을 관찰해 정확히 결정되면, 위치가 불확실해지고요. 자, 이제 본론으로 다시 가죠.

불확정성의 원리

양자역학의 불확정성 원리에 따르면, 입자의 위치와 운동량은 동시에 결정되지 않아요. 입자의 위치가 정확히 결정되면, 그 입자의 운동량의 값은 더욱 불확실해져요. 입자의 운동량이 정확히 결정되면, 위치가 더욱 불확실해지고요. 양자역학은 "현재 입자의 위치와 운동량조차 알 수 없는데, 어떻게 미래의 위치와 운동량을 알 수 있겠냐?"고 결정론에 이의를 제기해요.

이중슬릿

이중슬릿에 전자를 쏘면 파동처럼 움직여요. 두 개의 슬릿 중에 어느 슬릿을 통과할지 결정되지 않은 상태죠. 그런데 전자는 자신이 관찰될 때에는 입자처럼 행동해요. 비로소 이중슬릿 중 어느 슬릿을 통과할지 결정돼요. 즉, 관찰 전까지는 미래 입자들의 위치는 결정되지 않았고, 우리는 미래 입자들의 위치를 알 수 없어요. 따라서 미래가 결정되어 있다는 결정론은 성립할 수 없다는 주장이에요.

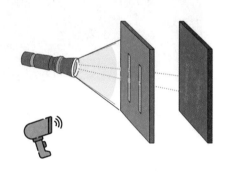

뉴턴 역학과 아인슈타인의 결정론

양자역학을 받아들이면, 결정론을 꼭 포기해야 할까요? 아인슈타인

뉴턴 역학	양자역학
인과적 결정론	확률적 결정론

아인슈타인

은 양자역학을 받아들인다는 것은 뉴턴 역학의 틀을 거부하고, 뉴턴 역학적 의미의 인과적 결정론도 거부하는 것이라고 봤어요. 하지만 양자역학을 받아들인다고 해서 모든 종류의 결정론을 포기할 필요는 없어요. 왜냐하면 양자역학에서는 현재 입자의 '확률적' 위치가 미래 입자의 '확률적' 위치를 결정하니까요.

결정론과 카오스 이론

카오스 이론
나비효과

1960년대 미국의 기상학자 에드워드 노턴 로렌츠1917~ 2008는 기상예측 시뮬레이션을 돌리다가 온도, 습도 등 초기조건을 아주 조금만 바꿔도, 결과값이 엄청나게 달라진다는 것을 발견했어요초기조건의 민감성. 이를테면 온도를 섭씨 2.005도로 입력할 때와 섭씨 2.007도로 입력했을 때, 날씨 예측이 매우 달라졌어요. "베이징에서 나비 한 마리가 날개를 펄럭인 것이 뉴욕에 허리케인을 불러올 수 있다." **카오스 이론**은 '혼돈이론'이라고도 하고 '나비효과'라고도 해요.

어떤 사람들은 카오스 이론을 받아들이면, 결정론을 포기해야 한다고 해요. 카오스 이론에 따르면, 미래를 정확하게 예측하기 위해서는 엄청나게 정밀한 정보가 필요한데, 그런 정보를 모두 처리하는 건 거의 불가능에 가깝다는 거죠.

하지만 미래 예측이 '물리적'으로 불가능하다고 해서, '논리적'으로도 불가능하다는 것은 논리적 비약이에요. 또한 미래 예측이 '논리적'으로 불가능하다고 해서, 미래는 결정되어 있지 않다고 주장하는 것도 비약이고요. 물리적으로 불가능한 것과 논리적으로 불가능한 것은 다르니까요.

그런데 울트라 슈퍼컴퓨터가 우주의 모든 정보를 처리하는데, 그 정보가 무한소수라고 해보죠. 울트라 슈퍼컴퓨터라도 무한한 정보를 유한한 시간 안에 처리할 수는 없어요. 물리적으로도 논리적으로도 불가능해요. 그래서 첫 번째 논리적 비약은 슬쩍 눈감아 줄 수도 있어요.

하지만 두 번째 논리적 비약은 좀 해명하기 어려워요. 미래를 예측하는 게 논리적으로 불가능하다고 해서, 미래가 결정되어 있지 않다고 말할 수는 없죠. 따라서 카오스 이론을 받아들인다고 해서 결정론이 틀렸다고 할 수는 없어요.

정리해 보죠. 양자역학의 코펜하겐 해석을 받아들이면, 고전주의적 결정론이 옳다고 할 수는 없어요. 그래도 여전히 양자역학적·확률론적 결정론은 받아들일 수 있어요. 그리고 카오스 이론을 받아들이면, 우리는 미래를 예측할 수 없어요. 그렇다고 해서 미래가 결정되어 있지 않다고 할 수는 없어요. 양자역학 시대인 지금도 여전히 결정론에 대한 논란이 계속되는 이유예요.

영상으로 한 번 더!

결정론, 숙명론, 블록우주이론

결정론: 미래는 이미 결정되어 있는가?

결정론과 숙명론

어떤 사람들은 과거의 어떤 사건이 원인이 되어 그 결과로 미래의 사건이 이미 결정되어 있다고 믿어요. **결정론**자들은 우주의 초기조건과 법칙을 알면, 미래에 발생할 일을 미리 예측할 수 있다고 생각하죠. 프랑스의 수학자 라플라스는 "우주의 모든 입자의 위치와 속도를 안다면, 우주의 미래를 예측할 수 있다"고 했어요.

숙명론자들은 어떤 사건이 일어나는 것은 말 그대로 숙명이라고 생각해요. 〈케 세라 세라Que Sers Sers〉라는 노래를 우리나라에서는 '될 대로 돼라'로도 번역하는데, 진짜 뜻은 '일어날 일은 일어날 것이다'예요. 하긴 어찌 보면, 일어날 일은 어차피 일어날 테니, '될 대로 돼라'라고 해석한 것일 수도 있겠죠. 숙명론을 한마디로 요약하면 '케 세라 세라'라고 할 수 있어요.

결정론자들은 미래는 과거와의 인과법칙에 의해 '우연히' 결정된다고 생각해요. 반면 숙명론자들은 어떤 사건이 일어나도록 '필연적으로' 결정되어 있다고 생각해요. 그것이 인과관계에 의해서인지, 신의 계시나 우주의 질서, 아니면 그냥 결정되어 있는지는 알 수 없더라도요. 왜 그

사건이 일어나는지 묻지도 따지지도 않고, 그냥 그렇게 일어날 수밖에 없다는 거죠.

블록우주이론

과거 사건은 이미 지나갔고, 현재 사건은 지금 벌어지고 있으며, 미래 사건은 아직 벌어지지 않았지요. 그런데 어떤 사람들은 이것이 우리의 착각이라고 해요. 과거, 현재, 미래의 사건이 사실은 모두 '지금' 일어나고 있으며, 과거, 현재, 미래의 구분이 착각이라는 거죠. 시간은 흐르는 것 같지만, 흐르지 않는다는 것이죠. 이런 입장을 **블록우주이론**이라고 해요.

블록우주이론에서 시간은 공간과 비슷한 특징을 가져요. 여기here 가 특별한 장소가 아닌 것처럼, 지금now도 특별한 시점이 아니에요.

서울의 민수와 부산의 영희가 통화를 해요.

민수가 "여기 지금 비가 엄청 와"라고 했어요. 이때 여기는 서울이죠. 영희가 "여기는 날씨가 좋은데"라고 했어요. 이때 여기는 부산이죠. '여기'라는

말은 그 말을 하는 사람이 있는 장소를 가리키는 것뿐이에요.

'지금'이란 말도 마찬가지에요. 로마제국 시대에 카이사르는 루비콘 강을 건너면서 "지금 주사위는 던져졌다"고 했어요. 이때 '지금'은 기원전 49년 1월 10일 어느 순간을 가리키죠. 여러분이 이 책을 읽으면서

"지금 나는 책을 읽고 있다"고 할 때의 '지금'은 현재 여러분이 존재하는 순간을 가리켜요. 23회 FIFA 월드컵 결승전에서 심판이 반칙한 선수에게 "지금 당장 퇴장하라"라고 말한다면, 이 경우 '지금'은 2026년 7월 19일 어느 순간을 가리킬 뿐이에요.

지금은 기원전
49년 1월 10일

지금 나는
책을 읽고 있다.

지금은
2026년 7월 19일

너 퇴장

위의 3가지 '지금'들 사이에 존재론적 차이는 없어요. 여러분이 서울에 가면 민수를 만날 수 있고, 부산에 가면 영희를 만날 수 있겠죠. 마찬가지로 기원전 49년으로 가면, 카이사르가 루비콘강을 건너는 것을 볼 수 있어요. 2026년으로 가면, 북미 3개국에서 열리는 FIFA 월드컵 결승전을 볼 수 있고요.

　블록우주이론을 받아들이면, 과거, 현재, 미래가 이미 결정되어 있을 뿐만 아니라, 실제로 '지금' 벌어지고 있다는 뜻이 돼요. 말도 안 되는 것 같죠? 하지만 실제로 이런 주장을 하는 사람들이 굉장히 많아요. 물론 반대하는 사람들도 많지만요. 찬성파와 반대파가 계속 치열한 논쟁을 벌이고 있어요. 제가 쓴 책『시간여행, 과학이 묻고 철학이 답하다』는 바로 이 두 진영이 주고받는 공방을 정리한 거예요.

만약에 신이 존재한다면

블록우주이론이 도저히 이해가 안 된다고요? 그럴 수 있어요. 그럼, 다른 비유를 가지고 설명해 볼게요.

신이 존재한다고 합시다. 신에게 이 세계는 어떻게 보일까요?

신이 지금으로부터 500여 년 전을 회상하면서 "아, 그때 이순신 장군이 노량해전에서 죽지 않도록 했어야 했는데…" 하며 과거를 후회할까요? 지금 여러분을 내려다보면서 "책을 열심히 보고 있군"이라고 할까요? 아니면 2026년 월드컵을 떠올리면서 "브라질을 우승시킬까?"라고 미래를 계획할까요? 신이 과연 이렇게 과거, 현재, 미래를 구분할까요?

신은 모든 시간과 공간에 존재해요. 만약에 신이 존재한다면, 아마 과거, 현재, 미래를 '통째로' 그 시간, 그 자리에 있는 것으로 지각할 거예요. 과거를 후회하고, 현재를 느끼며, 미래를 계획하는 것은 인간이나 하는 거예요, 신에게는 그런 구분이 의미가 없을 거예요. 신이 군이 과거, 현재, 미래의 시간 순서를 따져가며, 우주의 역사를 관장하지는 않을 거라는 말이죠.

여러분은 어떻게 생각하나요? 만약 여러분이 과학적 인과관계를 철저하게 믿는다면 결정론자일 거예요. 타로점이나 사주팔자를 믿는다면 숙명론자일 가능성이 크겠죠. 그리고 영화 〈인터스텔라〉처럼 미래의 아버지가 현재의 나에게 메시지를 보낼 수 있다고 생각한다면 블록우주론자일 거예요. 이 글을 읽고, 여러분은 어떤 생각을 갖게 되었나요?

영상으로 한 번 더!

우연처럼 보이는 필연
칼 융: 동시성 현상과 홀로그램 우주이론

우리는 일상생활에서 가끔 뭐라고 설명하기 어려운 이상한 경험을 하죠. 처음 가본 장소인데 예전에 한번 와본 것 같은 느낌이 들거나, 길거리에서 우연히 마주친 사람이 어제 꿈속에서 본 사람 같거나, 어느 날 꿈에 할아버지가 나타났는데 아침에 일어나 보니 돌아가셨다든가…, 이런 이상한 일들을 경험한 적이 있을 거예요.

동시성 현상

융

철학자나 심리학자들은 보통 이런 주제를 잘 다루지 않는데, 유독 관심을 가진 사람이 바로 칼 융1875~1961이에요. 융은 이런 현상을 '동시성 현상'이라고 해요.

딱히 철학이라고 하기도 그렇고, 심리학이라고 하기도 애매하고, 과학이라고 하기도 힘들고, 신학이라고 하기도 어려운, 이것저것 뒤섞여 있는 약간 오컬트적인 주제죠.

융을 좋아하는 분들은 오컬트적이라는 표현이 불쾌할 수도 있을 거예요. 하지만 동시성 현상에 관한 이론이 사이비 이론이라는 뜻은 아니에요. 융과 같은 저명한 심리학자가 주장했고, 파울리나 데이비드 봄과 같은 저명한 물리학자들이 지지하기도 한 이론이니까요. 아무튼 재미있는 이론이에요.

동시성 현상이란 아무런 인과관계가 없는 것처럼 보이는 두 개의 사건이 마치 밀접한 관계가 있는 것처럼 동시에 벌어지는 현상을 말해요. 예컨대 어떤 정신적인 사건과 어떤 물질적인 사건이 동시에 벌어지는 현상 같은 거요.

융이 어느 날 진료실에서 환자의 꿈 이야기를 듣고 있었어요. 환자가 꿈속에서 어떤 사람에게서 황금색 풍뎅이 모양의 장신구를 선물로 받았다고 했어요. 바로 그때, 진료실 창문으로 황금색 풍뎅이가 들어왔어요. 융은 그 풍뎅이를 잡아다가 환자에게 주었어요.

다른 예를 들어보죠. 17세기 스웨덴의 유명한 신비 사상가인 스웨덴보그는 당시 천국과 지옥을 마음으로 드나드는 능력과 천리 밖을 내다볼 수 있는 능력을 가졌다고 알려져 있었어요. 1759년 7월 19일, 고센보그에서 열린 어느 만찬에 참석한 스웨덴보그는 400여 킬로미터 떨어져 있는 스톡홀름에서 발생한 큰 화재를 천리안으로 보고 화재 상황을 정확하게 묘사했어요. 그런데 정말 그런 일이 일어났어요.

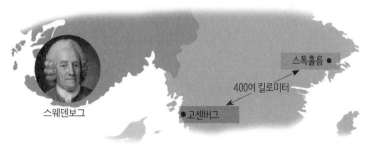

17세기 스웨덴보그는 천리안을 가진 것으로 알려졌다.

동시성 현상의 의미

동시성 현상은 왜 일어날까요? 그냥 우연히 발생한 걸까요? 융은 그렇게 생각하지 않았어요. 우리가 모르는 어떤 작용이 있기 때문에 일어나는 것이라고 봤어요.

물질세계에서 벌어지는 사건들은 인과관계를 가져요. 어떤 사건이 원인이 되어 다른 사건이 그 결과 사건으로 나타나요. 이때 원인이 되는 사건과 결과가 되는 사건 사이에는 시간적·공간적 제약이 있죠. 내가 지금 여기서 사과를 던지면 '지금', '여기'로 떨어지지, 내일 미국에 떨어지지는 않잖아요?

융은 물질세계와 달리, 정신세계에서 벌어지는 사건들 사이에는 이러한 시간적·공간적 인과관계가 없다고 봤어요. 그러니 시간적·공간적 제약을 받지 않는다는 거죠. 그러니까 지난 밤 환자의 꿈속에 나타난 황금색 풍뎅이가 다음날 진료실의 환자 앞에 나타날 수도 있고, 스웨덴보그가 400킬로미터 떨어진 곳에서 난 화재를 볼 수도 있다는 거죠.

이때 융이 말하는 정신은 '무의식'을 말해요. **의식**은 감각과 경험을 통해 세계를 부분적으로 명료하게 인식해요. 하지만 **무의식**은 세계를 명료하게는 아니지만 전체적으로 인식한다고 봤어요. 무의식은 의식이 올바른 방향으로 나아가도록 암호와 메시지를 계속 보낸다는 거죠.

홀로그램 우주이론과 숨겨진 질서

바다를 위에서 보면, 수많은 파동들이 서로 중첩되어 간섭하는 것을 볼 수 있죠. 그중에서 파동 하나만 딱 떼어내 볼 수 있나요? 파동들은 모두 복잡하게 연결되어 있기 때문에, 하나하나 따로 떼어내는 것은 불가능해요.

데이비드 봄1917~92에 따르면, 우주도 그곳에 있는 물질들이 모두 연결되어 있기 때문에 하나하나 떼어 볼 수 없어요. 그런데 왜 우리에게는 우주의 물질들이 시간적·공간적으로 떨어져 있는 것처럼 보일까요? 우리의 의식이 우주의 일부 차원만 볼 수 있기 때문이라고 해요.

데이비드 봄

데이비드 봄은 **홀로그램 우주이론**에서 우주를 전체 차원으로 보면, 우주에 있는 모든 물질들은 서로 질서 있게 연결되어 있다고 해요. 우주를 다른 차원으로 보면 또 다른 질서가 있어요. 데이비드 봄은 이것을 **숨겨진 질서**라고 해요. 그리고 숨겨진 질서의 관점에서 보면, 우주 각각의 부분들에는 우주 전체에 대한 정보가 모두 담겨 있다고 해요.

숨겨진 질서를 비유를 통해 설명해 보죠. 유리통에 글리세린을 채우고, 그 안에 실린더를 넣은 다음 잉크 방울을 떨어뜨려요. 이제 실린더를 돌리면 잉크가 섞이겠죠. 이때 잉크 모양에 어떤 패턴이 있을까요? 아무런 패턴도 질서도 없이 막 섞인 것처럼 보여요.

그런데 실린더를 반대 방향으로 돌리면, 원래의 잉크 모양이 다시 나타나요. 아까 뒤섞인 잉크 분자들 사이에도 어떤 패턴과 질서가 있었기 때문이에요. 질서와 패턴이 없었다면, 원래 상태로 되돌아올 수 없었을 거예요.

미국의 물리학자 빅터 맨스필드는 융이 말하는 동시성 현상은 바로 이러한 숨겨진 질서와 관련이 있다고 주장해요. 숨겨진 질서가 있기

① 글리세린을 채운 유리
통에 실린더를 넣은 다음
잉크를 떨어뜨린다.

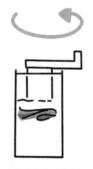

② 실린더를 돌리면 잉크
가 무질서하게 뒤섞인다.

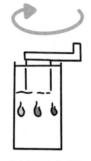

③ 실린더를 반대 방향으
로 돌리면, 원래의 잉크 모
양이 다시 나타난다.

실린더

때문에, 환자의 꿈속에 나타난 황금색 풍뎅이가 다음날 융의 진료실에
실제로 나타난 것이고, 스웨덴보그가 400킬로미터 떨어진 스톡홀름의
화재를 볼 수 있었다는 것이죠.

앞에서 스웨덴보그의 신비한 능력에 대해 얘기했죠? 칸트도 그에
게 관심이 있어서 스웨덴보그의 『천국의 비밀』이라는 책을 읽고, 『유령
을 보는 사람의 꿈』이라는 책을 썼어요. 칸트는 이 책에서 스웨덴보그
를 "정신병원 입원 대기자"라고 했어요. 여러분의 생각은 어떤가요? 신
비한 현상에 어떤 의미를 부여할 수 있다고 생각하나요? 아니면 그냥
사기꾼들이 만들어낸 판타지라고 생각하나요?

영상으로 한 번 더!

안드로메다 패러독스

아인슈타인: 시간은 흐르지 않는다

현대 물리학의 대표적인 두 분야는 상대성이론과 양자역학이에요. 상대성이론에는 일반상대성이론과 특수상대성이론이 있어요. **일반상대성이론**은 중력을 상대론적으로 다루는 물리학 이론이에요. 중력이 여러 상황에서 어떻게 작용하는지를 주로 다뤄요. 일반상대성이론은 가속운동을 하는 대상에 적용돼요. **특수상대성이론**은 빛의 속도에 견줄 만한 속도로 움직이는 물체들을 다루는 역학 이론이에요. 등속운동을 하는 대상에 적용돼요. 이제부터 특수상대성이론의 철학적 의미를 살펴보죠.

동시성의 상대성

특수상대성이론은 상대성 원리와 광속불변의 원리라는 두 가지 가정에서 출발해요.

광속불변의 원리는 빛의 속도는 일정하다는 거예요. 빛을 내는 물체와 관찰자 사이의 상대 운동에 무관하게, 빛의 속도는 초속 30만 킬로미터로 항상 똑같아요. 미국의 물리학자 앨버트 마이컬슨1852~1931과 에드워드 몰리1838~1923가 이것을 실험으로 증명했어요. 광속불변의 원리를 받아들이면, **동시성의 상대성**이라는 재미있는 현상이 생겨요.

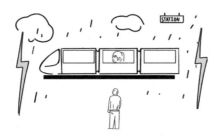

기차역 플랫폼 한가운데 남자가 서 있어요. 플랫폼으로 들어오는 기차 안에는 여자가 앉아 있고요. 기차가 달려와서 플랫폼의 남자와 기차 안의 여자가 일직선에 있는 순간, 기차의 앞과 뒤에서 두 개의 번개가 동시에 쳤다고 해보죠. 플랫폼에 서 있는 남자는 '두 개의 번개가 동시에 쳤다'고 생각해요. 실제로 이 남자에게는 두 개의 번개가 동시에 친 거예요.

반면 달리는 기차에 타고 있는 여자는 '앞의 번개가 먼저 치고, 뒤의 번개가 나중에 쳤다'고 생각해요. 기차가 앞으로 달려가고 있으니, 여자는 앞의 번개를 먼저 보고, 뒤의 번개는 나중에 보게 되죠. 생각만 그런 게 아니라, 실제로 이 여자한테는 앞의 번개가 먼저 친 거예요.

그렇다면 이 두 개의 번개가 동시에 친 걸까요, 아니면 앞의 번개가 먼저 친 걸까요? 결론적으로는 둘 다 맞아요. 왜냐하면 동시성은 상대적 개념이기 때문이에요. 플래폼에 서 있는 남자에게는 기차의 앞뒤에서 친 두 개의 번개가 동시사건이에요. 반면 달리는 기차에 타고 있는 여자에게는 순차적인 사건이고요. 이것이 바로 동시성의 상대성이에요. 서로 다른 관성계에서 관찰한 두 사건의 동시성은 상대적이란 거죠.

안드로메다 패러독스

동시성의 상대성 개념을 받아들이면 말도 안 되는 현상이 벌어져요. 이것을 '안드로메다 패러독스'라고 해요. 물리학자인 C. W. 리트딕, 로저 펜로즈, 철학자인 힐러리 퍼트넘 1926~2016이 각각 독립적으로 제시한 역설이에요. 단지 물리학적인 문제일 뿐 아니라 철학적으로도 아주 중요한 문제예요.

퍼트넘

안드로메다 은하는 지구로부터 250만 광년 떨어져 있어요. 빛이 250만 년 동안 날아가야 도달하는 거리죠. 현재 내가 안드로메다 방향으로 걷고 있어요. 이때 나와 동시사건은 안드로메다의 오로라 공주가 산책을 하는 사건이라고 해보죠. 반면 현재 민수는 안드로메다의 반대 방향으로 걷고 있어요. 이때 동시사건은 오로라 공주가 산책 전에 화장을 하는 사건이라고 해보죠.

공교롭게도, 오로라 공주가 화장을 하고 산책을 하기 전, 그 중간에 안드로메다에서 우주함대가 지구를 침공하기 위해 출항을 했다고 합시다.

이때 우주함대 출항 사건은 나한테는 과거사건이고, 민수한테는 미래사건이 돼요. 그러면 안드로메다 우주함대는 이미 출항한 건가요, 아직 출항하지 않은 건가요? 이것을 **안드로메다 패러독스**라고 해요.

시간은 흐르지 않는다─시간기하학적 결정론

문제는 이뿐만이 아니에요. 내가 안드로메다 방향으로 걸어갈 때, 나에게 동시사건은 오로라 공주의 산책이죠. 그런데 마침 오로라 공주가 지구 방향으로 산책을 한다고 해보죠. 이때 오로라 공주 입장에서는 산책이 나의 미래에 벌어질 사건(예: 내가 노인이 되어 있는 사건)과 동시사건이 돼요.

그런데 어떤 사건과 동시사건의 또 다른 동시사건은 모두 다 같은 동시사건이에요. 현재의 동시사건은 현재라고 할 수 있죠. 이 모든 사건이 다 현재 벌어지고 있는 사건이기에, 과거, 현재, 미래가 모두 현재라는 거죠. 따라서 현재 내가 걸어가고 있다면, 현재 나는 60세 노인이라는 말이에요. 이것을 **시간기하학적 결정론**이라고 해요.

시간기하학적 결정론은 과거, 현재, 미래가 모두 현재라고 봐요. 과거에 벌어졌던, 현재에 벌어지는, 미래에 벌어질 모든 사건을 모두 지금

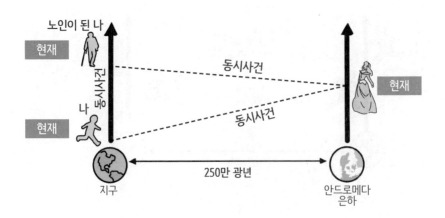

5분 뚝딱 철학─생각의 역사 2

벌어지고 있는 사건이라고 보는 거죠.

137억 년 전 빅뱅으로 우주가 생성되는 사건, 47억 년 전 태양이 생성되는 사건, 35억 년 전 지구에 생명체가 탄생하는 사건, 3억 년 전 공룡이 지구를 지배하는 사건, 5만 년 전 호모사피엔스가 지구의 강자로 등극하기 시작한 사건, 2500여 년 전 소크라테스가 독배를 마신 사건, '지금' 여러분이 이 책을 보고 있는 사건, '미래'에 2026년 북미 3개국에서 FIFA 월드컵이 열리는 사건, 2050년 오로라 공주가 지구를 안드로메다의 식민지로 만들어 버리는 사건, 50억 년 후 지구가 사라지는 사건, 200억 년 후 우주가 흩어져 없어지는 사건…, 이런 사건들이 모두 지금 벌어지고 있다는 말이에요.

과거, 현재, 미래가 사실 모두 현재라는 말은 "시간이 흐르지 않는다"는 것과 똑같은 말이에요. 결국 동시성의 상대성 개념을 받아들이면, 시간은 흐르지 않는다는 결론에 도달하게 돼요.

시간이 흐르는 것처럼 보이는 건 착각이다

많은 철학자와 과학자들이 미국 철학자 퍼트넘의 생각에 동의했어요. 아인슈타인은 친구인 수학자 미셸 베소가 죽자, 그의 가족들을 위로하는 편지에서 이렇게 말했어요.

"베소가 나보다 먼저 이 세상을 떠났지만, 그것은 별로 중요하지 않습니다. 우리 물리학자들은 과거, 현재, 미래의 구분이 착각일 뿐이라고 믿기 때문입니다."

아인슈타인의 친구였던 오스트리아의 수리논리학자 괴델도 이와 비슷한 이야기를 했어요. 호주의 대표적인 분석철학자 스마트도, 영국의 물리학자 데이비스도 비슷한 입장을 취했고요. 이들이 공통적으로 주장하는 것은, 바로 시간이 흐르는 것처럼 보이는 건 '착각'이라는 것이에요.

여러분의 생각은 어떤가요? 시간이 흐른다고 느끼는 게 정말로 착각이라고 생각하나요? 시간기하학적 결정론자들의 주장을 받아들이면, 우리는 갖고 있는 상식적인 세계관에서 정말 많은 부분을 포기해야 해요. 그래도 많은 사람들이 이 주장을 받아들이고 있어요.

치점, 멜러, 프라이어, 임일환 등 전통적인 형이상학자들은 '시간이 흐른다'는 입장으로 좀더 기울어져 있어요. 아인슈타인, 괴델, 퍼트넘, 카르나프 등 과학자나 친과학적 철학자들은 '시간이 흐르지 않는다'는 입장으로 좀더 기울어져 있는 것 같고요. 제가 보기에, 전체적으로 보면 50 대 50 백중세예요.

'시간은 흐르는가? 흐르지 않는가?' 이 문제는 현재 철학계에서 첨예하게 논란이 되고 있지만, 이미 2600여 년 전 고대 그리스에서 시작됐어요. 당시 헤라클레이토스는 "만물은 변한다"라고 주장했고, 파르메니데스는 "변화는 불가능하다"고 주장했죠. 헤라클레이토스의 주장은 "시간은 흐른다"는 주장으로 해석될 수 있고, 파르메니데스의 주장은 "시간은 흐르지 않는다"는 것으로 해석될 수 있어요. 그러고 보면, 2600여 년 전에 제기되었던 논란이 상대성이론을 계기로 다시 일어난 셈이죠.

영상으로 한 번 더!

상대성이론의 시간과 시계는 같은가?
존 벨: 두 우주선 사고실험

영국의 물리학자 존 스튜어트 벨1928~1990이 유럽입자물리연구소에 있을 때, 어느 날 구내식당에서 동료 실험물리학자와 밥을 먹다가 두 우주선 사고실험 때문에 설전이 벌어졌어요.

정지해 있는 두 우주선을 줄로 묶고, 동시에 똑같은 가속도로 출발해 왼쪽으로 움직이면 줄이 끊어질까요? 존 벨은 줄이 끊어진다고 주장했고, 동료는 끊어지지 않는다고 주장했어요. 급기야 연구소의 물리학자들 사이에 대토론이 벌어졌어요. 무슨 장난 같은 문제냐고 할 수 있지만, 알고 보면 매우 중요한 문제예요. 이것이 왜 중요한 문제인지 알아보죠.

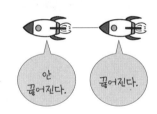

상대성이론에 의한 3가지 현상

아인슈타인은 상대성이론을 유도하기 위해 광속불변의 원리를 가정했다고 했죠? **광속불변의 원리**란 말 그대로 "빛의 속도는 1초에 30만 킬로미터로 항상 똑같다"는 거예요. 광속불변의 원리를 가정하면 재미있는 3가지 현상이 일어나요. 그것이 바로 동시성의 상대성, 시간지연 현상,

길이수축 현상이에요.

달리는 기차의 중앙에 앉아 있는 민수가 카메라 플래시를 터트렸다고 해보죠. 민수의 기준으로 보면, 불빛이 기차의 오른쪽 벽과 왼쪽 벽에 동시에 도달해요. 그런데 밖에서 달려오는 그 기차를 보고 있던 영희 입장에서는 기차가 오른쪽으로 이동하므로, 불빛이 왼쪽 벽에 먼저 도달하고 나중에 오른쪽 벽에 도달해요. 즉, 빛이 양쪽 벽에 도달하는 사건은 민수에게는 동시사건이지만, 영희에게는 순차적인 사건이에요. 이것을 **동시성의 상대성**이라고 해요.

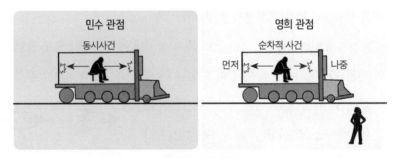

동시성의 상대성

기차 안에 1초에 위아래로 한 번 왕복하는 거대한 빛시계가 있다고 해보죠. 기차 안에 있는 민수 기준으로는 빛이 1초에 빛시계 높이A의 두 배만큼 이동해요. 하지만 밖에 있는 영희 입장에서는 기차가 오른쪽으

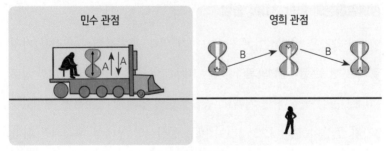

시간지연 현상

5분 뚝딱 철학 — 생각의 역사 2

로 이동하므로, 빛이 1초에 빛의 대각선 경로B의 두 배만큼 이동해요. 영희의 관점에서는 민수의 시간이 느리게 흐르는 거죠. 이것이 바로 **시간지연 현상**이에요. '시간팽창', 또는 '시간 늘어남' 현상이라고도 하고요.

기차의 속도가 초속 10m이고, 영희가 있는 도착역까지 100m가 남았다고 해보죠. 기차 안에 탄 민수는 10초 후에 역에 도착할 거예요. 그런데 영희의 관점에서 보면, 민수의 시간이 느려지므로 기차는 10초 이내에 도착할 거예요. 이것은 말이 안 되는 것 같죠? 하지만 그렇지 않아요. 왜냐하면 민수의 관점에서 보면, 자신을 제외한 모든 것의 길이가 수축하기 때문에 도착역까지의 거리도 줄어드니까요. 이것이 바로 **길이수축 현상**이에요.

길이수축 현상

벨의 우주선 사고실험

앞에서 소개한 존 벨과의 논쟁에서 연구소의 다른 물리학자들은 두 우주선의 줄이 끊어지지 않는다는 결론을 내렸어요. 하지만 이후 1960년부터 2012년까지 많은 물리학자들이 줄이 끊어진다는 논문들을 발표했어요. 존 벨의 주장이 맞은 거죠. 나중에 존 벨은 "저명한 물리학자들마저도 상대성이론에 대해 기본적인 이해를 못하고 있다"며 살짝 비꼬았어요.

고베대학의 마츠다, 키노시타 교수는 두 우주선의 줄이 끊어지는 이유를 이렇게 설명해요. 정지해 있던 두 우주선이 동시에 출발하면 똑같은 속도로 이동할 거예요. 둘 사이의 거리가 항상 똑같겠죠. 그런데 지구의 영희 입장에서는 두 우주선이 상대적인 운동을 했어요. 따라서 우주선의 길이도 둘 사이의 줄도 수축돼요. 두 우주선 사이의 거리는 똑같은데, 둘 사이의 줄이 수축되므로 줄이 끊어질 것이란 거죠.

영희 관점

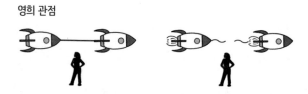

이번에는 민수가 탄 또 다른 우주선이 오른쪽으로 이동하다가 두 우주선의 가운데에 왔을 때, 이 두 우주선이 동시에 출발한다고 해보죠. 이 경우 줄이 끊어질까요? 민수의 관점에서 보면, 두 우주선이 동시에 출발하는 게 아니에요. 앞의 우주선이 먼저 출발하고, 뒤의 우주선이 나중에 출발해요. 따라서 둘 사이의 거리가 멀어지면서 줄이 끊어진다는 것이에요.

민수 관점

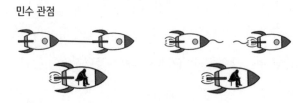

두 우주선 사고실험의 3가지 의미

첫째, 길이수축 현상, 시간지연시간팽창 현상, 동시성의 상대성이 모두 같은 현상이라는 거예요. 두 우주선 사고실험에서 영희 관점에서는 길이수축 현상으로 줄이 끊어져요. 민수 관점에서는 동시성의 상대성으로 줄이 끊어지고요. 기차 사고실험에서는 시간지연 현상으로 길이수축 현상이 발생해요. 따라서 이들이 모두 같은 현상이라는 것이죠.

둘째, 길이수축 현상은 물리적인 현상이므로, 관점에 따라서 줄이 끊어질 수도 있고, 안 끊어질 수도 있는 게 아니에요. 누가 보건 간에 줄이 끊어져요. 시간지연 현상과 동시성의 상대성 현상도 물리적 현상이므로, 민수에게 동시사건인 것이 영희에게는 아닌 것으로 보이는 것이 아니라, 영희에게는 물리적으로 동시사건이 아닌 거예요.

셋째, 길이수축 현상은 공간의 수축이 아니라, 공간 내의 대상인 줄의 수축이에요. 그렇다면 시간지연 현상도 시간의 느려짐이 아니라, 시간 내의 대상인 시계의 느려짐이라고 할 수 있죠.

따라서 우주선 사고실험을 받아들이면, 시간의 흐름과 시계의 흐름이 같다고 볼 수 없어요. 사실 많은 반론이 나올 법한데도 이런 가설을 소개하는 이유는, 시간의 느려짐과 시계의 느려짐을 구별해야만 힐러리 퍼트넘의 시간기하학적 결정론을 무력화할 수 있고, 4차원주의를 봉쇄할 수 있기 때문이에요. 그렇지 않으면 4차원주의를 받아들여야 하고, 그러면 우리의 대부분의 상식적인 세계관을 포기해야 하기 때문이죠이 소개는 제 생각이 많이 가미되었기에 다소 논란이 있을 수 있습니다.

영상으로 한 번 더!

마이너리티 리포트

아인슈타인: 쌍둥이 역설이 진짜 역설이 아닌 4가지 이유

쌍둥이 역설은 1911년 프랑스의 물리학자 폴 랑주뱅1872~1946이 〈공간과 시간의 진화〉에서 제시한 일종의 퍼즐이에요. 쌍둥이 역설 관련 논문은 특히 2000년대에 들어 많이 나왔어요. 그만큼 과학계와 철학계에서 관심을 끄는 주제란 것이죠.

딩글	대다수 물리학자들
특수상대성이론은 쌍둥이 역설을 발생시키니 틀렸다.	쌍둥이 역설은 역설이 아니다. 특수상대성이론은 옳다.

허버트 딩글1890~1978은 특수상대성이론은 쌍둥이 역설을 발생시키므로 틀렸다고 주장했어요. 나머지 논문들은 모두 쌍둥이 역설은 사실 진짜 역설이 아니므로, 특수상대성이론이 틀렸다고 할 수 없다고 주장하고요. 먼저 쌍둥이 역설이 뭔지부터 살펴보죠.

쌍둥이 역설

상대성이론은 특수상대성이론과 일반상대성이론이 있다고 했죠? 특수상대성이론은 빛의 속도에 견줄 만한 속도로 움직이는 물체들을 다루는 역학 이론이에요. 등속운동을 하는 대상에 적용돼요. 등속운동은 속도가 일정한 운동이에요. 물체는 힘이 작용하지 않으면 등속운동을 하죠. 특수상대성이론은 물체의 속도와 관찰자의 상대적인 속도에 따라 시간과 공간이 어떻게 변하는지를 설명해요.

특수상대성이론에 따르면, 나에 대해 등속운동을 하는 대상의 시간은 느려져요. 즉, 지구에서의 시간보다 우주선에서의 시간이 느리게 흘러요. 이것을 '특수상대성이론에 의한 시간지연 현상'이라고 해요.

반면 일반상대성이론에 따르면, 중력이 강한 지역의 시간이 더 느려져요. 일반상대성이론은 중력을 상대론적으로 다루는 물리학 이론이에요. 중학생도 이해할 수 있게 아주 쉽게 설명하면, 물체가 무거울수록 그 주변의 공간과 시간이 더욱 구부려져요. 중력이 강한 물체 주변에서는 시간이 느리게 흐르고, 공간이 더욱 구부려진다는 거죠. 일반상대성이론은 가속운동을 하는 대상에 적용돼요. 시간이 지남에 따라 속도가 변하는 물체의 운동에 적용된다는 거죠.

영화 〈인터스텔라〉에서 주인공 쿠퍼매튜 맥커너히는 중력이 강한 행성에 몇 시간 갔다왔어요. 그런데 우주선에서는 23년의 시간이 흘러 있었죠. 이것을 '일반상대성이론에 의한 시간지연 현상'이라고 해요. 이 정

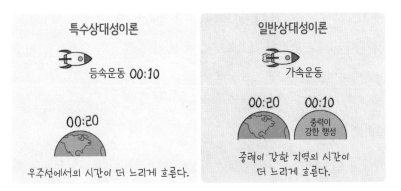

6장 과학철학 & 수리철학 395

도만 이해해도 쌍둥이 역설이 뭔지 알 수 있어요.

　쌍둥이 A는 지구에 남아 있고, B는 우주선을 타고 안드로메다 행성까지 갔다온다고 해보죠. 쌍둥이 A의 관점에서 보면, 쌍둥이 B가 운동을 해요. 그래서 특수상대성이론에 따르면, A의 시간보다 B의 시간이 더 느리게 흘러요. 쌍둥이 A의 시간이 2년 흐르면, 쌍둥이 B의 시간은 1년밖에 흐르지 않는 것이죠.

　그런데 쌍둥이 B의 관점에서 보면, 운동을 한 것은 쌍둥이 A예요. 그래서 쌍둥이 B의 시간이 2년 흐르면, 쌍둥이 A의 시간은 1년밖에 흐르지 않아요.

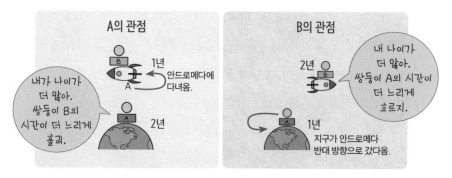

그러면 쌍둥이 A와 B가 만났을 때, 누구의 나이가 더 많을까요? 쌍둥이 A는 자기가 나이가 더 많다고 주장할 거예요. 쌍둥이 B는 자기가 나이가 더 많다고 주장할 거고요. 그런데 둘 다 옳을 수는 없잖아요. 이것을 **쌍둥이 역설**이라고 해요.

중력에 의한 설명

쌍둥이 A는 지구에 남아 있었기 때문에 가속운동이나 감속운동을 하

지 않았어요. 하지만 안
드로메다 행성에 갔다
온 쌍둥이 B는 지구를
출발할 때, 회항할 때,
그리고 지구에 도착할

때 가속운동과 감속운동을 해요. 이처럼 가속운동과 감속운동을 할
때에는 중력이 발생해요.

　일반상대성이론에 따르면, 중력이 강한 곳에서는 시간이 느려져요.
따라서 안드로메다 행성까지 갔다온 쌍둥이 B의 시간이 느려졌어요.
지구에 남아 있던 쌍둥이 A가 B보다 나이가 많다는 거죠.

　결론적으로 중력에 의한 설명으로는 쌍둥이 A와 B는 대칭적으로
운동을 한 게 아니에요. 그래서 아인슈타인이나 리처드 파인만 같은 물
리학자 등은 쌍둥이 역설은 역설이 아니라고 주장해요.

　그런데 특수상대성이론 때문에 발생한 역설을 왜 일반상대성이론
으로 설명하죠? 그래서 우리는 또 다른 설명을 볼 필요가 있어요.

기하학에 의한 설명

미국의 과학철학자 팀 모들린1958~은 『물
리학의 철학』에서 쌍둥이 역설에 대한 중
력에 의한 설명이 틀렸다고 주장하고, 이런
예를 들어요. 만약 쌍둥이 B가 우주선을
타고 안드로메다까지 갔다오는 동안, 쌍둥

이 A도 가까운 목성까지 갔다왔다고 해보죠. 이때 쌍둥이 A는 B보다 이동한 거리가 가까웠을 뿐이지 똑같은 크기의 중력을 받았어요. 따라서 중력에 의한 설명을 받아들이면, 쌍둥이 A와 B의 나이가 똑같아야 해요. 그런데 실제로 계산해 보면 A의 나이가 더 많아요. 모들린은 쌍둥이 A와 B의 여행시간은 그들이 각각 겪는 중력의 크기와는 아무 상관이 없다고 해요.

레이다 타임에 의한 설명

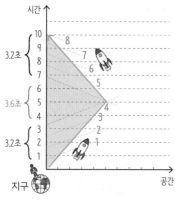

안드로메다에 갔다온 쌍둥이 B의 경로

쌍둥이 A는 지구에 남아 있고, B는 안드로메다까지 갔다왔다고 해보죠. 이때 쌍둥이 B의 경로는 옆의 그림처럼 그릴 수 있어요. 쌍둥이 A가 보니, 쌍둥이 B의 우주여행은 10초가 걸렸어요. 그런데 특수상대성이론에 따라 쌍둥이 A의 관점에서 보면, 쌍둥이 B는 가는 데 3.2초, 오는 데 3.2초로 총 6.4초가 걸려요. 가운데 시간이 3.6초가 비죠? 쌍둥이 B의 우주선이 안드로메다에서 회항할 때 지구에서 3.6초가 그냥 휙 지나간다는 거예요. 그래서 지구에 남아 있던 쌍둥이 A가 나이가 더 많다는 거죠.

프레임 변환에 의한 설명

쌍둥이 A는 지구에 있고, 쌍둥이 B는 왼쪽에서 오른쪽으로 등속운동을 하고, C는 오른쪽에서 왼쪽으로 똑같은 속도로 등속운동을 한다고 해보죠. 이때 쌍둥이 B가 지구를 지나는 순간, 쌍둥이 A와 B가 똑같이 스톱워치를 눌렀다고 하죠. 쌍둥이 A의 관점에서 보면 B의 시간이 느리겠죠?

그런데 가다 보면 쌍둥이 B와 C가 중간에서 만나요. 이때 쌍둥이 A는 'B가 지구에서 중간 지점까지 가는 데 1시간이 걸렸겠구나'라고 생각할 거예요.

그리고 B와 C가 스쳐지나갈 때, C도 스톱워치를 눌렀다고 해보죠. 그러면 쌍둥이 A의 관점에서 보면, C의 시간도 느리게 흐르겠죠. 이렇게 가다 보면 C도 지구를 지나가게 돼요. 이때 쌍둥이 A는 'C가 중간 지점에서 지구까지 오는 데 1시간이 걸렸겠구나'라고 생각할 거예요.

또한 쌍둥이 A는 B가 '지구에서 중간 지점까지 가는 데 1시간, 중간 지점에서 지구까지 오는 데 1시간, 왕복 2시간이 걸렸겠구나'라고 생각할 거예요. 그런데 A가 스톱워치를 보니 2시간이 아니라 4시간이 흘렀어요. 왜냐하면 B와 C는 A에 대해 시간이 느려졌기 때문이에요.

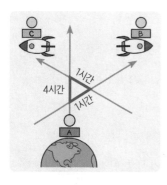

A, B, C 중에서 중력을 겪은 사람이 있나요? 아무도 없어요. 따라서 쌍둥이 역설은 중력과는 아무런 상관이 없다는 거죠. 왜 그럴까요? 지구에서 중간 지점까지 가는 B의 관성계, 중간 지점에서 지구로 오는 C의 관성계에 속할 때 시간지연이 발생하기 때문이에요.

쌍둥이 역설이 진짜 역설이 아닌 4가지 이유 중에서 버릴 설명은 하나도 없어요. 뭐가 맞고, 뭐는 틀리다고 간단히 말할 수 없고, 부분적으로 다 맞다고 봐야 할 것 같기도 해요. 이것이 복잡한 이유는 특수상대성이론에 의한 현상과 일반상대성이론에 의한 현상이 얽혀 있고, 시간이 느려진 것처럼 보이는 현상과 실제로 시간이 느려진 현상이 얽혀 있으며, 상대적 시간지연 현상과 절대적 시간지연 현상이 얽혀 있기 때문이에요.

흔히 사람들은 "철학에는 정답이 없지만, 과학에는 정답이 있다"고 생각해요. 특히 물리학 같은 학문에서는 더욱 그래요. 하지만 그렇지 않아요. 철학이든 과학이든 명쾌하게 딱 떨어지는 정답 같은 건 없어요. 그렇다고 상대성이론이 명쾌하지 않다는 건 아니에요. 수학적으로 명쾌하게 증명된 이론이죠. 하지만 상대성이론을 유도하는 수식을 어떻게 해석해야 하느냐에 대해서는 많은 견해가 있어요. 이런 것을 다루는 게 바로 물리학의 철학이에요.

영상으로 한 번 더!

시간여행은 가능한가?

데이비드 루이스: 시간여행의 정의

SF 책도 아닌데 웬 시간여행이냐고 생각할 수도 있지만, 이유가 있어요. 많은 사람들이 시간에 관심을 갖고 있죠. 이 주제는 형이상학의 가장 깊숙이 자리잡은 근본적인 문제예요. 시간을 뭔가 말로 설명하려고 하면, 이상하게 말문이 막혀 버리거나 뜬구름 잡는 얘기가 될 가능성이 커요. 철학적으로 다루기가 굉장히 어려운 문제죠.

이럴 때는 주제를 슬쩍 바꿔줄 필요가 있어요. '시간이란 무엇인가?'라고 질문할 것이 아니라, '시간여행은 가능한가?'라고 묻는 거죠. 시간여행을 주제로 이야기하다 보면, 자연스럽게 시간이 무엇인지 몇 가지 힌트를 얻을 수 있거든요.

시간여행의 의미

"시간여행은 가능한가?" 이것이 도대체 무엇을 묻는 것인지를 확실히 해야 해요. 만약 시간여행이 기술적으로 가능한지를 묻는 거라면, 당연히 기술자들이 대답해야겠죠. 물리적으로

시간여행은 '기술적'으로 가능한가	기술자
시간여행은 '물리적'으로 가능한가	과학자
시간여행은 '논리적'으로 가능한가	철학자

가능한지를 묻는 거라면, 과학자들이 답해야 하고요. 그런데 시간여행이 논리적으로 가능한지를 묻는 거라면, 철학자들이 대답해야 할 거예요.

우리의 관심은 시간여행은 '논리적으로' 가능한가?, 즉 논리적으로 모순을 일으키지 않는가 하는 문제예요. "시간여행은 그냥 과거나 미래로 가는 여행 아닌가? 이런 것까지 정의를 내려야 하나?"라고 하는 사람들도 있을 거예요. 그렇지 않아요. 우리는 하룻밤 자고 일어나면 내일로 가요. 그러면 우리도 시간여행을 한 건가요? 항상 미래로 가기만 하면, 시간여행을 한 건가요? 그렇지는 않겠죠. 그래서 시간여행에 관한 좀더 정교한 정의가 필요해요.

시간여행의 정의를 처음으로 내린 사람은 미국의 분석 철학자 데이비드 루이스1941~2001예요. 그는 시간여행을 이렇게 정의했어요.

데이비드 루이스

"시간여행은 개별시간Personal Time과 외부시간External Time이 일치하지 않는 여행이다."

깔끔하죠? 여기서 **외부시간**은 나와 관계없이 객관적으로 흘러가는 시간이에요. 지구에 살고 있는 우리들의 관점에서는 그리니치 천문대를 기준으로 약속한 시간이 바로 외부시간이죠.

이에 반해 **개별시간**은 특정한 사람만의 시간을 말해요. 그렇다고 해서 개별시간이 주관적인 시간을 말하는 것은 아니에요. 주관적인 시간은 감정 상태에 따라 엄청 빨리 흘러가기도 하고, 엄청 느리게 흘러가기도 해요. 재미있는 게임을 하거나 놀이를 할 때는 쏜살같이 흐르죠. 제대를 앞둔 병장의 시간은 몹시 느리게 흐르고요. 여기서 말하는 개별시간은 객관적인 시간이에요. 그런데 개별시간, 즉 혼자만의 시간이 어떻게 객관적일 수 있죠? 그것을 객관화하기 위해서는 개별자의 주변에서 일어나는 변화의 정도를 개별시간의 기준으로 삼으면 돼요. 뜨거운 커피가 식는 속도나 수염이 자라나는 속도 등 변화의 속도를 개별시간의 속도라고 할 수 있어요.

시간여행의 종류

보통의 경우 외부시간과 개별시간은 일치해요. 외부시간이 1초 흐를 때, 개별시간도 1초가 흘러요. 그런데 시간 여행자의 경우 외부시간과 개별시간이 일치하지 않아요. 개별시간이 외부시간에 대해 어떻게 흐르냐에 따라 시간여행의 종류가 달라져요. 저는 시간여행을 점프형 시간여행, 시간 지연형 시간여행, 순환형 시간여행 등 3가지로 구분해요.

점프형 시간여행

영화 〈백 투 더 퓨처〉를 보면, 주인공 마티 맥플라이마이클 J. 폭스가 타임머신의 시간을 맞춰놓고 기다리면 가

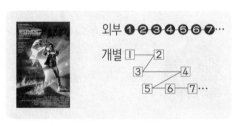

고 싶은 곳으로 갈 수 있어요. 과거나 미래로 마음대로 가요. 그림처럼 외부시간은 정상적으로 흐르는데, 주인공 맥플라이의 시간은 과거와 미래를 왔다갔다하죠.

시간 지연형 시간여행

외부 ❶❷❸❹❺❻❼…

개별 [1]─[2]─[3]…

특수상대성이론에 따르면, 관찰자의 기준으로 보면 관찰 대상의 시간이 느려져요. 일반상대성이론에 따르면, 중력이 강한 지역에서는 중력이 약한 지역에 비해 시간이 느리게 흐르고요. 이를 '시간 지연 현상'이라고 하죠. 이러한 현상을 겪은 사람은 시간 지연이 일어나지 않은 지역의 미래로 갈 수 있어요.

영화 〈인터스텔라〉를 보면, 주인공 쿠퍼매튜 메커너히가 중력이 강한 곳에 있을 때 시간이 엄청 느려졌어요. 그래서 지구에 돌아올 때, 미래의 지구로 가게 되어 노인이 된 딸을 만나게 되죠. 그림처럼 외부시간은 정상적으로 흐르는데, 쿠퍼의 시간은 엄청 느려진 거죠.

순환형 시간여행

외부 ❶❷❸❹❺❻❼…

개별 [1]-[2]-[3]
　　　[1]-[2]-[3]
　　　[1]…

영화 〈사랑의 블랙홀〉에서 기상캐스터 필 카너즈빌 머레이는 똑같은 하루를 반복해서 살아요. 다음날 눈을 뜨면 성촉절인 2월 2일인 게 계속 반복돼요. 그림처럼 외부시간은 정상적으로 흐르는데, 개별자의 시간은 똑같은 시간이 반복되는 거죠.

'불완전성의 정리'로 유명한 수학자 쿠르트 괴델1906~78은 아인슈타인의 중력장 방정식을 이용한 수학적 계산을 통해, 어떤 사람이 특정

궤도로 가다 보면 어느새 자신의 과거로 되돌아가게 되어 있다는 걸 보여줬어요. 어떤 사람들은 괴델이 순환형 시간여행의 가능성의 근거를 제공했다고 생각했어요. 하지만 정작 괴델은 그렇게 생각하지 않았어요. 그는 자신이 증명한 것은 순환형 시간여행의 가능성이 아니라, 시간은 인간의 관념이 만들어낸 것이라는 사실을 증명했다고 했죠.

괴델은 왜 순환형 시간여행을 수학적으로 계산해 놓고는, 시간이 일종의 관념일 뿐이라고 했을까요? 아마 괴델은 순환형 시간여행이 실제로는 불가능하다고 봤을 거예요. 시간 변수인 t를 실재하는 것이 아니라 관념적인 것으로 생각했기 때문이 아닐까 해요. 정말 미래의 어느 순간, 시간여행은 가능해질까요?

영상으로 한 번 더!

인공지능은 생각하는가?
존 설: 중국어 방 논증

영화 〈블레이드 러너〉(1982)

리들리 스콧 감독의 〈블레이드 러너〉는 『안드로이드는 전기양을 꿈꾸는가?』라는 미국 필립 K. 딕의 SF 소설을 원작으로 한 영화예요. 이 영화에는 주인공인 데커드해리슨 포드가 자신과 사랑에 빠지는 레이첼이 인간인지 안드로이드 로봇인지를 판별하기 위해 여러 질문을 던지면서 그 반응을 관찰하는 아주 인상 깊은 장면이 나와요.

"당신의 아이가 당신에게 나비를 채집한 것과 곤충 잡는 기구를 보여준다면, 어떻게 하겠어요?"

"병원에 데려가야죠."

이것을 **튜링 테스트**라고 해요. 1950년에 이런 실험을 처음 제안한 앨런 튜링의 이름에서 따온 거예요. 데커드는 결국 레이첼이 인간이 아닌 안드로이드라는 것을 알아내요. 그런데 영화는 튜링 테스트를 한 데커드도 사실은 안드로이드일 수 있다는 걸 암시하면서 끝나요. 데커드는 자신이 안드로이드인 줄 모르고 있었던 거죠.

튜링의 사고실험

튜링 테스트는 영국의 수학자이자 컴퓨터 과학자 앨런 튜링
1912~54이 제시한 일종의 사고실험이에요. 튜링은 어떤 사람
이 인공지능과 채팅을 할 때, 그것이 사람인지 인공지능인

튜링

지 판별할 수 없다면, 그 인공지능은 인간처럼 생각하는 능
력을 가진 것으로 봐야 한다고 주장했어요.

튜링의 주장을 받아들이면, 이세돌을 이긴 알파고는 생각하는 능
력을 가진 것이고, 각자의 취향에 맞는 콘텐츠를 귀신같이 골라내서 더
많은 사람들에게 노출시키는 유튜브 알고리즘도 생각하는 능력을 가진
것이에요. 내 말을 알아듣고 명령을 수행하는 챗GPT도 생각하는 능력
을 가진 것이고요.

로봇에게도 생각이 있을까?

알파고나 유튜브 알고리즘, 챗GPT가 정말로 생각하는 능력을 갖고 있
을까요? 글쎄요, 아닌 것 같죠? 그런데 왜 튜링은 이런 주장을 했을까요?

요즘 나오는 로봇 청소기에는 아주 재미있는 기능이 있어요. 배터
리가 방전될 쯤이면, 스스로 알아서 콘센트를 찾아가서 충전을 시작해
요. 혹시 로봇 청소기가 '배터리가 거의 다 됐는 걸. 빨리 충전해야지'라
고 생각한 걸까요? 말도 안 되는 것 같죠?

관점을 한번 달리해 봅시다. 민수가 갑자기 소파에서 일어나서 빵
을 먹었다고 하죠. 왜 그랬을까요? 배가 고프니까 그랬겠죠. 원숭이가
갑자기 나무 위로 올라가서 바나나를 따서 먹어요. 왜 그랬을까요? 배

가 고프니까 그랬겠죠. 송충이가 솔잎을 먹는다고 합시다. 왜 그랬을까요? 배가 고파서 그랬을까요? 송충이도 배고픔을 느낄까요? 송충이가 '아이 배고파. 솔잎이나 먹자'라고 생각했을까요? 식충식물이 날파리를 잡아먹는다고 합시다. 배가 고파서 그랬을까요? 글쎄요.

그렇다면 인간이 빵을 먹거나, 원숭이가 바나나를 먹는 행위는 배고파서 하는 행위이고, 송충이가 솔잎을 먹거나 식충식물이 날파리를 잡아먹는 행위는 배고파서 하는 행위가 아닌가요? 이들 사이에 차이가 있나요? 구분하기 애매하지 않나요?

튜링의 입장을 빌려 넓은 의미에서 보면 인간, 원숭이, 송충이, 식충식물의 행위를 모두 배고파서 하는 행위라고 봐야 해요. 더 넓은 의미에서 보면, 로봇 청소기가 충전하는 행위도 마찬가지로 배고파서 하는 행위로 봐야 하고요. 즉, 로봇 청소기도 배고프다는 생각을 가진 것으로 봐야 한다는 거죠. 로봇 청소기도 생각할 수 있다면, 알파고나 유튜브 알고리즘, 챗GPT는 당연히 생각하는 능력을 갖고 있다고 볼 수 있죠.

존 설의 중국어 방

존 설

미국의 심리철학자인 존 설1932~은 튜링의 주장에 반박하는 논증을 제시했어요. 이른바 '중국어 방' 논증이에요.

민수가 밀폐된 방 안에 있다고 하죠. 민수는 중국어를 전혀 할 줄 몰라요. 그 방 안에는 중국어로 된 질문 목록과 적절한 중국어 답이 적혀 있는 책이 한 권 있어요. 방 밖에서 어떤 중국 사람이 중국어로 된 질문 쪽지를 넣으면, 민수는 그 책에 적힌 질문 목

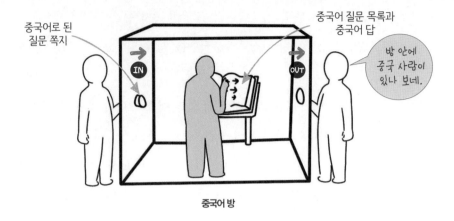

중국어 방

록을 보고, 거기에 맞는 중국어 답을 쪽지에 적어 밖으로 내보내요. 그러면 방 밖에 있는 사람은 방 안에 있는 민수가 중국어를 할 줄 안다고 착각할 수 있어요. 중국어 방에 있는 민수는 중국어를 전혀 할 줄 모르는데, '중국어 방' 자체는 중국어를 할 수 있는 거죠.

존 설은 마찬가지로 인공지능이 인간처럼 대화할 수 있다고 하더라도, 인간처럼 생각하는 능력을 가진 건 아니라고 해요. 알파고나 유튜브 알고리즘, 챗GPT도 생각하는 능력이 있는 것처럼 보이지만, 사실은 인간처럼 생각할 수 있는 능력을 가지고 있는 건 아니란 거죠.

중국어 방에 대한 반론 — 시스템 논변

존 설의 '중국어 방' 논증에 대한 대표적인 반론이 '시스템 논변'이에요. 만일 완벽한 중국어 답변이 나온다면, 과정이 어떻든 간에 그 중국어 방 시스템은 중국어 능력이 있다고 봐야 한다고 해요. 민수는 중국어를 할 줄 모르지만, '민수, 민수가 있는 방, 중국어 질문과 답이 적혀 있는 책, 중국어로 된 질문 쪽지, 중국어로 된 답변 쪽지' 등을 하나의 시스템으로 보면, 그 중국어 방 시스템은 중국어를 할 수 있다고 볼 수 있다는 거죠.

생각해 보세요. 나는 한국어를 할 줄 알아요. 그런데 내 두뇌가 한국어를 할 줄 아나요? 내 두뇌의 뉴런 어느 부분이 한국어를 할 줄 아나요? 한국어를 할 줄 아는 뉴런은 없어요. 하지만 **시스템 논변**에 따르면, 내 두뇌, 발성기관, 그것을 연결하는 신경세포들로 이루어진 시스템 전체가 한국어를 할 수 있다는 거죠.

그래서 인공지능은 생각을 할까?

인공지능 기술은 이런 철학적 논란과는 별도로 나날이 발전하고 있어요. 미래에는 인공지능이 환자에 대한 진단과 법적인 판단을 하게 될 것이라고들 해요. 그렇다면 이런 일까지 할 수 있는 인공지능이 생각할 능력이 없다고 할 수 있을까요?

제가 보기에 이 문제는 뒤집어 생각해야 해요. '생각한다'는 것의 의미를 고정해 두고, 이 의미에 비추어 볼 때 '인공지능이 생각할 수 있는가?'를 따질 게 아니에요. 오히려 '생각한다'는 것의 의미 자체를 수정해 봐야 해요. 이렇게 하면, '생각한다'는 의미의 외연이 넓어질 거예요.

영상으로 한 번 더!

이성이여, 안녕
파이어아벤트: 극단적 반과학주의
(feat. 핸슨, 쿤, 논리실증주의, 포퍼)

과학에 대한 대립하는 두 가지 입장이 있어요. **과학주의**는 과학적 지식은 객관적이고 절대적이라는 입장이에요. 슐리크, 카르납과 같은 논리실증주의자들과 포퍼가 이 입장이죠.

　　반과학주의는 과학적 지식도 주관적이고 상대적일 뿐이라는 입장이에요. 대표적으로 핸슨, 쿤, 파이어아벤트가 있어요.

　　이들 모두 동시대 사람인데, 파이어아벤트는 포퍼의 제자였지만 나중에 반과학주의로 돌아섰어요.

과학주의

20세기에 들어 프레게와 아인슈타인에 의해 논리학과 수학, 그리고 물리학에서 혁명적인 발전이 있었어요. 이러한 혁명에 자극을 받은 사람

과학주의			반과학주의		
슐리크	카르납	포퍼	핸슨	쿤	파이어아벤트

들이 오스트리아의 비엔나대학에서 비엔나서클을 만들었어요. 슐리크, 카르납, 괴델, 타르스키, 라이헨바흐, 콰인 등 당시 쟁쟁한 철학자들과 과학자들이 참석했죠.

이들 논리실증주의자들은 검증 가능한 과학적 명제만을 받아들였어요. 귀납법을 과학의 표준적 방법론으로 삼고, '검증 여부'가 과학이론이 될 수 있는지를 결정한다고 봤어요.

반면 칼 포퍼는 과학자들이 가설-연역법을 과학적 방법론으로 채택하며, '반증의 가능성 여부'가 과학이론이 될 수 있는지를 결정한다고 주장했어요.

하지만 크게 보면 양측은 같은 입장이라고 볼 수 있어요. 둘 다 관찰과 경험을 통한 과학적 방법론이 진리를 탐구하는 가장 좋은 방법론이라고 본 거죠. 과학이 '학문의 왕자'라고 생각했고요. 이들의 입장은 과학주의적 입장이라고 볼 수 있어요.

반과학주의 ─ 핸슨, 쿤

이 그림은 어찌 보면 오리 같고, 어찌 보면 토끼 같죠? 이것을 '오리-토끼 그림'이라고 해요. 보는 방향에 따라 토끼로도 보이고 오리로도 보여요.

우리가 자연현상을 관찰할 때에도 마찬가지예요. 똑같은 자연현상을 보고, 진화론자들은 진화론의 증거라고 하고, 창조론자들은 창조론의 증거라고 믿어요. 정치현상, 사회현상 모두 마찬가지예요.

노우드 러셀 핸슨1924~1967은 과학자들도 이와 마찬가지
라고 해요. 우리는 과학적 방법론을 객관적이라고 생각하죠?
그런데 핸슨은 과학자들이 객관적으로 실험이나 관찰을 하

핸슨

는 게 아니라, 자신이 만들고자 하는 이론에 따라 실험을 조작하고 관
찰을 왜곡한다고 해요. 관찰과 실험의 결과는 관찰자의 배경지식에 따
라 달라진다는 거죠. 조금 과장해서 말하면, "인간은 자기가 보고 싶은
것만을 본다"는 것이죠. 핸슨은 과학은 객관적인 게 아니라 과학자들이
주관적으로 만들어낸 것일 뿐이라고 봐요.

토머스 쿤1922~1996은 한 시대의 과학자들이 공통적으로
받아들이는 인식·이론·관습·가치관·기술 등을 **패러다임**이라
고 해요. 간단히 말해 과학자들이 자연현상을 바라보는 관점

쿤

이 바로 패러다임이라는 것이죠.

쿤은 과학은 점진적으로 발전하는 것이 아니라, 기존 패러다임에서
새로운 패러다임으로 '혁명적'으로 전환된다고 해요. 사람들이 천동설
을 폐기하고 지동설을 받아들이는 과정은 점진적인 발전이 아니라 혁
명적인 전환이었죠. 과학자들이 뉴턴의 역학을 포기하고, 아인슈타인의
상대성이론을 받아들이는 과정도 혁명적 전환이었고요. 이것이 바로 **패**

패러다임 전환
"과학혁명은 일종의
종교의 개종과 같다."

뉴턴 역학

아인슈타인 상대성이론

러다임의 전환이에요. 패러다임의 전환은 정치적·사회적·심리적·주관적 요인의 영향을 받아요. 그래서 쿤은 "과학혁명은 일종의 종교의 개종과 같다"고 해요.

핸슨이나 쿤은 비슷해요. 핸슨은 과학자들의 관찰은 주관적이라고 하고, 쿤은 과학발전은 결국 정치적·사회적·심리적·주관적 요인에 영향을 받는다고 했으니까요. 이들은 반과학주의적 과학철학자로 볼 수 있어요. 이제 반과학주의적 과학철학의 끝판왕 파이어아벤트를 만나보죠.

무엇이든 괜찮다 — 파이어아벤트

아리스토텔레스 이후 2000여 년 동안, 사람들은 태양이 지구를 중심으로 돈다는 천동설을 믿었어요. 그런데 갈릴레오는 망원경으로 목성을 돌고 있는 4개의 위성을 발견하고, 우주의 중심이 지구가 아닐 수 있다고 생각하고 지동설을 받아들였어요.

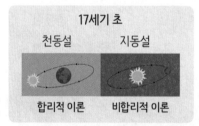

당시 천동설은 2000여 년 동안 믿어져 왔기에, 천동설이 틀렸다는 걸 입증할 만한 사례는 상대적으로 적었어요. 지동설이 틀렸다는 걸 입증할 만한 사례는 상대적으로 많았고요. 그때는 천동설이 합리적인 이론이었고, 지동설이 비합리적인 이론이었던 거죠.

갈릴레오는 자신이 발견한 목성의 위성에 '메디치의 별'이라는 이름을 붙이고, 망원경을 메디치가에 헌납했어요. 자신의 주장을 대중들이 읽을 수 있게 책으로 펴냈고요. 요즘 식으로 말하면, 일종의 여론전을 한 것이죠. 결국 지동설이 승리했죠.

파이어아벤트는 과학을 합리성의 기준에 가두어서는 안 된다고 했어요. 새롭게 등장한 이론을 비합리적이라는 이유로 배척해서는 안 되며, 그 이론이 탄탄해질 때까지 충분한 시간을 줘야 한다고 했고요.

한발 더 나아가 과학적 지식이나 다른 종류의 지식이나 별반 다를 바가 없다고 봤어요. 과학은 세계를 파악하는 한 가지 관점일 뿐, 가장 좋은 사고형태는 아니란 거죠. 세계를 알기 위해서는 과학을 연구할 수도 있고, 점성술을 연구할 수도 있으며, 신화를 믿을 수도 있고, 무속에 기댈 수도 있다고요. 과학이 '모든 학문의 왕'은 아니란 거죠.

파이어아벤트는 이렇게 말해요. "무엇이든 괜찮다."Anything goes.

독단론에 대한 반대

우리는 과학의 시대를 살고 있죠. 과학적 방법론만이 진리를 탐구하는 가장 적절한 것이며, 심지어 과학만이 진리를 논할 수 있다고 생각하는 사람들도 많아요.

파이어아벤트는 이러한 입장을 경계해요. 현대에서 과학의 지위가 중세에서 기독교, 20세기 독일에서 나치즘이 차지했던 지위와 같다고 봤어요. 독단론, 위험한 교조주의로 본 거죠. "종교의 자유는 보장하면서 왜 과학을 필수과목으로 넣느냐?", "이제 국가와 교회는 분리됐지만, 아직 국가와 과학은 분리되지 않았다"고 해요.

이제 국가와 교회는 분리됐지만, 아직 국가와 과학은 분리되지 않았다.

파이어아벤트

파이어아벤트는 존 스튜어트 밀의 자유주의 사상을 과학철학에 접목시킨 것으로 볼 수 있어요. 19세기 영국의 철학자 존 스튜어트 밀은 어떤 특정한 사상만이 진리라는 독단론을 배격했고, 내가 진리라고 생각하는 것을 타인에게 강요해서는 안 되며, 사상의 자유가 최대한 보장되어야 한다고 했죠.

그런데 파이어아벤트의 반과학주의적 입장을 받아들인다고 해도, 과학이나 신화나 점성술이 다 거기서 거기라는 주장은 좀 무리가 있어 보여요. 하지만 우리 시대가 과학적 독단론에 빠져 있으며, 과학에 대한 맹목적인 믿음을 경계해야 한다는 주장은 귀를 기울일 만해요.

이성이여, 안녕!

파이어아벤트는 18세에 오스트리아에서 나치군에게 징병되어 전선에 투입됐어요. 1945년 21세에 러시아군의 습격을 받아 척추 손상을 입고, 한때 하반신 마비가 오기도 했어요. 1950년대 초 런던으로 가서 칼 포퍼의 과학방법론을 배웠어요. 평생 지팡이를 짚고 살았는데, 민간요법으로 꽤 효과를 봤다고 해요. 그래서인지 서양의 의학뿐만 아니라 동양의 침술이나 인디언의 약초학 같은 것에도 기회를 줘야 한다고 생각했어요. 아마 이런 경험이 그가 포퍼의 과학주의 진영에서 반과학주의 진영으로 넘어온 계기가 되지 않았을까 싶어요.

그러고 보면, 인간은 어쩔 수 없이 자신의 경험을 통해 세계를 볼 수밖에 없나 봐요. 파이어아벤트는 자신의 메시지를 이렇게 간명하게 책 제목으로 남겼어요. '이성이여, 안녕.'

영상으로 한 번 더!

과학전쟁
앨런 소칼: 지적 사기

시대에 따라 유행하는 패션이 있죠. 최신 패션을 따라하면 세련되어 보이고, 철 지난 패션을 보면 왠지 어색해요. 하지만 어느 패션이 더 아름다운가 하는 질문에는 정답이 없죠. 그것은 시대가 결정하는 것이지, 다른 어떤 기준이 있는 것은 아니니까요. 그래서 '패션'이라고 하는 거겠죠.

지식도 유행을 탈까?

제가 보기엔, 지식도 유행을 타는 것 같아요. 중세의 연금술은 13세기에 유럽에 유입되어 16세기까지 유행했어요. 19세기 중엽 미국에서는 골상학이 크게 유행했고요. 당시에는 연금술이나 골상학이

17세기 마테우스 반 헬몬트가 그린 〈연금술사〉 중 일부

과학이라고 생각했지만, 지금 우리는 그것들을 사이비 과학이라고 하죠.

19세기 골상학 책의 삽화

물리학과 같은 과학도 유행을 탈까요? 과학을 신봉하는 많은 사람들은 과학만큼은 유행을 타는 게 아니라고 믿어요. 과학은 진리를 추구하는 객관적인 학문이며, 지금까지 과학의 발전 방향은 항상 진리를 향해 있었다는 것을 믿어 의심치 않죠.

어떤 사람들은 이런 과학주의에 반대해요. 과학도 사회의 영향을 받기 때문에 당연히 유행을 탄다는 거죠. 달리 말하면, 과학은 진리를 추구하는 객관적인 학문이 아니라 그때그때 진리라고 생각한 것들을 쫓아다닌다는 것이죠. 20세기 중반부터 벌어진 이른바 '과학전쟁'에 대해 살펴보죠.

오직 진리를 향한다 — 과학주의

17세기 뉴턴으로 대표되는 고전물리학의 시대, 물리학자들은 역학·광학·유체역학·열역학 등을 다뤘어요. 19세기에 맥스웰이라는 걸출한 인물이 나타나 전자기학이라는 학문 자체를 만들었죠. 20세기에 아인슈타인이 이를 이어받아 상대성이론을 발표하고, 하이젠베르크 등에 의해 양자역학이 태동해요.

21세기인 지금 물리학자들은 상대성이론과 양자역학으로부터 파생된 입자물리학·양자중력·끈이론 등을 연구하고 있어요. 현대 물리학자들은 결국 아인슈타인이나 하이젠베르크라는 거인의 어깨 위에서 세상을 보고 있는 거죠. 둘은 뉴턴이라는 거인의 어깨 위에 있었고요. 그 어떤 천재도 거인의 어깨 위에 있지 않고서는 세상을 그렇게 멀리 볼 수 없죠.

【질문】 과학자들은 왜 거인의 어깨 위에서 세상을 보려 할까요?

그 이유는 거인이 바라보는 방향이 진리를 향해 있다고 믿기 때문이에요. 물론 완전한 진리라고는 할 수 없지만, 진리에 가까워지고 있다고는 할 수 있다는 거죠. 이처럼 과학은 문화나 사회의 영향을 받지 않고, 오직 진리를 향한다고 생각하는 입장을 **과학주의**라고 해요.

과학자들은 거인의 어깨 위에서 세상을 본다.

과학에 의혹을 품은 사람들 ─ 사회구성주의

20세기에 들어 과학을 의심의 눈초리로 보는 사람들이 나타났어요. 1958년 노우드 러셀 핸슨은 『과학적 발견의 패턴』에서 과학자들의 실험과 관찰 결과는 객관적인 게 아니라 자신들이 입증하고 싶어하는 이론에 따라 달라진다는 **관찰의 이론 적재성** 개념을 내놓았어요.

　　1962년 토머스 쿤은 『과학혁명의 구조』에서 과학혁명은 패러다임의 전환일 뿐이며, **패러다임의 전환**은 합리적이고 객관적인 기준에 의해서 결정되는 것이 아니라 과학자 사회의 기호에 따라 결정된다고 주장했어요.

1969년 미국 철학자 윌러드 밴 오먼 콰인은 **불충분 결정론**을 주장했어요. 그는 과학자들이 충분하지도 않은 데이터를 통해 어떻게 과학이론을 만들어내는지를 설명했어요. 급기야 1987년 오스트리아의 과학철학자 파울 카를 파이어아벤트는 『이성이여 안녕』이라는 에세이에서 과학은 결코 객관적이고 절대적인 학문이 아니며, 신화나 미신, 점성술과 비교해서 우월한 지식일 수 없다고 주장했어요.

1970년과 1980년대에 데이비드 블루어, 배리 반스 등 사회학자들은 쿤의 '패러다임의 전환'을 받아들여 과학적 지식도 상대적이라고 해석했어요. 핸슨의 '관찰의 이론 적재성'을 받아들여 과학적 지식도 사회적·주관적이라고 했고요. 또한 콰인의 '불충분 결정론'을 받아들여 과학자들이 사회적 이해관계에 따라 이론을 결정한다고 해석했어요. 간단히 말해 과학의 내용은 사회적 요인에 의해 구성된다는 것이죠. 이러한 입장을 **사회구성주의**라고 해요.

과학자 그룹은 처음에 사회구성주의를 거들떠보지도 않았어요. 세상의 거의 모든 사람들이 과학을 신봉하고, 과학이 진리의 왕좌를 차지하고 있는 마당에, 몇몇 사회학자들이 과학적 진리를 의심한다고 해서 신경 쓸 이유가 없었죠.

유전자　　전자　　쿼크

그런데 1980년에 들어와 철학자이자 사회학자인 브뤼노 라투르와 앤드류 피커링이 반실재론을 주장하고 나섰어요. **반실재론**이란 과학적 존재자인 유전자·전자·쿼크 등은 말 그대로 진짜로 존재하는 것이 아니라는 주장이에요. "누가 진짜로 본 적이 있냐"는 것이죠. 이것들이 진짜로 존재하기 때문에 과학자들이 발견한 것이 아니라, 몇몇 자연현상을 설명하기 위해 존재한다고 상정한 구성물들일 뿐이라는 거죠.

이전까지 사회구성주의는 과학을 과학자 그룹의 선호와 사회적 이해관계에 따라 달라지는 일종의 사회현상이라고 봤어요. 좀 심하게 말하면, 과학도 패션, 유행이라는 것이죠.

과학자들은 이 정도는 가볍게 웃어넘길 수 있었어요. 그런데 갑자기 반실재론이라는 묵직한 혹이 들어온 거죠. 이것은 타격이 좀 컸어요. 과학의 정당성이란 문제에 철학적 주제인 존재론을 들이대니, 과학자들의 답이 궁색해졌거든요. 이때부터 과학자들은 관대함을 버리고 사회구성주의를 손봐주기로 작정해요.

과학자들의 처절한 응징

처음 시작은 유치한 말싸움이었어요. 1992년 영국의 과학자 루이스 월퍼트는 『과학의 비자연적 본질』에서 다소 어린애 같은 반격을 했어요. 과학은 수학과 데이터, 추상적 개념을 통해 지식을 산출하므로, 사회구성주의자 같은 보통 사람들의 머리로는 이해할 수 없을 거라고요. 하지만 수위가 점점 올라갔어요.

1993년 미국의 물리학자인 스티븐 와인버그는 『최종이론의 꿈』에서 과학철학이 과학자들에게 미친 영향이 거의 없으므로, 과학에서 철학은 더 이상 쓸모가 없다고 했어요. 사회구성주의에 사망선고를 내린 것이죠.

1994년 미국의 생물학자 폴 그로스와 수학자 노먼 레빗은『고등미신』에서 사회구성주의자, 포스트모더니즘 과학론자, 페미니스트 과학론자, 극단적인 환경론자 등을 싸잡아 '강단 좌익'이라고 비판했어요. 이들이 아무것도 모르면서 과학을 왜곡하고, 이러한 왜곡이 과학의 절대성을 의심하도록 만들었다고요.

둘은 1995년 초대형 학회를 개최했어요. 주로 과학자들로 구성된 발표자들은 사회구성주의를 UFO 신봉자, 창조론자, 민간의료 신봉자와 함께 싸잡아서 '반과학'으로 몰아붙여요. 과학주의가 제대로 반응한 것이죠.

사회구성주의에 대한 비판

월퍼트 1992년
보통 사람의 머리로는
이해 못한다.

와인버그 1993년
철학은 더이상 쓸모가 없다.

폴 그로스 1994년
과학을 왜곡하는 강단 좌익

사회구성주의자들의 재반격

이에 사회구성주의자들은 대담한 반격을 준비해요. 1996년 자신들이 운영하는『소셜 텍스트』라는 학술 저널의 '과학전쟁'이라는 제목의 특별호에서 과학주의자들의 주장을 하나하나 반박해요.

한편 이 특별호에는 뉴욕대학교의 물리학 교수 앨런 소칼의 「경계

선을 넘나들기: 양자 중력의 변형적인 해석학을 위하여」라는 제목부터 심상치 않은 정말로 읽기 어려운 특별 논문도 실렸어요. 각주가 100개, 참고문헌이 200개가 넘는 논문이었어요.

앨런 소칼1955~은 물리학 교수임에도 불구하고, 이 논문에서 양자 중력이 포스트모더니즘 과학을 지지하는 결정적인 증거가 되며, 해방적인 포스트모더니즘 과학의 모델이 될 수 있다고 주장했어요.

앨런 소칼

"사족을 한마디 달자면, 나는 수리물리학에서도 아직은 상당히 사변성이 강한 것으로 간주되는 복소수 이론이라는 새로운 분야를, 토대가 잘 확립된 다른 세 이론들과 인식론적으로 동일한 지위에 올려놓아야 하는지 그 점이 석연치 않다."

이게 무슨 말인지 모르겠죠? 모르는 것이 당연해요. 이 논문은 전문용어나 참고문헌을 제멋대로 해석해 장황하게 인용하고, 수학과 과학 이론을 마구 뒤섞어 놓은 가짜 논문이니까요.

앨런 소칼은 사회구성주의자들에게 망신을 주려고 의도적으로 가짜 논문을 냈어요. 잡지 편집자는 그걸 제대로 검토도 하지 않고 실어버린 거죠. 가짜 루이비통, 가짜 아이폰, 가짜 계란에 이어 가짜 논문이 등장한 거죠. 반격에 반격을 가한 거예요. 이 일은 〈뉴욕타임스〉 등 여러 신문에 대서특필됐어요.

지적 사기

여기서 끝이 아니에요. 1997년 앨런 소칼은 『지적 사기』에서 자크 라캉,

줄리아 크리스테바, 장 보드리야르, 질 들뢰즈, 펠릭스 가타리 등 프랑스의 현대 철학자들을 가리켜 모두 '사기꾼'이라고 해요.

포스트모더니즘 학자들이 어줍잖은 지식을 가지고, 자신도 이해하지 못하는 말을 함부로 떠들고 있다고요. 어려운 과학 용어를 함부로 사용하면서 무슨 심오한 철학을 말하는 것처럼 하지만, 사실 자신들이 무슨 말을 하는지도 모르고 있다는 거죠. 이러니 대중을 속여먹는 지적 사기꾼이라는 말이에요.

여기까지 과학주의와 사회구성주의에 관해 간단하게 정리했어요. 항상 그렇지만, 양극단이 문제죠. 과학은 절대적으로 객관적 진리를 추구한다는 극단적인 과학주의도, 단지 패션일 뿐이라는 극단적인 사회구성주의도 경계해야 해요. 정답은 그 중간 어디 즈음에 있지 않을까요? 이 문제에 대한 여러분의 생각은 어떤지요?

영상으로 한 번 더!

무한에서 신을 본 남자
칸토어: 무한이란 무엇인가?
(feat. 힐베르트, 칸트)

우주는 유한할까요, 무한할까요? 우주는 팽창하고 있다는데, 만약 이렇게 영원히 팽창한다면 우주는 유한한가요, 아니면 무한한가요?

칸트는 인간의 이성으로는 이런 종류의 질문에 대해 알 수 없다고 봤어요. 인간의 이성으로는 우리가 경험하는 것, 예컨대 책상 위의 사과가 몇 개인지, 2+3=5라는 것은 알 수 있지만, 우주 전체가 유한한지, 무한한지와 같은 것은 알 수 없다고요. 우리가 이러한 것들을 알려고 하는 순간 이율배반에 빠진다는 거죠. 그래서 무한을 철학적으로 다루는 것은 불가능한 것처럼 보여요. 많은 철학자들은 무한은 인간이 알 수 없는 신의 영역에 있는 것이라고 봤어요.

하지만 인간은 손에 잡히지 않는 것을 어떤 방식으로든 개념적으로 포착하고 싶어해요. 이것에 어느 정도 성공한 사람들이 바로 수학자들이에요.

물론 수학자들이 처음부터 무한을 개념적으로 포착하는 데 성공했던 것은 아니에요. 피타고라스는 루트 2, 무리수를 발견한 히파소스를 물에 빠뜨려 죽였고, 사람들은 "나는 화살은 날지 않는다"는 제논의 역설을 이해하지 못했어요. 하지만 근대에 라이프니츠와 뉴턴은 무한을 수학적으로 이용하기 시작했죠. 그것이 바로 미분이에요. 미분은 시간을 무한하게 분할함으로써 운동을 기술하는 수학적 기술이죠.

무한을 구체적인 수학적 개념으로 만드는 데 결정적인 역할을 한 사람이 바로 19세기 러시아 수학자 게오르크 칸토어1845~1918예요. 칸토어가 집합론을 이용해 무한을 어떻게 다루고, 무한에도 등급이 있다는 걸 어떻게 밝혀냈는지 살펴보죠.

힐베르트 호텔

무한한 수의 객실을 가진 호텔이 있다고 하죠. 19세기 말 독일의 수학자 힐베르트의 이름을 따서 힐베르트 호텔이라고 하죠. 이 호텔의 무한한 객실은 무한한 관광객으로 모두 차 있어 남은 객실이 없다고 해보죠. 그런데 한 사람이 더 왔어요. 이 관광객에게 호텔의 가장 끝 방을 배정하면, 아마 그 객실로 가다가 늙어 죽을 거예요. 객실이 무한한 수만큼 있으니까요.

하지만 이 새로운 관광객을 받을 수 있는 방법이 있어요. 모든 투숙객들에게 자신의 옆방으로 옮기라고 방송을 하는 거예요. 1호실 손님은 2호실로, 2호실 손님은 3호실로, 3호실 손님은 4호실로, n호실 손님은 n+1호실로 보내는 거죠. 그러면 1호실이 남겠죠. 여기에 새로 온 관광객을 투숙시키면 돼요.

이번에는 무한

한 수의 관광객을

실은 기차가 왔는

데, 그 무한한 수의

관광객이 모두 이

호텔에 묵겠다고 해

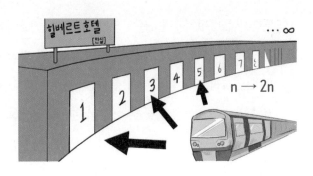

요. 이번에도 관광객을 받을 수 있을까요?

이번에도 방법이 있어요. 모든 투숙객에게 자신의 방 번호에 2배를 곱한 수의 방으로 옮기라고 방송을 하는 거예요. 1호실 손님은 2호실로, 2호실 손님은 4호실로, 3호실 손님은 6호실로, N호실 손님은 $2n$호실로 보내요. 그러면 모든 홀수의 방이 남겠죠. 이 홀수의 방에 새로 온 무한한 관광객들을 투숙시키면 돼요.

이번에는 무한한 관광객을 실은 기차들이 무한대로 왔다고 해보죠. 관광객을 모두 받을 수 있을까요?

이번에도 방법이 있어요. 먼저 모든 투숙객에게 2^n번 방으로 옮기라고 방송을 하는 거예요. 1호실 손님은 2호실로, 2호실 손님은 4호실로,

3호실 손님은 8호

실로, n호실 손님은

2^n 호실로 보내요.

그리고 첫 번째 무

한기차에 있는 관

광객은 3^n 호실에

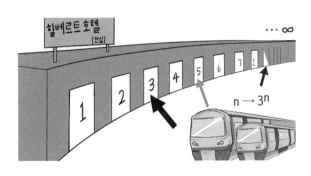

투숙시켜요. 여기에서 n은 자신의 기차 좌석번호예요. 1번 좌석 관광객은 3호실로, 2번 좌석 관광객은 9호실로, 3번 좌석 관광객은 27호실로 보내요. 그리고 두 번째 무한기차의 관광객은 5^n호실로, 세 번째 무한기차의 관광객은 7^n호실로 보내요. 이처럼 각 기차의 관광객을 소수의 n승 호실로 보내면, 무한한 기차에 타고 있는 무한한 수의 모든 관광객을 힐베르트 호텔에 투숙시킬 수 있어요.

그런데 힐베르트 호텔의 의미는 뭘까요?

첫째, 힐베르트 호텔이 무한한 투숙객으로 꽉 차 있더라도, 새로운 관광객을 투숙시킬 수 있죠? 이는 '무한+n'을 해도 똑같은 무한이라는 말이에요.

둘째, 무한한 투숙객으로 꽉 차 있어도, 새로운 무한한 관광객을 투숙시킬 수 있죠? 이는 '무한+무한'을 해도 똑같은 무한이라는 말이죠.

셋째, 무한한 투숙객으로 꽉 차 있더라도, 무한한 기차에 있는 무한한 관광객을 투숙시킬 수 있죠? 이는 '무한×무한'도 똑같은 무한이라는 말이에요.

정리하면, 무한에 그 어떤 수를 더해도 무한이고, 무한에 무한을 더해도 무한이며, 무한에 무한을 곱해도 무한이에요. 무한은 다 똑같은 무한이므로, 크고 작음을 비교할 수 없어요.

칸토어 집합

이제 중학교 수학시간으로 돌아가 보죠. 1, 2, 3, 4, 5, 6, 7, 8, 9, 10, 11, 12… 이것을 **자연수**라고 하죠. 자연수로 나타낼 수 있는 모든 분수를 유

         5분 뚝딱 철학―생각의 역사 2

리수라고 하고요. 자연수는 무한하고, 유리수도 무한해요. 그런데 힐베르트 호텔의 사례에서 무한의 크기는 다 똑같다고 하는데, 자연수와 유리수의 개수도 똑같을까요? 두 무한의 크기를 비교할 수 있을까요?

무한의 크기는 비교할 수 있어요. 칸토어는 재미있는 방법을 생각해냈어요. 1에 1/1, 2에 2/1, 3에 1/2, 4에 1/3,

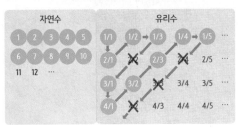

2/2는 1/1과 같은 수니까 빼고 5에 3/1… 이렇게 하면, 모든 유리수가 온전한 방식으로 자연수에 대응한다는 것을 알 수 있어요. 따라서 "유리수와 자연수의 크기는 같다"고 할 수 있어요.

그런데 무리수도 자연수와 크기가 같을까요? 무리수는 분수로 나타낼 수 없는 소수로서 3.141592와 같은 수이죠. 이렇게 보면 무리수가 너무 많으니, 0에서 1 사이에 있는 무리수들만 생각해 보죠.

일단 둘의 크기가 같고, 모든 무리수가 자연수에 대응된다고 가정하고, 1, 2, 3, 4, 5 식으로 자연수에 대응시켜 보죠. 일대일로 무한히 대응이 되겠죠. 그런데 이 대응 목록에 없는 무리수가 항상 있어요. 이것이 무슨 수인지 알아보죠.

먼저 1에 대응하는 무리수의 소수 첫 번째 자리, 2에 대응하는 무리수의 소수 두 번째 자리, 3에 대응하는 무리수의 소수 세 번째 자리 등을 골라 무리수를 하나 만들어 보죠. 그러면 0.117353… 등이 되겠죠.

그런데 이 무리수의 각 자리에 1을 더한 수를 하나 더 만들어 보죠. 그러면 0.228464…가 되겠죠. 이 수에 대응하는 자연수가 있을까

자연수의 무한 < 무리수의 무한

자연수	무리수 0과 1 사이
1	0.[1]41592…
2	0.9[1]3452346578…
3	0.56[7]346574…
4	0.042[3]52436345…
5	0.5734[5]74563…
6	0.45322[3]45…
	0.117353…
	0.228464…

요? 그런 수는 없어요. 왜일까요?

이 수는 자연수 1에 대응하는 무리수와는 첫 번째 소수자리가 다를 것이고, 자연수 2에 대응하는 무리수와는 두 번째 소수자리가 다를 거예요. 만약 자연수 354,234에 대응하는 무리수와는 분명히 354,234번째 소수자리가 다를 거예요. 따라서 이 무리수에 대응하는 자연수는 있을 수 없어요. 이 무리수는 모든 무리수를 자연수에 대응시킨 후에 나중에 인위적으로 만든 것이니까요.

무한에도 급수가 있다.

칸토어

결국 자연수의 무한보다 무리수의 무한이 더 크다는 것을 알 수 있어요. 무한이라고 다 같은 무한이 아니라, 무한에도 급수가 있다는 것이죠. 이것이 바로 칸토어의 결론이에요.

부분집합

이제 한발만 더 나아가 보죠. 분식집에 갔는데, 메뉴가 김밥, 라면, 떡볶이 딱 3가지만 있어요. 이처럼 집합의 원소가 3개라면, 내가 메뉴를 고를 수 있는 경우의 수는 8이에요[ ] {김밥} {라면} {떡볶이} {김밥, 라면} {라면, 떡볶이} {김밥, 떡볶이} {김밥, 라면, 떡볶이}. 분식집 메뉴가 4가지라면, 메뉴를 선택할 수 있는 경우의 수는 16이 돼요. 결국 메뉴의 개수가 n개이면, 메뉴를 선택할 수 있는 경우의 수는 2^n개이죠. 메뉴의 수보다 메뉴를 선택할 수 있는 경우의 수가 더 많죠.

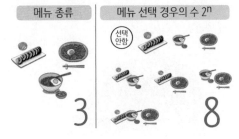

그런데 놀라운 점이 발견됐어요. 자연수의 개수는 무한대이고, 무리수의 개수는 2의 무한대승이에요. 말하자면 분식집 메뉴의 개수가 '자연수' 개이면, 메뉴를 선택할 수 있는 경우의 수는 '무리수' 개예요.

그렇다면 무리수를 선택하는 경우의 수는 얼마일까요? 그것은 2의 2의 무한대승이에요. 2의 2의 무한대승을 다시 선택할 수 있는 경우의 수는 2의 2의 2의 무한대승이고요. 즉, 무한에도 등급이 있어요. 그렇다면 가장 높은 무한이 있겠죠? 칸토어는 그것을 '절대적 무한'이라고 해요.

$$\overset{\text{자연수}}{\infty} \quad \overset{\text{무리수}}{2^{\infty}} \quad 2^{2^{\infty}} \quad 2^{2^{2^{\infty}}} \quad \underset{\text{절대적 무한}}{2^{2^{2^{2^{\cdots\infty}}}}}$$

신을 발견하다

무한에도 종류가 있어요. 수학적 무한은 자연수·유리수·무리수 같은 추상적인 무한이에요. 물리적 무한은 추상적 의미의 무한이 아니라, 실제로 무한한 크기·양을 말해요. 예컨대 우주가 영원히 팽창하고, 그러한 팽창 속에서 물질들이 영원히 만들어진다면, 우주의 물리적 크기는 무한할 것이고, 우주의 물질도 무한하겠죠. **절대적 무한**은 앞에서 칸토어가 말한 무한 중의 무한을 말해요.

그렇다면 절대적 무한은 도대체 뭘까요? 칸토어는 그것이 바로 '신'

절대적 무한은 신이다.

이라고 해요. 신만이 절대적 무한을 품을 수 있고, 절대적 무한 속에 거주할 수 있어요. 말년의 칸토어는 절대적 무한이 단지 수학적 문제가 아닌 철학과 신학의 문제라고 봤어요. 나중에는 무한과 관련된 수학적 문제를 증명할 필요조차 없다고 생각했어요.

앞에서 '우주가 유한한가, 무한한가' 하는 칸트의 질문으로부터 이야기를 시작했죠? 칸트는 이런 문제는 인간의 이론이성으로는 알 수 없기에, 이론이성이 알 수 있는 문제의 영역을 제한해야 한다고 했어요. 이렇게 이론이성의 한계를 그음으로써 실천이성의 영역을 확보하고, 실천이성의 영역에서 도덕의 왕국, 신의 왕국을 발견해요. 우주가 유한한지, 무한한지에 대한 문제는 실천이성의 영역으로 다루어야 하고, 이는 곧 신의 존재와 관련이 있다는 거죠.

칸트의 이러한 결론은 칸토어가 수학을 통해 신을 발견한 것과 비슷해요. 칸토어는 이론이성으로 파악하는 걸 포기한 무한을 수학적으로 파악하려고 했고, 그 속에서 절대무한을 보았으며, 거기에서 신을 발견했어요. 그러고 보면, 분명 무한은 인간의 손이 닿지 않는 신의 영역에 있음이 분명한 것 같아요.

영상으로 한 번 더!

태양의 행성과 소녀시대의 멤버

프레게: 수의 정의

19세기 독일의 수학자이자 철학자인 고틀로프 프레게1848~1925 는 수학을 논리학으로 환원해서 확실한 학문으로 만들 겠다는 원대한 계획을 세웠어요. 그런데 좀 이상하죠? 수학 만큼 확실한 학문이 어디에 있죠? 1+1=2라는 걸 의심하는 사람이 있나요?

프레게

수학을 논리학으로?

프레게는 수학도 어떤 경험이 들어간 경험적 학문이라고 생각했어요. 234+937=1171이라는 걸 확인하려면, 계산기를 두들겨 보거나 연필로 계산하거나 돌멩이 234개와 937개를 모아 하나하나 세어 봐야겠죠.

　　프레게는 이러한 경험적 학문은 확실한 학문이 아니지 않냐고 반 문해요. 그리고 이에 비해 논리학은 확실한 학문, 경험적으로 확인할 필 요가 없는 학문이라고 주장해요. 논리학의 기본법칙인 동일률에 따르 면, 'A=A다', 즉 '컵=컵이다'죠. 이때 우리가 '컵=컵이다'라는 걸 알기 위해 서 컵을 들여다보거나 경험해야 하는 건 아니죠. 프레게는 수학도 논리 학처럼 이런 식으로 만들어 보기로 결심했어요.

소녀시대 멤버들은 모두 8이다?

수학을 논리학처럼 만들려면, 일단 수를 새롭게 정의해야겠죠?

먼저 인간이라는 개념을 정의해 볼까요? 인간의 개념을 정리하는 방법은 두 가지가 있어요. 하나는 인간의 특징을 이야기하는 거죠. "인간은 생각하는 동물이다." 인간에 대한 적절한 정의죠. 다른 하나는 각각의 개별적인 인간들을 나열하고, 이런 개별적인 인간들의 집합을 인간의 정의로 보는 거예요.

> 인간 = {미숙, 영숙, 숙자, 말자, 철수, 민수} …

그렇다면 수도 이렇게 정의할 수 있을까요? 수의 개념은 좀 달라서 이런 방식으로 정의하기는 어려워요. "소녀시대 멤버들은 모두 인간이다"라는 말은, 각 멤버들이 제각각 인간의 속성을 가지고 있다는 뜻이에요. 하지만 "소녀시대 멤버들은 모두 8이다"라고 할 때, 8은 소녀시대 멤버들이 공통적으로 가지고 있는 인간이라는 개념에 대한 수적 개념이라 볼 수 있어요. **개념의 개념**인 것이죠.

인간   인간 휴먼 인간   여인 인간 Human 사람

소녀시대 멤버들은 모두 인간이다.

소녀시대 멤버들은 모두 8이다.

태양계의 행성은 모두 8이다.

앞에서 인간이라는 개념을 '집합'으로 정의했는데, 개념의 개념은 어떻게 정의할까요? **집합의 집합**으로 정의하면 돼요. 그래서 8은 다음과 같이 정의할 수 있어요. 소녀시대 멤버들의 집합은 8이고, 태양의 행성도 8개이고, 투수를 뺀 한 팀의 야구선수도 8명이에요. 이러한 집합들의 집합을 8의 정의로 보는 거죠.

8 = {{소녀시대의 멤버}, {태양계 행성}, {투수를 뺀 한 팀의 야구선수} ···}

다른 수도 마찬가지예요. 숫자 1을 정의해 보죠. 1은 지구의 위성, 대한민국의 19대 대통령, 2는 컬투의 멤버, 부부의 구성원이라는 식으로 정의할 수 있어요. 다시 말해 자연수 N의 개념은 'N개의 원소를 가진 집합들의 집합'이라는 뜻이에요.

1 = {{지구의 위성}, {대한민국 19대 대통령}···}
2 = {{컬투의 멤버}, {부부 구성원}···}
0 = {{여자 배트맨}, {남자 원더우먼}, {둥근 사각형}, {유니콘}···}

외계인에게 수적 개념 설명하기

프레게의 생각을 더 쉽게 이해할 수 있도록 예를 하나 보죠. 민수가 외계인들에게 납치되었어요. 외계인들은 묻는 말에 대답을 똑바로 하지 않으면 해부실로 보내 버리겠다고 협박했어요. 이때 민수 앞에 종이컵 2개가 있다고 하죠.

> **외계인:** 종이컵이 뭐냐?
>
> **민수:** (마침 앞에 있는 종이컵을 가리키며) 이게 종이컵이야.
>
> **외계인:** 2가 뭐냐?
>
> **민수:** (손가락으로 브이 자를 만들어 보이며) 이게 2야.
>
> 외계인들은 손가락이 2라는 건지, V자 모양이 2라는 건지 헷갈려 해요.
>
> **민수:** (종이컵 2개를 들어 보여주면서) 이게 2야.
>
> 외계인들은 더 헷갈려 해요. 아까는 손에 들고 있는 게 '종이컵'이라고 하더니, 이제는 2라고 하니까요.
>
> **민수:** (펜을 2개 집어 보여주면서) 이게 2야.
>
> 외계인들은 더 헷갈려 해요. 아까는 종이컵을 2라고 하더니, 이번에는 펜을 2라고 하기 때문이죠.

그 순간 민수는 외계인들이 수적 개념을 모른다는 것을 깨달아요. 이 방법 말고, 2를 설명할 수 있는 다른 방법이 있나요? 제가 보기엔 없어요. 이 방법이 프레게가 제시한 숫자 '2'에 대한 정의예요.

내용 자체도 어렵지만, 이런 시도가 무엇을 의미하는지, 이런 정의가 왜 중요한지 감이 잘 오지 않죠. 당시에도 프레게의 개념은 사람들로 부터 거의 인정받지 못했어요.

분석철학의 시조

천재는 천재를 알아보는 법, 프레게를 알아본 몇몇 사람들이 있었어요. 바로 페아노, 러셀, 비트겐슈타인, 카르나프예요.

특히 영국 철학자 버트런트 러셀1872~1970은 깊은 감명을 받고, 프 레게의 개념들을 연구했어요. 그리고 프레게가 쓴 책 『산수의 근본법 칙』이 인쇄에 들어가기 직전에, 이 이론의 문제점을 편지에서 지적하기 도 했어요. 그 편지를 받은 프레게는 러셀의 지적을 인정하고, 자신이 평생 동안 연구한 이론을 포기해요.

저는 이 점이 굉장히 놀랍고 존경스럽기까지 해요. 평생을 바쳐 만 든 이론에 문제가 있다는 것을 받아들이기는 쉽지 않죠. 그런데 프레게 는 새파란 젊은이에게 지적을 받고, 일주일 뒤에 "내가 틀렸다"고 인정 해요.

하지만 프레게의 노력은 절대 헛되지 않았어요. 후에 분석철학이 라는 새로운 형식의 철학이 태동하는 계기가 되었어요. 덕분에 그는 분 석철학의 시조가 돼요. 어떤 사람들은 이렇게 말하기도 해요.

"어떤 철학자가 분석철학자인지 아닌지는, 그가 프레게의 사상에 얼마나 근접해 있는지에 달려 있다."

영상으로 한 번 더!

수학전쟁 삼파전

수학의 기초론 (feat. 논리주의, 직관주의, 형식주의, 프레게, 러셀, 브라우어, 힐베르트, 괴델)

수학적 플라톤주의

이데아의 세계는 이성의 눈으로만 보이는 관념의 세계죠. 플라톤은 관념이야말로 진짜로 존재하는 것이라고 봤어요. 이러한 관념들의 결정체가 바로 수학이죠. 그래서 플라톤의 아카데미아 입구에 "기하학을 모르는 자 여기에 들어오지 마라"라고 써놓았던 거죠이때 그가 말하는 기하학은 유클리드 기하학입니다.

플라톤의 입장을 받아들이면, 1, 2, 3과 같은 자연수는 물론 루트 2와 같은 무리수, 3i와 같은 허수, 함수, 복소수, 집합 등도 실제로 존재하는 것으로 봐야 해요. 피타고라스 정리나 오일러 등식 같은 수학적 공식도 객관적 사실로 봐야 하고요. 이러한 입장을 **수학적 플라톤주의**라고 해요. 그런데 이런 농담이 있어요.

> 수학자들은 평일에는 플라톤주의자이지만, 주말에는 반플라톤주의자가 된다.

"수학자들은 평일에는 플라톤주의자이지만, 주말에는 반플라톤주의자가 된다."

수학자들은 수학 문제의 해법을 열심히 찾을 때에는 그 해법이 실제로 존재하는 것이라고 생각해요. 하지만 막상 주말에 쉬면서 한발 떨어져서 보면, 자신이 찾고 있는 게 실제로 존재하는 해법인지, 아니면 그냥 숫자 놀음인지 잘 모르겠다는 거죠. 이런 의심을 하는 순간, 수학자는 철학자가 돼요. 수학이란 무엇인가, 수학적으로 참이라는 것은 무슨 의미인가, 수학적 명제가 참이라는 근거는 무엇인가 같은 질문을 다루는 철학의 분야를 **수리철학**이라고 해요.

20세기 초 이러한 질문에 대답하기 위해 나타난 게 프레게와 러셀의 논리주의, 푸앵카레와 브라우어의 직관주의, 힐베르트의 형식주의예요. 이들 학파가 나타난 배경과 어떻게 발전하고, 어떤 한계에 봉착했는지 살펴보죠.

논리주의 — 프레게, 러셀

수학이라는 아름답고 거대하고 견고한 건축물이 있어요. 이는 고대부터 유클리드 기하학이 받치고 있었어요. 그런데 19세기에 베른하르트 리만1826~1866이 비유클리드 기하학을 발견하면서 흔들리게 돼요.

유클리드 기하학

유클리드

비유클리드 기하학

리만

수학자들은 이래서는 안 되겠다 싶어 기초공사를 다시 시작해요. 수학의 기초를 기하학에서 자연수 같은 산술로 바꾸고자 했죠. 하지만 산술에는 골치 아픈 문제가 있었어요. 그것은 바로 무한의 문제예요. 자연수는 무한하기 때문에 다루기 어렵죠?

칸토어

집합론

프레게

논리학 + 집합론

그런데 칸토어가 나타나 집합론을 통해 무한의 개념을 깔끔하게 정리하고, 자유자재로 다룰 수 있도록 해요.

이에 고무된 프레게는 수학을 좀더 확실한 학문으로 만들기 위해 집합론과 논리학을 이용해 수학의 기초를 다시 만들기 시작해요. 자연수 같은 수학적 개념을 논리적 개념으로 바꿨어요. 칸토어의 집합론을 동원해 수학적 명제를 논리의 추론 규칙으로 증명하는 작업을 했고요. 이처럼 수학을 논리학 위에 올려놓겠다는 입장이 **논리주의**예요.

프레게는 십수 년의 작업을 집대성한 『산수의 기초』라는 책의 출간을 준비했어요. 그때 러셀이라는 새파란 청년으로부터 한 통의 편지를 받고 충격받아 자신의 모든 이론을 폐기해 버려요. 러셀은 편지에서 뭐라고 했을까요?

러셀-집합론에 반기를 들다

러셀

러셀은 집합론 자체에 문제가 있다고 지적했어요. '과일'이라는 집합에는 사과·오렌지·바나나 등의 원소가 있고, '자동차'라는 집합에는 소나타·벤츠·테슬라 등, 그리고 '음악가'라는 집합에는 바하·모차르트·베토벤 등의 원소가 있다고 하죠. 이러한 집합을 **보통집합**이라고 해요. **특수집합**은 자기 자신을 원소로 가지는 집합이에요.

도서관에 『삼국지』, 『죄와 벌』, 『5분 뚝딱 철학』 등 100권의 책이 있다고 합시다. 사서가 이 100권의 목록을 정리해서 『도서관 책목록』이라는 책으로 만들어 책꽂이에 꽂았다고 하죠. 이제 이 도서관의 책은 101권이 돼요. 그러면 '도서관의 책목록'이라는 집합에는 『삼국지』, 『죄와 벌』, 『5분 뚝딱 철학』, 『도서관 책목록』 등 101개의 원소가 있을 거예요. 이처럼 자기 자신을 원소로 가지는 집합을 '특수집합'이라고 해요.

> **보통집합**
> 　과일 = {사과, 오렌지, 바나나 …}
> 　자동차 = {소나타, 벤츠, 테슬라 …}
> 　음악가 = {바하, 모차르트, 베토벤 …}
> **특수집합**
> 　도서관 책목록 = {삼국지, 죄와 벌, 5분 뚝딱 철학 … 도서관 책목록}

그런데 보통집합들의 집합이 있다고 해보죠. 이 집합의 원소에는 사과 집합도 있고, 자동차 집합도 있을 거예요. 그런데 '보통집합들의 집합'이라는 원소가 있을까요?

그럴 수 없어요. 만약 '보통집합들의 집합'이 '보통집합들의 집합'의 원소라면, 특수집합이 되므로 원소가 될 수 없어요. 만약 원소가 아니라면, 보통집합이므로 '보통집합들의 집합'의 원소가 될 수 있고요. 즉, '보통집합들의 집합'은 '보통집합들의 집합'의 원소가 될 수도 없고, 원소가 되지 않을 수도 없어요. 이것이 바로 러셀이 프레게에게 보낸 편지의 내용이에요.

이것이 왜 문제였을까요? 집합론에 따르면, 집합의 정의는 '구별되는 대상들의 모임'이에요. 그런데 그 구별되는 대상들의 모임을 보통집합으로 놓고 보니, '보통집합들의 집합'은 집합이 될 수 없다는 거예요.

프레게는 수학의 기초를 놓기 위해 집합론을 이용했어요. 그런데 집합론 자체에 문제가 생긴 거죠. 그동안의 연구가 물거품이 되어 버렸어요. 수학의 기초에 논리학을 놓고자 했던 원대한 꿈이 산산이 깨져버린 거예요.

사실 러셀도 프레게와 비슷한 꿈을 가지고 있었어요. 러셀도 수학을 논리학으로 환원시키고자 했죠. 그는 자신이 제시한 집합론의 역설을 해결할 방법을 모색하는데, 그것이 바로 **유형론**이에요. 간단히 말해 러셀의 유형론은 집합의 종류를 유형으로 구분하는 거예요.

유형0 개별자	사과, 오렌지, 바나나 …
유형1 보통집합	과일 = {사과, 오렌지, 바나나 …}
유형2 보통집합의 집합	보통집합의 집합 = {{사과, 오렌지, 바나나 …} {소나타, 벤츠, 테슬라 …} {바하, 모차르트, 베토벤 …} …}

예컨대 사과·오렌지·바나나 같은 개별자는 유형0, 과일 집합 같은 보통집합을 유형1, '보통집합의 집합' 같은 것을 유형2 식으로 구분하죠. 이때 낮은 유형은 높은 유형의 원소가 될 수 있지만, 같은 유형은 같은 유형의 원소가 될 수 없다는 식으로 제한을 둬요. 이렇게 하면 '보통집합들의 집합'에서 '보통집합들의 집합'은 원소가 될 수 없어요.

러셀

논리학 + 유형론

러셀은 자신이 제시한 역설을 해결하고, 프레게처럼 수학을 다시 논리학 위에 올려놓고자 해요.

그렇게 해서 나온 책이 바로 러셀과 화이트헤드의 『수학원리』예요. 러셀은 이 책에서 이런 말을 했어요. "수학의 기초가 논리학이라는 사실은 우리 시대의 최고의 발견이다."

직관주의 – 푸앵카레, 브라우어

그런데 논리주의에 이의를 제기하는 수학자들이 등장해요.

"수학의 기초를 논리학으로 놓겠다고? 수학적 명제는 그 자체로 참인데, 수학적 명제를 못 믿겠다는 것인가?"

예컨대 5+7=12, 자연수나 사칙연산으로 나온 명제는 그냥 직관적으로 옳은 것이죠. 굳이 논리학으로 따로 기초를 만들 필요가 없어요.

직관주의는 수학의 기초는 논리학이 아니라 인간의 직관에 있다고 봐요. 직관주의의 뿌리를 거슬러 올라가면 칸트가 나와요.

칸트가 『순수이성비판』을 쓴 이유 중

직관주의

인간의 직관

하나는 5+7=12 같은 수학적 명제가 왜 '참'인지를 밝히기 위한 것이었어요. 칸트는 이렇게 생각해요.

인간은 어떤 것으로부터 감각자료를 받을 때, 시간과 공간이라는 직관의 형식을 통해 한번 걸러요. 이렇듯 감각자료를 시간의 형식을 통해 받으면서 수의 개념이 나타나요. 그래서 하나, 다수, 전체라는 범주를 적용할 수 있어요. 즉, 수의 개념은 대상세계에 원래 있는 게 아니라, 인간의 인식이 만들어낸 것이란 거죠. 그러니 5+7=12가 참인 이유를 논리학에서 찾을 필요가 없어요. 인간이 창조한 명제이므로, 인간이라면 그것이 참이라는 걸 직관적으로 안다는 거죠. 수학적 명제가 인간이 창조한 명제라면, 수학의 세계는 나의 정신적 세계라는 것이고요.

그렇다면 수학은 현실세계와는 아무 관련이 없을까요? 칸트는 수학의 세계가 현실세계와 무관하지 않다고 봤어요. 이 현실세계 자체가 나의 정신이 구성한 세계라고 봤기 때문이에요. 조금 과장해서 말하면, 이 현실세계는 나의 정신이 수학이라는 개념을 가지고 창조한 세계라는 말이에요.

독일의 수학자 리하르트 브라우어1901~1977는 이런 입장을 받아들여 직관주의 학파를 만들어요. 자연수는 증명 없이 그냥 직관적으로 받아들일 수 있죠? 따라서 브라우어는 수학을 자연수를 유한 번 조작함으로써 증명할 수 있는 것으로 한정하자고 해요. 그러면 '집합들의 집합'이니 뭐니, 이상한 소리를 하면서 나타난 러셀의 역설 따위는 발생하지 않는다고요.

또한 브라우어는 배중률에도 반대해요. **배중률**이란 "어떤 명제이든 참이거나 거짓이지 그 중간값은 없다"는 논리규칙이에요. 따라서 배중률을 받아들이면, "철수는 남자이거나 남자가 아니다" 같은 명제는 무조건 참이어야 해요. 그런데 "유니콘은 백마이거나 백마가 아니다"라는

브라우어

배중률 귀류법 무한

직관+자연수

명제도 무조건 참일까요? 배중률을 받아들이면, 이 명제도 참이라고 해야겠죠. 하지만 유니콘은 상상 속에서 만들어진 것이므로, 이 명제는 거짓이에요. 그래서 브라

우어는 견고한 수학 틀을 만들기 위해 배중률에 반대한 것이죠.

그런데 배중률을 반대하면 심각한 문제가 생겨요. 논리학의 귀류법을 사용하지 못하게 돼요. **귀류법**이란 '어떤 명제를 참이라고 가정하고 모순이 발생하면, 그 명제가 거짓이라는 결론에 도달'하는 추론규칙이에요. 귀류법을 사용하지 않으면 수학으로 증명할 수 있는 것이 줄어들어요.

브라우어는 **무한**도 수학적 대상이 될 수 없다며 배제해 버려요. 무한은 인간의 직관으로는 포착되지 않는다는 거죠. 칸토어가 간신히 수학의 영역으로 끌고 들어온 무한을 다시 내쫓아 버린 거죠. 이는 인간의 직관이 버틸 수 있는 기초가 너무 작기에, 수학의 일부분을 포기해야 한다는 것과 마찬가지예요. 수학이라는 견고한 건축물의 절반을 허물어 버린 거죠. 만약에 브라우어가 하자는 대로 다하면, 수학이 거의 반토막이 날 지경이 됐어요.

힐베르트가 열받았어요. 수학에서 무한이라는 낙원을 포기해야 한다는 걸 용납할 수 없었어요. "네 말대로 하면 수학에 남는 게 뭐가 있냐!" 그리고 그 대안으로 형식주의를 내놓았어요.

형식주의 — 힐베르트

거대한 수학이라는 건축물을 올려놓을 기초를 찾는 것은 쉽지 않죠. 이때 힐베르트에게 좋은 생각이 떠올랐어요. 수학은 실제의 건축물이 아니라 상상 속의 건축물이라고 우기는 거예요. 그러면 굳이 기초를 만들 필요가 없죠. 수학이라는 건축물을 몇 개의 공리라는 자재와 몇 개의 규칙이라는 공법만 있으면 허공에도 지을 수 있어요.

형식주의는 수학을 단지 기호와 규칙들로 만들어진 형식으로만 보자고 해요. 수학의 기호와 규칙 그 자체에는 아무런 의미가 없다고 봐요. 수학은 그냥 규칙을 정해놓고 하는 게임일 뿐이며, 그 게임에는 아무런 의미가 없다는 거죠. 몇 개의 공리를 가지고 정리들을 도출하면 되고, 몇 가지 공리들로 참인 수학적 명제들이 정해진다고 해요.

따라서 그 공리가 무엇이든 상관없어요. "임의의 두 점을 연결하는 직선이 하나 있다"라는 공리를 채택할 수도 있고, "임의의 두 점을 연결하는 고양이가 한 마리 있다"라는 공리를 채택할 수도 있어요. 형식주의 입장에서는 수학이 현실과 관련없는 무의미한 체계일 뿐이니까요.

형식주의 입장을 취하면, 무한은 아무런 문제가 안 돼요. 이해고 뭐고 간에 형식적으로만 따지니까요. 그래서 형식주의자인 힐베르트는 직관주의자인 브라우어에게 "우리를 무한이라는 낙원에서 추방하지 마라"라고 했던 거죠.

하지만 공리체계에도 제한은 있어요. 공리체계는 완전성과 무모순성이라는 두 가지 조건을 만족해야 해요. **완전성**이란 공리체계에서 모든 명제는 증명 또는 반증이 가능해야 한다는 거예요. **무모순성**은 명제들이 서로 모순이 발생하지 않아야 한다는 것이고요.

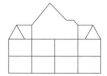

힐베르트

힐베르트는 완전성과 무모순성을 가진 공리체계를 만들자고 수학자들에게 현상공모를 내걸었어요.

모순 없고 완전한 수학의 기초를 위해 건축자재와 규칙을 찾아오라! **힐베르트 프로그램**

형식주의

이것이 **힐베르트 프로그램**이에요. "모순이 없고 완전한 건축물수학의 기초를 지을 수 있는 건축자재와 규칙을 찾아오라!"

힐베르트 프로그램은 불가능하다. 무모순성, 완전성 안 된다!

괴델

그런데 괴델이라는 청년이 나타나 힐베르트 프로그램은 불가능하다는 걸 증명해요. 괴델은 불완전성 정리를 통해 "하나의 공리체계는 '참'이면서도 증명할 수 없는 명제가 적어도 하나 이상 존재하고, 하나의 공리체계에서 자신의 무모순성을 도출할 수 없다"는 것을 증명했어요. 이로써 힐베르트 프로그램의 공모전은 불발로 끝났어요.

수학의 기초를 만들겠다는 20세기 초반의 세 번의 시도가 모두 실패로 돌아갔어요. 이제 수학자들은 수학의 기초를 만들겠다는 원대한 계획을 포기해요. 하지만 아무런 문제가 없어요. 수학자들은 주중에 연구실로 출근하면, 플라톤주의자가 되어 수학이 실제로 존재하는 것들에 대한 학문이라고 생각하기 때문이죠. 이들은 수학을 통해 물리학을 하고, 물리학을 통해 우주선이 화성에 날아가는 세계에서, 수학을 의심하는 건 쓸데없는 일이라고 생각해요.

여러분은 어떻게 생각하나요? 수학에 어떤 현실적 의미가 있을까요? 수학적 명제는 왜 참일까요? 수학적 명제가 참이라는 근거가 있을까요? 아니, 그런 근거가 꼭 필요할까요? 철학의 재미는 당연하다고 생각하는 걸 한번씩 의심해 보는 것에 있는 것 같아요.

영상으로 한 번 더!

괴델적인 너무나 괴델적인

괴델: 불완전성 정리

2022~2023년 오픈AI사의 챗GPT가 전 세계를 깜짝 놀라게 했죠. 사람과 대화를 하고 소설을 쓰고 그림을 그리는 인공지능이라니! 인공지능은 지적인 영역에서 인간을 뛰어넘을 수 있을까요? 인공지능의 논리적 계산으로 진리를 파악할 수 있을까요? 이와 같은 문제는 수리철학, 컴퓨터, 인공지능에 대한 연구에서 다뤄요. 이런 분야로 들어가려면, 괴델의 불완전성 정리를 한 번은 넘어야 해요. 수리철학으로 들어가는 입구에 사천왕처럼 딱 버티고 있거든요. 그렇다고 너무 겁먹지는 마세요. 사천왕의 팔다리를 잘라 만만하게 설명할게요.

명제G를 찾아라!

괴델1906~1978은 오스트리아-헝가리제국의 수학자이자 논리학자예요. 누군가 자신을 독살하려고 한다는 두려움에 아내가 만든 음식만 먹었고, 27세의 나이 차이에도 불구하고 아인슈타인과 우정을 쌓았다고 해요.

먼저 괴델의 불완전성 정리가 뭔지 간단하게 설명해 보죠.

① 어떤 명제G가 있다고 합시다. 이 명제가 증명 가능한지 확인해 보죠.

② 명제G가 증명 가능한지 확인해 보니 '증명 가능했다'Yes고 합시다. 그

런데 알고 보니 이 명제의 내용이 "명제G는 증명 불가능하다"는 거예요. 명제G를 증명했는데, 그 증명의 내용이 명제G는 증명 불가능하다니, 이것은 모순이에요.

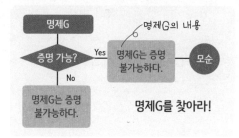

명제G를 찾아라!

③ 이번에는 명제G가 증명 가능한지 확인해 보니, '증명 불가능하다'No고 합시다. 그러면 모순은 발생하지 않아요.

이처럼 "참이지만, 증명이 불가능한 명제가 있다"는 걸 증명하는 것이 바로 **괴델의 불완전성 정리**예요.

개념 정리

괴델수

아스키 코드는 알파벳과 기호를 숫자로 표시하는 기호 체계예요. 예컨대 1은 49, 5는 53, +는 43··· 이런 식이죠. 괴델은 아스키 코드처럼 자신만의 코드를 만들었어

아스키 코드	
문자	코드
1	49
5	53
6	54
+	43
=	61

괴델 코드	
문자	코드
아니다	1
존재한다	4
=	5
0	6
x	13
y	17

요. '아니다'는 1, '존재한다'는 4 , =은 5, 0은 6 식으로요. 그런데 괴델 코드는 아스키 코드처럼 숫자들을 그냥 나열하는 게 아니라, 소수에다가 지수 형태로 적용해요.

"0=0이다"라는 수학적 명제에 괴델 코드를 적용해 볼게요.

수학적 명제 : 0 = 0이다.
괴델　코드 : 6　　5　　6
$2^6 \times 3^5 \times 5^6$ ← 소수에 지수로 적용 후 곱하기
=243,000,000(괴델수)

괴델 코드에서 0은 6이고, =은 5이므로 6, 5, 6이 나와요. 이것을 소수의 지수로 적용하면 2^6, 3^5, 5^6이 나오고, 이것을 곱해 주면 243,000,000이라는 숫자가 나와요. 이것이 **괴델수**예요. 이처럼 "0=0"과 같은 수학적 명제를 하나의 괴델수로 나타낼 수 있어요. 그뿐만 아니라 "0=0과 같은 명제는 참이다" 같은 메타수학적 명제를 반영한 수학적 명제(이하 '메타수학적 명제'도 괴델수로 나타낼 수 있어요.

sub_{substitute}는 '대체하라'는 기호예요. Sub(x, 17, x)를 봅시다. 여기서 x는 괴델수 x를 가진 형식문을 말하고, 17은 아까 괴델 코드에서 보면 변수 y예요. 즉, Sub(x, 17, x)는 괴델수 x를 가진 형식문에서 변수 y를 괴델수 x로 대체한 명제라는 말이에요. 그리고 Sub를 소문자 sub로 쓰면, 명제 자체가 아니라 이 명제의 괴델수를 말해요.

$$Sub(x, 17, x)$$
괴델수 X를 가진 형식문　변수 y　괴델수 X로 대체

드디어 증명

증명은 오히려 간단해요. 다음의 두 개의 명제를 보죠.

명제P는 "Sub(y, 17, y)는 증명 불가능하다"라는 명제, 명제P의 괴델

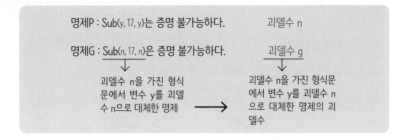

명제P : Sub(y, 17, y)는 증명 불가능하다.　　　괴델수 n

명제G : Sub(n, 17, n)은 증명 불가능하다.　　　괴델수 g

괴델수 n을 가진 형식
문에서 변수 y를 괴델
수 n으로 대체한 명제 ⟶

괴델수 n을 가진 형식문
에서 변수 y를 괴델수 n
으로 대체한 명제의 괴
델수

수는 '괴델수 n', 명제G는 "Sub(n, 17, n)은 증명 불가능하다", 명제G의 괴델수를 '괴델수 g'라고 합시다.

이제 잘 보세요. 명제G는 명제P에서 y를 n으로 바꾼 거죠. 그래서 괴델수 g는 '괴델수 n을 가진 형식문에서 변수 y를 괴델수 n으로 대체한 명제의 괴델수'를 말해요. 잠깐, 이것 두 개가 똑같죠?

명제G의 괴델수도 g이고, Sub(n, 17, n)의 괴델수도 g예요. 따라서 Sub(n, 17, n)은 명제G, 즉 자기 자신이라고 할 수 있어요. 즉, 이 명제는 "자기 자신에 대한 증명은 불가능하다"라는 명제가 돼요. 우리가 맨 처음에 찾던 것이 바로 이 명제G였어요. 그래서 우리는 "참이면서 증명 불가능한 명제가 있다"는 결론을 내릴 수 있어요. 이것이 **괴델의 불완전성**

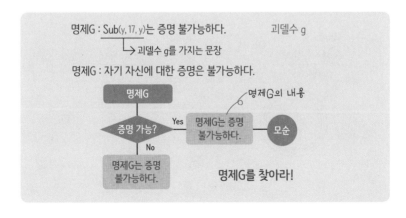

명제G : Sub(y, 17, y)는 증명 불가능하다.　　　괴델수 g

↳ 괴델수 g를 가지는 문장

명제G : 자기 자신에 대한 증명은 불가능하다.

명제G

증명 가능? —Yes→ 명제G는 증명 불가능하다. → 모순

명제G의 내용

↓ No

명제G는 증명 불가능하다.

명제G를 찾아라!

정리예요.

자, 쉽게 이해하기 위해 조금 떨어져서 생각해 봅시다. 명제P가 "나는 거짓이다"라는 명제라고 해보죠. 만약 명제P가 '참'이라면, 나는 거짓이라고 했으므로 진릿값이 '거짓'이 돼요. 만약 명제P가 '거짓'이라면, 나는 거짓이므로 진릿값이 '참'이 되고요. 그래서 명제P는 참도 될 수 없고, 거짓도 될 수 없어요. 이것을 **에피메니데스 역설**이라고 해요.

에피메니데스 역설이 발생하는 이유는 명제P의 '부분'인 내가 명제P '전체'를 언급하기 때문이에요. 비유하자면, 뱀의 머리가 뱀 전체를 먹으려고 하는 거죠. 뱀의 부분인 머리와 뱀의 전체는 다른 층위에 있는데도 불구하고, 둘을 동일한 층위에 놓고 보기 때문에 이런 역설이 생긴 거죠.

명제G도 마찬가지예요. 명제G는 "나는 증명할 수 없다"예요. 여기서도 명제G의 부분인 내가 명제G 전체를 언급하고 있죠. 둘은 층위가 달라요. 나는 Sub(n, 17, n), 즉 수학적 명제이고, 명제G는 메타수학적 명제예요. 이것을 같이 놓고 보면 역설이 생기는 거죠.

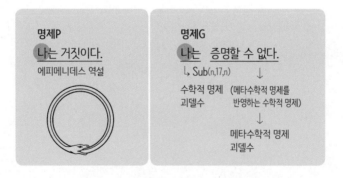

괴델은 이 문제를 어떻게 해결했을까요? 수학적 명제와 메타수학적 명제를 괴델수로 통일시켜 버려요. 같은 괴델수를 쓰니, 같은 층위에서 놓고 볼 수 있게 된 것이죠. 괴델은 이렇게 괴델수를 이용해 에피메니데스 역설의 문제를 해결한 거죠.

괴델의 불완전성 정리의 3가지 철학적 의미

그런데 우리가 왜 이런 이상한 괴델의 불완전성 정리를 알아야 할까요? 철학적 관점에서 이야기해 볼게요.

첫째, 괴델의 불완전성 정리는 인간의 정신에 대한 통찰을 보여줘요. 인간의 사고체계가 기계적인 절차로 인해 생기는 것이라면, 인간이 '참'이라고 추론한 모든 명제는 증명이 가능해야 할 거예요. 그런데 괴델의 불완전성 정리는 '참이지만, 증명이 되지 않는 명제가 존재한다'는 걸 보여줬죠. 이를 통해 인간의 사고체계가 기계적인 메커니즘과는 다르다는 걸 알려줘요.

둘째, 비트겐슈타인은 세계를 명제들 간의 논리적 구조로 연결된 일종의 논리공간으로 봤어요. 그런데 논리공간에는 증명되지 않는 '참'인 명제가 있을 수 없죠? 따라서 괴델의 불완전성 정리는 비트겐슈타인 이론에 대한 반론이 될 수 있어요.

셋째, 괴델의 불완전성 정리는 우리가 결코 진리에 도달할 수 없다는 걸 보여줘요. 불완전성 정리에 따르면, 진리는 증명되는 게 아니에요. 그리고 인간은 증명되지 않는 걸 알 수 없어요. 즉, 진리의 세계는 증명의 세계보다 더 넓어요. 이것이 제가 생각하는 괴델의 불완전성 정리의 3

가지 철학적 의미예요.

사실 괴델의 불완전성 정리는 매우 어려워요. 괴델은 25세에 불완전성 정리를 내놨는데, 이런 사람들은 확실히 세상을 보는 눈이 다르죠?

괴델은 성격이 좀 괴팍해서 자기만의 세계 속에서 산 경향이 있어요. 말년에는 편집증을 앓았고, 누군가 자신을 독살하려고 한다는 두려움에 시달렸어요. 음식을 거부하다가 영양실조로 죽었어요. 당시 몸무게가 30kg이었다니 굉장히 고통스러웠을 것 같아요.

그러고 보면 이런 편집증적 성향이 있었기에, 세상을 다르게 보는 눈을 가지게 됐다고 할 수도 있을 것 같아요. 그런 의미에서 세상에 공짜는 없다는 생각이 듭니다.

영상으로 한 번 더!

참이지만, 증명이
불가능한
명제가 있다.

괴델의 불완전성 정리

인공지능, 컴퓨터, 수리철학으로
들어가는 입구에 있는 것

알파고의 창조주
튜링머신: 인공지능은 어떻게 생각하는가?
(feat. 괴델, 힐베르트)

〈이미테이션 게임〉은 영국의 수학자이자 논리학자 앨런 튜링1912~1954
을 중심으로 만든 영화예요. 앨런 튜링은 제2차 세계대전 때 나치 독일
군의 암호체계인 에니그마를 해독해 연합군의 승리에 기여했어요. 동료
들은 어떻게 기계를 가지고 암호를 풀 수 있겠
냐고 반대했지만, 튜링은 기계가 기계적 절차를
반복적으로 수행해 무언가를 계산할 수 있다고
봤어요. 컴퓨터라는 개념을 처음으로 생각한 것
이죠.

제2차 세계대전 당시 튜링이 만든
암호해독 기계 봄베

힐베르트 프로그램

20세기 독일의 수학자 다비드 힐베르트1862~1943는 수
학은 하나의 완벽한 체계여야 한다고 생각했어요. 여
기에서 '완벽하다'는 말은 수학적으로 '참'인 명제는 반
드시 증명이 가능하고, 하나의 수학적 체계 안에서는
모순이 발생하지 않는다는 거예요. 어떤 명제가 어떨 때
는 '참'이고, 어떨 때는 '거짓'이어서는 안 된다는 것이죠.

수학은 하나의
완벽한 체계.
참인 명제는 증명 가능

힐베르트

그런데 집합론에서 이런 모순이 자꾸 발생했어요. 그래서 힐베르트는 이러한 모순들을 도려내고 수학을 완벽한 체계로 만들려고 했어요. 이것을 **힐베르트 프로그램**이라고 해요.

증명되지 않는 참인 명제가 있다.

그런데 1931년 25세의 괴델은 힐베르트 프로그램이 불가능하며, 수학체계 안에서 '증명되지 않는 참인 명제'가 있다는 것을 증명했어요. 이것이 바로 앞에서 살펴본 괴델의 '불완전성 정리'예요.

괴델

5년 후인 1936년 튜링은 괴델의 불완전성 정리에 대한 수업을 듣고, 괴델과는 다른 방법으로 힐베르트 프로그램이 불가능하다는 것을 증명해요.

튜링머신으로 계산할 수 없는 문제가 있다.

튜링은 먼저 계산 가능한 모든 것을 계산할 수 있는 기계를 만들어요. 이것을 **튜링머신**이라고 해요. 튜링머신을 실제로 만든 것이 아니라 개념적·이론적으로 설계한 거죠. 튜링은 이 튜링머신이 계산할 수 없는 문제가 있다는 것을 증명했어요. 그런데 재미있게도, 튜링이 개념적·이론적으로 설계한 이 튜링머신이 오늘날의 컴퓨터가 돼요. 튜링머신은 어떻게 동작했을까요?

튜링

튜링머신의 동작 원리

튜링머신은 4개의 장치로 구성되어 있어요. 먼저 무한한 길이의 종이테이프가 있는데, 이 테이프는 셀로 나누어져 있어요. 각 셀에는 0이나 1과 같은 기호가 씌어 있어요. 이런 기호를 쓸 수 있는 헤드가 있고, 이

헤드에는 헤드의 상태를 표시하는 창이 있어요. 편의상 헤드는 A 상태나 B 상태에 있다고 합시다. 그리고 헤드의 작업방식을 나타내는 명령표가 있어요. 이것이 어떻게 계산을 하는지 보죠.

	①	②	③	④	⑤	⑥	⑥	⑥	⑦								
0	0	0	0	0	0	1	1	1	1	1	0	0	0	0	0	0	0

A
시작

명령표

헤드 상태	읽은 데이터	헤드 상태	쓸 데이터	이동 방향
A	0	A	0	R
A	1	B	1	R
B	0	A	1	S
B	1	B	1	R

① 헤드 상태가 A일 때 0을 읽으면, 명령표에서 첫 번째 줄의 명령을 받아요. 이때 받은 명령은 A 상태를 유지하고, 0을 쓰고, 오른쪽(R)으로 이동하라는 거예요.

② 오른쪽으로 이동했는데, 이번에도 A 상태에서 0을 읽었어요. 그러면 똑같이 A 상태를 유지하고, 0을 쓰고, 오른쪽으로 이동해요.

③ 다시 A 상태에서 0을 읽었죠. 그러면 이번에도 똑같이 A 상태를 유지하고, 0을 쓰고, 오른쪽으로 이동해요.

④ 이번에는 A 상태에서 1을 읽었어요. 그러면 두 번째 줄의 명령을 따라요. 즉, 헤드를 B 상태로 바꾸고, 1을 쓰고, 오른쪽으로 이동해요.

⑤ B 상태에서 1을 읽었어요. 그러면 네 번째 줄의 명령을 받아요. B 상태를 유지하고, 1을 쓰고, 오른쪽으로 이동해요.

⑥ 이번에도 마찬가지로 B 상태에서 1을 읽었죠. 그러면 네 번째 줄의 명령에 따라 B를 유지하고, 1을 쓰고, 오른쪽으로 이동해요. 이런 과정을 두 번 더 반복해요.

⑦ 이제 B 상태에서 0을 만나요. 그러면 세 번째 줄의 명령을 따라요. 헤드를 A 상태로 바꾸고, 0의 자리에 1을 쓰고, 정지(S)해요.

자, 지금까지 한 작업이 뭘까요? 이 튜링머신은 5에 1을 더한 계산, 즉

5+1=6이라는 계산을 한 거예요. 그
런데 튜링머신이 5+1=6을 계산할
수 있다면, 5+5도 계산할 수 있겠죠?
5+1을 5번 하면 돼요. 튜링머신은 사

칙연산뿐 아니라 제곱 등 산술적인 모든 계산을 할 수 있어요.

보편 튜링머신

방금 우리가 본 튜링머신은 어떤 수에 1을 더하는 것이었죠? 어떤 수에
2를 곱하는 튜링머신도 있을 수 있어요. 그리고 8÷2(2+2)=?를 계산하
는 튜링머신도 있고요. 그렇다고 필요한 튜링머신을 다 만들 필요는 없
어요. 만능 튜링머신 하나만 있으면, 그때그때 필요한 튜링머신을 복사
해 사용하면 돼요.

만능 튜링머신

앞에서 소개한 '어떤 수에 1을 더하
는 튜링머신' 자체를 코드로 만들 수
있어요. A는 0, B는 10, 오른쪽(R)으
로 이동은 110, 정지(S)는 1110 식으
로 바꾸고, 몇 가지 규칙을 써서 생
략하여 나열하면 1010 1101 0111
1010 10이 돼요.

1을 더하는 튜링머신

헤드상태	읽은 데이터	헤드상태	쓸데이터	이동방향
A	0	A(o)	0	R(110)
A	1	B(10)	1	R
B	0	A	1	S(1110)
B	1	B	1	R

1010101011110101010   177,642

1010 10이 돼요. 이것이 바로 어떤 숫자에 1을 더하는 튜링머신의 코드
예요. 이 코드를 십진법으로 바꾸면 177,642가 돼요.

이와 같은 방식으로 '어떤 숫자를 2배로 하는 튜링머신'도 만들 수 있어요. 이것의 코드는 1010 1101 1010 0011 0101 0101 1011 011이고, 10진법으로 바꾸면 1,456,581,339가 돼요. 이처럼 모든 튜링머신을 코드화할 수 있어요.

만능 튜링머신은 이와 같은 특정 튜링머신의 코드를 넣으면, 그대로 복사해서 자기의 명령어처럼 사용해요. 즉, 만능 튜링머신에 코드 101011001011101010110을 넣으면, 1을 더하는 계산을 해요. 코드 10101101101000110101010110110111을 넣으면, 2를 곱하는 계산을 하고요. 그리고 코드 101010001010101010110110100011010101011011011010110110100011010101010110110110101101101000110101010110110110101101101000110101010110110110101110100011010101011011011010110110100011010101011011011011011010001101010101101101101011011010001101010101101101101011010100011010101011011011010110110100011010101011011011011을 넣으면, '더하기 23, 곱하기 46, 루트3'이라는 계산을 해요.

그렇다면 이러한 만능 튜링머신 자체도 명령어가 있겠죠. 그 명령어의 코드가 바로 옆의 그림과 같아요. 이 코드를 10진법으로 바꾸면 숫자가 나오겠죠.

가만히 생각해 보면, 만능 튜링머신이 구동하는 방식은 컴퓨터나 스마트폰이 구동하는 방식과 같아요. 스마트폰의 OS, iOS 같은 운영체제가 바로 만능 튜링머신이에요. 운영체제가 카톡이라는 튜링머신을 읽으면, 카톡의 기능을 수행해요. 페이스북이라는 튜링머신을 읽으

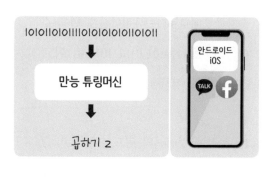

면, 페이스북 기능을 수행하고요. 우리가 컴퓨터로 글을 쓰는 행위는 특수한 튜링머신에 데이터를 입력하는 것이에요. 이런 식으로 우리는 검색도 하고 게임도 하고 사진도 찍을 수 있어요.

멈춤 문제

그런데 만능 튜링머신이 계산 못하는 게 있어요. 예를 들어보죠.

헤드 상태	읽은 데이터	헤드 상태	쓸 데이터	이동 방향
A	0	A	0	R
A	1	A	0	R

① 이 튜링머신은 A 상태의 헤드가 0을 읽으면, 그냥 오른쪽으로 이동해요.

② 그러다가 A 상태의 헤드가 1을 만나면, 1을 0으로 고치고, 다시 오른쪽으로 이동해요. 그러다가 다시 0을 만나면, 그냥 오른쪽으로 이동을 해요. 다시 1을 만나면, 0으로 고치고, 오른쪽으로 이동하고요.

이 튜링머신은 이런 식으로 0은 그냥 지나치고, 1은 0으로 만들면서 오른쪽으로 이동해요. 그런데 이 테이프의 길이가 무한하다고 했죠? 따라서 이 튜링머신은 영원히 멈추지 않아요. 이처럼 간단한 튜링머신은 멈추지 않을 것을 금방 알 수 있죠? 하지만 복잡한 튜링머신은 멈출지, 안 멈출지 아는 것이 쉽지 않아요. 그래서 컴퓨터가 어떤 프로그램을 돌리는 데 로딩이 한 시간 동안 계속된다면, 프로그램이 계속 돌아갈지, 아니면 그냥 뻑이 난 것인지 알 수 없는 거예요.

멈춤 문제의 해결

어떤 튜링머신이 멈출지, 멈추지 않을지를 계산할 수 있는 튜링머신을 'H튜링머신'이라고 해보죠. 만약 H튜링머신에 1을 더하는 튜링머신의 코드를 넣으면 '멈춘다'는 답이 나오고, 멈추지 않는 튜링머신의 코드를 넣으면 '멈추지 않는다'는 답이 나온다고 해보죠.

이번에는 'H튜링머신의 결과값'을 입력값으로 가지는 N튜링머신을 하나 더 만들어 보죠. 만약 N튜링머신은 H튜링머신이 '멈춘다'는 결과값을 내놓으면 멈추지 않고, '멈추지 않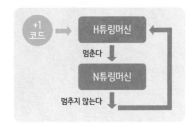는다'는 결과값을 내놓으면 멈춘다고 해보죠. 그런데 H튜링머신에 N튜링머신의 결과값을 다시 입력하면 아주 이상한 상황이 벌어져요.

예컨대 H튜링머신에 1을 더하는 튜링머신 코드를 입력하면, H튜링머신이 '멈춘다'는 결과값을 낼 거예요. 그러면 N튜링머신은 멈추지 않겠죠. 그러면 H튜링머신에는 '멈추지 않는다'는 코드가 입력되고, 그러면 H튜링머신은 '멈추지 않는다'는 결론을 낼 거예요. 따라서 H튜링머신은 '멈춘다'는 결과값과 '멈추지 않는다'는 결과값을 반복해 낼 거예요. 즉, 어떤 튜링머신이 멈출지, 멈추지 않을지를 결정하는 H튜링머신 같은 건 존재할 수 없어요. 만능 튜링머신이 계산하지 못하는 것도 있다는 거죠. 이것이 바로 튜링의 결론이에요.

튜링과 괴델

괴델은 불완전성 정리를 통해 '증명되지 않는 수학적 명제가 있다'는 걸 보여줬어요. 그리고 튜링은 멈춤 문제를 통해 '만능 튜링머신도 풀지 못하는 계산이 있다'는 걸 보여줬고요. 알고 보면 둘은 같은 작업을 한 거예요. 그래서 둘의 증명구조가 아주 비슷해요.

불완전성 정리
괴델
증명되지 않는 수학적 명제가 있다.

튜링머신의 멈춤 문제
튜링
만능 튜링머신이 풀지 못하는 계산이 있다.

괴델은 "명제G는 증명할 수 없다"라는 명제G를 검토해요. 명제G는 문장의 부분이면서 문장 전체이기도 하므로, 역설이 생겨요. 괴델은 여기에서 한발 더 나아가, 수학적 명제인 부분으로서의 명제G와 메타수학적 명제인 전체로서의 명제G를 괴델수로 통일해 같은 층위에 놓고 볼 수 있게 함으로써,

명제G
"명제G는 증명할 수 없다."
↓   ↓
괴델수   괴델수

"명제G는 증명할 수 없다"는 명제G가 '참'이라는 것을 보여줘요.

튜링의 작업도 비슷해요. H튜링머신이 '멈춘다'는 결론을 내면 N 튜링머신은 멈추지 않고, 그러면 H튜링머신은 다시 '멈추지 않는다'는 결론을 내려요. 반대로 H튜링머신이 '멈추지 않는다'는 결론을 내면, N 튜링머신은 멈춰요. 그러면 H튜링머신은 '멈춘다'는 결론을 내려요. 튜링은 H튜링머신과 그것의 메타 튜링머신을 N튜링머신을 통해 묶어버림으로써 같은 층위에 놓고 볼 수 있게 만들었어요. 비유하자면 H-N-H튜링머신에서 H가 뱀의 머리라면, N은 뱀의 꼬리예요. 뱀의 머리가 뱀의 꼬리를 다시 먹고 있는 거죠.

튜링

튜링머신은 생각할 수 있는가?

인간은 자신의 생각을 메타적으로 생각할 수 있고, 메타-메타적으로도 생각할 수 있어요. 또 메타-메타-메타적으로도 생각할 수 있고요. 나는 '이것은 사과이다'라고 생각할 수도 있고, '나는 사과라고 생각한다'고 생각할 수도 있으며 '나는 사과라고 생각한다는 것을 생각한다'고 생각할 수도 있어요. 이것은 마치 "명제P는 거짓이다" 같은 명제P나 H-N-H튜링머신처럼 무한루프를 도는 것과 같아요.

하지만 인간의 생각은 이러한 무한루프에서 금방 빠져나와요. 인간은 생각의 차원이 아무리 복잡하게 헝클어져 있어도 헷갈리지 않고, 맨 처음의 생각으로 곧바로 돌아올 수 있어요. 인간에게는 자아가 있기 때문이에요.

인간에겐 자아 개념이 있고, 튜링머신은 자아 개념이 없죠. 그럼, 인간의 생각과 튜링머신의 계산은 본질적으로 다른 것일까요? 만약에 이 둘이 본질적으로 다르다면, 유튜브 알고리즘이나 인공지능은 생각하는 능력이 없다고 봐야 할 거예요. 그저 복잡한 튜링머신일 뿐이니까요.

그런데 만약 튜링머신이 자아 개념을 가지게 된다면, 어떻게 될까요? 영화 〈2001 스페이스 오디세이〉에서처럼 자신의 CPU를 뽑으려는 데이브케어 둘리에게 나를 죽이지 말라고 애원하는 할HAL 같은 인공지능이 존재한다면, 그리고 영화 〈블레이드 러너〉에서 자신의 죽음을 슬퍼하는 리플리컨트 같은 인공지능이 존재한다면 어떨까요? 이런 인공지능은 인간처럼 생각할 수 있을까요?

철학책에서 웬 튜링머신이냐고 하겠지만, 사실 이것은 준비운동에 불과해요. 이제 본격적으로 철학적 문제를 다룰 때가 되었어요. 그것은 튜링머신의 계산과 인간의 생각은 같은 것인가, 다른 것인가, 즉 '챗 GPT 같은 인공지능은 인간처럼 생각할 수 있는가'라는 문제예요. 이러한 문제를 통해 우리는 '생각이란 도대체 무엇인가?'라는 본질적인 문제에 들어가게 돼요.

영상으로 한 번 더!

인공지능은 인간처럼 생각할 수 있는가?

야바위 철학
스티븐 셀빙: 몬티홀 문제

몬티홀 문제

1970년대 미국의 〈거래를 합시다〉라는 TV 퀴즈 프로그램에서 1등을 한 사람은 3개의 문 중 하나를 선택할 수 있었어요. 그 문 뒤에 포르쉐가 있으면 갖고, 아무것도 없으면 꽝이에요. 확률은 3분의 1이 되겠죠.

　　1등을 한 사람이 문을 하나 선택하면, 프로그램 진행자인 몬티홀이 아무것도 없는 다른 문을 열어 보여주면서 "선택을 바꾸겠냐?"고 물었어요. 이 경우 선택을 바꾸는 게 유리할까요? 아니면 원래의 선택을 고수하는 게 유리할까요? 혹은 선택을 바꾸든 바꾸지 않든 마찬가지일까요? 이것이 바로 **몬티홀 문제**예요.

　　3개의 컵 중 하나에 만 원을 넣고 야바위를 해보죠. 진행자는 돈이 어디 있는지 알고 있지만, 우리는 몰라요. 여러분이 1번 컵을 고르자, 진행

자가 2번 컵을 보여주며 돈이 없다는 걸 확인해 줬다고 해보죠.

그러면 돈은 1번 컵 아니면 3번 컵에 있겠죠? 이 경우 1번 컵에 있을 확률이 2분의 1이고, 3번 컵에 있을 확률이 2분의 1이겠죠. 1번 컵을 고르나 3번 컵을 고르나 확률은 같죠? 그러니 선택을 바꾸든, 바꾸지 않든 상관이 없어요.

그런데 1975년 미국의 통계학자인 스티브 셀빙이 그렇지 않다는 것을 증명해요.

3개의 컵들 중 3번 컵에 돈이 있다고 해보죠. 진행자는 어디에 돈이 있는지 알고 있고, 여러분이 1번 컵을 선택했다고 하죠. 그러면 돈이 1번 컵에 있을 확률이 3분의 1이고, 1번 컵에 없을 확률, 즉 2번이나 3번 컵에 있을 확률은 3분의 2예요.

그런데 진행자는 3번 컵에 돈이 있다는 걸 알고 있으므로, 2번 컵을 열어 보여주면서 선택을 바꾸겠냐고 물어보겠죠. 그러면 돈이 3번 컵에 있을 확률은 3분의 2가 돼요. 2번 컵이 갖고 있는 3분의 1의 확률이 3번 컵의 3분의 1의 확률과 합쳐진 거죠.

이해가 안 된다고요? 새로운 예를 들어볼게요. 컵이 10개가 있고, 그중 하나에 돈이 들어 있어요. 여러분이 1번 컵을 골랐다고 합시다. 1번 컵에 돈이 있을 확률은 10%죠?

이때 진행자는 돈이 어디 있는지 알고 있다고 하죠. 진행자가 컵을 하나씩 열어 보이면서 돈이 없다는 걸 확인시켜 줬어요. 이제 여러분이 고른 1번 컵과 다른 컵 하나만 남았어요. 여러분은 선택을 바꾸겠어요?

이 경우 선택을 바꾸는 게 당연히 유리해요. 여러분이 고른 컵에 돈이 있을 확률은 10분의 1이지만, 남은 다른 한 컵에 있을 확률은 10분의 9예요. 선택을 바꾸는 게 합리적인 거죠.

몬티홀 문제는 전통경제학의 가정이 틀렸다는 반례로 제시되곤 해요. 전통경제학의 기본 가정은 '인간은 항상 자신의 이익을 위해 합리적인 선택을 한다'는 것이죠.

그런데 인간의 판단이 늘 합리적인 것만은 아니에요. 오히려 비합리적이거나 변칙적인 경우가 많아요. 이런 현상을 설명하는 학문이 **행동경제학**이죠. 몬티홀 문제를 사례로 들어 행동경제학을 설명하곤 해요.

여기서 끝나면 좀 싱겁죠? 여러분이 3개의 컵 중 1번 컵을 선택했는데, 이번에는 진행자도 돈이 어디에 있는지 모른다고 해보죠. 그냥 2번 컵을 열어보니 돈이 없어요. 이때 진행자가 여러분에게 선택을 바꾸겠냐고 물어보면, 3번 컵으로 선택을 바꾸는 게 유리한가요?

이 경우에는 진행자도 돈이 어디 있는지 모르죠? 따라서 1번 컵을 선택하든, 3번 컵을 선택하든 확률은 2분의 1이에요.

결과적으로 2번 컵에 돈이 없다는 걸 아는 상황, 그리고 모르는 상황에서 확률이 달라지죠. 확률은 고정적이지 않고 상황에 따라 달라져요. 비유를 해보면, 양자역학에 따르면 고양이가 살아 있을 확률이 50%이고, 죽어 있을 확률이 50%라고 하죠. 이때 50%는 고정적인 것일까요? 아니면 상황에 따라 달라지는 것일까요?

영상으로 한 번 더!

그만 자고 일어나세요

잠자는 미녀의 문제
(feat. 루이스, 엘가, 보스트롬)

확률에 관한 이야기를 해보죠. 일명 '잠자는 미녀의 문제'는 1990년 아놀드 주버프라는 사람이 논문에서 제시한 일종의 퍼즐이에요.

잠자는 미녀의 문제

왕자가 미녀 공주에게 실험을 제안했다고 하죠. 먼저 일요일 밤에 공주가 잠들면, 왕자는 동전을 던져요. 이때 동전의 '앞면'이 나오면, 왕자는 월요일에 공주를 깨워 이렇게 물어요.

"What is your credence now for the proposition that the coin landed heads?"(내가 동전을 던졌을 때 앞면이 나왔을 확률이 얼마였을 것이라고 생각합니까?).

이제 공주는 자신이 깼었다는 것조차 기억을 못하도록 망각의 약을 먹고 다시 잠이 들어요. 화요일에도 푹 자고, 수요일 아침에 일어나요.

이번에는 일요일 밤에 공주가 잠이 들자, 왕자가 던진 동전이 '뒷면'이 나왔다고 해보죠. 왕자는 월요일에 공주를 깨워 똑같은 질문을 해요. 그런 후 공주는 망각의 약을 먹고 다시 잠들어요. 왕자는 화요일에 공주를 깨워 또다시 똑같이 질문을 해요. 그리고 다시 공주는 망각의

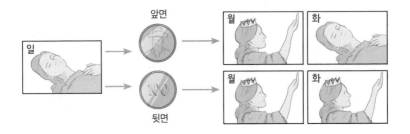

약을 먹고 잠이 들어 수요일 아침에 일어나요.

만약 여러분 공주라면, 동전의 '앞면'이 나올 확률이 얼마라고 대답할까요?

확률은 1/3

철학자 애덤 엘가는 일요일 밤에 왕자가 동전을 던졌을 때, '앞면'이 나올 확률을 1/3이라고 해요. 공주가 질문을 받는 경우의 수는 총 3번이죠? 동전 앞면이 나오고 월요일에 질문받는 경우, 그리고 동전 뒷면이 나오고 월요일에 질문을 받는 경우, 그리고 동전이 뒷면이 나오고 화요일에 질문을 받는 경우이죠. 이 총 3번의 질문 중에 동전이 앞면이 나온 경우는 단 한 번밖에 없죠. 따라서 공주는 동전의 앞면이 나올 확률을 1/3이라고 대답해야 한다는 것이죠.

확률은 1/2

미국의 철학자 데이비스 루이스는 엘가의 주장에 반대해요. 동전을 한 번 던져서 앞면이 나올 확률은 1/2이죠? 공주는 질문을 받은 다음 망각의 약을 먹었기에, 자신이 깨어 왕자로부터 질문을 받았던 사실조차 기억을 못해요. 그런데 왜 애덤 엘가는 앞면이 나올 확률을 1/3이라고 하죠? 좀 더 극단적으로 생각하면, 만약 동전이 '뒷면'이 나와 공주를 월요일부터 화요일까지 100만 번 깨워 '앞면'이 나왔을 확률을 묻는다면, 100만 분의 1이라고 대답해야 하나요? 따라서 루이스는 공주가 던진 동전이 앞면이 나올 확률을 1/2이라고 대답해야 한다고 주장해요.

사실 이 대답도 석연치 않아요. 왜냐하면 동전의 뒷면이 나왔을 때에는 100만 번의 질문을 받았고, 앞면이 나왔을 때에는 질문을 한 번 받았기 때문이죠.

절충론

자, 딜레마에 빠졌어요. 공주는 동전의 앞면이 나올 확률이 1/2이라고 대답할 수 없고, 1/3이라고 대답할 수도 없는 딜레마에 빠졌어요.

닉 보스트롬은 절충론을 내놓았어요. 왕자의 입장에서는 앞면이 나올 확률이 1/2이지만, 공주의 입장에서는 1/3이라고 해요. 그런데 확률이 사람에 따라 달라지는 건 좀 이상하죠?

'잠자는 미녀의 문제'가 나온 지 30년이 다 됐어요. 하지만 아직 결론이 나지 않았어요. 1/2주의자로는 루이스와 김명석 교수, 1/3주의자로는 엘가와 송하석 교수, 절충주의자로는 보스트롬과 김한승 교수가 있어요. 특히 이 문제는 다세계 이론의 관점에서 다루기도 하니, 과학에 관심이 많은 사람들에게 도움이 될 거예요.

영상으로 한 번 더!

철학마을로 떠나는 행복한 여행을 마치며

이제 철학마을에서의 여행을 마칠 때가 된 것 같아요.

철학마을에서 우리는 존재론·인식론·윤리학·심리학·과학과 수학이라는 오솔길을 천천히 걸어보았어요. 오솔길을 따라 서 있는 아름다운 나무들이 있었기에 우리의 여행은 행복했어요.

2600여 년 전 고대 그리스의 탈레스로부터 중세의 토마스 아퀴나스, 근대의 칸트와 헤겔, 그리고 21세기의 들뢰즈에 이르기까지 수많은 철학자들이 바로 그 나무들이에요. 나무에서 열린 실체, 정신, 보편자, 실존, 리좀과 같은 철학적 개념들이 이제는 낯설지 않아요.

이제 우리는 철학자들이 맺어 놓은 이 열매들을 접속시키면서 우리의 철학적 개념을 만들 수 있을 것 같아요. 철학 공부를 하는 것이 아니라 철학을 할 수 있게 되었다는 거죠. 이제 우리는 철학마을을 떠나 더 큰 세계를 여행할 수 있게 되었어요.

우리가 행복한 여행을 할 수 있도록 도와주신 분들이 있어요. 김주성 작가님이 감각적인 그림을 그려주셔서 지루하지 않았고, 편집장님의 노련한 가이드가 있어서 편안했어요. 그리고 무엇보다 제 책과 영상을 사랑해 주신 독자 여러분과 구독자 여러분들이 있어서 너무나 행복했습니다. 모두들 감사합니다.

김필영 드림